FRANCISCO IGLÉSIAS

*A história e o historiador*

COMISSÃO EDITORIAL
DA COLEÇÃO NOVOS OLHARES

Douglas Attila Marcelino (presidente)
Adriana Romeiro
Eliana Regina de Freitas Dutra
José Antônio Dabdab Trabulsi

CONSELHO EDITORIAL

Ana Paula Torres Megiani
Eunice Ostrensky
Haroldo Ceravolo Sereza
Joana Monteleone
Maria Luiza Ferreira de Oliveira
Ruy Braga

# FRANCISCO IGLÉSIAS

## A história e o historiador

Alessandra Soares Santos

Copyright © 2017 Alessandra Soares Santos

*Grafia atualizada segundo o Acordo Ortográfico da Língua Portuguesa de 1990, que entrou em vigor no Brasil em 2009.*

Edição: Haroldo Ceravolo Sereza
Editora assistente: Danielly de Jesus teles
Projeto gráfico, diagramação e capa: Danielly de Jesus Teles
Assistente acadêmica: Bruna Marques
Revisão: Alexandra Colontini
Imagens da capa: *Imagem do Diário de classe da disciplina História Moderna, Prof. Francisco Iglésias, 1965.*

*Esta obra foi publicada com apoio da Capes.*

CIP-BRASIL. CATALOGAÇÃO-NA-FONTE
SINDICATO NACIONAL DOS EDITORES DE LIVROS, RJ
S233F

Santos, Alessandra Soares
Francisco Iglésias : a história e o historiador / Alessandra Soares Santos. -- 1. ed. -- São Paulo : Alameda, 2017.
    ; 23 cm.

Inclui bibliografia
ISBN: 978-85-7939-464-5

1. Iglésias, Francisco, 1923-1999. 2. Historiadores - Brasil - Biografia. I. Título.

17-41677              CDD: 920.99072
                      CDU: 929:94(81)

ALAMEDA CASA EDITORIAL
Rua 13 de Maio, 353 – Bela Vista
CEP 01327-000 – São Paulo, SP
Tel. (11) 3012-2403
www.alamedaeditorial.com.br

*Para Gabriel*

# Sumário

**Coleção Novos Olhares** ........................................................... 9

**Introdução** .................................................................................. 11

A presença/ausência de Francisco Iglésias ........................... 11
A historiografia universitária em questão ............................ 22

**1. O horizonte literário** ........................................................... 33

Perfil sentimental de uma geração ........................................ 36
Angústias de um "cavaleiro da triste figura" ...................... 46
O engajamento político: a "fase heroica" ........................... 58
Entre a literatura e a história .................................................. 75

**2. O horizonte acadêmico** ...................................................... 87

A organização e o clima intelectual da FAFI ....................... 88
Superando o autodidatismo ................................................... 99

Representações do curso de História ..... 108
Campo universitário, campo de poder ..... 112

## 3. Combates pela historiografia universitária ..... 129

Redes para a (nova) história: as resenhas críticas ..... 131
Incorporando uma codificação: a tese de livre-docência ..... 146
História e vida: em diálogo com José Honório Rodrigues ..... 161
Avaliação e perspectivas ..... 171

## 4. Fazer ciência, fazer história ..... 181

Entre o intelectual universal e o específico ..... 183
Estudos sobre o pensamento conservador ..... 193
História e ideologia ..... 202
Brasil, sociedade democrática ..... 208
Historiadores do Brasil, uma história interrompida ..... 214

## 5. O desafio da transposição didática ..... 231

História para o vestibular e cursos de segundo grau ..... 233
Passado e presente nas páginas dos livros paradidáticos ..... 239
O livro didático de história como objeto de crítica ..... 242
Sínteses da história do Brasil ..... 249

## Considerações finais ..... 263

## Fontes e referências ..... 267

## Agradecimentos ..... 293

# Coleção Novos Olhares

No ano de 2000, por meio de um acordo firmado entre o Programa de Pós-Graduação em História da Universidade Federal de Minas Gerais e a editora Annablume, foi criada a Coleção Olhares, que publicou livros relevantes da área de História durante cerca de 15 anos. Além de pesquisas de mestrado e doutorado selecionadas por sua originalidade, a coleção também publicou livros e coletâneas escritos ou organizados por pesquisadores da UFMG, ou a ela vinculados em parcerias de pesquisa, todos considerados estudos importantes para a historiografia. Ao final deste livro, o leitor poderá contar com uma listagem dos livros até então produzidos, que integram o catálogo da coleção.

Em 2016, diante das novas demandas da área e História e do mercado editorial, o PPGH/UFMG resolveu criar uma nova coleção e estabelecer novas parcerias, dando origem à Coleção Novos Olhares, que tem agora seu segundo título publicado por meio de um acordo firmado com a editora Alameda. Trata-se, portanto, de um novo empreendimento editorial, mas que traz consigo um histórico de publicações, a experiência acumulada de mais de uma década de trabalho e a solidificação dos critérios que permitem aperfeiçoar a seleção e, mesmo, as exigências de qualidade dos novos textos a serem editados. Com isso, pretende-se que a nova coleção seja também um importante veículo de divulgação de pesquisas originais, que possam contribuir verdadeiramente para o aprimoramento da área de História.

# Introdução

**A presença/ ausência de Francisco Iglésias**

A enorme reverência que é dedicada ao intelectual analisado neste livro provocou um desconforto que perpassou uma parte de sua feitura. O estudo da trajetória e da produção de um historiador tão respeitado e querido por mais de uma geração de intelectuais ainda vivos e atuantes foi atravessado pela sensação de estar profanando uma vida perfeitamente encerrada em sua completude. Falecido em 1999, neste mesmo ano uma comissão foi composta na Faculdade de Ciências Econômicas da UFMG – onde Francisco Iglésias lecionou entre 1949 e 1982 – para organizar atividades em sua homenagem. Além da exposição "Francisco Iglésias, 1923-1999: Passado Presente, a festa da palavra", com fotos e obras que marcaram sua vida, e da organização de um livro póstumo com textos inéditos,[1] alguns de seus colegas e amigos do meio acadêmico foram convidados para participar de mesas-redondas em sua homenagem no 9º Seminário sobre Economia Mineira, realizado em 2000. As análises e os testemunhos

---

1   IGLÉSIAS, Francisco. *Historiadores do Brasil:* capítulos de historiografia brasileira. Rio de Janeiro: Nova Fronteira; Belo Horizonte: UFMG, IPEA, 2000.

foram publicados no ano seguinte no livro organizado por João Antônio de Paula, "Presença de Francisco Iglésias".[2]

A representação presente de uma coisa ausente – *topos* da argumentação filosófica relativa à memória – amparou o esforço dos contemporâneos para guardar a trajetória de um intelectual que fez parte do primeiro grupo de historiadores universitários no Brasil e que reuniu em torno de si um grande número de alunos, ex-alunos e admiradores.[3] Como fica evidente na concepção das homenagens, traduzida nos títulos da exposição e do livro, a intenção foi rememorar um passado que ainda operava no presente através do vínculo afetivo e intelectual que ligava Francisco Iglésias à comunidade universitária. O passado que a lembrança tornou presente ou a presença do ausente foi uma aporia superada pelo reconhecimento, pelo reencontro com um passado comum àquele grupo através da rememoração. Se "a edificação de uma memória e a autoafirmação de uma geração andam juntas, como as duas faces de um mesmo fenômeno",[4] através das lembranças compartilhadas, a memória de Francisco Iglésias catalisou o reconhecimento de si mesmo por mais de uma geração de cientistas sociais e professores universitários. Não obstante os conflitos e as disputas inerentes à construção destas representações identitárias, o momento era propício para estabelecer um consenso mútuo sobre o passado que deveria ser permanentemente recordado.

A memória de Francisco Iglésias começou a ser construída ainda na década de 1980, por ocasião de sua aposentadoria na Faculdade de Ciências Econômicas da UFMG. Ela coincidiu com um momento de crise do setor público e de escassez do financiamento da pesquisa, o que gerou um impacto significativo na maneira como o economista percebia a função social da sua formação. Até a década de 1970, os economistas atuavam em sintonia com a administração pública e foram considerados uma das grandes forças mantenedoras do Estado autoritário. Esses "tecnocratas

---

2    Além do organizador, Maria Yedda Leite Linhares, Maria Efigênia Lage de Resende, Caio Boschi, Fernando Novais, Fábio Wanderley Reis e Silviano Santiago deram suas contribuições para o registro da vida e da obra de Francisco Iglésias.

3    Diversas homenagens em vida também foram feitas a Francisco Iglésias. Dentre elas, destacamos algumas: homenageado na Reunião Anual da Congregação do Departamento de Ciências Econômicas, em 1982; homenageado no Congresso da Associação de Pós-Graduação em Ciências Socais, em 1989; homenageado na V Semana de Iniciação Científica da UFMG, em 1996.

4    NORA, Pierre. "La génération". In: NORA, Pierre (org). *Les lieux de mémoire*, vol. 2. Paris : Gallimard, 1997. p. 2976.

bem informados", na definição de Roberto de Oliveira Campos,[5] eram economistas com uma sólida formação técnica e humanística. Não por acaso, dois destacados representantes da nova geração de economistas no poder naquele momento – Delfim Netto e Mário Henrique Simonsen – foram também os responsáveis pela criação dos primeiros cursos de pós-graduação em Economia do país. A formação do economista estava diretamente relacionada à sua inserção política, para a qual o conhecimento histórico das realidades em que aplicavam sua ciência era extremamente valorizado.[6]

Ao longo da década de 1980, o processo de abertura do mercado brasileiro levou os economistas a procurarem outras maneiras de se inserirem socialmente. As atividades de consultoria ganharam força dentro do ambiente acadêmico e começaram a influenciar a organização do currículo das faculdades de Economia. Para o desenvolvimento desta atividade, o conhecimento produzido pela História Econômica já não era indispensável. Os debates históricos foram relegados diante da força adquirida pela econometria. O recurso à memória da própria disciplina foi um instrumento importante na legitimação desta cadeira e nos esforços para preservá-la frente ao caráter meramente instrumental que a ciência econômica estava adquirindo.

A lembrança da importância que Francisco Iglésias teve na formação de inúmeros economistas enquanto estava à frente da cadeira de História Econômica, portanto, ajudava a legitimar o lugar que os historiadores dedicados ao econômico e/ou economistas dedicados à história ocupavam dentro das faculdades. No momento em que a disciplina corria o risco de se tornar um ramo da matemática ou da estatística, os historiadores eram aqueles que guardavam a lembrança do papel social e político que os economistas deveriam representar e, assim, demarcaram o lugar da História Econômica dentro da formação universitária deste profissional. Foi nesse contexto que Francisco Iglésias recebeu da UFMG o título de Professor Emérito em 1984, o mais alto da hierarquia universitária.

---

5   BIDERMAN, Ciro [et alli]. Conversas com economistas brasileiros. São Paulo: 34, 1996. p. 401.

6   Gomes observou que "é claro o vínculo entre a formação de novas escolas ou a renovação de cursos e escolas já existentes e a demanda de formação de novos quadros dirigentes considerados indispensáveis a um Estado 'moderno'. Vale dizer, um Estado que está sendo postulado como intervencionista em assuntos econômicos e sociais e que, por isso, é mais complexo e especializado, como o são a economia e a sociedade modernas" (GOMES, Angela de Castro. Novas elites burocráticas. In: GOMES, Angela de Castro (org.). Engenheiros e economistas: novas elites burocráticas. Rio de Janeiro: FGV, 1994. p. 9).

As homenagens da comunidade universitária, patrocinadas pela Faculdade de Ciências Econômicas, colocaram Francisco Iglésias na "galeria dos construtores do que há de melhor na historiografia brasileira".[7] Ele foi considerado alguém que "dignificou o ensino e a pesquisa entre nós, exemplo de dedicação e sensibilidade às melhores causas".[8] Quando jornalistas e articulistas de vários jornais do país lamentaram a morte de Francisco Iglésias, escreveram manchetes que também exaltaram sua contribuição à historiografia brasileira e, em especial, à produção intelectual de Minas Gerais.[9] A repercussão de sua morte foi ouvida nos depoimentos de alguns grandes intelectuais mineiros. Para o cientista político Jarbas Medeiros, Francisco Iglésias "era um farol que guiava todas as pessoas que tinham intenção honesta nos estudos a respeito do Brasil e do pensamento político". Na avaliação do historiador Caio César Boschi, "o país perdeu o maior historiador brasileiro vivo"; e para o escritor Fábio Lucas, "ele foi uma das formações culturais mais perfeitas que tivemos em Minas Gerais". Fábio Wanderley Reis afirmou que "sua morte é uma perda muito séria, não só para as ciências sociais de Minas, mas do Brasil". A historiadora Lucília de Almeida Neves localizou Francisco Iglésias na historiografia brasileira ao lado de Caio Prado Júnior e Sérgio Buarque de Holanda e dentro de "uma geração que inaugurou uma trajetória profícua dos estudos da história nas universidades brasileiras".[10] A morte de Francisco Iglésias foi ainda comparada à perda de uma peça importante do patrimônio cultural de Minas Gerais.[11]

O impacto do falecimento de Francisco Iglésias em outros estados foi menos intenso. Na revista "Veja" e o jornal "Folha de S. Paulo", veículos de informação paulistas nos quais Francisco Iglésias publicava resenhas e era sempre consultado sobre assuntos diversos no âmbito da política e da cultura desde a década de 1970, não encontramos repercussão sobre sua morte. Na imprensa carioca, o "Jornal do Brasil" registrou em

---

7   RESENDE, Maria Efigênia Lage de. "Francisco Iglésias: vida e obra". In: PAULA, João Antônio (org.). *Presença de Francisco Iglésias*. Belo Horizonte: Autêntica, 2001. p. 15.

8   PAULA, João Antônio. "Nota sobre a edição". In: IGLÉSIAS, Francisco. *Historiadores do Brasil: capítulos de historiografia brasileira*. Rio de Janeiro: Nova Fronteira; Belo Horizonte: UFMG, UPEA, 2000. p. 7.

9   Ver, por exemplo, ESTADO DE MINAS. O historiador das Gerais [e] Minas no coração da obra do professor. Belo Horizonte, 22 de fevereiro de 1999. Caderno Espetáculo. p. 1.

10  O TEMPO, Belo Horizonte, 22 de fevereiro de 1999. p. 9.

11  ESTADO DE MINAS. O historiador das Gerais [e] Minas no coração da obra do professor. Belo Horizonte, 22 de fevereiro de 1999. Caderno Espetáculo. p. 1.

seu obituário que "o clientelismo político perdeu um dos seus críticos mais ferozes".[12] A "Gazeta Mercantil" ressaltou que Francisco Iglésias deixou "órfã história econômica do Brasil".[13] A Comissão de Estudos e Pesquisas Históricas (CEPHAS) do Instituto Histórico e Geográfico Brasileiro (IHGB) homenageou Francisco Iglésias através do discurso de Alberto Venâncio Filho. Suas palavras resumiram a vida e a obra do historiador mineiro e colocaram seu nome entre os mais expressivos da historiografia brasileira na segunda metade do século XX.[14]

Os depoimentos registrados nas homenagens oficiais ou nos elogios fúnebres das páginas dos jornais configuraram uma determinada representação da figura de Francisco Iglésias que foi partilhada por todos, fixando-a como possibilidade de lembrança e de revivência: "seus amigos, seus alunos, aqueles que o conheceram sabem...", "aqueles que o conheceram, que o leram sabem também..."[15] Sua evocação o transformou em um elemento simbólico do patrimônio memorial de uma parte da comunidade universitária e intelectual de Minas Gerais, tornando quase sagrada a sua figura e dificultando a objetivação da sua produção.

Para Sirinelli, estas "reverberações de memória" podem ser particularmente ameaçadoras para a História Intelectual, pois elas agem como "perniciosos jogos de espelho" para o pesquisador inserido neste campo.[16] De fato, como se estivéssemos tentando evitar o sacrilégio de corromper aquela memória, os dados e as informações produzidas no início desta pesquisa nos pareceram sempre encontradiços; as análises e as interpretações, redutoras e, quase sempre, laudatórias e condescendentes. O embaraço se tornou ainda maior na medida em que a pesquisa adentrava o universo acadêmico e esbarrava numa história compartilhada por aqueles que ainda constroem a vida universitária.

Se aquela imagem pré-existente de Francisco Iglésias foi responsável por despertar nossa atenção no momento da escolha do tema para investigação, durante algum tempo, ela nos tornou prisioneiros diante de sua "evidência", um impedimento à

---

12 JORNAL DO BRASIL. Obituário. Rio de Janeiro, 22 de fevereiro de 1999. p. 17.

13 GAZETA MERCANTIL. Francisco Iglésias deixa órfã história econômica do Brasil. Rio de Janeiro, 23 de fevereiro de 1999.

14 VENÂNCIO FILHO, Alberto. "À memória de Francisco Iglésias". *Revista do Instituto Histórico e Geográfico Brasileiro*. Rio de Janeiro, a. 160, n. 404, jul./set. 1999. p. 627-632.

15 PAULA, João Antônio de. "Apresentação". In: *Francisco Iglesias, 1923-1999: catálogo da exposição Passado Presente (II), A festa da Palavra*. Belo Horizonte: UFMG, 1999. p. 5.

16 SIRINELLI, Jean-François. "Os intelectuais do final do século XX: abordagens históricas e configurações historiográficas". In: AZEVEDO, Cecília [et al]. *Cultura política: memória e historiografia*. Rio de Janeiro: FGV, 2009. p. 55.

própria operação historiográfica, visto que ao trabalho histórico só restaria a função de verificar aquela memória. O receio de que a resistência àquela representação de Francisco Iglésias pudesse soar como ingratidão a uma suposta herança recebida ou aversão aos valores intelectuais então reconhecidos tornou ainda mais forte a tentação de ceder a este objeto sedutor. Como autoconsolo, recorremos a Bourdieu. De fato, é difícil escapar da armadilha do objeto pré-construído, "na medida em que se trata, por definição, de um objeto que *me interessa*, sem que eu conheça claramente o princípio verdadeiro desse 'interesse'".[17] Arriscamos afirmar que fomos tomados pela "inflação da memória" que a contemporaneidade nos impôs e que promoveu uma "sobrevalorização do testemunho como fonte capaz de assegurar a veracidade das falas sobre o passado".[18] Como consequência, nos relacionamos com um passado que, através da recordação, está permanentemente presente, se recusando a passar. Como poderíamos, então, "submeter às regras do ofício um conjunto de experiências que, ao não se transformarem em passado, não cumpre aquilo que fundara a própria condição de nosso ofício segundo uma perspectiva moderna ou, se quisermos, disciplinar?"[19]

Não é o caso de empreendermos aqui uma história social da memória focalizando o trabalho de construção daquele objeto pré-existente através das lembranças dos contemporâneos de Francisco Iglésias, mas apenas anunciar o movimento de afastamento que efetivamos em relação àquela edificação. Para que as hesitações não atravancassem a pesquisa, foi necessário, primeiro, lembrar que a importância social do objeto não é suficiente para dar fundamento à importância do discurso sobre ele, pois o indivíduo empírico ou evocado não está necessariamente identificado com o indivíduo construído através das redes de relações elaboradas pelo trabalho histórico. Recordar esta lição básica e fundamental do conhecimento histórico contemporâneo teve nesta pesquisa uma função redentora: permitiu-nos reconstruir o objeto a partir de um novo ângulo de análise. Diferenciando o passado e o presente, pudemos repensar de forma mais complexa o emaranhado de fios que os ligam.

Em segundo lugar, foi necessário perceber que o acúmulo de lembranças não significa, necessariamente, mais conhecimento do passado e nem tampouco seu tratamento crítico. Ainda que esse tipo de reconstituição do passado tenha sido praticado

---

17  BOURDIEU, Pierre. "Introdução a uma sociologia reflexiva". In: *O poder simbólico*. Rio de Janeiro: Bertrand Brasil, 2010. p. 30.

18  GUIMARÃES, Manoel Luiz Salgado. "O presente do passado: as artes de Clio em tempos de memória". In: ABREU, Martha; SOIHET, Rachel; GONTIJO, Rebeca (orgs.). *Cultura política e leituras do passado: historiografia e ensino de história*. Rio de Janeiro: Civilização Brasileira, 2007. p. 35.

19  *Idem*. p. 27.

por historiadores de formação acadêmica, ele faz parte de um discurso não acadêmico que, se não o torna falso, se articula a um imaginário social cujas pressões ele recebe e aceita mais como vantagem do que como limite.[20] O direito à recordação é parte de legítimas demandas sociais, mas ele não assegura a veracidade daquilo que é narrado.[21]

Mas se este afastamento do objeto pré-existente (a memória viva) foi um movimento necessário para impulsionar a investigação, ele não significou sua privação. Não tomamos a historiografia como um antídoto da memória, nem reduzimos a memória a um objeto autonomizado da história. Ao contrário, pretendemos manter acesa a dúvida otimista de Ricoeur a respeito da possibilidade de que uma memória instruída, iluminada pela historiografia, possa coincidir com uma história erudita, habilitada a reavivar a memória em declínio para reatualizar o passado.[22] Compreendemos a historiografia como um dos empreendimentos coletivos de produção de sentido e significado para o passado que compõe uma cultura histórica. Como a memória, a escrita da história também faz parte do exercício coletivo de rememoração, ela é o resultado da "tradição das lembranças",[23] de uma "cultura da lembrança" construída em cada presente.[24] Se as produções narrativas acerca do passado podem ser qualificadas de forma distinta, isso não significa supor que haverá uma mais verdadeira, pois elas respondem a diferentes demandas sociais. Nosso esforço intelectual foi para articular, colocar em diálogo a memória e a historiografia, superando sua oposição, mas cientes de que a principal tarefa da História não é comemorar, nem celebrar, mas ser crítica. Se esta atitude não exclui a recordação, faz da compreensão a tarefa central no cumprimento das atuais demandas acadêmicas sobre o conhecimento do passado.[25]

---

20   SARLO, Beatriz. *Tempo passado*: cultura da memória e guinada subjetiva. Belo Horizonte: UFMG; São Paulo: Companhia das Letras, 2007. p. 13.

21   GUIMARÃES, Manoel Luiz Salgado. "O presente do passado: as artes de Clio em tempos de memória". In: ABREU, Martha; SOIHET, Rachel; GONTIJO, Rebeca (orgs.). *Cultura política e leituras do passado*: historiografia e ensino de história. Rio de Janeiro: Civilização Brasileira, 2007. p. 37.

22   RICOEUR, Paul. *A memória, a história, o esquecimento*. Campinas: Unicamp, 2007.

23   MASTROGREGORI, Massimo. "Historiografia e tradição das lembranças". In: MALERBA, Jurandir (org.). *A história escrita: teoria e história da historiografia*. São Paulo: Contexto, 2006.

24   GUIMARÃES, Manoel Luiz Salgado. *Livro de fontes de historiografia brasileira*. Rio de Janeiro: EDUERJ, 2010. p. 11.

25   GUIMARÃES, Manoel Luiz Salgado. "O presente do passado: as artes de Clio em tempos de memória". In: ABREU, Martha; SOIHET, Rachel; GONTIJO, Rebeca (orgs.).

Sob esta perspectiva, a própria unidade designada pela noção de "obra" e de "autor" precisou, então, ser redimensionada. Estas noções, que operam como princípios explicativos privilegiados da História Intelectual, são uma construção variável no tempo e no espaço. Assumi-las irrefletidamente é não reconhecer a abstração inerente à sua construção e, de certa forma, participar de uma retórica comum na apresentação dos resultados da pesquisa que ignora o processo de construção do objeto. Nenhuma obra ou autor pode ser estudado por si mesmo, é preciso estabelecer as fronteiras que os tornam significativos através da interpretação que empreendemos.[26] O discurso narrativo que constituiu a memória de Francisco Iglésias faz parte da rede de significados que, junto com o discurso crítico que seus escritos suscitaram e com a seleção imposta pelas publicações póstumas, garantiu a própria existência de sua obra, pois eles acabaram influenciando a conservação e a autoridade que seus textos adquiriram.[27]

Se a morte de Francisco Iglésias impôs à comunidade universitária e aos intelectuais mineiros um "dever de memória", um esforço ético para lembrar suas contribuições ao conhecimento histórico e à universidade é porque estes grupos reconheceram que não poderiam promover a sua dissociação, sob pena de serem injustos e, além disso, de não reconhecerem a si mesmos. A construção da memória de Francisco Iglésias constituiu uma parte do discurso narrativo que deu sentido às experiências relevantes para esses grupos, sua "memória coletiva" – entendida como a "narrativização social de lembranças comuns".[28] É precisamente o reconhecimento que advém do esforço de recordação que garante a veracidade destes testemunhos.[29] Significar esta memória, portanto, nos permitiu compreender o alcance de sua obra no interior de uma cultura histórica. Não pudemos, pois, decompor o emaranhado destes discursos em nome de uma forma intrínseca. Ao invés de deixar na sombra o efeito que esta memória exerceu

---

*Cultura política e leituras do passado:* historiografia e *ensino de história*. Rio de Janeiro: Civilização Brasileira, 2007. p. 37.

26   LEFORT, Claude. "A obra de pensamento e a história". In: *As formas da história: ensaios de antropologia política*. São Paulo: Brasiliense, 1979; FOUCAULT, Michel. *O que é um autor*. Lisboa: Vega, 1992.

27   Pelo menos dois dos mais importantes livros de Francisco Iglésias foram organizados e publicados postumamente, *Historiadores do Brasil: capítulos de historiografia brasileira* (Rio de Janeiro: Nova Fronteira; Belo Horizonte: UFMG, UPEA, 2000) e *História e Literatura* (São Paulo: Perspectiva; Belo Horizonte: Cedeplar/FACE/UFMG, 2009).

28   MUDROVCIC, María Inés. "Por que Clio retornou a Mnemosine?". In: AZEVEDO, Cecília [et al]. *Cultura política: memória e historiografia*. Rio de Janeiro: FGV, 2009. p. 104.

29   RICOEUR, Paul. *A memória, a história, o esquecimento*. Campinas: Unicamp, 2007. p. 70.

sobre os escritos de Francisco Iglésias, preferimos explorá-la, superando a dicotomia entre análises internas e externas do pensamento formal.

Por outro lado, não pudemos ignorar o fato de que o lócus privilegiado da História na Universidade, o próprio Departamento de História, esteve praticamente ausente das homenagens oficiais. A participação exclusiva da professora Maria Efigênia Lage de Resende foi credenciada, sobretudo, por sua relação de amizade com Francisco Iglésias. Embora, para ela, o tributo ao colega fosse, fundamentalmente, "uma espécie de consenso básico do *modus operandi* dos historiadores",[30] naquele momento a nova geração já não endossava esta percepção. Composto por um quadro formado, em sua maioria, nos centros acadêmicos do Rio de Janeiro e de São Paulo, o "dever de memória", se os atingiu, restringiu-se a mera formalidade.[31] Talvez eles reconhecessem em Francisco Iglésias um modelo de professor e de intelectual íntegro, mas não um modelo atualizado de historiador.

Na década de 1990, o Departamento de História da UFMG participava da ampliação do curso de História, com a criação do seu Programa de Pós-Graduação. Embora Francisco Iglésias tenha sido consultado sobre as diretrizes da nova empreitada,[32] a historiografia produzida aí parece ter procurado seu lastro na aproximação com outros centros acadêmicos, mais afeitos ao tipo de história cultural então em voga. Ele teve sua posição dentro da cultura universitária valorizada, mas historiograficamente apareceu apenas como uma vaga lembrança nas notas de rodapé. Ao contrário do que poderia sugerir as homenagens oficiais da comunidade universitária em seus elogios fúnebres, a obra de Francisco Iglésias não ocupou lugar entre aqueles textos da historiografia brasileira que foram ruminados, lidos e relidos. As referências aos seus textos feitas pela historiografia mineira foram pontuais e insuficientes para compreendermos as questões às quais ela respondeu ou para redesenhar os horizontes de expectativa nos quais ela se inscreveu.

Um esforço para distinguir os novos trabalhos historiográficos das produções anteriores às pós-graduações e assim marcar a emergência de parâmetros teóricos e metodológicos supostamente mais modernos foi empreendido por Júnia Furtado em

---

30  RESENDE, Maria Efigênia Lage de. "Francisco Iglésias: vida e obra". In: PAULA, João Antônio de. *Presença de Francisco Iglésias*. Belo Horizonte: Autêntica, 2001. p. 15.

31  A criação do Prêmio Francisco Iglésias pelo Programa de Pós-Graduação em História – publicação das melhores dissertações de Mestrado pela Editora da UFMG –, anunciado no início do ano 2000 como a homenagem do Departamento a Francisco Iglésias, não vingou.

32  Depoimento da professora e então coordenadora do PPGH, Carla Maria Junho Anastasia, para o *Boletim Informativo da UFMG*, n. 1273, ano 26, 24 abr. 2000. p. 8.

1999. A autora se propôs a "analisar a evolução da historiografia mineira nos últimos vinte anos" destacando os estudos que teriam sido influenciados pela implantação das pós-graduações no Brasil e que, na sua visão, apresentavam "aspectos mais analíticos, com rigor metodológico e preocupação de se nortearem a partir de um viés teórico, imprimindo-lhes caráter eminentemente científico".[33] Dois trabalhos de Francisco Iglésias sobre a industrialização mineira – "Perspectivas da história econômica de Minas Gerais, 1889-1930", apresentado no Colloques Internationaux du CNRS em 1973, e "Artesanato, manufatura e indústria", apresentado no III Simpósio dos Professores Universitários de História em 1967 – foram citados como resultado da pós-graduação implantada na Faculdade de Economia da UFMG por volta dos anos 1970. O tema, entretanto, estava sendo abordado pelo autor desde a década de 1950 com a elaboração de sua tese de livre-docência sobre a política econômica do governo provincial mineiro. A análise contrariou um balanço realizado em 1982, antes da implantação da pós-graduação, no qual Resende destacou o pioneirismo da produção historiográfica de Francisco Iglésias entre 1950 e 1970, definindo-a como resultado de um "esforço quase que isolado numa instituição totalmente despreparada para a pesquisa histórica".[34]

O afastamento das práticas e produções da historiografia anterior aos cursos de pós-graduação também pode ser notado no plano institucional. Em 2007, o Departamento de História escolheu como data oficial da fundação de seu curso o ano de 1957, quando o curso de Geografia e História, que funcionava desde 1941, foi desmembrado em dois cursos independentes. As comemorações foram realizadas pela primeira vez e contaram com o seminário "A Universidade e o curso de História: o pensamento brasileiro no século XX", a exposição "50 anos de História" e a criação de um *site* na internet. Ao mesmo tempo em que as celebrações serviram para dar visibilidade ao Departamento de História e ao seu Programa de Pós-Graduação,[35] também contribuíram para construir uma identidade do curso de História que acabou excluindo a lembrança

---

33   FURTADO, Júnia Ferreira. "Historiografia mineira: tendências e contrastes". In: *Vária Historia*, Belo Horizonte, n. 20, março 1999. p. 45 e 47.

34   RESENDE, Maria Efigênia Lage de. "História de Minas: condições de pesquisa e produção historiográfica". *Revista Brasileira de História*, São Paulo, vol. 2, n. 4, set. 1982, p. 173.

35   Além dos eventos oficiais – seminário e exposição – os "50 anos do curso de História" receberam atenção especial dos meios de informação especializados. Ver, por exemplo, CURSO de História completa 50 anos de fundação. *Boletim Informativo da UFMG*, n. 1592, ano 34, 26 nov. 2007; FAFICH abre comemorações dos 50 anos do curso, *Revista do Museu*, 19 nov. 2007.

dos dezesseis anos anteriores, quando historiadores como Francisco Iglésias e Beatriz Ricardina de Magalhães foram diplomados pela faculdade.[36]

Embora a comemoração não seja um terreno vedado aos historiadores, é preciso enfatizar que "entre o historiador e o comemorador há uma diferença tanto de objetivos quanto de método, que dificilmente compatibiliza as posições deles".[37] Enquanto o comemorador procura adaptar o passado às necessidades do presente, o historiador precisa cumprir a exigência da verdade. Por mais que o comemorador tente se beneficiar da impessoalidade de seu discurso, sua objetividade é aparente, não contribui para elucidar o passado, mas somente o presente no qual a celebração acontece. Ao escolher o ano de 1957 como marco fundador da formação universitária dos historiadores na UFMG, o Departamento de História afastou do seu campo de experiência as práticas anteriores àquele registro. A compreensão da dimensão simbólica desta escolha deve ser analisada dentro de um complexo que inclua o interesse por uma construção identitária mais "moderna" para o curso de História e seu Programa de Pós-Graduação.

Ainda que os historiadores responsáveis pela comemoração dos "50 anos do curso de História" tenham caracterizado o evento como uma "comemoração crítica",[38] eles não deixaram de promover um conhecimento limitado da dinâmica de constituição do curso de História na UFMG, restringindo esse processo ao que eles chamaram de "onda de criação de cursos de História" a partir da década de 1950.[39] Os historiadores sabem que comemorar não é um ato isento da criação ou do reforço de uma identidade e "é exatamente porque permitem legitimar e atualizar identidades que as comemorações públicas ocupam um lugar central no universo contemporâneo".[40] Afastando-se da precária especialização que caracterizou as primeiras décadas do curso de História, as comemorações

---

36  Francisco Iglésias se formou em 1944 e Beatriz Ricardina de Magalhães, professora aposentada no Departamento de História da UFMG, em 1952. O *Anuário da Faculdade de Filosofia da Universidade de Minas Gerais* (1939-1953) também revela nomes do corpo docente e discente do curso de Geografia e História que eram ou se tornaram importantes para o ambiente intelectual de Minas Gerais, como João Camilo de Oliveira Torres, Manuel Casasanta e Amaro Xisto de Queiroz, entre outros.

37  TODOROV, Tzvetan. "Testemunhas, historiadores, comemoradores". In: *Memória do mal, tentação do bem*: indagações sobre o século XX. São Paulo: Arx, 2002. p. 155.

38  CURSO de História completa 50 anos de fundação. *Boletim Informativo da UFMG*, n. 1592, ano 34, 26 nov. 2007.

39  http://www.fafich.ufmg.br/historia50anos/. Acesso em 07/02/2012.

40  FERREIRA, Marieta de Moraes. "Apresentação". In: *Revista Brasileira de História*, vol. 31, n. 61, jun. 2011. p. 8.

dos "50 anos de História" silenciaram o passado da faculdade ao qual Francisco Iglésias estava intimamente ligado.

Portanto, se os discursos evocativos que emergiram dos procedimentos de consagração na edificação da memória de Francisco Iglésias não puderam ser excluídos do objeto que construímos nesta pesquisa, o silenciamento crítico que rondou a sua produção historiográfica e o seu itinerário intelectual a partir dos anos 1980 também não pode ser desprezado. Afinal, qual a legitimidade de seu reconhecimento como historiador, não obstante o pouco conhecimento de sua trajetória e de suas obras? A constatação desse processo simultâneo de assimilação e de esquecimento a que foi submetido Francisco Iglésias e seus escritos nos permitiu problematizar a produção da historiografia universitária a partir dos movimentos de construção e de desconstrução de seus regimes de escrita.

Inspirados pela questão de François Hartog sobre Fustel de Coulanges,[41] nos impomos semelhante pergunta: para além da unidade do nome, onde jaz o historiador Francisco Iglésias? Na edificação de sua memória como professor e intelectual exemplar? Em sua tese de livre docência, em seus artigos e prefácios, em suas publicações e livros póstumos? Em seus escritos inacabados? No silêncio imposto à sua historiografia pela nova geração de historiadores? Os contornos que dão vida ao nosso objeto não puderam ser produzidos por um ato teórico inaugural ou desenhados antecipadamente. O trabalho que apresentamos aqui é o resultado deste processo de sua construção.

## A historiografia universitária em questão

Os fundamentos que levam a História a se disciplinar e a manter o princípio de cientificidade que autoriza o seu discurso não são "naturais", mas resultado de uma dinâmica histórica que pode ser investigada com o objetivo de perceber a nem sempre óbvia historicidade destas práticas intelectuais. Como um princípio de controle da produção de um discurso, uma disciplina se define, conforme Foucault, "por um domínio de objetos, um conjunto de métodos, um corpus de proposições consideradas verdadeiras, um jogo de regras e de definições, de técnicas e de instrumentos", constituindo um sistema anônimo a disposição de qualquer um que queira ou possa se servir dele.[42] O pertencimento a uma instituição social é o suporte que possibilita o controle da linguagem pela disciplina através da seleção dos objetos observáveis, da imposição de uma função ao sujeito cognoscente e do acesso a determinadas técnicas de conhe-

---

41 HARTOG, François. *O século XIX e a história: o caso Fustel de Coulanges*. Rio de Janeiro: UFRJ, 2003. p. 177.
42 FOUCAULT, Michel. *A ordem do discurso*. São Paulo: Loyola, 2003. p. 30-31.

cimento. O "regime de verdade" assim constituído, diferente segundo o tempo e o lugar que o determina, impõe uma ordem ao discurso que se apoia em um sistema de exclusão: ele limita os contornos de um grupo e de um saber.

Mas na rotina do ofício dos historiadores vinculados às instituições universitárias contemporâneas raramente se questiona os mecanismos responsáveis pela estabilização dos princípios que controlam a produção do discurso historiográfico que participamos. A submissão aos critérios disciplinares impostos pela instituição no qual atuamos não implica o reconhecimento de sua construção histórica, pois o movimento que determina as ideias que compartilhamos é o mesmo que organiza a sociedade em que vivemos. Embora estejamos acostumados a localizar historicamente as experiências do passado, aprendemos a recalcar os sistemas sociais, econômicos e simbólicos nos quais inevitavelmente estamos situados em obediência às pretensões de cientificidade guardadas pela disciplinarização da prática historiográfica acadêmica. Esta sublimação, tacitamente exigida, transforma todo interesse científico em um "interesse desinteressado", gratuito. Bourdieu classificou o interesse científico como uma forma particular de *illusio* (jogo): admitimos que o jogo mereça ser jogado, incorporamos suas regras e participamos do sentido deste jogo como se ele justificasse por si mesmo todo nosso investimento.[43] Esta *illusio* explica em parte porque só recentemente os historiadores começaram a transformar os processos e os resultados da institucionalização dos cursos de História nas universidades brasileiras, datados na década de 1930, em objetos de pesquisa histórica.

Para que pudéssemos dar inteligibilidade às condições pretéritas de produção do discurso histórico no interior do mesmo campo em que atuamos foi necessário recomeçar o jogo efetuando um corte "inaugurador" das práticas historiográficas do presente. A baliza que sacraliza a nossa própria prática e parece querer resguardá-la do princípio da historicidade foi demarcada pela emergência dos cursos de pós-graduação em História nos anos 1960. A "verdadeira" historiografia universitária brasileira, supostamente mais "profissional" e mais comprometida com os princípios da legitimidade "científica" teria nascido com as iniciativas institucionais voltadas para o aperfeiçoamento dos docentes do ensino superior e que resultaram na implantação da pós-graduação.[44] Diehl chamou

---

43  Desta condição resultam, segundo Bourdieu, duas descrições opostas, mas igualmente equivocadas a respeito das estratégias dos agentes envolvidos em práticas científicas: a idealizada (interesse científico "puro") e a cínica (interesse econômico travestido de interesse científico). (BOURDIEU, Pierre. *Os usos sociais da ciência: por uma sociologia clínica do campo científico*. São Paulo: UNESP, 2004. p. 31).

44  Os exemplos do uso desta demarcação cronológica são inumeráveis, por isso ressaltamos aqueles com os quais produzimos um diálogo mais intenso: DIEHL, Astor An-

esse momento de "(re) institucionalização do saber histórico", ressaltando o caráter fundador de um regime de verdade historiográfica distinto.[45] A criação de uma nova instituição histórica dentro de outra já existente, de um subgrupo responsável pelo controle da seleção e da qualificação dos sujeitos autorizados a falar em nome da historiografia universitária, foi naturalmente acompanhada pela construção de uma identidade pautada pela valorização da diferença epistemológica entre estes dois grupos internos.

As histórias da historiografia produzidas a partir deste marco tiveram uma função importante na afirmação da posição ocupada pela pós-graduação. Obras e autores foram selecionados e conectados entre si em função da similitude de suas estratégias com aquela praticada pelos novos historiadores. Elas acabaram traduzindo a ideia da "sobrevivência do mais preparado", conforme destacou Blanke ao analisar as histórias da disciplina com função afirmativa, transformando posições político-científicas em explicações sistemáticas e paradigmáticas. Como exemplo, podemos citar o uso que se fez do famoso prefácio de Antônio Cândido à quinta edição de "Raízes do Brasil", escrito em 1967. Este prefácio foi apropriado de forma a justificar a canonização de três livros do pensamento social brasileiro – "Casa Grande & Senzala", de Gilberto Freyre; "Raízes do Brasil", de Sérgio Buarque de Holanda; e "Formação do Brasil Contemporâneo", de Caio Prado Júnior – não só como inauguradores da "moderna historiografia brasileira" na década de 1930, mas também como representantes exclusivos da profissionalização do historiador no espaço universitário pelo menos até a década de 1960. Não obstante o valor das obras mencionadas, o desdobramento da construção desta tríade sagrada foi a interpretação de obras anteriores como um conjunto homogêneo de produções "oficiais", "ideológicas" ou "positivistas" pertencentes à tradição do IHGB, enquanto obras posteriores foram ofuscadas pela ideia de que a "moderna" historiografia brasileira estaria limitada àqueles livros consagrados.[46] Naturalmente,

---

tônio. *A cultura historiográfica brasileira: década de 1930 aos anos 1970*. Passo Fundo: UPF Editora, 1999; MALERBA, Jurandir. *A história na América Latina*: ensaio de crítica historiográfica. Rio de Janeiro: FGV, 2009; GUIMARÃES, Lucia Maria Paschoal. "Sobre a história da historiografia brasileira como campo de estudos e reflexões". In: NEVES, Lucia Maria Bastos Pereira [et al.]. *Estudos de historiografia brasileira*. Rio de Janeiro: FGV, 2011.

45 DIEHL, Astor Antônio. *A cultura historiográfica brasileira:* década de 1930 aos anos 1970. Passo Fundo: UPF Editora, 1999.

46 FRANZINI, Fábio; GONTIJO, Rebeca. "Memória e história da historiografia no Brasil: a invenção de uma moderna tradição, anos 1940-1960". In: SOIHET, Rachel [et. al.] (orgs.). *Mitos, projetos e práticas políticas: memória e historiografia*. Rio de Janeiro: Civilização Brasileira: 2009.

como observou Blanke, "qualquer posição teórica que quer sobreviver requer tradições positivas", mas a história da historiografia, conforme advertiu o mesmo autor, precisa ter uma atitude cética em relação a elas, uma "rebeldia" capaz de produzir uma história disciplinar socialmente informada.[47]

Ainda que a diversificação dos estudos historiográficos empreendidos a partir da década de 1990 tenha mostrado que os fundamentos discursivos da historiografia não são necessariamente pautados pelo afastamento ou pela filiação a modelos epistemológicos dados, recobrando uma herança ou impondo uma tradição, mas são construídos em sintonia com as disposições intelectuais do presente,[48] persistem esforços para ocultar as disputas inerentes aos jogos sociais que orientam estas construções. O exame escrupuloso das produções históricas anteriores e a retificação das versões do passado de acordo com a pretensão científica da normatização disciplinar vigente ainda restringem a história da historiografia a um "laboratório de epistemologia histórica", uma atividade complementar ao conhecimento histórico que teria como objetivo arrolar as teorias e os problemas aplicados a uma crítica da razão científica e promover o refinamento das pesquisas.[49]

Este procedimento moderno de hierarquização dos esforços para alcançar a cientificidade e a objetividade no tratamento do passado desgastou a consciência da relatividade histórica da própria historiografia e promoveu a consolidação do mito de sua

---

47 BLANKE, Horst Walter. "Para uma nova história da historiografia". In: MALERBA, Jurandir (org.). *A história escrita: teoria e história da historiografia*. São Paulo: Contexto, 2006. p. 33-34.

48 CEZAR, Temístocles. Lições sobre a escrita da história: as primeiras escolhas do IHGB. A historiografia brasileira entre os antigos e os modernos. In: NEVES, Lucia M. B. Pereira das [et al.] (org.). *Estudos de historiografia brasileira*. Rio de Janeiro: FGV, 2011. KANTOR, Iris. *Esquecidos e renascidos. Historiografia Acadêmica Luso-Americana (1724-1759)*. São Paulo: Hucitec, 2004; RODRIGUES, Mara Cristina de Matos. *Da crítica à história: Moysés Vellinho e a trama entre a província e a nação. 1925 à 1964*. Porto Alegre: UFRS, 2006 [Tese]; GONTIJO, Rebeca. "José Honório Rodrigues e a invenção de uma moderna tradição". In: NEVES, Lucia M. B. Pereira das [et al.] (org.). *Estudos de historiografia brasileira*. Rio de Janeiro: FGV, 2011. REIS, José Carlos. *As identidades do Brasil: de Varnhagen a FHC*. Rio de Janeiro: FGV, 1999. REIS, José Carlos. *As identidades do Brasil 2: de Calmon a Bomfim. A favor do Brasil: direita ou esquerda?* Rio de Janeiro: FGV, 2006; entre outros.

49 WEHLING, Arno. "Historiografia e epistemologia histórica". In: MALERBA, Jurandir (org.). *A história escrita: teoria e história da historiografia*. São Paulo: Contexto, 2006.

formação progressiva.⁵⁰ Parte significativa dos trabalhos feitos nesse campo acabou ignorando as dinâmicas históricas que levaram a historiografia a se disciplinar, a se transformar numa ciência social e a fundamentar seus princípios de autoridade. As histórias da historiografia assim orientadas tenderam a classificar as produções históricas entre "inovadoras" ou "tradicionais"; "profissionais" ou "amadoras"; "científicas" ou "ideológicas" conforme o afastamento ou a aproximação em relação ao modelo historiográfico em vigor. Ao fazer a história da historiografia da produção latino-americana, por exemplo, Jurandir Malerba exclui toda a produção anterior à década de 1960 sob a justificativa de que sua análise se deterá n' "aquelas práticas e resultados historiográficos que se podem entender como *inovadores*". Ele acrescenta que

> antes de 1960 – e mesmo depois disso, como mostram esparsos estudos historiográficos –, prevalecia em termos quantitativos um tipo de história que se poderia chamar de "tradicional", ou seja, não profissional, produzida por intelectuais autodidatas com as mais diversas formações, mas também vinculados a instituições de ensino ou agremiações tradicionais, como sociedades e institutos históricos.⁵¹

Além de insistir nas duvidosas querelas entre "amadores" e "profissionais" e não problematizar o que se considera "tradicional", a análise de Malerba ainda incorre nos riscos de reduzir a historiografia produzida no passado a mero instrumento de legitimação das orientações temporais do presente e de julgar que o produto intelectual dos historiadores que escapa aos padrões de cientificidade vigentes cumpre apenas uma função ideológica.

Mas conforme Fernando Novais bem observou, "às vezes, o que se quer dizer com tradicional é que, simplesmente, tradicionais são os outros".⁵² Além de incorrer no risco de ignorar que o "profissional" do conhecimento histórico era uma condição requerida desde o século XIX e que as disputas entre o "amadorismo" e o "profissionalismo" marcaram as tensões do ofício desde então,⁵³ o novo corte inaugurador da

---

50  ARAÚJO, Valdei Lopes. "Cairu e a emergência da consciência historiográfica no Brasil (1808-1930)". In: NEVES, Lucia M. B. Pereira das [et al.] (org.). *Estudos de historiografia brasileira*. Rio de Janeiro: FGV, 2011.

51  MALERBA, Jurandir. *A história na América Latina: ensaio de crítica historiográfica.* Rio de Janeiro: FGV, 2009. p. 17.

52  NOVAIS, Fernando. "A Universidade e a pesquisa histórica: apontamentos". In: *Estudos Avançados*, São Paulo, v. 4, n. 8, jan./abr. de 1990. p. 108.

53  GUIMARÃES, Manoel Luiz Salgado. "Entre amadorismo e profissionalismo: as tensões da prática histórica no século XIX". In: *Topoi,* Rio de Janeiro, dez. 2002.

historiografia universitária oculta que, no interior da própria universidade, sua reivindicação antecedeu a pós-graduação. É o que mostra, por exemplo, um artigo publicado por Francisco Falcon na década de 1990. Historiador titulado através de defesa de tese de livre docência, ele buscou reaver os méritos da profissionalização universitária à sua geração, lembrando que "foi nos cursos de graduação em História das faculdades de filosofia que se formaram os primeiros profissionais da área, licenciados e/ou bacharéis em História" e que estes profissionais, supostamente originários, desempenharam um papel significativo na "renovação" da pesquisa e do ensino da História na universidade. Ele acrescenta que

> não seria válido aqui omitir que quase todos os profissionais de História que lutaram pela renovação de sua pesquisa e ensino e participaram da implantação dos primeiros mestrados, eram graduados em História, com títulos de catedráticos ou/e livres docentes, e, em alguns casos, com doutorados realizados na forma antiga (sem o respectivo curso), ou no exterior.[54]

Se, por um lado, o crescimento quantitativo da produção historiográfica a partir da década de 1970 e a diversidade temática das pesquisas empreendidas justificam sobremaneira o marco considerado, por outro, este tipo de baliza opera como uma referência de autolocalização dos novos historiadores a partir de uma suposta fundação dos estudos históricos ditos profissionais. Sua consequência é uma releitura da historiografia anterior buscando apenas justificar o estágio presente da escrita da história como resultado de uma evolução necessária do conhecimento histórico. Esta interpretação tende a apagar os vestígios que inscrevem os procedimentos de disciplinarização no mundo histórico e acaba diminuindo o valor da historiografia que antecedeu aquilo que é considerado o novo cânone disciplinar.

É oportuno lembrar que a criação dos programas de pós-graduação não obedeceu exclusivamente a uma evolução interna dos processos de investigação que teria gerado a necessidade de uma racionalização instrumental, uma organização de meios institucionais para atingir determinadas finalidades científicas. Apesar do argumento da eficácia ser privilegiadamente evocado no momento de justificar as normas institucionais vigentes, reduzindo valores éticos e políticos a problemas técnicos e ocultando as relações de poder que as permeiam, as necessidades sociais e os interesses mais amplos da comunidade fazem parte da dinâmica que ampara as transformações das esferas institucionais.

---

54  FALCON, Francisco. "A identidade do historiador". In: *Estudos Históricos*. Rio de Janeiro, v. 9, n. 17, 1996. p. 11.

É claro que a objetivação do lugar onde o próprio observador está compreendido implica o enfrentamento de problemas epistemológicos e práticos de complicada superação e cuja problemática ultrapassa os restritos limites deste trabalho. Se a tomada da historiografia produzida no século XIX como objeto de pesquisa ainda parece significar uma ameaça às certezas asseguradas pelo aparato disciplinar da história,[55] o exercício de investigação dos fundamentos discursivos da historiografia universitária da pós-graduação e sua percepção como construção histórica se apresenta como uma tarefa ainda mais delicada, na medida em que submetemos ao tempo e à transformação a própria discursividade na qual nos apoiamos. Mas a desatenção para com o presente, além de levar ao desconhecimento de suas carências, representa um perigo que coloca em risco a própria compreensão do passado pelos historiadores, pois limita a formulação de problemas. A ausência de crítica em relação à realidade atual dos historiadores compromete, especialmente, a história da historiografia enquanto um campo autônomo com problemas, teorias e métodos de investigação específicos acerca da prática e do lugar ocupado pelos historiadores. A percepção de que o passado com o qual nos relacionamos não é apenas uma herança, mas uma escolha voluntária que realizamos, é condição indispensável para o tipo de problematização que movimenta a história da historiografia. O olhar atento ao próprio ofício permite que este campo ultrapasse a realização de balanços historiográficos e a construção de uma memória disciplinar do conhecimento histórico e se transforme numa entrada privilegiada para a compreensão da sociedade na qual os historiadores vivem.[56]

O preâmbulo se justifica para explicarmos o desafio mais amplo que inspirou este trabalho: promover uma reflexão sobre os movimentos internos de disputas e consensos em torno da normatização disciplinar do discurso historiográfico da universidade brasileira. Através do estudo do itinerário intelectual do historiador Francisco Iglésias, este livro buscou reaver uma parte da dinâmica histórica que levou à disciplinarização do conhecimento histórico como uma ciência social dentro da universidade. Partimos da proposta levantada por Delacroix, Dosse e Garcia de que a história intelectual, para além de uma história das ideias, está interessada no que está em jogo tanto no plano institucional dos debates, quanto na sociologia dos meios profissionais e nas condições sociais das

---

55   GUIMARÃES, Manoel Luiz Salgado. "Usos da História: refletindo sobre identidade e sentido". *História em revista*. Pelotas, v. 6, 2000. pp. 21-36.

56   NICOLAZZI, Fernando; ARAÚJO, Valdei Lopes de. "A história da historiografia e a atualidade do historicismo: perspectivas sobre a formação de um campo". In: MOLLO, Helena Miranda [et alli]. *A dinâmica do historicismo: revisitando a historiografia moderna*. Belo Horizonte: Argvmentvm, 2008.

produções intelectuais, daí sua tentativa de "entrecruzar a análise das obras, a reflexão dos historiadores acerca de seu ofício e as inscrições sociais da operação histórica".[57]

Portanto, partindo da sugestão daqueles autores, interrogamos as noções e as práticas do ofício de historiador na universidade brasileira com o objetivo de ter uma melhor compreensão do que quer dizer fazer História neste lugar. Buscamos captar a disciplina em suas múltiplas dimensões, em sua historicidade e em seus rearranjos a partir do itinerário intelectual de um historiador que integrou o sistema institucional que foi responsável pela organização da escrita da história nas décadas de 1940 a 1990. Foi deste "lugar" que emergiram os objetos, os métodos, os conceitos, as técnicas e os horizontes teóricos que presidiram os modelos historiográficos nos quais Francisco Iglésias se apoiou. Embora a disciplinarização da historiografia universitária esteja desvinculada de qualquer proposição autoral, suas regras são constantemente reatualizadas por uma corporação discursiva de sujeitos específicos que garantem o advento e a manutenção de seus princípios através das escolhas concretas que realizam. Ao mesmo tempo em que obedece a regras próprias, a disciplina se articula aos enunciados individuais que escapam do anonimato e arrogam para si a função de preservá-la.[58] Acreditamos que Francisco Iglésias foi um destes agentes que contribuíram para dar uma feição própria à historiografia produzida na universidade, visto que, como afirmou Resende, seus escritos podem ser tomados como uma espécie de roteiro que permite captar registros de momentos importantes da história da historiografia brasileira.[59]

Para participar do ordenamento discursivo desta historiografia, ele não só satisfez todas as exigências para ter acesso a certo número de regras do ofício, como parece ter se qualificado para atualizá-las. Formado na segunda turma do curso de Geografia e História da Universidade de Minas Gerais em 1945, Francisco Iglésias ingressou como professor na Faculdade de Ciências Econômicas em 1949 e defendeu sua tese de livre docência em 1955. Autor de inúmeros livros, artigos, prefácios, comentários e relatórios técnicos; participante de incontáveis bancas de concursos públicos, defesas de teses e monografias e membro de conselhos editoriais de revistas acadêmicas, ele não só se submeteu como participou da construção dos critérios disciplinares da historiografia universitária desde a sua institucionalização. Como se configurou o percurso intelectual e discursivo que permitiu o seu credenciamento na restritiva ordem do discurso universitário sobre a História e em que medida ele se afastou, criou ou

---

57 DELACROIX, Christian; DOSSE, François; GARCIA, Patrick. *Correntes históricas na França:* séculos *XIX e XX*. Rio de Janeiro: FGV, 2012. p. 12.

58 FOUCAULT, Michel. *A ordem do discurso*. São Paulo: Loyola, 2003.

59 RESENDE, Maria Efigênia Lage de. "Francisco Iglésias: vida e obra". In: PAULA, João Antônio de. *Presença de Francisco Iglésias*. Belo Horizonte: Autêntica, 2001. p. 25.

ampliou os princípios de coerção impostos por esta ordem através de sua escrita da história e de sua relação com a comunidade de historiadores são algumas das questões que procuramos responder.

Nos capítulos 1 e 2 percorremos os primeiros passos do itinerário intelectual de Francisco Iglésias com o objetivo de torná-lo significativo para a compreensão de algumas das práticas intelectuais de seu tempo. Como discente, ele participou do momento da institucionalização do curso de História em Minas Gerais, na década de 1940, ao mesmo tempo em que circulou por entre um grupo de intelectuais mineiros cuja identificação se dava através da literatura e da militância política. A partir da produção intelectual que fez parte deste seu momento de formação, sobretudo, os artigos publicados em jornais e revistas de Belo Horizonte, e dos escritos ordinários que a acompanhavam – as cartas, os diários de turma e as provas realizadas – pretendemos mostrar as tensões que marcaram seus esforços discursivos para conciliar as diversas práticas intelectuais que resultavam de seus múltiplos interesses, bem como do desenvolvimento de suas competências sociais, igualmente importantes no acúmulo de capital intelectual no campo universitário. Problematizamos sua inserção docente na Faculdade de Ciências Econômicas a partir das formas de poder que atuaram na admissão de docentes nos primeiros anos da organização universitária de Minas Gerais e acompanhamos sua relação de distanciamento e adesão aos princípios de legitimação científica fundados nos poderes temporais e políticos da comunidade de historiadores.

Como professor universitário e historiador, a experiência de Francisco Iglésias se confundiu com a própria afirmação disciplinar da história na universidade desde meados do século XX. É este movimento de adesão e construção da normatividade historiográfica que objetivamos destacar. Analisamos a historiografia de Francisco Iglésias a partir de duas vias, uma em direção as suas reflexões teóricas sobre a História, outra em direção as próprias narrativas históricas. Cumprimos assim a tarefa que Massimo Matrogregori impôs aos historiadores da historiografia: "retraçar, reconstruir, compreender até o limite tanto as reflexões teóricas como as narrativas históricas",[60] visto que, segundo o mesmo autor, a teoria, os motivos e os interesses dos historiadores agem não só no interior da pesquisa, mas também no espaço externo a ela, sendo ambas passíveis de serem enfrentadas na interpretação mediante sua reconstrução.

No capítulo 3, portanto, averiguamos o potencial discursivo de determinados escritos de Francisco Iglésias para afirmar e produzir uma reorganização disciplinar do conhecimento histórico produzido na universidade. Estes escritos – ainda que es-

---

60 MASTROGREGORI, Massimo. "Existe uma formulação teórica em Marc Bloch e Lucien Febvre?". In: NOVAIS, Fernando; SILVA, Rogério Forastieri da. (orgs.). *Nova história em perspectiva*. Vol. 1. São Paulo: Cosac Naify, 2011. p. 412.

parsamente encontrados em introduções e prefácios de obras, em relatórios técnicos, em artigos e palestras – revelam que a preocupação teórico-metodológica foi uma constante em sua obra. Já no capítulo 4, o que pretendemos não foi atestar se o autor realizou ou não os pressupostos teóricos por ele defendidos em seus próprios textos, pois não estamos interessados em depreender nenhuma coerência interna em seus escritos, mas sim averiguar como Francisco Iglésias articulou sua preocupação com a institucionalização e a profissionalização da História, destacados no capítulo anterior, sem perder de vista o princípio de que a História está enraizada nas necessidades sociais que demandam uma orientação na estrutura do tempo. Mostraremos como seus esforços em benefício da disciplinarização da historiografia universitária não ignoraram que a história é direcionada para uma audiência e se mantém estreitamente relacionada com a produção da consciência histórica. Suas narrativas históricas não foram reduzidas a instrumentos da luta ideológica e política de seu presente, mas tomadas enquanto procedimentos mentais que, ao articular fenômenos históricos, formaram concepções coerentes e dotadas de sentido. Em outras palavras, a narrativa histórica de Francisco Iglésias foi aí considerada enquanto um empreendimento para constituir "a história" que supostamente deveria estar representada nos textos por terem algum tipo de significado para o presente.

No capítulo 5, através de suas obras manifestadamente produzidas para vulgarizar o conhecimento histórico e das resenhas e das notas de livros publicados nos veículos impressos de comunicação, analisamos seus esforços para promover a divulgação do conhecimento histórico para além da própria universidade. Além de guardar o *status* acadêmico e profissional da História, Francisco Iglésias também buscou abrir os caminhos que possibilitassem que o conhecimento produzido na universidade chegasse ao leitor não especializado e cumprisse de forma mais estreita a função atribuída a ele de formar a consciência histórica dos cidadãos.

# 1

# O horizonte literário

O traçado de uma linha reta não nos permite representar os caminhos intelectuais percorridos pelo historiador Francisco Iglésias. A diversidade de suas produções intelectuais, as variadas circunstâncias sociais e políticas nas quais ele esteve envolvido e a vasta historiografia por ele produzida são impedimentos suficientes para explicações apressadas. Ademais, o estudo do itinerário intelectual não é a simples reconstituição do percurso de um autor. Para se transformar em um instrumento de investigação histórica ele exige sobretudo interpretação.[1] Não esperamos que as linhas fragmentadas que recolhemos das fontes recomponham o tecido original daquela individualidade, mas elas podem indicar os nós que atam as tramas da escrita de Francisco Iglésias às urdiduras do ambiente social e cultural de seu tempo, recompondo sua rede intelectual.

Entre os intelectuais, uma rede é tecida tanto pela sociabilidade mantida em função dos laços de amizade e dos espaços comuns de convivência – o "pequeno mundo estreito" dos intelectuais, como definiu Sartre, que identificamos aqui como as urdiduras desta rede – quanto pela escrita que eles produzem – a trama – cujas ideias atravessam e transformam os espaços sociais. Essa perspectiva nos autorizou a restabelecer

---

1   SIRINELLI, Jean-François. "Os intelectuais". In: RÉMOND, René (org.). *Por uma história política*. Rio de Janeiro: FGV, 2003.

compreensivamente a relação social e intelectual de Francisco Iglésias com outros intelectuais e acadêmicos ao longo das décadas de 1940 e 1990 e, ao mesmo tempo, perceber sua singularidade diante de seus pares, pois os elementos que dão originalidade ao seu percurso não deixam de ser também exemplares daquilo que revelam sobre a inscrição de um indivíduo em uma época, das respostas que oferece aos questionamentos de seu tempo e às suas próprias exigências profissionais.[2] O conhecimento histórico de um certo meio intelectual implica obrigatoriamente, portanto, relacionar suas manifestações e práticas aos significados contidos numa dada interpretação da realidade social.[3] Perceber como esses aspectos se constituíram mutuamente a partir da análise do percurso intelectual de Francisco Iglésias é um dos propósitos desta tese.

Não obstante a diversidade de práticas e certa carência de fundamentação teórico-metodológica, a História Intelectual assumiu como sua função principal articular as ideias aos contextos históricos em que elas foram produzidas. Daí ter investido fortemente na tendência sociológica de perceber as ideias como "produto" de determinado contexto intelectual. O que propomos aqui é a ampliação invertida desse movimento, pois as ideias se relacionam numa via de mão dupla com suas circunstâncias históricas: o discurso é, ao mesmo tempo, produto e produtor de realidade. O potencial performativo do discurso reorganiza o presente através da normatividade social que ele impõe ao leitor.[4] Ainda que a apropriação desse discurso naturalmente ultrapasse as expectativas do autor, haverá sempre uma articulação singular entre o texto e a experiência vivida de quem o recebe, uma reconfiguração capaz de promover o reconhecimento e de orientar a ação.[5]

Portanto, é a partir do interesse pelo intelectual enquanto uma figura histórica representativa, "alguém que visivelmente representa um certo ponto de vista, e alguém que articula representações a um público",[6] que propomos definir os termos dos discursos e das ações de Francisco Iglésias, pois seus escritos ajudaram a municiar de linguagem, de conceitos e de argumentos alguns dos debates públicos de sua época. Eximimo-nos de estabelecer conceitualmente os agentes que aqui chamamos "inte-

---

2 SALES, Véronique. "Apresentação". In: *Os historiadores*. São Paulo: UNESP, 2011.

3 GOMES, Angela de Castro. "Essa gente do Rio... os intelectuais cariocas e o modernismo". In: *Estudos Históricos*, Rio de Janeiro, vol. 6, n. 11, 1993.

4 CERTEAU, Michel de. *A escrita da história*. Rio de Janeiro: Forense Universitária, 2008.

5 RICOEUR, Paul. "A tríplice mimese". In: *Tempo e narrativa*, vol. 1. Campinas: Papirus, 1994.

6 SAID, Edward W. *Representações do intelectual: as Conferências Reith de 1993*. São Paulo: Companhia das Letras, 2005. p. 27.

lectuais", pois esta racionalização, como percebeu Altamirano, tende a se transformar numa questão moral: à pergunta sobre o que o intelectual é se sobrepõe outra a respeito do que ele deve ser.[7] Mas compartilhamos da definição preliminar do mesmo autor, segundo a qual "los intelectuales son personas, por lo general conectadas entre sí en instituciones, círculos, revistas, movimientos, que tienen su arena en el campo de la cultura",[8] pois ela não esgota a reflexão e deixa para o investigador a tarefa de saber, em cada realidade histórica, qual o papel social que os intelectuais desempenham, de onde vem a autoridade dos seus discursos e que tipo de autoridade é esta.

A presença de Francisco Iglésias na ambiência intelectual dos anos 1940 se deu pelo entrecruzamento dos espaços de sociabilidade intelectual com a produção de uma escrita fortemente marcada pela literatura. Para dar uma forma mais específica a esse "horizonte literário" e torná-lo manuseável nos limites de um capítulo, optamos por promover sua análise através das solidariedades de idade guardadas pela noção de geração. Apesar da polissemia do termo, sua definição na dimensão histórica pode ser percebida como um instrumento importante para a apreensão dos sistemas de valores e das sensibilidades coletivas nos quais os intelectuais estão implicados.[9] Não nos coube estabelecer normativamente esse conceito, mas descrever a dinâmica concreta dos processos de adesão e de identificação a um quadro de referências sentimentais e ideológicas que deram significado a esta denominação que o grupo de intelectuais do qual Francisco Iglésias fez parte empregou para si próprio para expressar sua identidade e suas relações sociais. Entre os intelectuais mineiros da década de 1940, destacamos a presença de determinadas clivagens e de um necessário engajamento político como fenômenos de geração, pois assim foram percebidos por aqueles agentes nos primeiros anos de sua exist~encia intelectual, bem como consolidados pela memória que se construiu sobre suas experiências.

Os "acontecimentos fundadores" que teriam gestado aquela geração perpassariam pela Segunda Guerra Mundial e pela ditadura do Estado Novo, cujos efeitos puderam

---

[7] "[...] lo que sobresale en este razonamiento no es un examen de lo que el intelectual es o hace en el espacio social, sino un discurso prescriptivo sobre lo que este debe hacer si quiere corresponder a su definición" (ALTAMIRANO, Carlos. *Intelectuales: notas de investigación*. Bogotá: Grupo Editorial Norma, 2006. p. 47).

[8] ALTAMIRANO, Carlos (dir.). *Historia de los intelectuales en América Latina. I. La ciudad letrada, de la conquista al modernismo*. Buenos Aires: Katz Editores, 2008. p. 14.

[9] SIRINELLI, Jean-François. "Os intelectuais". In: RÉMOND, René (org.). *Por uma história política*. Rio de Janeiro: FGV, 2003; SILVA, Helenice Rodrigues da. Maio de 1968: a revolta de uma geração. In: Fragmentos da história intelectual: entre questionamentos e perspectivas. Campinas: Papirus, 2002.

ser percebidos na produção e na memória daqueles intelectuais.[10] As oposições entre a resignação e a angústia, o catolicismo e o comunismo, a democracia e o fascismo ou a arte e a política constituíram engrenagens determinantes para o funcionamento daquele meio no qual Francisco Iglésias atuou e ajudou a compor. Através dos primeiros passos de seu itinerário intelectual, perceberemos as hesitações e indefinições de seu percurso marcado pela dúvida entre o magistério e a carreira burocrática, entre a permanência em Belo Horizonte e mudança para São Paulo, entre a contemplação e a ação política e, sobretudo, entre a história e a literatura. Acompanharemos, enfim, a construção histórica de uma "vocação", destituindo-a de qualquer espontaneidade ou propensão natural que, ainda hoje, frequentemente se atribui àqueles que se dedicam à docência. As fontes principais para a escrita deste capítulo foram as diversas formas de representação que Francisco Iglésias e outros intelectuais mineiros fizeram de si mesmos naqueles anos, os primeiros ensaios publicados pelo historiador em jornais e revistas literárias, bem como sua comunicação epistolar.

## Perfil sentimental de uma geração

A conhecida relação de amizade que ligava os escritores mineiros Paulo Mendes Campos, Otto Lara Resende, Hélio Pellegrino e Fernando Sabino fez com que eles próprios se reconhecessem como "os quatro cavaleiros de um íntimo apocalipse". A qualificação, tomada de empréstimo do livro do "Apocalipse", traduzia a familiaridade que os unia através da manutenção da conhecida simbologia bíblica que atribui ao número quatro uma totalidade simétrica, composta por partes integrantes de uma realidade única. Estabelecidos no Rio de Janeiro e consagrados em suas atividades, eles tiveram como ponto comum a literatura e foram reconhecidos como a expressão mineira da chamada "geração de 1945".

Mas o conceito de geração, apesar de extremamente vulgarizado pelas Ciências Sociais e pelos estudos literários, além de cercado por um campo semântico

---

10 Acompanhamos aqui as ideias de Sirinelli, para quem uma geração pode ser definida como um "estrato demográfico unido por um acontecimento fundador que por isso mesmo adquiriu uma existência autônoma. Por certo, as repercussões do acontecimento fundador não são eternas e referem-se, por definição, à gestação dessa geração e a seus primeiros anos de existência. Mas uma geração dada extrai dessa gestação uma bagagem genética e desses primeiros anos uma memória coletiva, portanto ao mesmo tempo o inato e o adquirido, que a marcam por toda a vida" (SIRINELLI, Jean-François. "Os intelectuais". In: RÉMOND, René (org.). *Por uma história política*. Rio de Janeiro: FGV, 2003. p. 255).

bastante impreciso – ele pode ser empregado no sentido biossociológico, político ideológico ou cultural –, se consolida através de uma construção retrospectiva: ele é um produto da rememoração concebido por diferença e por oposição.[11] O sistema de referências gestado nos anos iniciais de uma geração não é eterno, nem estável: ele é transformado pela memória comum a respeito do tempo e dos eventos que deram significado às experiências coletivas. Por isso, a operacionalidade da noção de geração como instrumento de explicação histórica é bastante discutida. Não existem critérios objetivos para demarcar uma geração, pois cada universo de análise constitui seus próprios fatores de distinção.

A dificuldade para empregar a noção de geração, entretanto, não nos impediu de arriscar o seu uso. Em primeiro lugar, porque os processos de transmissão cultural, bem como a definição do intelectual por referência a uma herança são aspectos ressaltados quando nos referimos à geração e instrumentos importantes se queremos apreender o quadro de referências mentais e ideológicas que compõem uma cultura intelectual. Em segundo lugar, porque este conceito foi usado na escrita dos próprios agentes que investigamos para definir ou justificar sua adesão ou seu afastamento em relação a determinado sistema de valores. Assim, não só exploramos seu potencial analítico, com consciência de suas limitações, como também estabelecemos seu valor semântico naquela realidade histórica específica.

Se os escritores mineiros da década de 1940 criaram para si uma identidade geracional, cuja configuração veremos ao longo deste capítulo, aquele "quarteto literário" adquiriu o poder de sumarizar esse grupo de intelectuais fora e dentro de Minas Gerais. A transformação de si mesmos, enquanto representações de uma suposta unidade, em personagens da prosa ficcional[12], em objetos de estudos literários e até em um disco com gravações de suas poesias e prosas[13], contribuiu para a manutenção da ideia

---

11 NORA, Pierre. La génération. In: NORA, Pierre (org.). *Les lieux de mémoire*. Vol. 2. Paris : Gallimard, 1997.

12 O quarteto é personagem central do livro "O encontro marcado", maior sucesso editorial de Fernando Sabino, publicado em 1956.

13 Em 1980, convidados pela produtora Marilda Pedroso, Otto Lara Resende, Helio Pellegrino, Fernando Sabino e Paulo Mendes Campos gravaram suas poesias e prosas acompanhados pelo pianista Francis Hime. O resultado foi o LP duplo "Os Quatro Mineiros", lançado pela Som Livre em 1981. Em carta a Francisco Iglésias em janeiro de 1992, Otto Lara Resende afirmou ter se arrependido do empreendimento: "Me arrependi daquele disco dos '4', que nasceu de uma ideia completamente inocente – e minha. Já contei, não? Um dia conto. Da ida à gravadora, para uma brincadeira inconsequente, saiu o disco, que acabou lançado no Rio e em SP, com galas de festa, por que interessava a

de que o conhecimento de suas trajetórias poderia dar conta dos processos socialmente significativos para a compreensão da cultura intelectual de Minas Gerais naqueles anos. Embora Otto Lara Resende tenha sido um dos mais importantes agentes construtores desta memória (o rótulo de "quatro cavaleiros de um íntimo apocalipse" é atribuído a ele), não deixou de perceber a redução a que sua geração foi submetida. Em carta a Francisco Iglésias datada em 1992, ele protestou e chamou de "folclore" e de "marketing" a permanência daquela unidade:

> Tenho horror a essa historia dos "4", mosqueteiros então! Burrice. No momento em q estava na casa do PMC [Paulo Mendes Campos], ele recém-morto (todo morto é antiquíssimo), uma repórter disse essa historia dos "4" a alguns, passou de mim e eu, quase grosseiro, gritei: Isso é folclore! Não empobreça o Paulo, nem os amigos dele! Mas não adianta. O clichê pegou. Reagi contra, reajo há anos, até me recusando a comparecer, por ex, a BH no último aniversário da cidade a que o Hélio [Pellegrino] foi com o FS [Fernando Sabino]. O P [Paulo] não foi, prometeu e não apareceu no aeroporto. Eu resisti até onde pude – e não fui [...] Voltando aos "4": é coisa tb do marketing do EM [jornal Estado de Minas], V. não acha? Enfim, não adianta reclamar. O tempo apaga isto e o mais.[14]

Mas ainda hoje, em qualquer perfil biográfico de um deles, o nome dos outros três também aparece e a simbiose se estende à totalidade da comunidade de intelectuais mineiros dos anos 1940. Não raramente esta geração apareceu "explicada" com a citação destes quatro grandes nomes e um vago "dentre outros".

Francisco Iglésias foi um destes "dentre outros" que compartilharam o espaço e o clima intelectual mineiro da década de 1940. Ele também foi um dos "vintanistas", como os chamava Mário de Andrade, que comungaram com as ideias e as práticas de um grupo que não se esgotou com aqueles "quatro cavaleiros", mas guardou lugar para certo "cavaleiro da triste figura", que foi como Francisco Iglésais se referiu a ele próprio

---

gravadora fazer uma onda 'cultural'. O FS [Fernando Sabino] não queria gravar, até que entendeu que podia ser interessante e entrou no tradicional marketing. Enfim, deu pelo menos umas boas horas de convívio com o PMC [Paulo Mendes Campos], que já andava arisco e com HP [Helio Pelegrino], que nunca viajava com a gente" (Carta de Otto Lara Resende a Francisco Iglésias em janeiro de 1992. Instituto Moreira Sales. Coleção Francisco Iglésias).

14  Carta de Otto Lara Resende a Francisco Iglésias em janeiro de 1992. Instituto Moreira Sales. Coleção Francisco Iglésias.

naqueles anos.[15] A alcunha, extraída da obra "Dom Quixote", traduzia o sentimento de um jovem atormentado pelas incertezas e temores que rondavam suas escolhas – dentre elas, a que dizia respeito à sua profissão – mas que só eram plenamente confessados mediante os códigos de uma escrita íntima decifrados pela amizade. Indeciso entre a história e a literatura, entre Belo Horizonte e São Paulo, entre a arte e a política, entre o magistério e a carreira burocrática, era como um sujeito inseguro e angustiado que o jovem Francisco Iglésias se mostrava aos amigos através de suas correspondências pessoais.

Através deste gênero de escrita, Francisco Iglésias compartilhou com seus correspondentes uma face autorreflexiva que resultou na construção de um complexo conjunto de atributos da sua individualidade. Não nos interessou avaliar se a composição de sua identidade através destas cartas foi "autêntica", no sentido de coincidente com a "essência" de seu autor. Não nos identificamos aqui com aquele historiador "ávido do segredo das almas", mencionado por Prochasson, que gostaria de ser Deus ou, na impossibilidade, Freud![16] Partimos do pressuposto de que esta modalidade de escrita de si é tanto constitutiva da identidade de seu autor, quanto do texto, que se criam simultaneamente.[17] O olhar desavisado que lê uma carta como a expressão decalcada dos estados de espírito do remetente acaba ignorando o caráter retórico-argumentativo que envolve seu tom confessional. A carta é, por definição, compartilhada.[18] Quem escreve se comporta como se estivesse na presença do destinatário e busca "fazer coincidir o olhar do outro e aquele que se volve para si próprio".[19] Por isso, o trabalho de introspecção que uma correspondência pessoal suscita não é uma "decifração de si por si mesmo", mas uma "abertura de si mesmo que se dá ao outro".[20] A identidade individual que se constituiu com o texto, portanto, se fundamenta em qualidades socialmente reconhecíveis, ela se apresenta sintonizada com os discursos de um grupo social. Conforme Vincent-Buffault, as cartas pessoais de intelectuais denotam não apenas um gesto íntimo, mas também um movimento em direção a afiliações sociais ou profissio-

---

15  Carta de Francisco Iglésias a Otto Lara Resende em 09 de agosto de 1946. Instituto Moreira Sales. Coleção Otto Lara Resende.
16  PROCHASSON, Christophe. "Atenção: Verdade!": arquivos privados e renovação das práticas historiográficas. In: *Estudos Históricos*, Rio de Janeiro, vol. 11, n. 21, 1998. p. 115.
17  GOMES, Angela de Castro. "Escrita de si, escrita da história: a título de prólogo". In: GOMES, Angela de Castro (org.). *Escrita de si, escrita da história*. Rio de Janeiro: FGV, 2004.
18  LEJEUNE, Philippe. "A quem pertence uma carta?". In: *O pacto autobiográfico: de Rousseau à internet*. Belo Horizonte: UFMG, 2008.
19  FOUCAULT, Michel. "A escrita de si". In: *O que é um autor?* Lisboa: Vega, 2009. p. 160.
20  *Idem.* p. 152.

nais. Através das correspondências, o indivíduo encontra seu lugar social apoiando-se numa identidade que se afirma no particular.[21]

Portanto, não obstante a revelação de uma intimidade, a leitura das cartas de Francisco Iglésias em seu contexto discursivo nos permitiu ressaltar algumas das características que distinguiam certo grupo de escritores mineiros da década de 1940. Esses intelectuais criaram para si uma identidade geracional pautada pela maneira original que vivenciaram, analisaram e superaram a experiência da Segunda Guerra Mundial e a ditadura do Estado Novo, eventos considerados fundadores daquela geração. Entre a aceitação e a negação da transmissão dos valores políticos e culturais de um presente profundamente desestabilizador, os jovens escritores mineiros que estavam na casa dos vinte anos durante os anos 1940 tiveram como fator de coesão o compartilhamento de uma configuração temporal marcada pela atmosfera melancólica subjacente à crise de valores herdada do passado. A maneira como eles interpretaram seu limiar de experiência – deslegitimando uma tradição e favorecendo a criação de conflitos em relação ao passado recente – resultou numa forma original de lidar com suas próprias contradições e de se apropriarem das oposições – sentimentais, filosóficas e políticas – existentes entre eles, criando o que Barbara Rosenwein chamou de uma "comunidade emocional".[22]

No livro clássico de Fernando Sabino, "O encontro marcado", publicado em 1956 e considerado por muitos o retrato daquela geração, o narrador faz referência ao ato de "puxar angústia" como sendo uma prática compartilhada pelo grupo de amigos do qual Francisco Iglésias fazia parte: "Puxar angústia era abordar um tema habitual, como el sentimiento trágico de la vida, le recherche du temps perdu, to be or not to be".[23] De fato, a percepção de que aquela geração que se formava durante a Segunda Guerra Mundial era especialmente sofrida, infeliz e incompreendida foi unânime nas respostas dos escritores mineiros a dois inquéritos realizados na década de 1940.

No primeiro, organizado pelo jornalista João Etienne Filho e publicado pelo jornal belo-horizontino "O Diário" em 1943, Hélio Pellegrino observou que a sua geração era o resultado de um mundo que "desonrou o amor" e causou muito sofrimento.[24]

---

21 VINCENT-BUFFAULT, Anne. *Documentos de amizade*. In: *Da amizade: uma história do exercício da amizade nos séculos XVIII e XIX*. Rio de Janeiro: Jorge Zahar, 1996.

22 ROSENWEIN, Barbara H. *História das emoções: problemas e métodos*. São Paulo: Letra e Voz, 2011; ROSENWEIN, Barbara H. "Worrying about emotions in history". In: *The American Historical Review*. 107, n. 3, june 2002.

23 SABINO, Fernando. *O encontro marcado*. Rio de Janeiro: Record, 2006. p. 91.

24 PELLEGRINO, Hélio. Convidando uma geração a depor. O Diário, Belo Horizonte, 09 de junho de 1943.

Otto Lara Resende, apresentado na enquete como dono de uma "amargura criadora", afirmou que a sua geração era sacrificada, oprimida e precocemente envelhecida.[25] O poeta Alphonsus de Guimaraens Filho generalizou a percepção do sofrimento a todos os jovens daquela época, independentemente das afinidades intelectuais.[26] O contista Ildeu Brandão destacou a instabilidade daquela geração, mas relativizou seu propalado sofrimento em face da geração de outros países que viviam de perto a guerra.[27] Para o professor Daniel Antipoff, era o próprio sofrimento aquilo que dava valor à sua geração[28], opinião também compartilhada por Fernando Sabino, que declarou que a sua geração era composta de "pobres homens tristes" acompanhados de perto pela morte e que esta condição é que lhes garantiria o reconhecimento.[29] Para Paulo Mendes Campos, a sua geração era formada por homens cansados e excessivamente preocupados com a decadência e a morte, escondidos por trás do desdém e da ironia que acabavam por comprometer sua força construtiva.[30] Esta preocupação também foi manifestada no depoimento de João Etiene Filho. Além de ponderar que toda geração, quando

---

25  RESENDE, Otto Lara. Convidando uma geração a depor. O Diário, Belo Horizonte, 10 de junho de 1943.

26  "Creio que não existe um só moço (não excluo mesmo os granfinos e os preocupados com o último modelo de Hollywood e adjacências) que não se tenha feito a pergunta: que será de mim? [...] Só resguardando o nosso mundo íntimo, evitaremos maior envenenamento e maior desolação" (GUIMARAENS FILHO, Alphonsus de. Convidando uma geração a depor. O Diário, Belo Horizonte, 08 de junho de 1943).

27  "Penso que a minha geração brasileira tem vivido em sobressaltos constantes e seu característico normal é a instabilidade [...] Há um tal ou qual excesso de literatura em torno do assunto [do sofrimento]. Devemos ter pudor de falar em sofrimento, nós que, com a graça de Deus, ainda nada sofremos" (BRANDÃO, Ildeu. Convidando uma geração a depor. O Diário, Belo Horizonte, 16 de junho de 1943).

28  "Para valermos alguma coisa, precisamos sofrer mais, material e espiritualmente" (ANTIPOFF, Daniel. Convidando uma geração a depor. O Diário, Belo Horizonte, 19 de junho de 1943).

29  "Sei mesmo que vivemos sob o signo da desgraça e da destruição, os nossos gestos se tornam fatigados, o desânimo ronda por toda a parte, mas somente dessa destinação de viver com a morte acompanhando todos os nossos passos poderá advir-nos o nosso maior merecimento" (SABINO, Fernando. Convidando uma geração a depor. O Diário, Belo Horizonte, 13 de junho de 1943).

30  CAMPOS, Paulo Mendes. Convidando uma geração a depor. O Diário, Belo Horizonte, 11 de junho de 1943.

nova, se julga infeliz, ele temia que a "angústia indomável da nova turma de Minas" se transformasse numa "amargura improfícua".[31]

Depois, no inquérito realizado em 1946 pela revista literária "Edifício", quando questionados sobre como situariam a sua geração, os escritores mineiros selecionados foram unânimes na afirmação de que eles carregavam a experiência do sofrimento e a dúvida com relação à direção a seguir. Alguns, como Sábato Magaldi, Pedro Paulo Ernesto e Walter Andrade, manifestaram a ideia de que o passado não teria deixado nenhuma herança àqueles jovens, a não ser a própria negação e a dúvida, o que os tornavam inquietos e confusos.[32]

Os depoimentos revelam que uma crise existencial não distinguia uma ou outra individualidade, mas constituiria o perfil sentimental daquela geração. A imagem da morte e a presença dos sentimentos de tristeza e de angústia existencial não eram exclusivas da poesia ou de poetas, mas compunha a atmosfera intelectual daqueles escritores, contaminando a obra literária, a escrita epistolar e a própria autorrepresentação dos prosadores e romancistas mineiros. A instabilidade que eles percebiam na relação entre o presente e o passado e que tornava aquela época, na visão deles, pura novidade, seria o principal responsável pelos sentimentos de medo e de angústia que fizeram parte do jogo de construção da identidade geracional daquele grupo.

O aspecto performativo destes discursos pode ser indiciado pela maneira como os intelectuais mineiros eram identificados pelos outros. A consciência da inevitabilidade da morte e a manifestação de sentimentos imprecisos de medo e de ameaça não só contribuía para a auto-identificação daqueles escritores, como marcava aquele

---

31  ETIENE FILHO, João. Convidando uma geração a depor. O Diário, Belo Horizonte, 3 de junho de 1943.

32  Sábato Magaldi afirmou que "nenhum legado que significasse ponto de partida nos foi concedido. De falência em falência, restou-nos a descoberta do desespero no cerne da estrutura humana. Dolorosamente, acrescentaria: quem não o admite como a condição básica da nossa vida é leviano ou desonesto" (Edifício, Belo Horizonte, ano 1, vol. 2, fevereiro de 1946, p. 9). Pedro Paulo Ernesto, por sua vez, respondeu que "o que herdamos de gerações precedentes apresenta um conjunto de destroços, com a morte absoluta do heroísmo individual, que já consiste toda uma atitude poder suportar semelhantes destroços" (*Idem*, p. 18). Walter Andrade acrescentou em seu depoimento que a sua geração, "nascida de uma época de crise e derrocada de todos os valores", só pode receber das gerações anteriores "um patrimônio desalentador de negação e dúvida". Ele ainda afirmou que "a ausência de qualquer atitude definitiva de afirmação foi o fato que mais deu caráter à nossa geração, na etapa mais decisiva e aguda do seu desenvolvimento" (*Idem*, p. 22).

grupo mineiro também aos olhos dos outros. Mário de Andrade demonstrou isso ao afirmar que "nas Minas Gerais, onde a inteligência brasileira é mais sensível, os rapazes regougam em gemidos de desânimo e insatisfação".[33] Vinícius de Moraes também se manifestou sobre o caráter excessivamente introspectivo e angustiado dos escritores mineiros numa carta publicada em 1944, "Carta contra os escritores mineiros (Por muito amar)". Instigado pela leitura das peças literárias de dois jovens poetas e prosadores mineiros (não nomeados), Vinícius de Moraes notou o caráter extremamente centrado sobre o eu íntimo dos autores e questionou "o fato de não lutar por colocar esse talento e essa franqueza a serviço de uma causa menos egoísta":

> Por que vos recusais a pensar, escritores de Minas, além do pensamento de vós mesmos que vos ocupa todas as horas? [...] Vossa alma é patética, escritores de Minas. Eu a amo e admiro. Mas esse olhar perpetuamente para dentro, vos secará o brilho dos olhos [...] Mas o vosso orgulho não é simples, escritores de Minas. Ele vos isola, numa terra ferida de morte. Ele vos dá em excesso complascência para com as vossas próprias feridas, que tanto cultivais [...] Não vos dá vontade de louvar outra coisa que não seja a Deus e vossa angústia? Porque sois ordenados por fora e desencontrados por dentro? Porque vos persegue o pensamento da morte, que é o fim da vida?[34]

A carta aberta de Vinícius de Moraes suscitou, pelo menos, quatro respostas dos mineiros que foram publicadas nos jornais de Belo Horizonte. O próprio Etiene Filho, que ano antes havia manifestado preocupação semelhante com o que ele chamou de "amargura improfícua" do grupo de escritores mineiros, diante da crítica externa amenizou a condição argumentando que aquela angústia era resultado do "clima da montanha", uma marca como outras quaisquer que também estariam presentes nas produções de paulistas ou cariocas. Mas ele não deixou de atribuir ao caráter individual do escritor que inspirou as reflexões de Vinícius de Moraes sobre os mineiros a origem dos equívocos do poeta. Se referindo muito provavelmente a Otto Lara Resende, a quem chamava de "pai da angústia", Etiene Filho declarou que ele não poderia servir de modelo.[35] O contista Ildeu Brandão, que no inquérito de 1943 tinha identifi-

---

33   ANDRADE, Mário de. "Prefácio". Apud ETIENE FILHO, João. *Esquema de uma geração*. Mensagem, Belo Horizonte, 15 de março de 1944. p. 8.

34   MORAES, Vinícius de. Carta contra os escritores mineiros (Por muito amar). O Jornal, Rio de Janeiro, 05 de novembro de 1944.

35   "O homem que te serviu de motivo para sua carta, aquele rapaz notavelmente bem dotado, que é um poço, um saco, um tonel de valor e de angústia, aquele é o Pai da Angústia. Aquele não serve de modelo absoluto não. Ele é ótimo, é genial, é notável,

cado as amarguras individuais como a principal característica do grupo de escritores mineiros, também acabou denunciando a generalização de Vinícius de Moraes como equivocada.[36] Fritz Teixeira Sales, que no inquérito de 1943 não hesitou para falar do grupo de escritores mineiros como uma "geração",[37] na resposta à Vinícius de Moraes questionou quem seriam os "escritores mineiros" e provocou afirmando que "é bem mais fácil atacar uma entidade distante e vaga como os 'escritores mineiros'".[38]

Mas os posicionamentos oscilantes despertados pelo diálogo com o outro não foram suficientes para desestabilizar a presença desse fator no reconhecimento daqueles intelectuais. Ao contrário, como toda produção discursiva e simbólica, ela se formou e transformou continuamente em relação às representações e às confrontações de outros sistemas culturais. A correspondência entre os amigos Francisco Iglésias e Otto Lara Resende atesta a presença constante e profunda de suas dúvidas em relação ao mundo, à sociedade e a si mesmos. Nelas, o próprio hábito de "puxar angústia" foi assunto tratado entre os dois.[39] O pacto epistolar entre eles incluía

---

e confesso de público (bem pouco mineiramente) minha ternura e meu bem querer por ele. Mas ele é demais, é hipetrofia e se não houvesse a angústia no mundo, ele a inventaria" (ETIENE FILHO, João. Resposta a Vinícius de Moraes I. O Diário, Belo Horizonte, 08 de novembro de 1944).

36  "Julgaste-nos, a todos, por um certo grupo – de vagos e talentosos adolescentes que aqui existe, adolescentes excessivamente intelectualizados e por isso mesmo sofisticados: é o "grupo dos pelicanos". A esse grupo, somente a ele deveria ser dirigida a vossa carta. Porque, se eles são escritores mineiros não são, em absoluto, OS ESCRITORES MINEIROS" (BRANDÃO, Ildeu. Resposta a Vinícius de Moraes III. O Diário, Belo Horizonte, 11 de novembro de 1944).

37  SALES, Fritz Teixeira. Convidando uma geração a depor. O Diário, Belo Horizonte, 12 de junho de 1943.

38  SALES, Fritz Teixeira. Resposta a Vinícius de Moraes. O Diário, Belo Horizonte, 12 de novembro de 1944.

39  Quando Francisco Iglésias cogitava sair de Belo Horizonte, pesava favoravelmente para sua mudança para São Paulo a possibilidade de cultivar amizades tão intensas com os paulistas – especialmente com Alfredo Mesquita e com Antônio Cândido – quanto aquela que ele mantinha com o grupo de escritores mineiros. Ele confidenciou a Otto Lara Resende que "cheguei a ficar acanhado até, pois falávamos que nem em caminhadas pela Avenida João Pinheiro ou pelo Parque". Somente a intimidade e a cumplicidade compartilhada com os verdadeiros amigos lhe permitia "puxar angústia" e ele confessou quase ter feito isso em São Paulo: "A confraternização foi tão grande que quase cheguei – creia! – a puxar angústia no Viaduto do Chá ou no Vale do Anhangabaú, tão vermelho! Puxar angústia é das coisas que eles mais querem saber e

o compromisso de serem "trocadores de dramas"[40] ou, como é comum em cartas amistosas, de promover "a descoberta de si no outro e do outro em si, construindo-se mutuamente".[41] A identidade constituída por esta escrita foi notada por Francisco Iglésias em 1951, quando dava notícia da organização de seus documentos pessoais. Separando sua correspondência passiva por autores, ele percebeu que o montante remetido por Otto Lara Resende era o maior, com 63 cartas.[42] Aquela escrita, segundo ele, oferecia "um bom retrato de sua alma, de seu espírito, e um pouco até de seu corpo".[43]

Dentre as 267 cartas preservadas, escritas por eles entre 1944 e 1992 (161 enviadas por Francisco Iglésias e 106 remetidas por Otto Lara Resende), mereceram destaque neste capítulo o conjunto de 39 cartas da correspondência ativa de Francisco Iglésias entre 1944 e 1949, época da maior comunicação entre os dois.[44] O período coincide com a mudança de Otto Lara Resende para o Rio de Janeiro e com a formatura de Francisco Iglésias no curso de Geografia e História, sua mudança para São Paulo e seu retorno à Belo Horizonte. A leitura destas cartas nos possibilitou ampliar a análise da correspondência para além da esfera particular que elas naturalmente envolvem e inseri-la numa prática textual global que, com uma linguagem específica, constrói e mantém redes de sociabilidade que garantem a coesão de um grupo, além de promover a troca de ideias e de favores.

---

esperam aprender comigo" (Carta de Francisco Iglésias a Otto Lara Resende em 28 de maio de 1946. Instituto Moreira Sales. Coleção Otto Lara Resende).

40   Carta de Francisco Iglésias a Otto Lara Resende em 28 de maio de 1946. Instituto Moreira Sales. Coleção Otto Lara Resende.

41   VINCENT-BUFFAULT, Anne. "Documentos de amizade". In: *Da amizade: uma história do exercício da amizade nos séculos XVIII e XIX*. Rio de Janeiro: Jorge Zahar, 1996. p. 41.

42   Estas cartas remetidas por Otto Lara Resende à Francisco Iglésias e contabilizadas em 1951, bem como outras enviadas antes de 1959, não constam na correspondência passiva do historiador arquivadas em sua coleção no Instituto Moreira Sales.

43   Carta de Francisco Iglésias a Otto Lara Resende em 31 de março de 1951. Instituto Moreira Sales. Coleção Otto Lara Resende.

44   As cartas mencionadas aqui fazem parte dos acervos de Otto Lara Resende e de Francisco Iglésias guardados no Instituto Moreira Sales (IMS), no Rio de Janeiro. O arquivo pessoal de Francisco Iglésias foi doado ao IMS em 2002. Até 2012, quando realizamos a pesquisa na instituição, seus documentos ainda não tinham sido catalogados, o que impôs um pesado limite à exploração de seu acervo, não obstante o profissionalismo e a boa vontade de seus funcionários.

A partir do espaço entre a vida e o texto que a correspondência pessoal cria – o que Trebitsch chamou de "zona enigmática"[45] –, confrontando-o com outras fontes documentais, objetivamos fornecer informações de interesse biográfico sobre Francisco Iglésias e, ao mesmo tempo, ressaltar as referências que eram aceitas no sistema de identificação coletiva daquele grupo de intelectuais. As articulações entre passado e futuro realizadas no presente das escolhas daqueles sujeitos foram fundamentais para darmos significado aos impasses vividos por Francisco Iglésias naqueles anos.

## Angústias de um "cavaleiro da triste figura"

Recém-formado no curso de Geografia e História da Universidade de Minas Gerais, Francisco Iglésias parecia distante de se considerar realizado diante das perspectivas profissionais que se abriram. Em 1946, apenas dois anos depois do início de suas atividades docentes, ele já manifestava certa impaciência com a rotina escolar. Para Otto Lara Resende ele confessou que a cada novo ano letivo se sentia confrontado "com a burrice dos alunos que não fazem caso daquilo que pretendemos saber e ensinar",[46] e que a atividade docente, "dando quatro aulas por semana e suportando a burrice da juventude",[47] lhe tirava a disposição para qualquer outra coisa.

Francisco Iglésias era professor do Colégio Marconi desde 1944, função assumida antes mesmo de completar o curso superior a convite do professor da Faculdade de Filosofia e então diretor daquele colégio, Artur Versiani Veloso. Nas homenagens por ocasião do quinquagésimo aniversário do professor Veloso, em janeiro de 1956, Francisco Iglésias relembrou que "ele insistiu que eu fosse dar aula no Colégio Marconi, de que era Diretor. Relutei a princípio, mas, ante a insistência de outros convites acabei por ceder. E em 1945 fui forçado ao magistério do qual não deveria mais sair".[48]

A ideia de que ele tinha sido levado à carreira de professor contra a sua vontade endossava a crise vocacional que ele manifestou em suas cartas, afastando qualquer possibilidade de que o destinatário pudesse interpretar a profissão que ele exercia como uma propensão espontânea ou um gosto natural da sua personalidade. Em 1948,

---

45 TREBITSCH, Michel. "Correspondances d'intellectuels: le cas de lettres d'Henri Lefebvre à Norbert Guterman (1935-1947)". In: *Les Cahiers de l'IHTP*, n. 20, mars 1992.

46 Carta de Francisco Iglésias a Otto Lara Resende em 1º de fevereiro de 1946. Instituto Moreira Sales. Coleção Otto Lara Resende.

47 Carta de Francisco Iglésias a Otto Lara Resende em 22 de março de 1946. Instituto Moreira Sales. Coleção Otto Lara Resende.

48 IGLÉSIAS, Francisco. Um professor de entusiasmo. O Diário, Belo Horizonte, 22 de janeiro de 1956. p. 4.

ano em que lecionou no Colégio Anchieta, ele expressou com bom humor o desejo de abandonar o magistério a qualquer custo: "serei porteiro de cinema ou condutor de bonde, em lugar de professor. Dar aula é horrível [...]"; dramatizou suas consequências: "estou emagrecendo [...] Tenho até medo de morrer..."; e manifestou a preocupação de conciliar a docência com a literatura: "leio pouco, quase que só matéria relacionada com estudo. Encontro poucas folgas para investidas literárias, mas sempre encontro".[49] Mas a angústia causada pela impossibilidade de afirmar seus próprios valores em função de uma escolha supostamente não realizada parece ter dado origem ao desespero que se manifestou noutra carta daquele mesmo ano:

> Custo a suportar este fim de ano. Tudo se arrasta, com lentidão lesmática. As aulas, ó meu deus, porque existe colégio? Não aguento mais, já caminho até para a criação de casos, desejando inclusive eliminar alunos. Calor, a sala de 40 ou 50 pessoas, à noite, sete e meia, nove e meia, dez horas, caras sonolentas, gente cansada, o professor uma droga, droga que sofre. Conto até os dias para o final do martírio. Verifico agora que me restam seis semanas de aula. Seis semanas ainda![50]

Não era a primeira vez que Francisco Iglésias decidia se distanciar do magistério. Durante sua temporada em São Paulo, entre meados de 1946 e 1947, quando trabalhou como gerente da Livraria Jaraguá, ele expressou mais de uma vez sua aflição: "Não sei agora o que fazer. Que fazer em Minas? Não sou jogador de futebol, não sei tocar piano ou cantar em cabarés. Que fazer, Lenine? Professor não me seduz. Diga-me o que eu posso vir a ser ainda e eu içarei agradecido pela ideia ou sugestão".[51] E, depois:

> Sei hoje, menos do que nunca, ou mais que nunca, o que não posso fazer. Longe estou, entretanto, de saber o que fazer. Sei que não quero dar aulas, que não quero muita cacetação, que não quero ser comerciante nem industrial nem artista de circo ou jogador de futebol. Qual a saída, então? Esta eu não vejo.[52]

---

49 Carta de Francisco Iglésias a Otto Lara Resende em 10 de junho de 1948. Instituto Moreira Sales. Coleção Otto Lara Resende.

50 Carta de Francisco Iglésias a Otto Lara Resende em 27 de setembro de 1948. Instituto Moreira Sales. Coleção Otto Lara Resende.

51 Carta de Francisco Iglésias a Otto Lara Resende em 19 de outubro de 1946. Instituto Moreira Sales. Coleção Otto Lara Resende.

52 Carta de Francisco Iglésias a Otto Lara Resende em 04 de janeiro de 1947. Instituto Moreira Sales. Coleção Otto Lara Resende.

Em 1949, ele confirmou ao amigo que tinha optado por não retornar às aulas. A atitude era a realização de uma escolha fundada no respeito à sua subjetividade e vontade de ter outras experiências fora da cidade. A determinação justificava, inclusive, se responsabilizar pela pressão financeira que a sua escolha envolvia:

> Como você sabe, não dou aula este ano. Não vou me comprometer com o colégio, pois não gosto mesmo do ofício, e, dando aula, fico impedido de sair por um momento que seja durante todo o ano letivo. Minha resolução foi suspender o magistério. Acontece, no entanto, que não posso viver da graça de Deus apenas e o funcionalismo estadual é mais que pífio.[53]

Noutra carta, ele igualou a docência ao trabalho burocrático como atividades para garantir o sustento: "Terei que ser funcionário público ou professor ("ah! Que ânsia humana de ser rio ou cais"), não há outro remédio. Todos os dois são péssimos. Aí é que me dá aborrecimento por não ser rico. Se eu fosse rico…".[54] Como Álvaro de Campos no verso de "Barrow-on-Furness" citado, Francisco Iglésias estava em busca de uma nova opção: a literatura.

De fato, segundo Lucília Delgado, a angústia existencial daqueles jovens era provocada, em grande parte, pela dificuldade de exercer somente a atividade de escritor e tirar dela o sustento, pois "o Brasil se modernizava, mas a literatura e as artes continuavam sendo consideradas como um hobby, um adereço. Ou como atividades complementares aos empreendimentos econômicos, tidos como reais geradores de riqueza."[55] Naquele mesmo ano, Francisco Iglésias manifestou o interesse de retornar à São Paulo e assumir lá um cargo burocrático com o qual pudesse conciliar sua atividade como escritor, já que Belo Horizonte parecia não oferecer condições para o trabalho intelectual.[56] O projeto pessoal traçado em sua correspondência não diferia daquilo que era executado por boa parte dos escritores mineiros desde a década de 1930: conciliar a atividade intelectual com um emprego público.

---

53 Carta de Francisco Iglésias a Otto Lara Resende em 09 de abril de 1949. Instituto Moreira Sales. Coleção Otto Lara Resende.

54 Carta de Francisco Iglésias a Otto Lara Resende em 12 de novembro de 1947. Instituto Moreira Sales. Coleção Otto Lara Resende.

55 DELGADO, Lucília de Almeida Neves. "Cidade, memória e geração: a Belo Horizonte de Fernando Sabino". *Cadernos de História*. Belo Horizonte, v. 9, n. 12, 2007.

56 Carta de Francisco Iglésias a Otto Lara Resende em 09 de abril de 1949. Instituto Moreira Sales. Coleção Otto Lara Resende.

Mas Francisco Iglésias não vinha de uma família politicamente influente que pudesse facilitar sua nomeação para um cargo importante, como aconteceu com muitos daqueles intelectuais.[57] Ele nasceu em Pirapora (MG), em 1923, cidade em que seu pai – um imigrante espanhol que trabalhava como mecânico ferroviário – se fixou temporariamente enquanto participava da construção da ponte de ferro sobre o Rio São Francisco. Em Belo Horizonte, a família se estabeleceu no Horto Florestal, bairro operário localizado na área suburbana da cidade e que se desenvolveu com a presença da oficina da Estrada de Ferro Central do Brasil, na qual o pai trabalhava. Aos 13 anos, Francisco Iglésias foi levado para exercer funções administrativas naquela oficina. Ele era datilógrafo, trabalho que conciliava com os estudos no curso noturno do Colégio Mineiro.[58] Com limites financeiros e sociais, o sonho do emprego público em

---

[57] Em "Um artista aprendiz", romance que conta a história da formação filosófica e literária do mineiro Autran Dourado, o autor se faz passar pela personagem João, jovem aspirante a escritor que procura os conselhos do experiente Sílvio Souza, pseudônimo de Godofredo Rangel. Numa passagem da narrativa, João recebe de Sílvio Souza uma orientação que é exemplar do pensamento e da prática que acompanhou os intelectuais das décadas de 1930 e 1940 e que torna mais complexa a interpretação corrente de que estes escritores foram "cooptados" pelo Estado: "[...] é preciso que você arranje logo um emprego público. Em geral funcionário público não tem muito o que fazer, o governo é patrão relaxado, você terá tempo para ler durante o expediente. Se o governo não faz nada, o que custa ele garantir o sustento de um escritor? Aqui em Minas é quase uma norma do governo nomear escritor para cargo burocrático [...] você tem de pagar um preço, se quer ser um grande escritor, e eu acho que o único preço que você pode pagar no momento é esse. Procure o chefe político de sua terra. Sei que estamos numa ditadura, mas os chefes oligarcas continuam, são eles que fazem o prefeito nomeado e não eleito. Fale com ele, que ele manda no prefeito" (DOURADO, Autran. *Um artista aprendiz*. Rio de Janeiro: Rocco, 2000. p. 91).

[58] Francisco Iglésias fez o primário no Grupo Escolar Sandoval de Azevedo e o primeiro ano do curso secundário no Colégio Santo Agostinho. Depois, ingressou no Colégio Tristão de Athayde e, em seguida, no Colégio Mineiro. Em depoimento de 1993, ele contou que "o primeiro ginásio que eu frequentei foi o Ginásio Santo Agostinho, pelo fato de que o Ginásio Santo Agostinho era de padres espanhóis. O meu pai era espanhol e ele achou que devia me por no colégio de espanhóis [...] [Em 1936] eu passei para o Ginásio Mineiro, do qual eu guardo as melhores recordações. Eu não tenho boas recordações do Colégio Santo Agostinho. Os professores que eu tive nessa época, de nenhum deles eu tenho propriamente uma lembrança muito favorável. Agora tenho uma grande lembrança de quase todos os professores que eu tive no antigo Ginásio Mineiro e me lembro muito também dos meus colegas do Ginásio Mineiro"

São Paulo teve de ser substituído por um cargo que pudesse ser conquistado através de seus próprios esforços. Foi assim que ele ingressou no Departamento de Administração Geral do Estado de Minas Gerais, no qual trabalhou entre 1949 e 1953. Ainda em 1949, mesmo contra a sua vontade, acabou assumindo algumas aulas no Instituto Padre Machado, antes de ser convidado para ocupar o cargo de professor assistente na Faculdade de Ciências Econômicas da UFMG. A enorme admiração que seu trabalho docente despertou aí durante mais de trinta anos, obtendo o reconhecimento de alunos e de colegas e lhe rendendo o título de "professor das Gerais"[59], tornou insuspeita a crença na sua vocação para exercer o magistério.

Se a atividade docente estava aquém das expectativas profissionais de Francisco Iglésias naqueles anos, a insatisfação com a cidade de Belo Horizonte também foi uma constante em sua escrita epistolar. Ao longo da década de 1940, seus antigos amigos, um a um, deixaram Minas Gerais em busca de novas experiências no Rio de Janeiro e em São Paulo, o que agravava seu descontentamento e motivava a comunicação epistolar entre eles. A situação, segundo ele, parecia dar razão aos críticos que diziam que a "metrópole" absorvia e despovoava a "província" de inteligências e ele temia que "isto venha a ser ainda um deserto sem oásis, tornando-se realidade aquele 'Minas não há mais'".[60]

Embora o viés modernista das políticas implantadas por Juscelino Kubitschek tivesse criado uma atmosfera urbana que repercutiu na vida intelectual da cidade, a crítica predominante era a de que "Minas não é mais agasalho para quem pensa".[61] Os eventos patrocinados por JK em 1944 – a visita de Mário de Andrade e a realização da I Exposição de Arte Moderna em Minas, entre outros – tiveram grande impacto na formação dos jovens escritores mineiros e na ampliação de seus horizontes de atuação, pois criaram oportunidades para que eles mantivessem diálogos e rendessem debates com artistas e intelectuais de outros estados.[62]

---

(Depoimento de Francisco Iglésias em 16 de dezembro de 1993. Arquivo Público da Cidade de Belo Horizonte. Novos Registros).

59 MOTA, Carlos Guilherme. "Francisco Iglésias: professor das Gerais". In: *História e contra-história: perfis e contrapontos*. Rio de Janeiro: Globo, 2010.

60 Carta de Francisco Iglésias a Otto Lara Resende em 1º de fevereiro de 1946. Instituto Moreira Sales. Coleção Otto Lara Resende.

61 *Idem*.

62 Em depoimento sobre "a Belo Horizonte de meu tempo", gravado em 1993, Francisco Iglésias lembrou que na década de 1940 também "veio a Belo Horizonte, para completar a igrejinha da Pampulha, o Cândido Portinari [...] Então a gente tinha ocasião de conversar com o Portinari, que era um homem que tinha uma conversa fascinante, era um homem muito inteligente, tinha um ar meio simplório, tinha um modo de fa-

Durante a presença de Mário de Andrade em Belo Horizonte, ao longo do mês de setembro de 1944, os encontros com os jovens intelectuais mineiros foram constantes no bar do Grande Hotel. Atraídos pela admiração que o paulista despertava, eles eram generosamente recebidos pelo escritor que, segundo Francisco Iglésias, "escutava seus problemas, aconselhava leituras, fazia amizades".[63] Os amigos mais próximos e o próprio Mário de Andrade observaram a distância de Francisco Iglésias naqueles encontros. Wilson Figueiredo anotou numa carta ao paulista que essa postura não permitiu que Mário tivesse a dimensão da figura dele, comparada à de Otto Lara Resende, Hélio Pellegrino ou Paulo Mendes Campos.[64] Francisco Iglésias também foi assunto nas cartas de João Etienne Filho para Mário de Andrade, nas quais ele foi apresentado como "o santo do grupo", "o anjo",[65] e, ao mesmo tempo, na perspectiva de sua relação com ele, o mais distante.[66] Na resposta que enviou a Francisco Iglésias, Mário observou que

> lar quase que de capiau, mas era extremamente lúcido no que ele falava. Mas então ele chegava aqui no sábado, sexta-feira, ele traçava as linhas e então os alunos do Guignard [...] eles faziam... O Portinari fazia o esboço e eles cobriam os claros, eles faziam a parte mais pesada, eles é que faziam. O Portinari apenas fazia o desenho. Então eu tive o privilégio de ir aos domingos, domingo é que era o dia da pintura, que o Portinari ficava lá na Pampulha. Então nós íamos para a Pampulha, porque a sorte nossa, o Hélio Pellegrino, o doutor Braz Pellegrino, pai do Hélio, tinha uma casa quase que ao lado da igreja da Pampulha. Então nós íamos para a casa do Hélio [...] Ter visto o Portinari pintar é das lembranças importantes que eu guardo na minha vida, na minha modesta vida. Porque eu nunca vi um artista da altitude do Cândido Portinari em plena ação, praticando a magia da sua arte, não é? Então, isso é uma lembrança forte que eu tenho" (Depoimento de Francisco Iglésias em 16 de dezembro de 1993. Arquivo Público da Cidade de Belo Horizonte. Novos Registros).

63  IGLÉSIAS, Francisco. "Mário de Andrade e uma carta". In: *Revista de Estudos Literários*, Belo Horizonte, vol. 1, n. 1, outubro de 1993. p. 132

64  "A propósito: o Iglésias ia falar com você naquela noite, mas por um absurdo desencontro acabou não aparecendo. Escreva para ele, Mário. Garanto que você não pegou a estatura do Chico. Pela resposta que ele der a você o manjará melhor. Chegará a ser mesmo uma revelação. É tão grande como Helio, Otto ou Paulo" (Carta de Wilson Figueiredo para Mário de Andrade em 16 de outubro de 1944. Instituto de Estudos Brasileiros da Universidade de São Paulo (IEB/USP). Coleção Mário de Andrade).

65  Carta de João Etienne Filho para Mário de Andrade em 29 de dezembro de 1944. Instituto de Estudos Brasileiros da Universidade de São Paulo (IEB/USP). Coleção Mário de Andrade.

66  "Mas, você não ignora que a todos estes rapazes e adolescentes eu tenho um verdadeiro amor, não? Creio que não ignora. Quero um bem danado a eles, e lhe digo sempre

"nosso contato não foi dos mais prolongados aí em Belo Horizonte, e nas chopadas você ficava sempre longe", ponderando que "eu apreciava sempre quando uma observação sua entrava na conversa".[67] O distanciamento tímido de Francisco Iglésias não impediu, entretanto, que aquela experiência ficasse marcada na sua trajetória intelectual.[68]

O fato é que apesar de sua substancialidade, a produção literária e artística na cidade, com seu rarefeito poder de influência, não resistia ao fenômeno que a aspirava na direção de São Paulo e Rio de Janeiro. Se no centro do ato de inteligência está, como afirmou Sirinelli, uma "alquimia complexa" que envolve o talento e o capital social dos intelectuais, este é tanto maior quanto mais enriquecido pelas relações das elites culturais com o poder público e econômico.[69] As dificuldades enfrentadas pelas políticas culturais da periferia (ou da "província", como a chamou Francisco Iglésias) – como a falta de meios para a publicação e a distribuição de jornais e revistas, por exemplo – alimentava e era alimentado pela concentração geográfica das elites culturais no Rio de Janeiro e em São Paulo. A situação justificava as reclamações de Francisco Iglésias de que "tudo custa esforço exagerado" em Minas Gerais. Sua impressão era a de que "a voz de Minas se fez anunciar, foi aplaudida, comentada e não apareceu. Ou melhor, não se firmou,

---

que tive a infeliz ideia de ligar para sempre minha vida a deles. E, veja você (confidencialissimamente), justamente aquele a quem eu fiz a única exceção na carta, o Iglésias, por quem tenho amizade e uma admiração quase sem limites, justamente a ele é que eu estou sentindo se distanciar, levissimamente, imperceptivelmente, mas inelutavelmente. É muito engraçado este mundo..." (Carta de João Etienne Filho para Mário de Andrade em 20 de fevereiro de 1944. Instituto de Estudos Brasileiros da Universidade de São Paulo (IEB/USP). Coleção Mário de Andrade).

67 Carta de Mário de Andrade para Francisco Iglésias em 2 de janeiro de 1945. Arquivo da Memória Institucional da FACE/UFMG (Fac-símile).

68 "Eu tenho uma lembrança pessoal que me é muito cara desse período [prefeitura de JK] pelo fato de que nessa época eu já era mais taludinho então eu já frequentava rodas de jovens literatizados ou como a gente dizia na época, jovens... agora está me faltando a palavra... enfim, jovens com pretensões literárias, não é. Então a gente frequentava, de vez em quando a gente ia ao Grande Hotel. Eu frequentei o bar do Grande Hotel no mês de setembro de 1944 porque no mês de setembro de 1944 passou o mês inteiro aqui Mário de Andrade. Então toda noite reunia-se aquele grupo enorme de jovens literatizados e de algumas pessoas não tão jovens, como Emílio Moura [...]" (Depoimento de Francisco Iglésias em 16 de dezembro de 1993. Arquivo Público da Cidade de Belo Horizonte. Novos Registros).

69 SIRINELLI, Jean-François. "As elites culturais". In: SIRINELLI, Jean-François; RIOUX, Jean-Pierre (org.). *Para uma história cultural*. Lisboa : Estampa, 1998.

permanecendo apenas alguns gritos isolados que não chegaram a formar coro".[70] Em outros termos, o microclima intelectual de Minas Gerais na década de 1940 parece não ter conseguido se transformar numa zona autônoma de altas pressões intelectuais.[71]

Diante das condições pouco favoráveis da cidade, Francisco Iglésias não tardou a encampar a ideia de também se mudar de Belo Horizonte. Em sua correspondência, ele expressava o desejo de sair da cidade, mas também expunha o dilema pessoal com o qual aquela decisão o fazia confrontar. Ao mesmo tempo em parecia disposto a aceitar o desafio de "sair desta cidade que só me entedia", manifestava uma fraqueza presumidamente conhecida: "o problema agora você sabe qual é... o medo de sair, enfrentar a aventura".[72] A ideia de morar em São Paulo o assaltou pela primeira vez com o convite de seu amigo Alfredo Mesquita, fundador da famosa revista "Clima", criador do Grupo de Teatro Experimental (GTE) e da Escola de Arte Dramática (EAD) e filho caçula do proprietário do jornal "O Estado de S. Paulo", Júlio Mesquita. A proposta consistia em levar Francisco Iglésias para estudar na USP e trabalhar no jornal da família Mesquita.

Em busca de elementos que o ajudassem a fazer sua escolha, Francisco Iglésias resolveu viajar para São Paulo com o objetivo de "ver de perto como tudo está e o que se pode fazer".[73] Durante a segunda quinzena de abril de 1946, ele esteve em São Paulo se habituando àquela "outra civilização", ensaiando o que viria a ser a sua rotina na cidade: observou o povo paulista, estabeleceu contato com diversas personalidades – desde os colaboradores da revista "Clima", passando pelos grupos do teatro, do jornalismo e da Faculdade de Filosofia da USP – e consolidou sua amizade com Antônio Cândido e com Lourival Gomes Machado. Os contatos que fez e a boa impressão que aquele grupo de intelectuais lhe causou durante sua estadia foram determinantes para a sua decisão de se mudar para São Paulo, apesar daquela proposta de trabalhar no jornal não ter vingado.

Francisco Iglésias acabou ocupando o cargo de gerente da Livraria Jaraguá, cujo dono era o próprio Alfredo Mesquita. Segundo Cândido, esta livraria era "o mais re-

---

70   Carta de Francisco Iglésias a Otto Lara Resende em 1º de fevereiro de 1946. Instituto Moreira Sales. Coleção Otto Lara Resende.

71   SIRINELLI, Jean-François. "As elites culturais". In: SIRINELLI, Jean-François; RIOUX, Jean-Pierre (org.). *Para uma história cultural*. Lisboa : Estampa, 1998.

72   Carta de Francisco Iglésias a Otto Lara Resende em 22 de fevereiro de 1946. Instituto Moreira Sales. Coleção Otto Lara Resende.

73   Carta de Francisco Iglésias a Otto Lara Resende em 13 de abril de 1946. Instituto Moreira Sales. Coleção Otto Lara Resende.

finado ponto de encontro de intelectuais e artistas que a cidade já teve".[74] Aberta em 1942, a loja possuía um salão de chá nos fundos que era reservado às conversas dos intelectuais que a frequentavam. Nesse ambiente, ele permaneceu pouco mais de um ano e teve oportunidade de ampliar as amizades paulistas. Sem horário rígido, suas atividades consistiam em controlar o movimento da Livraria, despachar encomendas para o estrangeiro, selecionar as correspondências e administrar o trabalho dos empregados. Mas a grande vantagem, na visão do reservado Francisco Iglésias, era que ele não ficava no próprio recinto da livraria, mas num escritório que havia nos fundos e, naquelas condições, ele poderia manter suas atividades literárias.[75]

O descontentamento com a vida em Belo Horizonte, a insegurança da mudança, a indecisão quanto ao caminho seguir e o receio do arrependimento foram os ingredientes para uma escrita epistolar extremamente angustiada, ainda que permeada pelo manejo de vozes diferentes que resgatavam a ironia, uma das marcas do pacto de escrita entre aqueles amigos:

> Se não topar [a mudança para São Paulo], como certamente acontecerá, ficarei chateadíssimo; mais uma oportunidade perdida, mais uma perspectiva de arrependimento depois. Se topar, a angústia é ainda maior... (qual angústia qual nada; digo assim apenas para usar a sua linguagem, porque você bem sabe que comigo não há nada dessa categoria, não é Pagé?).[76]

Mesmo quando finalmente decidiu se mudar para São Paulo, ele não deixou de manifestar suas limitações e a consciência do sacrifício pessoal que aquela escolha significava:

> Tenho receios de toda espécie. Se enfrento é porque sei que é decisivo para mim: se for e não der certo será menos ruinoso para mim do que deixar de ir. É que se não topar esta parada sei que jamais toparei

---

[74] CÂNDIDO, Antônio. "Prefácio". In: IGLÉSIAS, Francisco. História & Literatura: ensaios para uma história das ideias no Brasil. São Paulo: Perspectiva; Belo Horizonte: Cedeplar-FACE-UFMG, 2009.p. XVI.

[75] Carta de Francisco Iglésias a Otto Lara Resende em 28 de maio de 1946. Instituto Moreira Sales. Coleção Otto Lara Resende.

[76] Carta de Francisco Iglésias a Otto Lara Resende em 22 de fevereiro de 1946. Instituto Moreira Sales. Coleção Otto Lara Resende.

> qualquer coisa. Ficarei aqui esperando que o mundo acabe ou me secando de pessimismo, de medo.[77]

Aquela mudança foi encarada como uma oportunidade para a realização de uma transformação profunda: "não faço a mudança como aventura louca, fuga romântica ou coisa que o valha. Faço porque sinto que tenho de mudar daqui para ver se aparo algumas arestas que tenho, se sacudo uma poeira que me entorpece".[78] De São Paulo, Francisco Iglésias escrevia à Otto Lara Resende atualizando seus estados de espírito:

> Até agora não morri nem sinto ainda os sintomas fortes de desaparecimento muito perto. Vivo, Otto, e acho que não sou o mesmo, acho que sou o mesmo. Se sempre variei, agora vario mais que cabeça de mulher. Sou a encarnação do perfeito ciclotímico, o sujeito que vive de altos e baixos, passando do máximo de exaltação ao máximo de depressão. Se houvesse algum aparelho que me registrasse – um sismógrafo qualquer – a linha seria de cima para baixo, de baixo para cima.[79]

Mas passados pouco mais de dois meses da viagem, ele temia que aquela nova experiência não resultasse no que ele esperava: "Temo que ao fim de tudo não resulte diferença alguma. Eu continue a ser o mesmo rapaz, o mesmo cavaleiro da triste figura, e sem esperança".[80] Mesmo desiludido com sua experiência em São Paulo após alguns meses morando lá, Francisco Iglésias não se convencia de que Belo Horizonte ainda poderia ser o seu lugar, pois já não se identificava com a cidade, nem com as oportunidades que ela poderia lhe oferecer:

> A única força que me atrai a BH é a minha família. Mais nada, nada. Não quero dizer que esqueci o que amava lá ou que tenha lançado raízes aqui. Absolutamente. É que lá sei menos, o que fazer. Em BH me enterrarei na burocracia, serei funcionário público. A vidinha antiga de lirismo, de conversas em café não pode continuar. Serei de maior

---

77  Carta de Francisco Iglésias a Otto Lara Resende em 28 de maio de 1946. Instituto Moreira Sales. Coleção Otto Lara Resende.
78  Carta de Francisco Iglésias a Otto Lara Resende em 28 de maio de 1946. Instituto Moreira Sales. Coleção Otto Lara Resende.
79  Carta de Francisco Iglésias a Otto Lara Resende em 09 de agosto de 1946. Instituto Moreira Sales. Coleção Otto Lara Resende.
80  *Idem.*

idade e não encontrarei os rostos antigos. Se os encontrasse seria ainda pior, uma roda de fracassados que se contemplam incapazes.[81]

Como lembrou Rosenwein, "embora tendamos a falar das emoções de indivíduos, emoções são, acima de tudo, instrumentos de sociabilidade [...] Expressões de emoções devem então ser lidas como interações sociais".[82] Portanto, se aqueles anos de 1940 exigiam de Francisco Iglésias a tomada de decisões de significativo impacto em sua vida pessoal e profissional, o que justificava seu estado de inquietação e as dúvidas existenciais reveladas em sua correspondência, por outro lado é preciso sempre levar em conta o papel social das emoções. Além disso, a própria arte de escrever cartas envolve uma mise-en-scène que direciona a escrita de acordo com o destinatário e com a afirmação do discurso desejado.[83] A correspondência, como afirmou Trebitsh, não se esgota na troca entre pessoas, mas também entre comportamentos individuais e códigos sociais.[84] As premissas contraditórias que envolviam os dilemas pessoais de Francisco Iglésias ganhavam, na comunicação epistolar, uma compatibilidade que garantia a identificação com seu interlocutor, no caso, aquele que foi reconhecido por Etiene Filho como o "pai da angústia", Otto Lara Resende. O entendimento entre os dois, bem como entre eles e os demais amigos do grupo, era tanto maior quanto mais firmemente escorado na manifestação discursiva da angústia provocada pela presença de sentimentos inconciliáveis.

Quase 50 anos depois da única experiência vivendo fora do estado, Francisco Iglésias reconheceu com bom humor a persistência do que ele classificava como atributos que teriam conformado a sua personalidade: "eu não posso ser exportado, eu não posso ir para São Paulo, nem para o Rio de Janeiro, então Belo Horizonte que me ature, porque daqui eu não saio". Daí se apresentar como o grande divulgador de uma boutade que dizia que "mineiro que fica em Minas é porque tem algum defeito de fabricação, não pode ser exportado". Na ocasião, ele afirmou que achava a frase lapi-

---

81 Carta de Francisco Iglésias a Otto Lara Resende em 04 de janeiro de 1947. Instituto Moreira Sales. Coleção Otto Lara Resende.

82 ROSENWEIN, Barbara H. *História das emoções: problemas e métodos*. São Paulo: Letra e Voz, 2011. p. 37.

83 MORAES, Marcos Antônio de. *Correspondência de Mário de Andrade e Manoel Bandeira*. São Paulo: Edusp, 2001. p. 20.

84 TREBITSCH, Michel. "Correspondances d'intellectuels: le cas de lettres d'Henri Lefebvre à Norbert Guterman (1935-1947)". In: *Les Cahiers de l'IHTP*, n. 20, mars 1992.

dar e que vivia repetindo para justificar sua permanência no estado.[85] Este "defeito de fabricação" teve consequências para a sua trajetória intelectual.

Em 1966, Sérgio Buarque de Holanda cogitou pedir sua aposentadoria da cadeira de História do Brasil da USP, desde que houvesse um substituto de sua confiança. Por intermédio de Alice Canabrava, Francisco Iglésias foi convidado para assumir a cadeira a partir do ano seguinte. Naquele momento, ele tinha sua posição consolidada na Faculdade de Ciências Econômicas da UFMG, mas considerou a proposta de ocupar um dos lugares de maior prestígio da historiografia universitária. De acordo com Alice Canabrava em carta a Francisco Iglésias, "tinha ficado assentado que você viria para a cadeira em março. O dr. Sérgio ficou radiante, pois havia me pedido para lhe escrever, e eu acedi com muita alegria, pois achei a ideia magnífica".[86] Mas Francisco Iglésias mudou de ideia, provocando a indignação da amiga e, segundo ela, o adiamento da aposentadoria de Sérgio Buarque:

> Eu ainda não me conformei nem me convenci da sua decisão de não vir para a Cadeira de H. do Brasil. Não me parece válida toda sua justificação no sentido de não lutar. Muita gente tinha a impressão de que o Dr. Sérgio pediria a aposentadoria ao iniciar-se o ano acadêmico. Não o fez porque não via alguém a altura para sucedê-lo [...] Eu apenas compreendo que Você é tímido e esta é a sua razão, a essência do problema. É pena porque o caminho está aberto.[87]

Embora não seja possível precisar todos os fatores que levaram Francisco Iglésias a recusar o convite que poderia ter transformado completamente sua carreira acadêmica em razão da notoriedade advinda daquela posição, é certo que suas idiossincrasias funcionaram como um obstáculo que o impediu de seguir o caminho supostamente mais razoável do ponto de vista das hierarquias universitárias. Afinal, quem se desviaria do caminho aberto para substituir um dos maiores historiadores do Brasil naquela que sempre foi considerada a melhor universidade do país? Por ocasião da morte de Sérgio Buarque de Holanda, em 1982, Francisco Iglésias confessou a Alice Canabrava que "tenho como um de meus orgulhos ter sido distinguido por ele. Che-

---

85 Depoimento de Francisco Iglésias em 16 de dezembro de 1993. Arquivo Público da Cidade de Belo Horizonte. Novos Registros.

86 Carta de Alice Canabrava a Francisco Iglésias em 11 de dezembro de 1966. Instituto Moreira Sales. Coleção Francisco Iglésias.

87 Carta de Alice Canabrava a Francisco Iglésias em 2 de abril de 1967. Instituto Moreira Sales. Coleção Francisco Iglésias.

gou a ponto de imaginar que eu deveria ser seu sucessor na Faculdade de Filosofia!".[88] Mas o historiador mineiro parece nunca ter se arrependido de sua escolha, conforme motivos que veremos adiante.

## O engajamento político: a "fase heroica"

Vimos como, na década de 1940, o passado tornado atual e incorporado ao cotidiano pessoal e interpessoal daquela geração de escritores mineiros – seu "campo de experiência" – estava sendo percebido de maneira extremamente traumática. Os estados de angústia e melancolia dele decorrentes, entretanto, não impediram que se configurasse, naquele mesmo presente, um "horizonte de expectativa" portador de esperança e otimismo. É que, como observou Koselleck, a presença do passado é diferente da presença do futuro, visto que os conceitos de experiência e de expectativa indicam maneiras desiguais de ser.[89] Por isso, aquelas representações do passado como saturado de infelicidade e tristeza não impediram a abertura do presente ao futuro. Ao contrário, segundo o mesmo autor, "lá onde em uma geração o espaço de experiência foi como que dinamitado, todas as expectativas tinham que se tornar inseguras e novas precisavam ser criadas".[90] Esta responsabilidade, no contexto que analisamos, foi atribuída aos intelectuais.

Francisco Iglésias traduziu aquela tensão ressaltando o lado positivo da precariedade do vínculo da sua geração com o passado justamente enfatizando a possibilidade de construção do futuro. Segundo ele, "vivemos muito menos do passado que do presente para o futuro", daí sua reafirmação de que pertencia a uma "geração revolucionária", pois as ideias germinadas pelas gerações anteriores não teriam sido marcantes.[91] O desassossego ante o futuro provocado pela obrigação de responder por sua construção alimentou os debates cotidianos de sua época: "no livro e na tribuna, no café e no jornal, a questão está presente: que papel é chamado a desempenhar a nova, a nossa

---

88   Carta de Francisco Iglésias a Alice Canabrava em 24 de abril de 1982. Instituto de Estudos Brasileiros da Universidade de São Paulo (IEB/USP). Coleção Alice Canabrava.

89   KOSELLECK, Reinhart. *Futuro passado: contribuição à semântica dos tempos históricos*. Rio de Janeiro: Contraponto; PUC-Rio, 2006.

90   *Idem.* p. 315.

91   *Edifício*, Belo Horizonte, ano 1, vol. 2, fevereiro de 1946, p. 14.

geração? Qual a tarefa que lhe cumpre? O que se deve e o que se pode esperar dela?".[92] A resposta era incontornável: a ação política.

A experiência de ruptura com o passado e o anseio por uma reorganização imediata e completa da sociedade, portanto, aproximou Francisco Iglésias da representação do "intelectual revolucionário", cuja caracterização foi dada, sobretudo, pela preponderância da ação.[93] Se desde os anos 1940, ele fez parte da dinâmica que organizou a produção intelectual em Minas Gerais – além de lecionar, ele publicou crítica literária, ensaios, resenhas e artigos de opinião nos jornais de Belo Horizonte –, também se engajou nas questões políticas e sociais de seu tempo através da atuação no Partido Comunista, da edição de revistas dedicadas à análise do mundo social e da participação em eventos de cunho ideológico diversos. Considerando a polissemia frequentemente apontada na noção de intelectual, podemos afirmar que suas atividades cumpriram os supostos "requisitos invariantes" do conceito[94:] enquanto escritor e professor, ele foi um criador cultural; enquanto militante, ele se engajou na vida política como ator.

O capital simbólico que Francisco Iglésias adquiriu com suas atividades no campo literário de Belo Horizonte lhe proporcionou renome para dar autoridade a suas tomadas de posição no campo político. Além disso, suas amizades e práticas intelectuais locais o fizeram ocupar um lugar social que o credenciou para estabelecer vinculações com artistas e escritores de outros estados e, assim, ampliar a sua rede de atuação. Sua experiência influenciou e foi influenciada pelo grupo de escritores mineiros que, sendo extremamente heterogêneo, não consolidou um projeto intelectual comum, mas acabou constituindo uma identidade geracional que também estava pautada pela ideia da politização e do engajamento.

O jornalista e ensaísta Humberto Werneck relata que Francisco Iglésias, numa "página de reminiscências", deixou suas impressões sobre as lutas políticas daquele grupo, em muitas das quais ele teve participação:

> "Era época da Segunda Guerra Mundial", rememorou Iglésias [...]. O grupo era altamente politizado, conta o autor de *História e Ideologia*: "Torcia pelos Aliados contra o eixo Roma-Berlim, era antifascista. Torcia também contra o governo local. Torcia, não, tramava, na me-

---

92 IGLÉSIAS, Francisco. Geração. *O Diário*. Suplemento Literário. Belo Horizonte, 30 de abril de 1944.

93 NOIRIEL, Gérard. *Dire la vérité au pouvoir: les intellectuels en question*. Marseille : Agone, 2010.

94 SIRINELLI, Jean-François. "Os intelectuais". In: RÉMOND, René (org.). *Por uma história política*. Rio de Janeiro:FGV, 2003.

dida do possível então. No meio acanhado dos últimos anos do Estado Novo, a juventude era contra o arremedo do fascismo brasileiro, chefiado por Getúlio Vargas".

Houve jornais clandestinos (como o Liberdade), prossegue o historiador, cuja distribuição, à noite, era uma "aventura com o encanto e a atração da clandestinidade". Os rapazes empenhados nessa tarefa, lembra Iglésias, "sentiam-se heróis". Com o fim da guerra e da ditadura varguista, "rearticularam-se antigas forças políticas e surgiram algumas novas, de caráter radical", quase todas de esquerda, agora. A experiência, garante Francisco Iglésias, "não foi brinquedo nem coisa de someno"; "por certo não saiu daí nenhum Lenine", admite, "mas a experiência não foi leviandade. Marcou os participantes que envolveu"; eles dela se afastam – "mas não a renegam".[95]

Ao rememorar a intensa atividade política da sua juventude, Francisco Iglésias ajudou a reforçar aquilo que supostamente diferenciava a sua geração do grupo de escritores que a teria antecedido. Na década de 1940, o debate sobre o tema foi herdado das discussões críticas sobre o Modernismo no momento em que ocorreram as comemorações dos vinte anos da Semana de Arte Moderna de 1922. A função social do artista modernista foi questionada nos balanços do movimento que foram realizados. Exemplo significativo foram os depoimentos da intelectualidade brasileira coletados por Edgar Cavalheiro entre 1941 e 1942 para o jornal "O Estado de S. Paulo" e publicado em 1944 sob o título de "Testamento de uma geração". As quarenta personalidades da intelectualidade brasileira escolhidas por Cavalheiro, todas contemporâneas do movimento modernista de 1922, foram convidadas para falar sobre os princípios estéticos que nortearam suas carreiras e sobre suas posições religiosas, políticas, literárias, artísticas e sociais. A principal crítica empreendida por elas foi que o Modernismo não teria ultrapassado os limites do esteticismo, pois os artistas envolvidos se abstiveram de marcar suas posições políticas e sociais.[96]

Era esta também a avaliação de Mário de Andrade. Ele deixou suas críticas aos intelectuais da "geração de 22" em dois escritos: "Elegia de Abril", ensaio de 1941, e "O Movimento Modernista", conferência proferida em 1942 por ocasião das comemorações do aniversário da Semana de Arte Modera. Para Mário de Andrade, sua geração não teria conseguido definir "qualquer consciência da condição do intelectual, seus

---

95 WERNECK, Humberto. *O desatino da rapaziada: jornalistas e escritores em Minas Gerais*. São Paulo: Companhia das Letras, 1992. p. 113.

96 MORAES, Marcos Antônio de. *Orgulho de jamais aconselhar: a epistolografia de Mário de Andrade*. São Paulo: Edusp/Fapesp, 2007. p. 63.

deveres para com a arte e a humanidade, suas relações com a sociedade e o Estado".[97] Suas reflexões influenciaram sobremaneira os jovens intelectuais da década de 1940, inclusive Francisco Iglésias, um de seus tantos correspondentes. Naquele momento, o jovem mineiro já impunha a si o peso do dever intelectual enquanto um compromisso com as exigências de seu tempo. A influência de Mário de Andrade foi notadamente importante para a sua posição. Segundo Moraes, "efetivamente, Mário se diferenciava dos intelectuais e escritores da geração dele: escolhera como propósito de vida dialogar com os moços".[98] Francisco Iglésias foi um dos jovens intelectuais mineiros agraciados com sua atenção. Em carta enviada para Mário de Andrade em 1944, poucos dias depois dos encontros que eles tiveram em Belo Horizonte, ele afirmou que sentia uma dívida para com o escritor paulista, pois considerava que

> [...] você é o autor que tem mais importância para mim, já que foi em seus livros, mais que em quaisquer outros, foi no exemplo de sua vida, mais que em qualquer outra coisa, que eu procurei buscar uma lição, um modo de proceder [...] Se acompanhava a sua obra, olhando-a como um caminho, depois que o conheci só tive a confirmação de tudo aquilo que imaginava de você, e, através de suas palavras amigas que são rigorosamente fiéis aos seus escritos, a imagem de uma vida digna e completa. O exemplo mais alto e a lição mais humana do que é a existência de homem de estudo, de artista, de ação, ou de homem, simplesmente.[99]

Das "lições de vida" deixadas por Mário de Andrade aos jovens intelectuais, Francisco Iglésias destacou, especialmente, a sua maneira de encarar a questão política:

> Quero falar apenas de um: o político. Político no sentido mais amplo, como participação na vida, como atitude, modo de ser. Tenho como verdadeiro breviário a sua "Elegia de Abril", a sua conferência sobre o movimento modernista, o seu prefácio ao livro de Otávio de Freitas. O que mais pego deles, as definições, encontro ao longo de

---

97 ANDRADE, Mário de. "Elegia de Abril (1941)". In: *Aspectos da literatura brasileira*. Belo Horizonte: Itatiaia, 2002. p. 160.

98 MORAES, Marcos Antônio de. *Orgulho de jamais aconselhar: a epistolografia de Mário de Andrade*. São Paulo: Edusp/Fapesp, 2007. p. 163.

99 Carta de Francisco Iglésias para Mário de Andrade em 30 de novembro de 1944. Instituto de Estudos Brasileiros da Universidade de São Paulo (IEB/USP). Coleção Mário de Andrade [grifo em vermelho de Mário de Andrade]. O trecho destacado foi longamente comentado na resposta que Mário de Andrade enviou para Francisco Iglésias em 02 de janeiro de 1945.

toda a sua obra. Lembro apenas os poemas. Eles nos mostram um caminho, nos dão uma base segura.[100]

A correspondência de Francisco Iglésias e Mário de Andrade é reveladora daquilo que estava em jogo no interior do debate público sobre a condição do intelectual naqueles anos: o artista ou o intelectual deveria ter a função de garantir a pureza das ideias (estéticas, literárias, sociais, econômicas, políticas, culturais etc.), defendendo os valores em sua própria essência, independentes das realidades com as quais são confrontados, ou deveria aceitar que o ideal é inacessível na prática, fundamentando e justificando as ideias racionais que se tornam realidade, ainda que o melhor possível não seja absolutamente bom?[101] Em 1948, Sartre sintetizou esse problema quando propôs que os intelectuais, de fato, conformam um grupo ético que aspira ao universal a partir de cada presente e é a consciência desta condição que os resguarda da abstração e do idealismo. Segundo ele, "a liberdade do escritor é uma liberdade situada", pois é a partir de uma situação temporal que os intelectuais definem sua missão, seu público e seus temas.[102] Na resposta enviada a Francisco Iglésias em 1945, Mário de Andrade comentou longamente a maneira como percebia o problema:

> Nestes tempos difíceis em que o déficit da sociedade humana está impondo excepcionalmente ao artista, ao cientista, os seus deveres de "homem, simplesmente", e de participar também com a sua arte ou seus estudos do combate humano, está se alastrando uma noção esperta, inventada pelos que uma covardia, uma preguiça ou um egoísmo impedem de participar. São às centenas os que dizem "sou homem de ciência e o laboratório é meu lugar" e que por isso deixam de ser o "homem, simplesmente" e aplaudem este ditador, e aceitam um convite de Hitler. Na arte então quantas vezes não tenho ouvido e lido os que dizem que "como homens combatem o fascismo, mas como artistas não cogitam disso". Não querem "conspurcar"

---

100 Carta de Francisco Iglésias para Mário de Andrade em 30 de novembro de 1944. Instituto de Estudos Brasileiros da Universidade de São Paulo (IEB/USP). Coleção Mário de Andrade.

101 A questão se aproxima do dilema weberiano sobre a ética da convicção e a ética da responsabilidade. Ver WOLFF, Francis. "Dilemas dos intelectuais". In: NOVAES, Adauto (org.). *O silêncio dos intelectuais*. São Paulo: Companhia das Letras, 2006.

102 SARTRE, Jean-Paul. *Que é a literatura*. 3ª edição. São Paulo: Ática, 1999.

a pureza da arte, como si a arte fosse mais pura que "o homem, simplesmente", e conspurcam o homem![103]

Foi envolvido por esse dilema que Francisco Iglésias se manifestou sobre a famosa definição de intelectuais de Julien Benda em "La trahison des clercs", de 1927. Embora o livro de Benda ainda não tivesse sido traduzido para o português, o lançamento da segunda edição francesa em 1946 animou os críticos brasileiros. O nome de Benda voltou a ser comum nos debates de jornais e revistas dos grandes centros literários devido às suas críticas aos homens de letras. Foi como um ataque aos intelectuais que abandonaram a sua vocação e comprometeram seus princípios ao se engajarem em lutas políticas que o ensaio de Benda ficou para a posteridade.[104] Entretanto, Francisco Iglésias entendia que Benda não teria negado ao intelectual o direito de defender suas ideias no campo prático, mas enfatizado que isso deveria ser feito em nome de princípios abstratos, sem qualquer outro interesse:

> [...] todas as pregações de intelectuais no terreno social ou político, em defesa de certas situações, devem ser determinadas pela impressão de que elas representam a tradução efetiva do ideal abstrato, assim sendo, o intelectual não "trai" ao enfrentar a luta, uma vez que está agindo em defesa da razão ou do que presume ser a razão.[105]

Francisco Iglésias observou que "o intelectual vive hoje o seu instante mais problemático porque a essência do tempo que vivemos é de natureza política". Mas o intelectual deveria seguir normas de veracidade, uma linha determinada pela razão, pois "ele pretende o que é geral, e pretendendo ser verdadeiro, pretende o permanente". Daí que a noção do intelectual enquanto teórico tenha valorizado a defesa do geral e do universal, pois "sua verdade não é verdade do momento", diferenciando-se assim do político. Nesse sentido, a tese de Benda lhe parecia perfeita.[106] Mas na sua avaliação, a situação de Julien Benda era a de um intelectual ressentido que não escapou ao na-

---

103 Carta de Mário de Andrade para Francisco Iglésias em 2 de janeiro de 1945. Arquivo da Memória Institucional da FACE/UFMG (Fac-símile).

104 SAID, Edward W. *Representações do intelectual: as Conferências Reith de 1993*. São Paulo: Companhia das Letras, 2005.

105 IGLÉSIAS, Francisco. Situação de Julien Benda. Estado de Minas, Segunda Secção, Belo Horizonte, 18 de julho de 1948. p. 7.

106 IGLÉSIAS, Francisco. Noção de limites. Diário de Notícias. Rio de Janeiro, 13 de julho de 1947.

cionalismo ideológico, pois só reconheceu como justo o espírito francês cartesiano.[107] Francisco Iglésias questionou nele a transformação dos valores franceses em valores universais, revelando que suas considerações sobre os intelectuais estavam acompanhadas de uma concepção histórica de combate aos absolutos universais e que não escondia a influência da dialética marxista, daí ter atribuído os equívocos de Benda ao caráter anti-histórico de seu pensamento:

> Não considerando a História – natural em quem lhe nega o caráter científico –, sem levar em conta o tempo, desconhecendo a dialética, Benda falseou a realidade [...] Seu absoluto é unilateral como todos os absolutos, porque o único absoluto razoável é mesmo aquele que torna tudo relativo e que é a lição da Filosofia da História. É a consideração do tempo, ver o devenir. [108]

Como se vê, o significado e a valoração da noção de intelectual estavam em disputa no horizonte histórico do grupo de escritores do qual Francisco Iglésias fazia parte. Eles procuraram se afirmar como participantes ativos não só das reflexões teóricas, mas também das atividades práticas no interior de grupos organizados. Em 1944, por exemplo, Francisco Iglésias participou da Frente Intelectual Antifascista, criada e presidida por Hélio Pellegrino, cujo notório engajamento político estava apenas começando. Algumas reuniões foram improvisadas no coreto do Parque Municipal, mas Francisco Iglésias, apesar de secretário, nunca escreveu uma ata que pudesse documentar as discussões daquele grupo.[109] A verdade é que ele não parecia levar muito a sério a militância do amigo e, aos poucos, foi se afastando do movimento e se aproximando do Partido Comunista Brasileiro (PCB), ao qual se filiou no mesmo ano.

Também em 1944, como sócio da seção mineira da Associação Brasileira de Escritores (ABDE), Francisco Iglésias foi escolhido para compor a delegação de Minas Gerais que participaria do I Congresso de Escritores, realizado em São Paulo entre os dias 22 e 27 de janeiro de 1945. Organizado ABDE, entidade de classe criada em 1942 para defender os interesses profissionais dos autores, o encontro acabou se destacan-

---

107 "Vemos pelas suas memórias o amor à cultura clássica e à cultura francesa, sua herdeira direta, e o desprezo por tudo mais. Acusando nos homens da França de hoje o abandono da tradição francesa, Benda fala que ela representa o triunfo espiritual da Alemanha" IGLÉSIAS, Francisco. Situação de Julien Benda. Estado de Minas, Segunda Secção, Belo Horizonte, 18 de julho de 1948. p. 7).

108 IGLÉSIAS, Francisco. Situação de Julien Benda. Estado de Minas, Segunda Secção, Belo Horizonte, 18 de julho de 1948. p. 7.

109 DRUMMOND, Thais Ferreira. *Hélio Pellegrino: um ensaio biográfico*. Belo Horizonte, Faculdade de Letras da Universidade Federal de Minas Gerais [Tese], 1998. p. 227.

do pelo embate contra o fascismo e a opressão do Estado Novo. Além de convidados estrangeiros, o evento contou com a participação das delegações de vários estados, sendo que a de Minas Gerais foi representada tanto por jovens, a exemplo de Francisco Iglésias, como por personalidades já consolidadas nos círculos culturais nacionais.[110]

Mas o critério para a seleção dos escritores que participariam do evento não deixou de levantar uma polêmica nas páginas dos jornais belo-horizontinos. O professor e romancista Eduardo Frieiro questionou a representação mineira, composta por numerosos delegados que, na sua perspectiva, não poderiam ser considerados "escritores", visto que não possuíam livros publicados. Para Frieiro, as "brilhantes promessas ainda inéditas" davam "o melhor exemplo da indigência de nossa produção literária".[111] O artigo de Frieiro expressou a opinião comum dos acadêmicos de letras desdenhados pela nova associação justamente por ainda conceituarem de maneira restrita o "escritor", destituindo-o de sua função social. Para Frieiro, os "inimigos" dos escritores só poderiam ser os editores, "únicos contra os quais pode o escritor reivindicar direitos e levantar um programa de melhoria da situação".[112]

Mas não era contra os editores que, aliás, também estavam representados na ABDE, que os escritores estavam se organizando. O que estava em jogo era o seu papel enquanto intelectuais conscientes de suas responsabilidades sociais. O congresso foi uma realização importante para o posicionamento político dos escritores em várias questões. A "Declaração de Princípios do Primeiro Congresso Brasileiro de Escritores" não deixou dúvidas quanto ao desejo de marcar uma posição no momento em que a Segunda Guerra Mundial e o Estado Novo promoviam uma reavaliação dos valores vigentes. Os intelectuais identificaram aí os inimigos contra os quais lutavam

---

110 A delegação de Minas Gerais no I Congresso Brasileiro de Escritores foi composta por Alphonsus de Guimarães Junior, Aires da Mata Machado Filho, Bueno de Rivera, Carlos Castelo Branco, Clemente Luz, Edgar da Mata Machado, Fernando Sabino, Francisco Iglésias, Francisco Inácio Peixoto, Fritz Teixeira de Sales, Godofredo Rangel, Guimarães Menegale, Hélio Pellegrino, Ildeu Brandão, Jair Rebelo Horta, João Etienne Filho, João Dornas Filho, Mário Mattos, Milton Pedrosa, Murilo Rubião, Paulo Mendes Campos, Otto Lara Resende, Orlando de Carvalho, Oswaldo Alves, Rodrigo Melo Franco de Andrade e Vicente Guimarães (RELAÇÃO de delegados e convidados estrangeiros do Primeiro Congresso Brasileiro de Escritores promovido pela Associação Brasileira de Escritores de 22 a 27 de janeiro de 1945. São Paulo: Livraria Martins Editora, 1945).

111 FRIEIRO, Eduardo. Escritores, editores e leitores. Folha de Minas. Belo Horizonte, 01 de fevereiro de 1945.

112 *Idem.*

ao defender a legalidade democrática e a liberdade de expressão, e ao condenar o fascismo e o regime ditatorial do Brasil.[113] Além de se declararem contra o fascismo e a favor do processo de redemocratização brasileira, eles divulgaram suas teses sobre o que eles chamavam de "democratização da cultura" (sobretudo através da expansão da alfabetização) e sobre a questão dos direitos autorais. O problema da divulgação das produções dos intelectuais também foi debatido naquele evento. Otto Maria Carpeaux denunciou a quase inexistência de veículos para a divulgação das produções de autores e defendeu a criação de revistas literárias que atingissem um público maior.[114]

Foi nesta oportunidade que Francisco Iglésias ampliou seu contato intelectual para além dos colegas mineiros. Com alguns, como Antônio Cândido, ele cultivou uma amizade duradoura. Os dois compunham a comissão de redação e coordenação do congresso, juntamente com Fernando de Azevedo, Afrânio Peixoto, Aires da Mata Machado Filho, Aurélio Buarque de Holanda, Martins de Almeida, entre outros. Mais do que uma experiência política, na visão retrospectiva de Francisco Iglésias, o I Congresso de Escritores foi significativo para a superação de suas limitações sociais: "Estive nesse congresso, e isso me foi de extrema importância. Eu era muito jovem, menino do interior, tímido; mal sabia falar, tinha medo de conversar com os outros".[115] Ele ainda classificou ironicamente sua militância política na década de 1940 como sua

---

113 "Os escritores brasileiros, conscientes da sua responsabilidade na interpretação e defesa das aspirações do povo brasileiro e considerando necessária uma definição de seu pensamento e de sua atitude em relação às questões políticas básicas do Brasil, neste momento histórico, declaram e adotam os seguintes princípios: Primeiro – A legalidade democrática, como garantia de completa liberdade de expressão do pensamento, da liberdade de culto, da segurança contra o temor da violência e do direito a uma existência digna. Segundo – O sistema de governo eleito pelo povo mediante sufrágio universal direto e secreto. Terceiro – Só o pleno exercício da soberania popular, em todas as nações, torna possíveis a paz e a cooperação internacionais, assim como a independência econômica dos povos. Conclusão – O Primeiro Congresso Brasileiro de Escritores considera urgente a necessidade de ajustar-se a organização política do Brasil os princípios aqui enunciados, que são aqueles pelos quais se batem as forças armadas do Brasil e das Nações Unidas" (DECLARAÇÃO de Princípios do Primeiro Congresso Brasileiro de Escritores. Diário da Noite. São Paulo, 27 de janeiro de 1945).

114 ANAIS do I Congresso Brasileiro de Escritores. São Paulo: Associação Brasileira de Escritores, 1945.

115 Entrevista concedida a Maria Efigênia Lage de Resende (Departamento de História, UFMG) e Roberto Barros de Carvalho (Revista "Ciência Hoje"), publicada em junho de 1991. http://www.canalciencia.ibict.br/notaveis/livros/francisco_iglesias_31.html. Acesso em 29/03/2010.

"fase heroica" e emendou: "Sempre fui um militante medíocre; nunca fiz nada, nunca me expus. Minha participação política foi uma bobagem. Mas não a renego e acho que atuei na época certa".[116]

Em 1945, Francisco Iglésias também exerceu os cargos de Presidente do Diretório Acadêmico da Faculdade de Filosofia e de Presidente do Departamento de Cultura da União Estadual dos Estudantes, mas foi mesmo como escritor que ele travou as lutas mais importantes daqueles anos. Entre junho e outubro de 1945, por exemplo, ele publicou dezessete artigos no jornal comunista belo-horizontino "Libertador", numa média de uma contribuição por semana. A fundação desse jornal fazia parte das atividades para a rearticulação do PCB em Minas Gerais e seu objetivo era "levar a orientação do Partido a um círculo mais amplo de pessoas".[117] O semanário de oito páginas carregava em seu nome uma homenagem à propaganda revolucionária da Coluna Prestes, publicada durante a campanha tenentista que teve início em 1925. A colaboração de Francisco Iglésias no jornal do PCB foi, provavelmente, intermediada pelo jornalista Wilson Figueiredo que, segundo as memórias do também militante Marco Antônio Tavares Coelho, era um de seus articuladores e quem mais escrevia para aquele jornal.[118] As reflexões de Francisco Iglésias serviam de contributo à formação cultural e teórica dos militantes, repercutiam as ideias de Astrogildo Pereira, Prestes e Graciliano Ramos, abordavam a situação do partido comunista na União Soviética e em outros países, enfrentavam questões especialmente caras à realidade brasileira, como o preconceito racial e a frágil representatividade política dos negros, preocupavam-se com a elevação do nível ideológico dos comunistas e com a ação dos militantes. A ausência de recursos financeiros impediu que o jornal sobrevivesse além do primeiro ano.

Nos primeiros meses de 1946, junto com outros escritores mineiros, Francisco Iglésias participou da elaboração da revista literária "Edifício" que, também por falta de recursos financeiros, durou apenas quatro números. A criação de jornais e revistas era uma demanda comum àqueles escritores preocupados com a função do intelectual brasileiro na sociedade. De fato, segundo Noiriel, a ação enquanto participação em tarefas coletivas, como a criação de revistas, caracterizou uma das primeiras manifestações dos "intelectuais revolucionários". Nas revistas, eles poderiam não só estabelecer uma cone-

---

116 Idem.
117 COELHO, Marco Antônio Tavares. *Herança de um sonho: as memórias de um comunista*. Rio de Janeiro: Record, 2000. p. 78.
118 Idem.

xão entre a literatura, a filosofia e a política, mas também reduzir a distância entre esta elite cultural e "os de baixo".[119]

Os poucos números da "Edifício" foram suficientes para manifestar a preocupação em marcar a posição do escritor e do artista na orientação política e social dos leitores, ainda que as amizades tenham sido um aglutinador mais significativo do que a concordância a respeito da direção a seguir. Atribuindo aos colaboradores uma posição definida, ainda que heterogênea, o número inaugural enfatizou o papel destes intelectuais na formação da consciência popular, atentando a capacidade daqueles escritores para compreender o povo e a disposição antiburguesa como suas características inerentes. Esse seria o maior diferencial daquela "geração altiva", conforme o editorial de Pedro Paulo Ernesto:

> Não definirei rapazes que ainda se procuram, inquietos com a própria sombra. Apenas os compreenderei como compreensivos do povo, preocupados em repor o indivíduo naquele equilíbrio ou naquela instabilidade que lhes inspira a criação, e criadores eles mesmos ao tentarem reconhecer a vida que o destino lhes deu para viver. Uma disposição antiburguesa os identifica fraternalmente. Uma paixão pela forma da arte que emprega na vida a consciência, até a de apelar para a inconsciência, me permite sentir a atmosfera em que escrevem.[120]

A "necessidade" de um grupo de jovens mineiros foi a explicação inicial para o empreendimento da revista "Edifício". Mas o objetivo da publicação não foi ficar a serviço exclusivo de um grupo, mas receber colaborações "de todos quanto escrevam em Minas" para suprir a carência de publicações literárias.[121] Entretanto, logo em seu segundo número a revista promoveu um inquérito restrito a 25 escritores, escolhidos sob o critério de não terem livros publicados. Mas, mais do que isso, a seleção obedeceu às afinidades e amizades previamente existentes entre aqueles jovens e a algumas características geracionais bastante ressaltadas naquele grupo: a influência da Segunda Guerra Mundial e da ditadura do Estado Novo, e das obras de Mário de Andrade e de Carlos Drummond de Andrade (o poema "Edifício Esplendor", deste último, teria inspirado o nome da revista):

---

119 NOIRIEL, Gérard. *Dire la vérité au pouvoir: les intellectuels en question*. Marseille : Agone, 2010. p. 86.

120 ERNESTO, Pedro Paulo. Projeto de Editorial (ou aborto dum diário íntimo). *Edifício*, Belo Horizonte, ano I, n. 1, janeiro de 1946. p. 25.

121 Explicação. *Edifício*, Belo Horizonte, ano I, n. 2, fevereiro de 1946. p. 5.

É a primeira vez que vão falar esses jovens formados sob a pressão da guerra, que quando a guerra iniciou tinham doze anos. Neles, a "Elegia de Abril", de Mário de Andrade, doeu como uma bofetada histórica. Eles não se esquecem da experiência modernista de 22, e, a conferência do mesmo Mário, em 42, soa como uma navalha nos ouvidos adolescentes. E aquela entrevista, publicada em Diretrizes, acusando os intelectuais de "Vendidos aos donos da vida", enquanto agia nos escritores nacionais um efeito de análise, imprensava os novos contra a parede do futuro e modelava os caracteres. Depois, veio em 1944 o prefácio de prosa de Carlos Drummond de Andrade. Depois, foram os acontecimentos mundiais, a vida política nacional descendo seu punho sobre uma geração. Poucos deles têm falado. Em cada um está o lado individual de um problema da geração.[122]

Os contornos que caracterizavam aquele grupo de escritores como uma "geração" e para a qual aquela publicação estava a serviço, portanto, teriam sido traçados pela pressão exercida por um grande evento histórico, a Segunda Guerra Mundial; pela influência de Mário de Andrade e de Carlos Drummond de Andrade; e pela opressão da ditadura varguista. Cada um daqueles escritores, segundo eles mesmos, representava "o lado individual de um problema da geração"[123] originado daquela realidade. A intenção comum de promover uma aliança entre a literatura e a política também ficou claramente expressa nas citações de Maiakóvski que serviram de epígrafe para aquele número da revista.[124] Mas apesar da referência ao bolchevique, o grupo não se reduzia à influência comunista da revolução proletária, pois havia também a presença marcante da facção católica militante. A revista "Edifício", para além de guardar as forças de adesão e de exclusão a um grupo intelectual no interior de um momento de ideias, revelou as relações afetivas que a configurou como um espaço de sociabilidade.[125]

---

122 *Idem.* p. 4-5.

123 *Idem.* p. 5.

124 As frases atribuídas à Maiakóvski que serviram para situar a motivação da publicação foram as seguintes: "As discussões com nossos inimigos e amigos, sobre o que resulta mais importante – 'a forma de escrever' ou a de 'que escrever' – nós a superamos com nossa ordem literária 'para que escrever'. Quer dizer: estabelecendo a superioridade do objetivo acima do conteúdo e da forma". E, também, "Afirmamos que a literatura não é um espelho que reflita a luta histórica, senão uma arma desta luta". (*Edifício,* ano 1, n. 2, fevereiro de 1946, p. 5).

125 SIRINELLI, Jean-François. "Os intelectuais". In: RÉMOND, René (org.). *Por uma história política.* Rio de Janeiro:FGV, 2003.

De acordo com o currículo resumido dos colaboradores, a maioria já se relacionava na Faculdade de Filosofia ou na Escola de Direito da Universidade de Minas Gerais. Ideologicamente, eles foram apresentados como "católicos" ou como "comunistas". Francisco Iglésias apareceu como "filiado ao Partido Comunista". Affonso Romano de Sant'Anna, em artigo publicado n' "O Globo" em 1988, duvidou daquelas tendências dos fundadores da "Edifício": "não sei a quantas anda a fé daqueles jovens. Ideologicamente mudaram bastante. O único que tentou ser comunista pra valer foi Marco Antônio Tavares Coelho, que Prestes expulsou do 'partido' ".[126] Mas apesar de certa inocência (ou ironia) presente naquelas autorrepresentações, o marxismo de fato fazia parte da maneira como Francisco Iglésias reconhecia a si mesmo naqueles anos.

Na enquete sobre "a nova geração de intelectuais" publicada no segundo número da revista, Francisco Iglésias assegurou que "agora não tenho dúvidas em afirmar que foi a leitura de autores marxistas o que mais me marcou no sentido de orientação".[127] Ao lado de outros vinte e quatro nomes – que incluía, entre outros, Amaro de Queiroz, Sábato Magaldi, Wilson de Figueiredo, Autran Dourado, Etienne Filho, Otto Lara Resende, Fernando Sabino e Hélio Pellegrino, escolhidos pelo critério de não terem até então livros publicados nem espaço para se manifestarem – eles responderam as questões sobre a sua geração, foram indagados sobre as mudanças necessárias para a estruturação política do futuro e, claro, sobre a contribuição do artista na formação política do povo. Ainda que os escritores tenham indagado a pressuposição da noção de geração na primeira e na última pergunta, somente um questionou a conjectura subjacente às demais questões sobre a relação de escritores e de artistas com a política.[128]

Se a tomada de consciência da barbárie do nazismo e da opressão forçou aqueles escritores a examinar as consequências políticas de suas escolhas e a adotar uma nova maneira de se situarem no seu tempo e de se posicionarem no mundo, o balanço da situação histórica através dos testemunhos daqueles que os experimentaram foi a estratégia mais usada para manifestá-la. Na França, os inquéritos e testamentos se

---

126 SANT'ANNA, Affonso Romano de. Edifício literário. *O Globo*, Segundo Caderno, Rio de Janeiro, 19 de junho de 1988. p. 3.

127 IGLÉSIAS, Francisco. Agora não tenho dúvidas em afirmar que foi a leitura de autores marxistas o que mais me marcou no sentido de orientação.... *Edifício*, Belo Horizonte, ano I, n. 2, fevereiro de 1946. p. 14.

128 Foi a maranhense Lucy Teixeira, diplomada pela Faculdade de Direito da Universidade de Minas Gerais em 1945, quem afirmou que a contribuição do escritor na formação política do povo "não deve ser obrigatória como parece insinuar a pergunta" (TEIXEIRA, Lucy. Paciência. Já nos estamos sentindo diferentes. *Edifício*, Belo Horizonte, ano 1, n. 2, fevereiro de 1946, p. 52).

tornaram uma febre entre os intelectuais e rapidamente esse modelo de interpelação chegou ao Brasil. "Convidando uma geração a depor", enquete de João Etiene Filho entre 15 escritores mineiros, publicada n' "O Diário" em 1943, "Testamento de uma geração", organizado por Edgard Cavalheiro e publicado em 1944, e "Plataforma da nova geração", entrevistas realizadas por Mário Neme em 1945, são exemplos da extensão dessa moda. Na avaliação que Francisco Iglésias fez desse tipo de empreendimento, ele afirmou que os inquéritos:

> são abundantes nas épocas de infelicidade de um povo. Assim nas crises, após um fato marcante qualquer: foi o que se viu ainda há pouco na França, quando todos procuravam explicar o desastre, numa tentativa geral de distribuição de culpa em que não havia quem não se arvorasse em juiz.[129]

No depoimento de 1946, Francisco Iglésias confirmou o propósito maior daqueles intelectuais, destacando que "a formação da consciência política do povo é a tarefa suprema que se apresenta ao nosso tempo. Todos deverão se empenhar nesse trabalho, sem economias. Cabe ao escritor, sobretudo, grande ação e vigilância permanente".[130] Naquele momento ele se via participando de uma "geração revolucionária", engajada nas questões de seu tempo e comprometida mais com o futuro do que com as heranças recebidas do passado. Esta também era a percepção de Wilson Figueiredo, para quem os intelectuais precisavam "se situar ativamente no período político que estamos vivendo [...] para poder levar a cabo a literatura, a profissão, a vida". Ele ressaltou que havia gente em Minas Gerais que compartilhava esta preocupação, mas admitia que aquele não era o programa de todos e que mesmo os que com ele concordavam nem sempre conseguiam dimensionar o drama que a guerra submeteu o mundo. Para Figueiredo, entretanto "não se pode negar uma certa ação, ou pelo menos participação, política, embora quase estritamente individual e apenas ordenada pela base comum: combate ao fascismo". Ele destacou Francisco Iglésias como um intelectual consciente de seu tempo devido ao seu engajamento no PCB aliado aos conhecimentos das ciências sociais.[131] De fato, como bem ressaltou Noiriel, para que o "intelectual revo-

---

129 IGLÉSIAS, Francisco. Inquéritos e testamentos. *Folha de Minas*, Suplemento, Belo Horizonte, 30 de maio de 1948. p. 1.

130 IGLÉSIAS, Francisco. Agora não tenho dúvidas em afirmar que foi a leitura de autores marxistas o que mais me marcou no sentido de orientação.... . *Edifício*, Belo Horizonte, ano I, n. 2, fevereiro de 1946. p. 16.

131 FIGUEIREDO, Wilson de. Resposta a Vinícius de Moraes II. *O Diário*. Belo Horizonte, 09 de novembro de 1944.

lucionário" potencializasse a força de seu discurso no espaço público, era desejável que ele fundamentasse sua autoridade numa forma de competência adquirida pela experiência acadêmica.[132]

No PCB, Francisco Iglésias se juntou à chamada "célula intelectual" e estreitou suas relações com grandes nomes da literatura e do jornalismo mineiro na época. Apesar de participar de todas as reuniões, de respeitar as convenções do partido e de concordar com suas orientações políticas em relação à situação presente, ele nunca abandonou a crítica em relação àquela instituição, o que o impedia de se entregar fanaticamente àquela causa. Os diálogos ficcionais entre um personagem inspirado nele – Francisco Hernández[133] – e a representação autobiográfica do escritor Autran Dourado – João da Fonseca Nogueira – são bastante reveladores de suas restrições em relação ao funcionamento da célula. Em "Um artista aprendiz", ambos os personagens compartilhavam a impressão de que o Partido Comunista funcionava como uma igreja e concordavam que "Inácio de Loiola, que seria um stalinista perfeito, haveria de adorar".[134] Foi como alguém que compartilhou resistências quanto às restrições morais e artísticas impostas pelo PCB que Autran Dourado descreveu o personagem Francisco Hernández. Ele foi apresentado como um dos poucos militantes conhecedores de "O Capital", alguém que se alinhou

---

132 NOIRIEL, Gérard. *Dire la vérité au pouvoir: les intellectuels en question*. Marseille : Agone, 2010. p. 80.

133 "Francisco Hernández, filho de imigrantes espanhóis, apaixonado nas suas opiniões, enxuto de carnes e comprido como o protótipo da sua raça, Dom Quixote, escrevia longos e profundos ensaios sobre problemas culturais e escritores da sua admiração, como André Malraux e Herman Hesse, delirava com o *Lobo da estepe*, de Hesse. Como morava no Horto Florestal, longe, não participava das erráticas caminhadas noturnas pelas ruas de Belo Horizonte porque não podia perder o último bonde" (DOURADO, Autran. *Um artista aprendiz*. Rio de Janeiro: Rocco, 2000. p. 116).

134 "[...] Hernández disse essas sessões de crítica e autocrítica me deixam arrasado. Quando é comigo, nem se fala. Sinto uma vergonha incrível, é como se eu fosse um monge e estivesse fazendo a minha confissão comunitária. Não sei como fazem num convento, mas deve ser algo parecido. É, disse João, estou horrorizado. Pelo que sei e pelo que vi, é pior do que uma confissão comunitária. Nesta, parece que só o confessando se acusa. João ficou algum tempo calado. O que há, perguntou Hernández. Estou pensando que fiz uma besteira em entrar pro partido, disse João. A sensação que tenho é de que entrei pra uma igreja. Eu também, disse Hernández. Inácio de Loiola, que seria um stalinista perfeito, haveria de adorar. Sem dúvida, disse João. Pelo que vi, uma sessão de crítica e autocrítica tem a mesma função edificante e martiriológica dos exercícios espirituais dos jesuítas" (*Idem*. p. 159).

ao Partido Comunista em relação à interpretação daquele momento histórico, mas que discordou quanto à sua orientação em relação às artes e à literatura.[135]

A submissão da criação artística e do pensamento à luta revolucionária foi o motivo mais significativo da tensão de Francisco Iglésias com o Partido Comunista. A necessidade de se ajustar constantemente às obrigações e à disciplina militante o colocou diante de valores e interesses contraditórios. Embora estivesse convicto da importância do engajamento político do artista e do intelectual nas lutas de seu tempo, ele desconfiava das amarras impostas à liberdade de pensamento pela participação política institucionalizada. Daí sua concordância e admiração por Malraux que dizia que um partido não era homens reunidos em torno de uma ideia, como os intelectuais imaginavam, mas um caráter em atividade. A razão do partido seria orientada pelo pragmatismo que visava ao lucro político, e não à boa razão.[136] A experiência de Francisco Iglésias como militante do PCB e afeito à ética revolucionária (Stálin foi visto como um "mal necessário") não arrefeceu a força da ética intelectual que lhe impregnava, o que pode ser comprovado pelas contínuas reflexões teóricas e questionamentos sobre a relação do homem de letras com a política.

Em 1948, o artigo "Noção de limites" tratou exatamente das fronteiras que deveriam resguardar a razão intelectual da paixão política. O texto revela uma mudança significativa no pensamento de Francisco Iglésias em relação à função do intelectual na sociedade. Se dois anos antes seus depoimentos mostravam confiança no artista e no escritor enquanto agentes de esclarecimento da consciência popular, sua sensi-

---

135 "Para surpresa sua, Hernández concordara com ele, disse que tinha suas dúvidas, vivia também suas contradições, pensava em ir para São Paulo fazer um curso de extensão de História na Universidade de São Paulo, lá ia decidir o que fazer, se deixava ou não o partido. Quanto à arte e à literatura, não tinha a menor dúvida, pensava de maneira idêntica à de João, não aceitava a linha do partido" (Idem. p. 213). "Contou a Hernández o drama que estava vivendo, Hernández compreendia, também ele vivia a mesma dúvida angustiante de deixar ou não o partido para ser coerente consigo mesmo. Hernández voltou a falar-lhe de sua intenção de ir para São Paulo, onde procuraria não se integrar a nenhuma célula do partido. Hernández acreditava na solução que o tempo daria a seus problemas interiores. João lembrou-lhe a frase do padre Antônio Vieira sobre o tempo. Ele sorriu tristemente, disse de nada nos vale o conselho do velho padre, não acreditamos há muito em Deus" (Idem. p. 217-218). "Ele [João] recebera uma carta de Hernández, que estava em São Paulo, em que o amigo lhe dizia que não se ligara ao partido. Quando, daí a um ano, regressasse a Belo Horizonte, não seria mais um militante comunista" (Idem. p. 255).

136 IGLÉSIAS, Francisco. Noção de limites. Diário de Notícias. Rio de Janeiro, 13 de julho de 1947.

bilidade para perceber a dinâmica social e intelectual o desiludiu da utilidade deles. Francisco Iglésias notou que os escritores que tiveram que fazer renúncias para realizar uma ação política se afundaram em crises insuperáveis, pois não havia concordância entre o seu pensamento mais profundo e a ação a que se entregavam:

> Escritores que participaram ativamente, lutando com o fuzil no último sacrifício, ao se confessarem na obra literária, em vez de gritos de revolta de afirmações insofismáveis nos dão, entre acentos heroicos capazes de arrastar, um lamento desiludido. Entregaram-se de propósito à ação, racionalmente, mas lhes faltou convicção. Não foi uma fé que os levou, mas a procura de um caminho que solucionasse um drama social e interior Estrangularam-se por uma solução com os olhos vazios de qualquer certeza até o último momento. Realizaram assim, de maneira suprema, as palavras da Bíblia que vemos tão frequentemente evocadas em autores modernos – o que é sintomático –: "só se ganha a vida perdendo-a". Perderam-se na morte, perderam-se no amor, perderam-se numa vida de agitações e lutas. Só restará este cainho ao homem? Responder afirmativamente é proclamar a impossibilidade da vida, pois afirmar-se pela negação só consiste em sacrifício. O que se conclui, numa análise fria, é que a vida se tornou mesmo impossível, uma vez que não se consegue realizar nenhum valor que a dignifique.[137]

Ele foi levado a concluir que uma revolução não poderia ser realizada por um intelectual, visto que ele não é capaz de realizar as teorias que elabora, pois "sua obra é prelúdio cujo final, a realização do previsto, é quase sempre surpreendente".[138] A ação caberia exclusivamente ao político, pois só ele estaria autorizado a sacrificar a razão em benefício da causa. Se a revolução empolgava o intelectual, que a via como única saída digna e ética, o certo é que a política revolucionária o decepcionaria depois. Se para chegar à revolução o político deveria ser homem de disciplina rígida, o clima do intelectual era o da liberdade absoluta. Por isso o intelectual seria frequentemente colocado de lado pela política revolucionária, pois ela não admitiria dissidência.

Então, como o intelectual deveria proceder naquele momento? Como ele poderia conciliar a força da ética intelectual com a força da ética revolucionária? Deveria o intelectual abrir mão das exigências da política, determinadas pelo absurdo social, para preservar sua liberdade intelectual? Francisco Iglésias confessou sua dificuldade para estabelecer uma posição diante da existência desse impasse. Se seguisse a orientação de Malraux, o intelectual deveria aceitar o velho *slogan* revolucionário: "a emancipação

---

137 *Idem.*

138 *Idem.*

do proletariado será a obra dos próprios trabalhadores". Mas a conclusão significaria reconhecer a inutilidade do intelectual:

> Para o intelectual este 'slogan' ressoa como grito de inutilidade de sua função, doendo fundo. Talvez até o console, mas elimina sua razão de ser. Pode ser até uma alvorada, mas é confissão de fracasso. O discutidor de ideias tem a sensação de que nada mais lhe resta: chegou ao fim o seu mundo.

Numa perspectiva otimista, esse "fim" poderia ser o mundo que o próprio intelectual anunciou, preparou e trabalhou. Mas o caminho da sociedade é enganoso e imprevisível e Francisco Iglésias reconhecia que sempre poderá aparecer um elemento desviante. Ele acabou se conformando com a ideia de que se o debate sobre a condição do intelectual em sua época teve alguma serventia, foi a de torná-lo "consciente de sua realidade, reduzindo-o a nada ao apontar-lhe as próprias insuficiências".[139] Por isso, ele não deixou de manifestar satisfação com a percepção de que a discussão havia se esgotado.

Se a ausência de harmonia entre o pensamento e a ação que a literatura da resistência revelou fez Francisco Iglésias repensar a posição do artista e do intelectual na sociedade, a consolidação das Ciências Sociais na universidade, aliada aos novos contextos políticos e sociais a partir da década de 1950, também contribuiu para as mudanças da legitimidade social do intelectual. O momento coincidiu com a consolidação da posição de Francisco Iglésias na universidade. As novas condições, aliadas àquela compreensão profunda do drama dos que se entregaram até as últimas consequências a uma luta política, tiveram consequências marcantes para a posição de Francisco Iglésias nas décadas posteriores. Se elas não foram suficientes para dissuadi-lo da importância do engajamento do intelectual nas lutas de seu tempo, o levaram a fazer emergir novas estratégias de ação no espaço público, sobretudo a partir da própria historiografia por ele produzida, como veremos.

## Entre a literatura e a história

Em um ambiente intelectual dominado pela literatura, foi à crítica que Francisco Iglésias dedicou seus primeiros esforços intelectuais enquanto ainda cursava Geografia e História e trabalhava como funcionário público em Belo Horizonte. O jornal literário carioca "Dom Casmurro"[140] acolheu seus textos de estreia: "À sombra do mundo",

---

139  *Idem.*

140  O semanário "Dom Casmurro" circulou durante o Estado Novo, entre 1937 e 1944, e reuniu vários opositores ao governo. Seu diretor era Brício de Abreu. O jornal contava

ensaio sobre o poeta baiano Odorico Tavares, e "A poesia e o poeta", sobre Vinícius de Morais. O suplemento literário do jornal católico belo-horizontino "O Diário" garantiu sua apresentação nas páginas de Minas Gerais com "Notas sobre a atividade poética".[141] Francisco Iglésias ainda foi colaborador assíduo dos jornais "Estado de Minas", "Folha de Minas", "Minas Gerais" e "O Estado de São Paulo".[142] A variedade de suas publicações no período, que também guardaram resenhas historiográficas e ensaios de análise política e social, revelam o que os amigos mais próximos já denunciavam: sua hesitação entre a história e a literatura.[143]

A intimidade de Francisco Iglésias com o mundo das letras sempre justificou os questionamentos sobre sua escolha profissional. Antônio Cândido recordou as conversas que teve com ele na década de 1940 e lembrou que aconselhou o amigo a fazer o curso de Letras em São Paulo e a passar para elas de "armas e bagagens", resolvendo de vez suas dúvidas vocacionais. Formado em Sociologia, Cândido afirmou que entendia como ninguém essas hesitações, pois ele mesmo achava que tinha feito um erro de vocação e que deveria ter se dedicado apenas à literatura.[144] Em 1992, Francisco Iglésias declarou que embora não se arrependesse da opção pela história, foi levado a ela pela exclusão de outros cursos e que se tivesse seguido seus interesses de leitura na juventude, a escolha

---

com o apoio financeiro da Embaixada da França no Brasil e foi responsável pela publicação de grandes autores como José Lins do Rego, Graciliano Ramos, Jorge Amado, Cecília Meireles e Oswald de Andrade. Um de seus principais colaboradores foi o mineiro Murilo Mendes.

141 IGLÉSIAS, Francisco. A sombra do mundo. *Dom Casmurro*. Rio de Janeiro, 11 de setembro de 1943; IGLÉSIAS, Francisco. A poesia e o poeta. *Dom Casmurro*. Rio de Janeiro, 13 de novembro de 1943; IGLÉSIAS, Francisco. Notas sobre a atividade poética. *O Diário*. Suplemento Literário. Belo Horizonte, 19 de dezembro de 1943.

142 A monografia de Paulo da Terra Caldeira, defendida como trabalho de conclusão do curso de Biblioteconomia em 1969, foi fundamental para que pudéssemos mapear as primeiras produções intelectuais de Francisco Iglésias. Em seu trabalho, o autor fez um levantamento bibliográfico exaustivo em livros e periódicos, bem como em comentários e citações de outros autores publicados entre 1943 e 1969 (CALDEIRA, Paulo da Terra. *Francisco Iglésias: bibliografia*. [Trabalho de conclusão de curso]. Belo Horizonte: Escola de Biblioteconomia da UFMG, 1969).

143 CÂNDIDO, Antônio. Prefácio. In: IGLÉSIAS, Francisco. *História & Literatura: ensaios para uma história das ideias no Brasi*l. São Paulo: Perspectiva; Belo Horizonte: Cedeplar-FACE-UFMG, 2009. p. XVI.

144 Idem.

razoável seria a literatura.[145] Se nenhum conto ou poesia fez parte de sua vasta bibliografia, ainda que haja notícias de que tenham sido escritos, é que seus poemas não passaram pelo crivo da autocrítica e nunca foram divulgados. Sua condição, ao longo da década de 1940, o aproximava daquele conhecido personagem da prosa ficcional brasileira, responsável por fixar uma imagem da sua geração, que "só sabia escrever sobre a arte de escrever" e que "acabaria escrevendo sobre a arte de escrever sobre a arte de escrever...".[146]

Mas, como observou Sanches Neto, os críticos da primeira metade do século XX em atividade nos jornais, local privilegiado de discussão de ideias literárias, acabaram criando um estilo próprio de reflexão sobre a literatura. O chamado "crítico de rodapé" se concebia como escritor e sua atividade era exercida de forma essencialmente literária, ainda que, muitas vezes, o tema pertencesse à política, à história ou à cultura: "a crítica era literária não por analisar a literatura, mas por se assumir como literatura".[147] A ainda precária especialização entre as áreas pode ser explicada pelo aspecto sincrético do ensaio, gênero de escrita privilegiado naquele ambiente intelectual. O ensaio comportava, desde o século XIX, a combinação entre imaginação e análise, oferecendo às preocupações acadêmicas um estilo literário de escrita. Embora as fronteiras institucionais entre aqueles campos de estudo das humanidades já estivessem sendo consolidadas no momento em que Francisco Iglésias realizava sua formação especializada, através do conhecimento de suas estratégias narrativas para cruzar literatura e história podemos determinar o vínculo específico que ele estabelecia entre ambas.

Ao longo da década de 1940 (exatamente entre setembro de 1943 – data de sua primeira publicação – e dezembro de 1949), Francisco Iglésias publicou 139 artigos em jornais e revistas. Desse total, 28 artigos foram republicações do mesmo texto em veículos diferentes. Ainda assim o número chama atenção, pois fornece uma média de 16 trabalhos originais por ano, mais de um por mês. Por um lado a produção em série se justificava pela questão financeira, já que os artigos eram vendidos aos veículos de informação. Nas cartas escritas para Otto Lara Resende ele atestou que esta era a principal motivação para as publicações: em 1946, ele declarou que "se insisto em publicar coisas velhas é apenas pela necessidade de dinheiro. Preciso ganhar 'unas

---

145 Entrevista concedida a Maria Efigênia Lage de Resende (Departamento de História, UFMG) e Roberto Barros de Carvalho (Revista "Ciência Hoje"), publicada em junho de 1991. http://www.canalciencia.ibict.br/notaveis/livros/francisco_iglesias_31.html. Acesso em 29/03/2010.

146 Caracterização do personagem Eduardo Marciano em SABINO, Fernando. *O encontro marcado*. Rio de Janeiro: Record, 2006. p. 283.

147 SANCHES NETO, Miguel. Crítica e função social. *Revista Trama*, vol. 1, n. 1, 2005. p. 12.

platas' e é a única maneira".[148] Depois, em 1947, ele reafirmou que "não os publico agora – pode crê – [...] para me ver impresso ou coisa que valha. Não, favas para o jornal, para o nome impresso ou algo semelhante. Publico-os, ou quero publicá-los, por uma necessidade material. Apenas por causa dela".[149] A crise financeira justificava, inclusive, a republicação de artigos já editados por outros veículos, desde que não levasse constrangimento ao amigo: "preciso ganhar dinheiro e eu acho que os jornais pagam. Farei o que todo mundo faz, tornando a publicar velhos artigos. Mando-lhes sem nenhum compromisso. Se você puder colocar, ótimo. Se houver dificuldade não se importe, jogue-os fora".[150]

Por outro lado, ainda que a motivação financeira o tenha levado a escrever com regularidade na imprensa, exercendo profissionalmente a crítica literária, Francisco Iglésias também demonstrou necessidades de outra ordem que pareciam impulsionar sua produção. Elas se revelaram através da ansiedade causada por um desejo veemente de escrever – "fiz uma coisa que há muito tempo me dava comichões. Um artigo sobre Malraux"[151] – da manifestação de um sentimento de competitividade intelectual – "estou ansioso por publicar. Por publicar antes que um qualquer por estas bandas me roube as ideias"[152] – ou da vontade de se comunicar e de se fazer ouvir – "quero publicá-lo por necessidade. Ele não me agrada [...], mas contém algumas 'cosas' que tem significado para mim. Quero dizê-las alto e bom som".[153] Todos esses fatores concorreram para que ele cultivasse e ampliasse uma rede de influência intelectual através da mediação dos amigos.

Se através do gesto íntimo de uma correspondência pessoal podemos inferir práticas da sociabilidade dos intelectuais, no caso de Francisco Iglésias, ela interferiu diretamente na produção e na circulação de suas ideias naqueles anos. Otto Lara Resende

---

148 Carta de Francisco Iglésias a Otto Lara Resende em 14 de novembro de 1946. Instituto Moreira Sales. Coleção Otto Lara Resende.

149 Carta de Francisco Iglésias a Otto Lara Resende em 27 de agosto de 1947. Instituto Moreira Sales. Coleção Otto Lara Resende.

150 Carta de Francisco Iglésias a Otto Lara Resende em 19 de outubro de 1946. Instituto Moreira Sales. Coleção Otto Lara Resende.

151 Carta de Francisco Iglésias a Otto Lara Resende em 25 de outubro de 1946. Instituto Moreira Sales. Coleção Otto Lara Resende.

152 Carta de Francisco Iglésias a Otto Lara Resende em 16 de maio de 1947. Instituto Moreira Sales. Coleção Otto Lara Resende.

153 Carta de Francisco Iglésias a Otto Lara Resende em 14 de novembro de 1946. Instituto Moreira Sales. Coleção Otto Lara Resende.

foi um dos que atuaram na publicação de seus artigos nos jornais do Rio de Janeiro. Ele se mostrava disponível para a tarefa, o que levava Francisco Iglésias a concluir que "você deve ter suas cotações, e o tom de sua carta é de quem domina situações. 'Sou verdadeira agência, colocadora de artigos...' Pois bem, exerça-se minha agência".[154] Sob seu intermédio, ele publicou pelo menos quatro artigos no jornal carioca "Diário de Notícias", no qual Otto Lara Resende trabalhou como repórter de política até 1948. Depois disso, Francisco Iglésias cogitou "profissionalizar" a distribuição de seus artigos através da agência jornalística Escritório de Serviços de Imprensa (ESI), de propriedade do pintor e crítico de arte Arnaldo Pedroso D'Horta – "A agência E.S.I., do Pedroso D'Horta, me distribuirá de agora em diante" – mas, ainda assim, não abriu mão da influência e do prestígio de Otto Lara Resende junto ao coordenador do Suplemento Literário daquele jornal, Raul Lima – "Peça ao Raul Lima que me compre...", nem da sua intermediação para o recebimento de pagamento pela venda dos artigos.[155]

No decorrer da década de 1940, portanto, Francisco Iglésias já tecia relações com diferentes categorias de produtores culturais e com suas instâncias de difusão, ocupando certa posição no interior deste sistema de produção e circulação de bens simbólicos. Sua condição emergente na Faculdade de Filosofia de Minas Gerais também contribuía para a legitimação de seu discurso, visto que seus escritos eram identificados com a análise especializada das ciências sociais: a abordagem teórica, as citações, as notas e as referências bibliográficas por ele acionadas comprovam a incorporação dos códigos de uma escrita supostamente menos "impressionista".

No momento em que Francisco Iglésias iniciava sua produção de crítica literária, a atividade atravessava um período de questionamento com relação à sua própria existência e função devido ao deslocamento do eixo de atuação da crítica da imprensa para a universidade. Nas colunas dos suplementos literários se configurou polêmicas abertas e veladas sobre o exercício da crítica. O que estava em jogo era a definição dos critérios de validade para o julgamento da obra literária: o modelo dos chamados "homens de letras", supostamente portadores da "consciência de todos" e defensores do impressionismo e do autodidatismo, ou o modelo dos críticos acadêmicos, interessados na especialização, na crítica ao personalismo, na reflexão teórica e na pesquisa.[156] As questões relacionadas aos procedimentos e às técnicas que deveriam ser usadas na ati-

---

154 Carta de Francisco Iglésias a Otto Lara Resende em 20 de junho de 1947. Instituto Moreira Sales. Coleção Otto Lara Resende.

155 Carta de Francisco Iglésias a Otto Lara Resende em 28 de janeiro de 1948. Instituto Moreira Sales. Coleção Otto Lara Resende.

156 SÜSSEKIND, Flora. "Rodapés, tratados e ensaios: a formação da crítica brasileira moderna". In: *Papéis colados*. Rio de Janeiro: UFRJ, 1993.

vidade de crítica literária teria gerado uma verdadeira "crise de métodos".[157] Qual teria sido a posição ocupada por Francisco Iglésias neste cenário?

Não obstante a defesa da responsabilidade política do intelectual, contrária à suposta gratuidade estética do Modernismo, Francisco Iglésias se identificava com os críticos literários que incorporaram tendências estetizantes e que marcariam profundamente a atividade na década seguinte.[158] Já em 1943, em "Notas sobre a atividade poética", ele demonstrou sua disposição para o julgamento estético quando afirmou que "é pela forma que a obra de arte subsiste". Seu argumento pressupôs que todos temos capacidade de sentir artisticamente, mas o simples fato de sentir não nos faz artistas, pois é preciso saber expressar sentimento na forma adequada. Se, como manifestação do inconsciente, o sentimento artístico poderia ser explicado pela psicanálise,[159] a arte em si não seria apenas espontaneidade, visto que "a criação exige trabalho, domínio de uma técnica".[160] Antecipando-se à acusação de que estaria defendendo um ponto de vista reacionário, com saudosismos parnasianos, ele se apoiou em Mário de Andrade e sua defesa do trabalho e da consciência artística. De fato, segundo Martins, a crítica de Mário de Andrade sempre foi "clara e espontaneamente estetizante, o que lhe conferia inesperada afinidade com o novo quadro de valores".[161]

Em "Desvio da crítica", publicado em 1949, Francisco Iglésias também se mostrou afinado com o modelo da crítica acadêmica quando manifestou suas restrições à "preocupação exagerada pela pessoa do autor da obra". O debate sobre a despersonalização do artista estava sendo herdado dos críticos que influenciaram o *new criticism* norte-americano. Em um ensaio de 1919, T. S. Eliot já reivindicava o desvio da atenção do poeta para a poesia, visto que, segundo ele, "impressões e experiências que são importantes para o homem, podem não ter lugar na poesia, e aquelas que se tornam

---

157 MARTINS, Wilson. A crítica literária no Brasil. Vol. II. Rio de Janeiro: Francisco Alves, 1983. p. 645.

158 *Idem.*

159 "Freud veio mostrar a existência de um outro mundo interior, mais carregado de sombras porque mais espontâneo, de expressão nem sempre possível porque muitas vezes de significação estranha para a própria pessoa. É este mundo obscuro que a arte procurou exprimir" (IGLÉSIAS, Francisco. Notas sobre a atividade poética. *O Diário*. Suplemento Literário. Belo Horizonte, 19 de dezembro de 1943).

160 IGLÉSIAS, Francisco. Notas sobre a atividade poética. *O Diário*. Suplemento Literário. Belo Horizonte, 19 de dezembro de 1943.

161 MARTINS, Wilson. *A crítica literária no Brasil*. Vol. II. Rio de Janeiro: Francisco Alves, 1983. p. 595.

importantes na poesia podem desempenhar um papel insignificante no homem".[162] A avaliação de Francisco Iglésias era a de que na crítica de revistas e suplementos "a literatura torna-se domínio particular, em que todas as brincadeiras são admitidas e as intimidades consideradas [...] Fala-se da vida dos escritores como se ela é que constituísse a literatura". Esse tipo de abordagem seria responsável, na sua visão, pelo desvio da crítica racional, "uma fuga expressiva da situação mental da época".[163]

Não obstante esta prescrição metodológica, a construção do perfil biográfico do autor fazia parte do labor crítico de Francisco Iglésias.[164] Seus estudos sobre Hermann Hesse, por exemplo, enfatizaram as características da personalidade do escritor para compreender suas obras e a necessidade do conhecimento de sua biografia para o entendimento de seus personagens.[165] Tratando das obras de poetas e romancistas, Francisco Iglésias buscou mais que sua força artística espontânea, valorizando a expressão de uma linha de pensamento ou um corpo orgânico de ideias na vida e na arte, daí sua consideração de que "só é verdadeiro artista aquele que se realiza em tudo e faz de sua vida e de sua arte uma coisa só. Sem traições ou acomodações".[166]

Os estudos de Francisco Iglésias sobre dois de seus escritores de predileção – André Malraux e Mário de Andrade – destacaram exatamente essa característica da vida e da obra destes artistas. A obra literária de André Malraux foi valorizada enquanto obra de pensamento, visto que foi considerada "o reflexo de uma das posições do homem ante o mundo, de busca de uma posição certa, conquistada com todo esforço". Francisco Iglésias via em Malraux o pensamento e a vida em concordância, daí concluir que "sua obra literária é também uma obra ideológica, com a colocação do problema

---

162 ELIOT, T. S. "A tradição e o talento individual". In: VAN NOSTRAND, Albert D. (org.). *Antologia de crítica literária*. Rio de Janeiro: Lidador, 1968. p. 191.

163 IGLÉSIAS, Francisco. Desvio da crítica. *Estado de Minas*. Belo Horizonte, 7 de agosto de 1949. p. 18.

164 IGLÉSIAS, Francisco. Sobre Hermann Hesse. *O Estado de S. Paulo*, 2 de setembro de 1947; IGLÉSIAS, Francisco. Hesse o "O lobo da estepe". *O Estado de S. Paulo*, 7 de setembro de 1947; IGLÉSIAS, Francisco. Hesse e a salvação pelo humorismo. *O Estado de S. Paulo*, 11 de setembro de 1947.

165 Ver, por exemplo, IGLÉSIAS, Francisco. Sobre Hermann Hesse. *O Estado de S. Paulo*, 2 de setembro de 1947; IGLÉSIAS, Francisco. Hesse o "O lobo da estepe". *O Estado de S. Paulo*, 7 de setembro de 1947; IGLÉSIAS, Francisco. Hesse e a salvação pelo humorismo. *O Estado de S. Paulo*, 11 de setembro de 1947.

166 IGLÉSIAS, Francisco. Vida e experiência. *O Diário*. Belo Horizonte, 12 de julho de 1944.

do destino humano e da questão política".[167] Também Mário de Andrade despertou apreciação semelhante, tendo sido destacadas sua coerência e sua invariável linha de conduta ditadas pela "consciência aguda das questões do homem e do mundo".[168]

A tendência esteticista da crítica literária de Francisco Iglésias parece ter se restringido às suas determinações metodológicas, visto que as indagações psicológicas, sociológicas e biográficas que caracterizavam a atividade desde o século XIX se mantiveram soberanas em suas análises de autores e obras. Em benefício de uma história da literatura, ele comparou a cadência que daria ritmo a história, traduzida por "uma certa constância no suceder dos acontecimentos", àquela que movimentaria também a literatura: os gostos, os movimentos e as escolas literárias teriam um encadeamento lógico como qualquer outra atividade do conhecimento humano, pois "estando a literatura condicionada ao meio em que floresce, sujeita às influências do tempo e do espaço, poderá ser explicada, portanto, pela situação que a produz. A situação pessoal e a situação da época se completam". Em outras palavras, os fenômenos literários seriam fenômenos históricos "que ultrapassam os limites da poética".[169] As obras literárias estavam sendo por ele percebidas como reflexo do desenvolvimento histórico e sua função era indicar a relação de dependência entre os dois.

A perspectiva historicista não o impediu de aderir a uma versão particular do *new criticism* norte-americano – modelo de análise literária configurado no início dos anos 1940 com a pretensão de garantir a objetividade no tratamento da obra literária e que foi divulgado no Brasil, principalmente, por Afrânio Coutinho após seu retorno dos Estados Unidos, em 1947. Desde 1944, Francisco Iglésias encontrava nas referências de Otto Maria Carpeaux ao crítico norte-americano Kenneth Burke, considerado uma das expressões do *new criticism*, uma inspiração para suas análises:

> Segundo o crítico americano, a análise de uma obra deve partir da situação poética em que a obra nasce. A poesia é uma estratégia para dominar esta situação: seus recursos são as armas da metáfora. Um poema é sempre um ato simbólico e a atitude do poeta perante o mundo nos é revelada pelo uso das metáforas.[170]

---

167 IGLÉSIAS, Francisco. O tema André Malraux. *Diário de Notícias*. Rio de Janeiro, 8 de junho de 1947.

168 IGLÉSIAS, Francisco. Elegia de Abril. *Estado de Minas*. Belo Horizonte, 10 de abril de 1949. p. 1.

169 IGLÉSIAS, Francisco. O ritmo histórico-literário. *Folha de Minas*. Belo Horizonte, 6 de fevereiro de 1944.

170 *Idem.* p. 12.

Se por um lado, de acordo com Lima, "a novidade do *new criticism* residia numa abordagem intrínseca do objeto literário" na qual "eram abolidos nítida e deliberadamente os traços das abordagens 'extrínsecas', históricas, biográficas e sociológicas que proliferavam na época",[171] por outro, esta designação – *new criticism* – não correspondia um grupo organizado e homogêneo de críticos em torno de um ideário comum.[172] Wellek, por exemplo, os classificou em três grupos distintos e hierarquizados conforme sua maior ou menor aproximação com relação ao formalismo organicista propriamente dito. Ele enquadrou Burke no grupo menos representativo e concluiu que o autor que tinha sido referência para Carpeaux e Francisco Iglésias combinava métodos do marxismo, da psicanálise e da antropologia com a semântica "a fim de estabelecer um sistema de conduta e de motivação humana que usa a literatura apenas como ponto de partida ou ilustração".[173]

De fato, o que Francisco Iglésias procurava mostrar naquele ensaio de 1944 era a presença da dialética histórica em qualquer atividade humana: "as mesmas situações em que vivem os homens, provocadas pela dialética da História, é que os fazem empregar a mesma estratégia para dominar situações semelhantes – podemos concluir lembrando mais uma vez a lição de Kenneth Burke. Daí os '*corsi e ricorsi*' literários". A leitura que Carpeaux teria feito da literatura moderna comprovava a impressão de Francisco Iglésias:

> Em um de seus grandes estudos – "Gôngora e o neogongorismo" –, Carpeaux procura, na obra do complicado poeta espanhol, uma explicação para a poesia moderna. E conclui que a poesia barroca e a poesia moderna se esclarecem mutuamente. O andaluz barroco, D. Luis de Gôngora y Argote reaparece de maneira total no popularismo e no hermetismo do andaluz moderno: Garcia Lorca. O poeta barroco inglês, Donne, reaparece no poeta moderno T. S. Eliot. A poesia moderna é assim porque estamos na mesma situação que aqueles poetas da época barroca. Kenneth Burke tem razão. O gongorismo não é um fenômeno do século XVII: volta sempre na história.[174]

---

171 LIMA, Luiz Costa. *Teoria da literatura em suas fontes*. Rio de Janeiro: Civilização Brasileira, 2002. p. 2002. p. 553.

172 WELLEK, René. *Conceitos de crítica*. São Paulo: Cultrix, 1963; AGUIAR E SILVA, Vítor Manuel. *Teoria da literatura*. Coimbra: Almedina, 1968.

173 *Idem*. p. 61.

174 IGLÉSIAS, Francisco. O ritmo histórico-literário. *Folha de Minas*. Belo Horizonte, 6 de fevereiro de 1944. p. 12.

> A conciliação entre literatura e história passava pela negação da concepção linear da história e pela representação do tempo histórico por uma linha curva, um ciclo contínuo de tipo viqueano, curso e recurso. Francisco Iglésias recusou a ideia de uma marcha contínua dos homens rumo à civilização, à racionalidade e à ciência e valorizou a linguagem e a cultura, responsáveis por dar ritmo aos acontecimentos históricos. A função da história, portanto, seria integrar a emoção e a razão, por isso ela se aproximava tanto da literatura.[175]

De fato, o entendimento de Francisco Iglésias sobre a obra de arte literária pode ser cotejado com sua concepção de obra histórica naquele momento. Sua resenha do livro "Vida e morte do bandeirante", escrita no mesmo ano de 1944, é exemplar nesse sentido, pois ele valorizou exatamente a união da técnica da pesquisa histórica com uma forma de apresentação que demonstrou capacidade artística. Ele reconheceu em Alcântara Machado a "verdadeira compreensão da história", traduzida pelo encadeamento lógico dos fatos e, principalmente, pela empatia que resultou no conhecimento da vida íntima e cotidiana dos bandeirantes. A documentação reunida em 27 volumes de inventários permitiu conhecer a organização da família, da economia e da vida dos povoadores, mas o livro de Alcântara Machado não teria se reduzido à transcrição destes papéis. Francisco Iglésias destacou "a graça fina e marcante", o "estilo clássico e delicioso" de seu autor, exemplo de uma historiografia moderna que aliou o "estudo esmiuçado, rico de detalhes técnicos, exigindo paciência e trabalho" à "capacidade de síntese, de cultura". Alcântara Machado foi considerado "um verdadeiro pioneiro entre nós no estudo científico da História", pois "foi ele o primeiro a empregar certos métodos modernos da ciência histórica, a fazer a 'pequena história', abrindo caminho para os estudiosos".[176]

Na avaliação que fez de "Vida e morte do bandeirante", Francisco Iglésias afirmou que "só mesmo a capacidade de pesquisa e o esforço colecionador de material, aliados a uma alta emoção artística, tornam possível uma obra histórica como esta, onde tudo aparece em sua verdadeira medida". De acordo com ele, "é necessária ao historiador uma grande capacidade artística – poética ou romanesca – para bem exercitar a sua tarefa", daí a necessária aproximação da história e da literatura. Essa perspectiva se coadunava com a orientação historiográfica orteguiana, na qual Francisco Iglésias se apoiava, que valorizava o conhecimento dos fatores ocultos na determinação dos conflitos ou dos atos de governos como objetivo da história. O que a história poderia

---

175 Idem. p. 102.
176 IGLÉSIAS, Francisco. Vida e morte do bandeirante. *O Diário*. Suplemento Literário. Belo Horizonte, 27 de fevereiro de 1944.

perder em aparato nesse empreendimento, ganharia em clareza e verdade. A compreensão da história nesses termos, segundo Francisco Iglésias, explicava a "afirmativa de Croce da dificuldade de delimitar o campo da história e o campo do romance". Para Francisco Iglésias, o historiador deve trabalhar como o poeta que "encontra sempre, implacavelmente, apesar de o verme ter roído 'as páginas, as dedicatórias e mesmo a poeira dos retratos', um 'imortal soluço de vida'". Um historiador autêntico, como Alcântara Machado estava sendo considerado, "encontra em velhos testamentos recolhidos a alma de uma sociedade em toda a sua riqueza e variedade, na sua vida total".[177]

Os exemplos mencionados confirmam a impressão de Schwartzman de que Francisco Iglésias viveu intensamente "as ambiguidades desses dilemas eternos entre a intuição e a razão, a empatia e o conhecimento sistemático, a contemplação literária e o engajamento político, o desnudamento de si próprio no presente e a análise fria da sociedade do passado",[178] o que o teria levado a afirmar mais tarde "a superioridade da poesia como fonte de conhecimento".[179]

---

177 *Idem.*

178 SCHWARTZMAN, Simon. "A transição mineira". In: *A redescoberta da cultura*. São Paulo: Edusp, 1996.

179 IGLÉSIAS, Francisco. Drummond: história, política e mineiridade. *O Estado de S. Paulo* [Cultura, ano VII, n. 534]. São Paulo, 27 de outubro de 1990. p. 7.

# 2

# O horizonte acadêmico

Partimos da constatação dos princípios de hierarquização antagônicos que organizam as instituições de ensino superior – a hierarquia social e a hierarquia científica – para abordar os primeiros anos de funcionamento da Faculdade de Filosofia (FAFI), em Belo Horizonte, que foram também os anos da formação de Francisco Iglésias no curso de Geografia e História desta instituição. A discência de Francisco Iglésias coincidiu com o momento de institucionalização do curso no estado, tendo sido a sua turma a segunda a receber os títulos de bacharelado e licenciatura em Geografia e História, em 1944 e 1945. Acompanhando a inserção acadêmica de Francisco Iglésias, pretendemos conhecer, ainda que preliminarmente, tanto os princípios de legitimação política e científica que estruturaram a FAFI e que repercutiram no clima intelectual de seus primeiros anos de funcionamento, como a concepção de história que orientou a organização curricular do curso que ele frequentou.

Para além da análise dos textos normativos que regularam a elaboração das sistematizações do ensino naquela instituição, tivemos oportunidade de verificar algumas das práticas utilizadas nas salas de aula frequentadas por Francisco Iglésias, percebendo a faculdade em seu funcionamento interno. A partir da análise de um conjunto documental no qual as disposições legais tiveram que disputar espaço com os documentos produzidos pelos próprios professores e alunos, como os diários de classes e as provas, abrimos uma perspectiva que nos permitiu relativizar as normas que definem conhecimentos a ensinar e condutas a inculcar através da problematização dos resultados alcançados na formação daqueles profissionais.[1] Finalmente, consideramos pertinente problematizar, ainda, sua inserção docente na Faculdade de Ciências Econômicas relacionando os caminhos de seu itinerário acadêmico com as formas de poder inerentes à organização do campo universitário. Nesse sentido, tratamos também dos "bastidores" de sua relação de distanciamento e adesão aos princípios de legitimação científica fundados nos poderes temporais e políticos da comunidade de historiadores através de sua correspondência pessoa

## A organização e o clima intelectual da FAFI

A constituição da Faculdade de Filosofia (FAFI) conta com poucos trabalhos que oferecem conhecimento sobre sua história e sua dinâmica acadêmica.[2] A ênfase no modelo paulista de autonomia acadêmica e intelectual parece ter atribuído um caráter de incompletude e insuficiência às outras experiências acadêmico-universitárias, desvalorizando-as e desestimulando até mesmo sua tomada como objeto histórico. A ideia de que a criação da Faculdade Nacional de Filosofia (FNFi), em 1939, fez parte de um projeto para padronizar as demais Faculdades de Filosofia fundadas nas décadas de 1930 e 1940, também parece ter subestimado as características específicas que revelam as dificuldades e as indecisões inerentes a cada um dos processos de institucionalização universitária.

No caso da FAFI, o desencorajamento das pesquisas sobre seu desenvolvimento histórico deve ser atribuído também à ausência quase completa de organização dos seus arquivos. O Setor de Registro e Arquivo Acadêmico Permanente da Graduação da Faculdade de Filosofia e Ciências Humanas da UFMG guarda documentos produzidos pela instituição desde 1939. São relatórios, balancetes, currículos, diários, atas de reuniões, atas de exames, provas e registros variados da administração e do corpo docente e discente da instituição. É um acervo de enorme valor histórico que se encontra, até agora, privado de ações que garantam sua preservação, sua organização

---

1 JULIA, Dominique. A cultura escolar como objeto histórico. *Revista Brasileira de História da Educação*, Campinas, n. 1, jan./jun. 2001.

2 Destacamos uma dissertação defendida na Faculdade de Educação em 1988, cuja banca contou com a participação de Francisco Iglésias: HADDAD, Maria de Lourdes Amaral. *Faculdade de Filosofia de Minas Gerais: raízes da ideia de universidade na UMG* [Dissertação de Mestrado]. Belo Horizonte: Faculdade de Educação da UFMG, 1988.

e sua adequada disponibilização para o pesquisador que, diante da ausência de uma política formal de gestão documental, só pode contar com a própria sorte e com a boa vontade e o empenho individual dos funcionários da FAFICH. O esforço solitário deles tem garantido a existência destes papéis, ainda que em estado precário de conservação, amontoados em caixas empoeiradas numa sala que impressiona pela condição insalubre que apresenta. Diante dessa realidade, as informações que levantamos aqui não pretendem nem poderiam esgotar o tema da criação da FAFI e de sua dinâmica acadêmica, mas esperamos que sejam suficientes para mostrar que a nova situação social que ela engendrou não deixou imune nem o modo de trabalhar, nem o tipo de discurso de seus diplomados, entre os quais se encontrava Francisco Iglésias.

O histórico oficial da Faculdade de Filosofia da Universidade de Minas Gerais publicado no Anuário de 1939 a 1953 confere aos professores vinculados ao Instituto Ítalo-Mineiro Guglielmo Marconi a iniciativa e a organização da instituição. Clovis de Sousa e Silva, Braz Pellegrino, Arthur Versiani Velloso, Orlando de Magalhães Carvalho, José Lourenço de Oliveira, Gilhermino César, Nivaldo Reis e Mário Casasanta, professores do Colégio Marconi, teriam cuidado de todo o processo de fundação da FAFI, desde o convite dos "mais conspícuos representantes do magistério, das ciências e das letras de Belo Horizonte" para uma reunião preliminar preparatória até o estudo da legislação vigente sobre o funcionamento das escolas de ensino superior e sobre a estrutura da instituição-modelo – a FNFi, organizada naquele mesmo ano.[3] A assembleia fundadora da FAFI,[4] reunida no salão nobre do Colégio Marconi na simbólica data de 21 de abril de 1939, teria realizado a sessão magna de fundação da instituição e, a partir daí, a escolha

---

3 A fundação da FAFI deve ser compreendida no contexto de ampliação do ensino superior brasileiro, ocorrida nos anos 1930 e 1940, a partir das políticas educacionais implantadas por Getúlio Vargas. A organização da Faculdade Nacional de Filosofia (FNFi), através do decreto-lei 1190 de 4 de abril de 1939, foi fundamental na orientação da criação de instituições congêneres.

4 A assembleia fundadora da FAFI foi constituída pelos professores Lúcio dos Santos, Arthur Versiani Velloso, Aires da Mata Machado Filho, Braz Pellegrino, Vicenzo Spinelli, Guilhermino César da Silva, Mário Casasanta, José Lourenço de Oliveira, Padre Clóvis de Sousa e Silva, Nivaldo Reis, Orlando de Magalhães Carvalho, Alexandre Belfort de Mattos Rizzi, José Carlos Lisboa, Tabajara Pedroso, Holger Niels Nicolau Von Goetzê, Arduíno Fontes Bolivar, Olinto Orsini de Castro, Hermelindo Lopes Rodrigues Ferreira, Orozimbo Nonato da Silva, José Osvaldo de Araújo, Milton Soares Campos, Cláudio da Silva Brandão, Eduardo Frieiro, Helena Antipoff, Lincoln de Campos Continentino, Edmundo Menezes Dantas, Miguel Maurício da Rocha, Eduardo Schmidt Monteiro de Castro, Javert de Sousa Lima, José Maria Alkmin, Ademar Rodrigues e Jurandir Lodi.

de seu primeiro diretor – o professor das Escolas de Engenharia de Ouro Preto e de Belo Horizonte, Lúcio José dos Santos – e de seu Conselho Técnico Administrativo,[5] responsável pela elaboração dos estatutos e do regimento interno da nova instituição, pela organização do corpo docente e discente e pela regularização dos cursos junto ao Conselho Nacional de Ensino do Ministério da Educação e Saúde.[6] O processo burocrático inerente à autorização de funcionamento da FAFI, entretanto, atrasou em mais de um ano o início de suas atividades.[7] Concedida em 1941, ela era provisória e não implicava o reconhecimento oficial da instituição, o que só foi feito em 1946 mediante a satisfação de uma série de condições financeiras, administrativas e didáticas.[8]

A história oficial da FAFI recorreu, como não poderia deixar de ser, aos indivíduos que estabeleceram as relações constitutivas deste espaço institucional para glorificar suas ações. Conforme ficou registrado, os professores-fundadores foram referidos como "os desprendidos e bravos mestres que a criaram" e que teriam se submetido a "longas e extenuantes atividades" com "idealismo e generosidade" e garantido "milagrosamente" o funcionamento da Faculdade que, "não fora a extraordinária abnegação e o sacrifício ingente de seus professores, que por quase um decênio a serviram, sem outro interesse que não o da alta cultura, não existiria ela hoje".[9]

Por um lado é preciso ponderar que embora a FAFI tenha nascido e se mantido através de iniciativas particulares, sua expectativa sempre foi se incorporar à UMG, o que significava transformar seus professores-fundadores em catedráticos na nova organização.[10] Por outro, o cuidado para não endossar a mitificação daqueles professores não deve afastar a necessidade de conhecê-los enquanto indivíduos dotados de um

---

5  O primeiro Conselho Técnico Administrativo da FAFI foi composto pelos professores Clovis de Sousa e Silva, José Lourenço de Oliveira, Braz Pellegrino e Arthur Versiani Velloso.

6  Anuário da Faculdade de Filosofia da Universidade de Minas Gerais. Belo Horizonte, 1939-1953. p. 15-17.

7  Decreto 6.486 de 5 de novembro de 1940. Concede autorização de funcionamento para a Faculdade de Filosofia de Minas Gerais. Legislação Informatizada da Câmara dos Deputados, www.camara.gov.br, acesso em 22 de agosto de 2011.

8  Decreto-Lei 421 de 11 de maio de 1938. Regula o funcionamento dos estabelecimentos de ensino superior. Legislação Informatizada da Câmara dos Deputados, www.camara.gov.br, acesso em 22 de agosto de 2011.

9  Anuário da Faculdade de Filosofia da Universidade de Minas Gerais. Belo Horizonte, 1939-1953. p. 17.

10  Dos 32 professores que participaram da Assembleia de Fundadores da FAFI, 25 receberam o título de professor catedrático daquela instituição.

capital específico com o objetivo de compreender as formas de poder que operaram sobre o conjunto das relações constitutivas daquele espaço, visto que a soma destes atributos é que define o peso social de uma instituição.[11] Cabe reconhecer, ainda, que esse capital foi ao mesmo tempo usado e enriquecido pela ação em favor da criação e da manutenção da FAFI, pois o envolvimento desses professores com uma instituição de ensino superior os posicionava numa escala acima na hierarquia do espaço cultural que buscava valorizar a ciência e as letras produzidas a partir da universidade.

No "conflito das faculdades" – expressão consagrada por Kant na obra de 1798 e retomada por Bourdieu – as faculdades de Filosofia estariam localizadas entre o polo "mundano", representado pelas faculdades de direito e medicina, supostamente em relação mais estreita com a sociedade, e o polo "científico", representado pelas faculdades de ciências, mais dedicadas aos problemas endógenos suscitados pelas pesquisas. Daí seu lugar privilegiado para observar a luta entre as duas espécies de poderes na academia: o poder político, fundado no acúmulo de posições que permitiriam controlar outras posições e seus ocupantes, e o poder científico, fundado no prestígio científico. Se estas diferenças instituem espécies de capital que são percebidas de forma hierarquizada no conjunto da universidade, nas faculdades de Filosofia elas revelariam de maneira mais clara as tensões provocadas pelas formas de poder que engendram, pois, segundo Bourdieu,

> de um lado ela participa do campo científico [...] e do campo intelectual – tendo por consequência o fato de que a notoriedade intelectual constitui a única espécie de capital e de benefício que verdadeiramente lhe pertence; do outro, como instituição encarregada de transmitir a cultura legítima e por isso investida de uma função social de consagração e de conservação, ela é o lugar de poderes propriamente sociais que, assim como os dos professores de direito e de medicina, participam das estruturas mais fundamentais da ordem social.[12]

Esta tensão entre as formas de poder inerentes à organização das faculdades de Filosofia esteve presente desde os primeiros anos de funcionamento da FAFI. Por um

---

11   BOURDIEU, Pierre. *Homo academicus*. Florianópolis: UFSC, 2011. Um estudo prosopográfico dos membros da assembleia de fundadores da FAFI poderia oferecer informações específicas mais significativas para revelar suas posições entre o polo do poder econômico e político e o polo do prestígio cultural, esclarecendo até que ponto a estrutura desta instituição de ensino reproduziu na lógica propriamente escolar a estrutura do campo do poder. Mas um empreendimento desta envergadura ultrapassaria os limites desta tese, daí termos nos contentado em percebê-los em suas características sociais mais genéricas.

12   *Idem*. p. 104.

lado seus professores-fundadores estavam respaldados pelo capital intelectual que acumularam nas atividades que exerceram no campo cultural de Belo Horizonte durante vários anos. A notoriedade deles é que resguardava a legitimidade intelectual e científica da instituição. A formação e a trajetória profissional desses docentes – ainda que carentes de uma preparação formal para o magistério – cumpriram plenamente as condições impostas pelo regulamento de funcionamento dos estabelecimentos de ensino superior que exigia que fosse demonstrada a capacidade moral e técnica dos professores.[13] Um relatório elaborado em 1945 para a obtenção do reconhecimento da nova instituição atestava que aqueles intelectuais eram "conhecidos no Brasil inteiro pelo renome alcançado nas ciências e letras do país" e que a comprovação de seus títulos em "fichas individuais em que se expõe e assinala o curso secundário e superior de cada didata, [enumerando] os seus títulos, trabalhos, diplomas, funções e cursos de especialização" não deixava dúvidas quanto à capacidade de cada um para exercer a função de magistério no ensino superior.[14]

Por outro lado havia a desconfiança de que alguns deles, enquanto partícipes das estruturas mais fundamentais da ordem social, estivessem em desacordo com a função de "transmitir a cultura legítima", outro dos encargos da instituição, devido às estreitas relações com uma cultura exterior, a italiana. Apesar da proximidade do governo brasileiro com os países do Eixo, a Segunda Guerra Mundial impunha atenção a qualquer influência externa naquele momento. A participação da Casa d'Itália, através do Instituto Marconi, na criação e na manutenção da FAFI estava sendo percebida como a realização dos propósitos educacionais das instituições italianas em Belo Horizonte. Um artigo publicado no jornal "Estado de Minas" em 1941, no qual o autor analisa de forma irônica a permanência do "sentimento de italianidade" e de respeito ao fascismo na educação realizada na cidade, atestou como essa influência estava sendo considerada significativa e suspeita:

> A educação primária é feita no "Grupo Escolar" que tem o nome de Benito Mussolini. Basta este nome para você ver que o ensino aqui é insuspeito e não pode causar receio de desvirtuamento do espírito de nossos filhos. Esta escola funciona na Casa d'Itália. Faltava-nos o ginásio, mas nossos conacionais fascistas não mediram sacrifícios e temos um excelente estabelecimento que se chama Ginásio Gugliel-

---

13 Decreto-Lei 421 de 11 de maio de 1938. Regula o funcionamento dos estabelecimentos de ensino superior. Legislação Informatizada da Câmara dos Deputados, www.camara.gov.br, acesso em 22 de agosto de 2011.

14 Relatório de Reconhecimento da Faculdade de Filosofia de Minas Gerais, 1945. Setor de Registro e Arquivo Acadêmico Permanente da Graduação da FAFICH/UFMG.

mo Marconi. O Giacomo que está com 18 anos, em idade de escola superior, é que me preocupava, pois nas escolas superiores daqui há professores que são contrários ao pensamento fascista. Mas, felizmente, o rapaz é dado às letras e aos estudos de alta indagação, e os nossos conacionais, sempre vigilantes, promoveram a criação aqui de uma Faculdade de Filosofia, sob os auspícios do Instituto Guglielmo Marconi e funciona lá, numa instalação soberba.[15]

Se a relação da nova faculdade com a entidade de imigrantes da Casa d'Itália garantia o cumprimento das principais exigências do decreto federal para o funcionamento das instituições de ensino superior, visto que a própria manutenção financeira da FAFI estava vinculada a ela, também acabou sendo o maior empecilho para seu reconhecimento junto ao Conselho Nacional de Educação do Ministério da Educação e Saúde. O desenrolar da guerra acabou afetando as relações da Casa d'Itália com a FAFI, gerando uma relação incômoda que resultou na substituição do antigo diretor e na aceleração do processo de sua transferência para o prédio da Escola Normal com o apoio do Governo do Estado,[16] ainda que a efetiva incorporação da Faculdade de Filosofia pela Universidade de Minas Gerais (UMG) só tenha se efetivado em 1948, um ano antes de sua federalização.

Concomitante ao cumprimento das exigências burocráticas para o reconhecimento oficial, os membros FAFI investiram na consolidação da sua unidade intelectual. A construção da identidade institucional enquanto uma comunidade científica e cultural buscou se legitimar tanto no âmbito da universidade, quanto na sua relação com o contexto cultural mais amplo da cidade. No espaço acadêmico, a FAFI se justificava a partir da própria ideia de universidade que então circulava. A concepção de universidade que estava sendo debatida na época, inspirada no modelo humboldtiano, endossava a perspectiva de se criar uma instituição que participasse da lógica universitária, mesmo que ainda não integrada a ela. A ideia da "universidade moderna" colocava as faculdades de Filosofia numa posição central dentro da estrutura universitária, pois atribuía às faculdades de Filosofia a justificação da importância da ciência para a cultura e a sociedade em geral através da reflexão filosófica que promoveriam. Através

---

15 Carta à Giuseppe. *Estado de Minas*, Belo Horizonte, 20 de junho de 1941 apud HADDAD, Maria de Lourdes Amaral. *Faculdade de Filosofia de Minas Gerais: raízes da ideia de universidade na UMG* [Dissertação de Mestrado]. Belo Horizonte: Faculdade de Educação da UFMG, 1988. p. 88.

16 HADDAD, Maria de Lourdes Amaral. *Faculdade de Filosofia de Minas Gerais: raízes da ideia de universidade na UMG* [Dissertação de Mestrado]. Belo Horizonte: Faculdade de Educação da UFMG, 1988.

delas, seria possível garantir a unidade na diversidade das disciplinas cientificas – a ideia da *uni-versidade* –, pois elas é que fundamentariam a reflexão sobre a relação do sujeito do conhecimento com ele próprio.17 A partir daí a ideia da "liberdade acadêmica" e do "saber desinteressado" começou a se impor ao argumento da profissionalização nos discursos de legitimação da institucionalização universitária.[18] De acordo com Habermas,

> Da ideia da universidade resulta, portanto, de um lado, a acentuação da ideia – muito suscetível de desenvolvimentos posteriores, porque remete para a especificidade funcional do sistema científico – da autonomia da ciência (uma autonomia que deve ser entendida apenas na "Solidão e Liberdade" da distância em relação à sociedade burguesa e ao espaço público político); do outro lado, a força universal e culturalmente determinante de uma ciência que se concentra em si, reflexivamente, a totalidade do "mundo da vida"[19]

---

17   HABERMAS, Jürgen. A ideia da Universidade: processos de aprendizagem. *Revista de Educação. Lisboa, vol. 2, 1987.*

18   Quando o decreto nº 19.851 de 11 de abril de 1931, conhecido como "Estatuto das Universidades Brasileiras" e parte integrante da reforma educacional promovida pelo então ministro Francisco Campos, adotou o regime universitário como o tipo de organização preferencial para o ensino superior brasileiro, priorizando a formação profissional dos estudantes, ele procurou atender às demandas sociais e intelectuais que foram manifestadas ao longo dos debates educacionais promovidos na década de 1920, sobretudo pela Associação Brasileira de Educação. O documento foi a tradução das indefinições que então marcavam as reflexões sobre a universidade e o ensino superior brasileiro e a heterogeneidade de suas posições pedagógicas. O que percebemos é que aquela ideia da "universidade moderna" – autônoma, científica, desinteressada, não profissionalizante – ainda não estava consolidada no Brasil na passagem dos anos 1920 aos 1930. A reforma educacional de 1931, junto com o manifesto dos escalovistas publicado em 1932, foram eventos significativos para a sua construção. Estas experiências discursivas, aliadas a outras, são fundamentais para recuperarmos os significados em disputa do conceito de universidade. Apesar das interpretações historiográficas que tendem a colocar em lados opostos as concepções pedagógicas e educacionais que orientaram estas duas ações – de um lado, as ideias "democráticas" dos escolanovistas e, de outro, a perspectiva "autoritária" de Francisco Campos – elas fazem parte do mesmo processo que contribuiu para a reconfiguração do conceito de universidade naqueles anos.

19   HABERMAS, Jürgen. "A ideia da Universidade: processos de aprendizagem". *Revista de Educação. Lisboa, vol. 2, 1987. p. 116.*

A concepção de que as faculdades de Filosofia deteriam uma posição central no interior das universidades começou não só a ser compartilhada pela intelectualidade brasileira, como a justificar a hierarquização das instituições existentes. Segundo Roiz, que analisa os discursos de Fernando de Azevedo e Júlio de Mesquita Filho sobre a fundação da Universidade de São Paulo (USP), entre as décadas de 1930 e 1950 houve um esforço para consolidar uma memória coletiva sobre os acontecimentos que viabilizaram a fundação desta universidade com o objetivo de diferenciar a sua Faculdade de Filosofia, Ciências e Letras de instituições similares criadas no período.[20] A partir da enorme ressonância desse discurso, a concepção de uma "verdadeira universidade" seria apenas aquela que teria conseguido superar o mero agrupamento de unidades de ensino superior através de uma faculdade de Filosofia criada simultaneamente ao seu nascimento. Naquele momento, a USP era a única que atendia a este requisito. A força desse discurso pode ser notada pela utilização, ainda frequente na historiografia brasileira sobre educação, de expressões tais como "espírito antiuniversitário" ou "escola profissionalizante" para se referir às instituições universitárias do Rio de Janeiro e de Minas Gerais nas décadas de 1920 e 1930, por exemplo, como se houvesse uma ideia genuína do que deveria ser a universidade brasileira e como se esta ideia estivesse sendo guardada pela USP.

Mas avaliar historicamente uma instituição a partir de sua distância em relação a uma organização universitária supostamente modelar é reduzir a variedade dos processos históricos e ignorar cada uma das especificidades dos lugares acadêmico-institucionais. Como notou Habermas, o tipo de concepção que vê na ideia da universidade moderna um projeto de materialização de uma forma de vida ideal parte de uma instância universal que é anterior à diversidade das formas de vida sociais. Ela pressupõe que seus membros tenham uma forma de pensar comum, pois compartilham princípios culturais resultantes de todas as configurações do espírito objetivo. Esta concepção de universidade foi herdada por várias gerações de intelectuais como o conceito de "verdadeira universidade", ainda que aquela perspectiva idealista tenha atribuído à universidade uma força de totalização que desde logo se revelou uma exigência que ela não poderia corresponder.[21]

---

20  ROIZ, Diogo da Silva. Dos "discursos fundadores" à criação de uma "memória coletiva": formas de como se escrever a(s) história(s) da Universidade de São Paulo. *Revista Brasileira de História da Educação*, n. 19, jan./abr. 2009.

21  Por esta via é que Anísio Teixeira e Fernando de Azevedo foram conduzidos à posição de "fundadores" da ideia de universidade moderna no Brasil, na década de 1930, sobretudo após a publicação do documento conhecido como "Manifesto dos Pioneiros da Educação Nova", em 1932 e suas orientações na criação da USP e da UDF. Também

Mas, como observou o mesmo autor, "mal andaria a universidade se a consciência de si como corpo assentasse em qualquer coisa como um modelo normativo: as ideias, assim como vêm, assim se vão".[22] É preciso reconhecer que aquela ideia de universidade é parte integrante de um paradigma da modernidade, cuja crise não pode deixar de acarretar a crise da própria ideia da universidade moderna. Abordar historicamente a construção desse modelo através de seus múltiplos aspectos é, pois, uma tarefa necessária para tornar mais complexas as reflexões sobre este tema específico, mas também sobre o próprio conhecimento histórico produzido na universidade.

O fato é que a centralidade da ideia das instituições de ensino superior enquanto lugares de produção de cultura e ciência influenciou a forma como o corpo docente e discente da FAFI se autolocalizava. Seus membros estavam sintonizados com a ideia da universidade moderna desde seus primeiros anos. Uma carta de 1945 enviada pelo diretor interino da instituição, o professor Antônio Camilo de Faria Alvim, ao Reitor da UMG, o professor Pires e Albuquerque, apelava para a incorporação da FAFI pela UMG argumentando que a lei previa o funcionamento de uma faculdade de Filosofia nas universidades.[23] O próprio regimento interno da instituição estabeleceu como

---

por esta via é que essas duas instituições acabaram se consolidando na historiografia sobre a educação como a realização regional de um projeto liberal – supostamente guardado por "educadores mais esclarecidos", homens de espírito vanguardista que não se compatibilizavam com as hesitações da ação política – que teria sido "abortado" em nível nacional pelo autoritarismo da política varguista. Mas, como procuramos mostrar noutra oportunidade a ideia moderna de universidade – autônoma, científica, desinteressada, não profissionalizante – ainda não estava consolidada no Brasil na passagem dos anos 1920 aos 1930. A reforma educacional de 1931, junto com o manifesto dos escolanovistas publicado em 1932, foram eventos significativos para a sua construção. Estas experiências discursivas, aliadas a outras, são fundamentais para recuperarmos os significados em disputa do conceito de universidade. Apesar das interpretações historiográficas que tendem a colocar em lados opostos as concepções pedagógicas e educacionais que orientaram estas duas ações – de um lado, as ideias "democráticas" dos escolanovistas e, de outro, a perspectiva "autoritária" de Francisco Campos – elas fazem parte do mesmo processo que contribuiu para a reconfiguração do conceito de universidade naqueles anos.

22 HABERMAS, Jürgen. A ideia da Universidade: processos de aprendizagem. *Revista de Educação. Lisboa, vol. 2, 1987. p. 128.*

23 Carta de Antônio Camilo de Faria Alvim para Pires e Albuquerque em 1945. Apud HADDAD, Maria de Lourdes Amaral. Comemorando o cinquentenário da Faculdade de Filosofia de Minas Gerais. *Revista do Departamento de História. Belo Horizonte, n. 9, 1989. p. 17.*

suas finalidades a preparação de trabalhadores intelectuais para exercer atividade de ordem desinteressada ou técnico-científica, a formação de professores, a promoção de pesquisas e a colaboração com instituições educacionais oficiais ou reconhecidas.[24] A normatização estava em conformidade com a orientação federal que previa que o objetivo das faculdades de Filosofia era "a) preparar trabalhadores intelectuais para o exercício das altas atividades de ordem desinteressada ou técnica; b) preparar candidatos ao magistério do ensino secundário e normal; c) realizar pesquisas nos vários domínios da cultura que constituam objeto de ensino".[25]

Na FAFI, esses objetivos foram traduzidos por uma orientação didática que visava tanto à formação de docentes para o ensino secundário, quanto ao oferecimento de "vantagens de ordem cultural" àqueles que não pretendiam exercer funções de magistério. Em seu *briefing*, a instituição destacava que

> não sendo uma Faculdade puramente profissional como as demais e tendo em vista principalmente realizar pesquisas desinteressadas nos vários domínios da alta cultura, da cultura desinteressada e integral, sem objetivos práticos imediatistas, precisamente por isso a Faculdade de Filosofia da Universidade de Minas Gerais prepara melhor do que nenhuma outra o chamado trabalhador intelectual, técnico ou não.[26]

E ainda enfatizava que "o que a Faculdade de Filosofia da Universidade de Minas Gerais visa é formar, antes de tudo, o pesquisador, o cientista, o estudioso, o letrado, isto é, o homem que faz avançar a ciência e não somente o homem que repete eternamente a ciência feita pelos outros".[27] Numa entrevista concedida em 1988, um dos fundadores e ex-diretor da instituição, o professor Guilhermino César, afirmou que a FAFI só nasceu separada da UMG devido à falta de capacidade financeira do Estado, afastando qualquer suspeita que pudesse recair sobre sua legitimidade acadêmica.[28]

---

24  Regimento da Faculdade de Filosofia de Minas Gerais, cópia de 1947. Anotado e corrigido por Arthur Velloso. Setor de Registro e Arquivo Acadêmico Permanente da Graduação da FAFICH/UFMG.

25  Decreto-Lei 1.190 de 4 de abril de 1939. Dá organização á Faculdade Nacional de *Filosofia*. *Legislação Informatizada da Câmara dos Deputados*, www.camara.gov.br, acesso em 22 de agosto de 2011.

26  Faculdade de Filosofia da Universidade de Minas Gerais. *Kriterion*. Belo Horizonte, n. 13-14, julho-dezembro de 1950.

27  Idem.

28  "A Faculdade de Filosofia nasceu separada da UMG por razão muito simples: falta de fundos para mais uma escola. As Faculdades de Direito e Medicina e as Escolas de

No espaço cultural mais amplo da cidade, a FAFI alimentou uma relação de legitimação circular: sua autoridade foi sendo conquistada na medida em que ela própria conseguia instituir socialmente a necessidade de seu produto cultural e científico. Conforme explicou Bourdieu,

> Ainda que a ciência tenda a ver atribuído a si um reconhecimento social e, desse modo, uma eficiência social que vão crescendo à medida que os valores científicos são mais amplamente reconhecidos (sobretudo sob o efeito das mudanças tecnológicas e da ação do sistema de ensino), ela só pode receber sua força social do exterior, sob a forma de uma autoridade delegada que pode encontrar na necessidade científica, a qual ela institui socialmente, uma legitimação de seu arbitrário social.[29]

A promoção de eventos (cursos, seminário e palestras) abertos a todos os interessados, a presença de professores estrangeiros e a divulgação de sua produção através da publicação de teses, separatas e monografias fomentava a vida cultural da cidade ao mesmo tempo em que garantia a autoridade para seus membros exercerem suas competências específicas.[30] O dinâmica cultural inaugurada por essa instituição levou Cid Rabelo Horta a afirmar que a Faculdade de Filosofia foi "o maior empreendimento cultural registrado no Estado desde a fundação da Universidade em 1927".[31]

A criação da revista "Kriterion" em 1947, especialmente, teve um papel fundamental tanto para o reconhecimento social dos profissionais formados naquela faculdade, quanto para a formação de uma comunidade científica no seu interior, o que também contribuía para a sustentação da autoridade de seus membros. O decreto que

---

Engenharia e a de Odontologia e Farmácia achavam que seria um ônus a mais para a Universidade [...] Além de tudo, a Faculdade de Filosofia, Ciências e Letras, como a Lei Capanema criou, era um organismo muito complexo, de modo que não houve boa vontade em nos amparar, e nós, então, entendemos de abrir caminhos com as nossas próprias mãos" (Entrevista de Guilhermino César a Maria de Lourdes Amaral Haddad concedida em junho de 1988, em Porto Alegre. In: HADDAD, Maria de Lourdes Amaral. Comemorando o cinquentenário da Faculdade de Filosofia de Minas Gerais. *Revista do Departamento de História.* Belo Horizonte, n. 9, 1989. p. 14).

29  BOURDIEU, Pierre. *Homo academicus.* Florianópolis: UFSC, 2011. p. 97.

30  As atividades culturais organizadas pela FAFI desde 1939 foram discriminadas no Anuário da Faculdade de Filosofia da Universidade de Minas Gerais. Belo Horizonte, 1939-1953. p. 295-305.

31  HORTA, Cid Rabello. A Faculdade de Filosofia, núcleo da Universidade de Minas Gerais. *Revista da Universidade de Minas Gerais, n. 10, maio de 1953. p. 118.*

deu organização à FNFi, em 1939, e que também motivou a criação da FAFI, já previa a publicação periódica de uma revista "destinada à divulgação dos resultados de suas realizações no terreno do ensino e da pesquisa".[32] A FAFI foi uma das primeiras faculdades a realizar essa determinação. A iniciativa foi atribuída ao professor Arthur Versiani Velloso, que também sugeriu o nome da revista e cuidou da elaboração de seu regimento.[33] Em seus primeiros anos, a "Kriterion" priorizou a publicação dos artigos de seu próprio corpo docente, cujos textos privilegiavam a abordagem de assuntos filosóficos e literários. A revista contava ainda com uma seção destinada à publicidade de eventos acadêmicos e outra, às notas de livros (comentários e resenhas).

Através do estabelecimento de critérios de publicação de acordo com a normas de cientificidade que procurava guardar, a "Kriterion" acabou interferindo no "fazer da história" em Minas Gerais e nas posições ocupadas pelos historiadores nas hierarquias intelectuais das ciências sociais. Se a profissionalização dos historiadores passava pela interiorização, ao longo de sua formação, das regras do ofício através da obtenção de uma cultura disciplinar específica que envolveria o domínio da interdisciplinaridade, através das revistas acadêmicas e, especialmente, das resenhas críticas por elas publicadas, foi possível estabelecer uma demarcação entre aqueles que poderiam ser considerados "profissionais da história" e os outros. Veremos adiante como a colaboração de Francisco Iglésias nessa e em outras revistas acadêmicas de Minas Gerais ajudou a disciplinar, ainda que de forma incipiente, o conhecimento histórico aqui produzido.

## Superando o autodidatismo

Francisco Iglésias se submeteu ao exame de vestibular (também referido como concurso de habilitação) do ano letivo de 1942 para o curso de Geografia e História da FAFI. Os exames vestibulares, como processo de concurso, estavam se consolidando naquele momento como a forma privilegiada de acesso à educação superior.[34] O edital, publica-

---

32    Decreto 1.190 de 4 de abril de 1939. Dá organização à Faculdade Nacional de Filosofia. Legislação Informatizada da Câmara dos Deputados, www.camara.gov.br, acesso em 22 de agosto de 2011

33    Eduardo Frieiro foi escolhido o primeiro diretor da revista e seu conselho editorial era formado pelos professores Arthur Versiani Velloso, José Lourenço de Oliveira, Mário Casasanta e Orlando de Carvalho (Anuário da Faculdade de Filosofia da Universidade de Minas Gerais. Belo Horizonte, 1939-1953. p. 437).

34    ALMEIDA, Silvia Maria Leite de. *Acesso à educação superior no Brasil: uma cartografia da legislação de 1824 a 2003 [Tese em Educação]*. Porto Alegre: Universidade Federal do Rio Grande do Sul, 2006.

do no "Minas Gerais" de 14 de janeiro daquele ano, enfatizava que o exame estava em conformidade com as instruções expedidas pelo Departamento Nacional de Educação (DNE).[35] Desde 1937, havia um rígido controle do processo de acesso aos cursos da educação superior, que passou a ser regulado anualmente. Era o DNE, órgão vinculado ao Ministério da Educação e Saúde, que controlava a admissão dos candidatos aos cursos superiores e determinava o conteúdo e as datas das provas durante o Estado Novo.[36] As instituições de ensino superior que pleiteavam autorização oficial, como era o caso da FAFI, deveriam realizar seus concursos seguindo à risca aqueles preceitos.[37]

Dentre as exigências para a inscrição dos candidatos constava a idade mínima de 16 anos, a conclusão do curso secundário e a apresentação de atestados de idoneidade moral, de sanidade físico-mental e de vacinação. Foram fixadas 30 vagas para o curso de Geografia e História, mas naquele ano, apenas 14 alunos se inscreveram. A baixa procura dos cursos da FAFI confirmava a impressão de Cid Rabello Horta: "a Faculdade de Filosofia começou com mais professores do que alunos".[38]

Embora o acesso à educação superior já estivesse sendo condicionado pela capacidade dos candidatos – o que supunha uma concorrência classificatória – naquele momento, havia vagas para todos os concorrentes que alcançassem a média estabelecida para aprovação. Foram realizadas provas escritas e orais de Português, Cosmografia, Geografia, História da Civilização, Sociologia e Desenho, conforme as determinações federais. Todos os alunos foram aprovados e Francisco Iglésias obteve a média de 74 pontos, classificando-se em quinto lugar.[39] Vale destacar que "essa tendência de indicar

---

35  SECRETARIA DA FACULDADE DE FILOSOFIA DE MINAS GERAIS. Concurso de habilitação à matrícula na 1ª série dos cursos da Faculdade, no ano letivo de 1942. *Minas Gerais, Belo Horizonte, 14 de janeiro de 1942.*

36  CUNHA, Luiz Antônio. *A universidade crítica: o ensino superior na República Populista.* Rio de Janeiro: Francisco Alves, 1989.

37  ALMEIDA, Silvia Maria Leite de. *Acesso à educação superior no Brasil: uma cartografia da legislação de 1824 a 2003 [Tese em Educação].* Porto Alegre: Universidade Federal do Rio Grande do Sul, 2006.

38  HORTA, Cid Rabello. A Faculdade de Filosofia, núcleo da Universidade de Minas Gerais. *Revista da Universidade de Minas Gerais, n. 10, maio de 1953. p. 121.*

39  Francisco Iglésias obteve nota 62,0 em Português, 73,0 em Cosmografia, 85,0 em Desenho, 74,0 em Geografia, 79,0 em História e 72,0 em Sociologia. O resultado final foi obtido com a soma de todas as notas e sua divisão pelo número de matérias (ATAS do Concurso de Habilitação para o curso de Geografia e História de fevereiro de 1941 a março de 1943. Setor de Registro e Arquivo Acadêmico Permanente da Graduação da FAFICH/UFMG).

a média de aprovação se tornou uma constante nas regulamentações dos processos de acesso à educação superior, os concursos vestibulares ou concursos de habilitação", mas só foi regulamentada pelo Ministério da Educação e Saúde em 1945.[40]

Conforme alertou Ferreira,

> "[...] a temática da institucionalização da História como disciplina universitária preocupada com as concepções historiográficas, que orientaram sua criação e expansão, não tem recebido a devida atenção".[41]

Ainda que a desorganização da documentação relativa ao início da institucionalização do curso na FAFI imponha um pesado limite ao estudo deste processo, propomos traçar um esboço das concepções de história que nortearam a instalação do curso através de um estudo da grade curricular, do quadro docente e discente e dos processos de avaliação do curso de Geografia e História frequentado por Francisco Iglésias. Embora estejamos cientes de que a formação de qualquer graduando não pode ser reduzida aos aspectos protocolares de seu curso, consideramos que estas informações são significativas para a compreensão da dinâmica acadêmica na qual ele estava inserido e para a história dos cursos superiores de história no Brasil.

Conforme as determinações federais que regulamentavam o funcionamento da FNFi e que serviam de modelo para a organização das demais faculdades, o curso de Geografia e História da FAFI tinha duração de 3 anos e poderia ser acrescentado do curso de Didática, com duração de 1 ano. Francisco Iglésias concluiu os três anos do curso de Geografia e História obtendo o diploma de Bacharel em 1944. Na sequência, realizou sua formação pedagógica no curso de Didática e obteve o diploma de Licenciatura em 1945.[42] A grade de disciplinas cursadas por Francisco Iglésias neste período pode ser observada no Quadro 1.

---

40 ALMEIDA, Silvia Maria Leite de. *Acesso à educação superior no Brasil: uma cartografia da legislação de 1824 a 2003* [Tese em Educação]. Porto Alegre: Universidade Federal do Rio Grande do Sul, 2006. p. 177.

41 FERREIRA, Marieta de Moraes. Notas sobre a institucionalização dos cursos universitários de História no Rio de Janeiro. In: GUIMARÃES, Manoel Luiz Salgado (org.). *Estudos sobre a escrita da história*. Rio de Janeiro: 7Letras, 2006. p. 140.

42 Diplomados de 1943 a 1952. Curso de Geografia e História. In: ANUÁRIO da Faculdade de Filosofia da Universidade de Minas Gerais. Belo Horizonte, 1939-1953. p. 480 e 487.

## QUADRO 1. GRADE CURRICULAR CURSADA POR FRANCISCO IGLÉSIAS (1942-1945)

| ANO LETIVO DE 1942 |
|---|
| 1ª série |
| 1. Geografia Física |
| 2. Geografia Humana |
| 3. Antropologia |
| 4. História da Antiguidade e Idade Média |

| ANO LETIVO DE 1943 |
|---|
| 2ª série |
| 1. Geografia Física |
| 2. Geografia Humana |
| 3. História Moderna |
| 4. História do Brasil |
| 5. Etnografia |

| ANO LETIVO DE 1944 |
|---|
| 3ª série |
| 1. Geografia do Brasil |
| 2. História Contemporânea |
| 3. História do Brasil |
| 4. História da América |
| 5. Etnografia do Brasil |

| ANO LETIVO DE 1945 |
|---|
| Série única de Didática |
| 1. Administração Escolar |
| 2. Fundamentos Sociológicos da Educação |
| 3. Fundamentos Biológicos da Educação |
| 4. Didática Geral e Especial |
| 5. Psicologia Educacional |

FONTES: Currículos da Faculdade de Filosofia da Universidade de Minas Gerais (1941-1956); Atas de Exames da Universidade de Minas Gerais (1941-1946). Setor de Registro e Arquivo Acadêmico Permanente da Graduação da FAFICH/UFMG.

A seriação das disciplinas cursadas por Francisco Iglésias na FAFI seguia a risca a organização curricular do curso de Geografia e História da FNFi.43 Para Ferreira e Silva, a nova nomenclatura das disciplinas imposta por esta organização – "História do Brasil" e "História da América" no lugar de "História da Civilização no Brasil" e "História da Civilização na América", denominações usadas na extinta Universidade do Distrito Federal – "revela uma orientação do governo Vargas de valorizar a história política nacional com a exaltação dos grandes personagens da memória nacional".[44] Ferreira ainda argumenta que

> essa alteração, aparentemente sem maior importância, expressa, na verdade, mudanças significativas. Como já foi dito, a denominação História da Civilização expressava uma crítica a um tipo de história política comprometida com a exaltação dos grandes heróis nacionais, dos grandes eventos e datas nacionais. Em contrapartida o retorno do uso da História do Brasil representava o desfecho de uma luta anterior iniciada com a reforma Educacional de 1931, que havia instituído no ensino secundário a proposta de um novo tipo de ensino de história voltado para a valorização da dimensão cultural dos acontecimentos.[45]

Se esta tese pode ser confirmada no plano mais amplo das políticas educacionais para o ensino superior adotadas pelo governo Vargas, na análise da dinâmica das disciplinas ministradas nas salas de aula pode ser questionada. Vejamos, por exemplo, os conteúdos programados para serem aplicados nas disciplinas História do Brasil e História da América, cursadas por Francisco Iglésias em 1943 e 1944, e o conteúdo lançado pelos professores nos diários destas disciplinas. Ainda que este tipo de fonte não permita verificar até que ponto os programas foram de fato implementados, tampouco se as matérias lecionadas declaradas nos diários refletem a prática da sala de aula, a documentação indica quais os modelos para o ensino de História estavam sendo considerados no momento em que este campo disciplinar emergiu no ensino superior mineiro.

---

43  Art. 14 do Decreto-Lei 1.190 de 04 de abril de 1939. Dá organização á Faculdade Nacional de Filosofia. Legislação Informatizada da Câmara dos Deputados, www.camara.gov.br, acesso em 24 de abril de 2012.

44  FERREIRA, Marieta de Moraes; SILVA, Norma Lúcia da. "Os caminhos da institucionalização do ensino superior de História". In: *História & Ensino, Londrina, v. 2, n. 17, jul./dez. 2011. p. 283-306.*

45  FERREIRA, Marieta de Moraes. Notas sobre a institucionalização dos cursos universitários de História no Rio de Janeiro. In: GUIMARÃES, Manoel Luiz Salgado (org.). *Estudos sobre a escrita da história. Rio de Janeiro: 7Letras, 2006. p. 153.*

Desde a sua fundação, o professor catedrático de História do Brasil na FAFI era Antônio Camilo de Oliveira Alvim.[46] Quando Francisco Iglésias cursou a matéria, na segunda e na terceira série, a cadeira estava ocupada por João Camilo de Oliveira Torres,[47] professor contratado de Ética. A partir da análise do programa da disciplina e do conteúdo lançado nos diários de classe podemos observar que as matérias eram bastante diversificadas e, de nenhuma maneira, se resumiam aos grandes nomes e eventos da história nacional.[48]

Na 2ª série, o programa de História do Brasil do curso de Geografia e História em Minas Gerais previa o estudo da historiografia brasileira desde os cronistas dos tempos coloniais, passando pelas obras de Varnhagem e Capistrano de Abreu, até o que se chamou de "os modernos historiadores". A unidade também incluía pontos sobre "a pesquisa e a cultura histórica no Brasil", o que demonstrava uma preocupação com as questões que permeavam o ofício de historiador. Paralelamente aos temas recorrentes da história política – organização social e política de Portugal, expansão marítima e os descobri-

---

46 Formado em Direito pela Universidade de Minas Gerais, Antônio Camilo de Faria Alvim exerceu os cargos de Deputado Estadual, Prefeito de Itabira e de promotor de Justiça de Belo Horizonte. Foi diretor da Faculdade de Filosofia da UMG por três vezes e entre suas atividades pedagógicas constava em seu currículo, além do cargo de professor de História do Brasil da Faculdade de Filosofia da UMG desde a fundação, os cargos de professor de História do Brasil da Escola Normal Oficial de Itabira, de professor de Educação Cívica da Escola Normal de Itabira e de examinador em concurso de História e de Geografia do Colégio Estadual de Belo Horizonte (Curricula Vitae dos Professores. In: ANUÁRIO da Faculdade de Filosofia da Universidade de Minas Gerais. Belo Horizonte, 1939-1953. p. 318).

47 João Camilo de Oliveira Torres fez o curso superior de Filosofia na Faculdade de Filosofia da Universidade do Distrito Federal e, além da Faculdade de Filosofia da UMG, lecionou também na Faculdade de Filosofia, Ciências e Letras Santa Maria, de Belo Horizonte. Membro do Instituto Histórico e Geográfico de Minas Gerais e da Academia Mineira de Letras, publicou "O sentido e a finalidade do Ensino Universitário" (1940), "O Positivismo no Brasil" (1943), "O Homem e a Montanha" (1944), entre outros (Curricula Vitae dos Professores. In: ANUÁRIO da Faculdade de Filosofia da Universidade de Minas Gerais. Belo Horizonte, 1939-1953. p. 386).

48 Programa da Cadeira de História do Brasil do Curso de Geografia e História – Antônio Camilo de Faria Alvim, Professor Catedrático – Segunda Série e Terceira Série. In: ANUÁRIO da Faculdade de Filosofia da Universidade de Minas Gerais. Belo Horizonte, 1939-1953; Diário de classe da Cadeira n. 29 – História do Brasil – Segunda Série e Terceira Série. Diários de classe de Geografia e História (1943 a 1952). Setor de Registro e Arquivo Acadêmico Permanente da Graduação da FAFICH/UFMG.

mentos –, o programa previa um tópico sobre a "intencionalidade do descobrimento" do Brasil e sobre os aspectos etnográficos e linguísticos da Carta de Caminha. Entre os fatores relacionados à colonização portuguesa no Brasil constava uma unidade sobre o elemento indígena que incluía um estudo sobre "o indígena na formação da família brasileira", e outra sobre o elemento negro que contemplava o conhecimento das áreas culturais do negro na África e "o papel do negro na civilização brasileira".

A notável influência das obras de Gilberto Freyre pode ser percebida na unidade sobre "a sociedade patriarcal" que incluía tópicos sobre "a casa, o mobiliário e as alfaias coloniais", "a indumentária e a alimentação nos tempos coloniais" e a "decadência do patriarcado rural". A influência dos estudos de outro "historiador moderno", Sérgio Buarque de Holanda, pode ser notada na unidade sobre a "formação dos centros urbanos" com tópicos sobre os "fatores de formação das primeiras povoações", os "centros iniciais da vida colonial" e o "esplendor e decadência das cidades coloniais". Uma unidade sobre a "evolução cultural" brasileira também estava prevista no programa com tópicos sobre "a língua e a literatura", "as artes e as ciências", "as expedições científicas" e "o ensino e a educação" no Brasil colonial.[49]

Na 3ª Série do curso, o programa da cadeira de História do Brasil previa o estudo da história brasileira a partir da transmigração da família real portuguesa e a abertura dos portos até o processo de industrialização na República. Além da ênfase na política interna e externa do Império e da República, as unidades de estudo contemplavam a evolução cultural e social dos períodos com tópicos sobre "a educação e o ensino", "as letras ciências e artes" e "a vida social e religiosa".[50]

A cadeira de História da América também era feita na 3ª série do curso de Geografia e História e o professor da disciplina desde 1944, responsável por seu programa, era José Albano de Morais.[51] A turma de Francisco Iglésias, no entanto, ainda que tenha feito a cadeira neste ano, teve como professor o escritor Sebastião de Oliveira

---

49   Programa da Cadeira de História do Brasil do Curso de Geografia e História – Antônio Camilo de Faria Alvim, Professor Catedrático – Segunda Série. In: ANUÁRIO da Faculdade de Filosofia da Universidade de Minas Gerais. Belo Horizonte, 1939-1953. p. 129-131.

50   *Idem.* p. 131-132.

51   Inspetor Federal do Ensino Superior junto à Faculdade de Filosofia da UMG, José Albano de Morais assumiu a cadeira de História da América em 1944 e foi nomeado catedrático em 1949. Formado em Direito pela UMG, ele foi professor de História Geral, História do Brasil e História da América no Colégio Marconi entre 1937 e 1950 e era examinador oficial no concurso para professor de Geografia e de História na Escola Técnica de Belo Horizonte (Curricula Vitae dos Professores. In: ANUÁRIO da

Salles, cujo nome sequer consta na relação do corpo docente da Faculdade. A matéria lecionada por ele consta no diário e indicia que o programa do professor José Albano de Morais que é apresentado no Anuário de 1939 a 1953 já era uma referência para a turma de Francisco Iglésias.[52]

O programa da cadeira previa uma introdução com noções gerais, como a "posição da História da América no curso de Geografia e História", a "orientação filosófica da cadeira" e o "conhecimento da América na antiguidade". No estudo sobre a pré-história americana estava prevista a apresentação das várias hipóteses sobre a origem do homem americano e uma reflexão sobre "a cultura de grãos não panificáveis como fundamento econômico das primitivas civilizações americanas e suas consequências". Paralelamente aos fatos políticos do descobrimento da América, no programa constava o estudo sobre "a ciência e a técnica no descobrimento da América" e sobre os grandes impérios pré-colombianos com tópicos sobre os usos e costumes dos Astecas e Incas e sobre "a vida religiosa, econômica, social e moral dos primitivos povos americanos", incluindo a exposição de temas sobre os sacrifícios humanos, as artes e as fontes da história dos povos pré-colombianos. Além de contemplar as lutas econômicas do século XVII, o programa também propunha uma "comparação entre os sistemas coloniais inglês e espanhol" – incluindo estudos sobre a organização social, o movimento migratório, o problema do índio – e uma reflexão sobre "as teorias políticas e a prática colonial". Além dos movimentos de independência do século XVIII e da história da América livre no século XIX, o programa incluía o estudo da história dos Estados Unidos e de suas relações hostis com os países latino-americanos, bem como a exposição da América no cenário político mundial.[53]

Portanto, o modelo para a constituição das cadeiras de História do Brasil e de História da América do curso de Geografia e História da FAFI estava inspirado por um conteúdo considerado "inovador" de história social e por aquilo que havia de mais moderno na historiografia do período. A abertura de cursos de Geografia e História a partir das diretrizes impostas pela organização da FNFi não significou, necessariamente, sua

---

Faculdade de Filosofia da Universidade de Minas Gerais. Belo Horizonte, 1939-1953. p. 366-367).

52 Diário de classe da Cadeira n. 28 – História da América – Terceira Série. Diários de classe de Geografia e História (1943 a 1952). Setor de Registro e Arquivo Acadêmico Permanente da Graduação da FAFICH/UFMG.

53 Programa da Cadeira de História da América do Curso de Geografia e História – José Albano de Morais, Professor Interino – Terceira Série. In: ANUÁRIO da Faculdade de Filosofia da Universidade de Minas Gerais. Belo Horizonte, 1939-1953. p. 136-138.

inscrição em um projeto de história nacional afeita à exaltação de grandes nomes e datas. Se a institucionalização do curso de História na FNFi foi, como afirmou Ferreira,

> fortemente influenciada por uma concepção de história afinada com as regras do Instituto Histórico e Geográfico Brasileiro, onde predominava a concepção de uma história política destinada a reforçar os laços da identidade nacional brasileira através do fortalecimento da unidade nacional e do papel dos grandes heróis como construtores da nação.[54]

Vejamos, por exemplo, uma prova da cadeira de História do Brasil realizada por Francisco Iglésias em 1943. Diante da questão "quem foi Américo Vespúcio?", claramente orientada pela exaltação de um grande personagem histórico, o estudante escreveu o seguinte:

> Existe, no plano da história literária como da História em geral, o drama do desencontro entre a publicidade, o grande nome de uma figura e o seu papel real. Autores há que apenas influenciaram, abrem caminhos, propõem os temas mas não realizam uma obra; sua influência é profunda, mas subterrânea; não aparecem nunca; são como a agulha do apólogo famoso de Machado de Assis.
>
> Vejamos o caso de Vespucci; as suas gerações e os pósteros glorificaram-lhe o nome; conhecido e festejado por todos, deu o seu nome ao continente descoberto por Colombo em 1492 [...].[55]

E, depois de traçar a trajetória do navegante florentino inserindo-a no contexto mais amplo das relações entre a América e a Europa, Francisco Iglésias concluiu que a ênfase naquele grande nome presente nas páginas dos livros de história não correspondia à nova interpretação que estava sendo dada aos seus feitos: "Diante do que fez, merecia tamanha importância? Parece-nos que não. Américo Vespucci representa mais um caso de injusta distribuição de glória".[56] Avaliada por três examinadores, todos professores da instituição, a resposta à questão recebeu, unanimemente, a nota

---

54 FERREIRA, Marieta de Moraes. "Notas sobre a institucionalização dos cursos universitários de História no Rio de Janeiro". In: GUIMARÃES, Manoel Luiz Salgado (org.). *Estudos sobre a escrita da história*. Rio de Janeiro: 7Letras, 2006. p. 156.
55 Prova de História do Brasil realizada por Francisco Iglésias em 7 de julho de 1943. Setor de Registro e Arquivo Acadêmico Permanente da Graduação da FAFICH/UFMG.
56 *Idem*.

máxima, o que indica a concordância com o ponto de vista crítico em relação à própria concepção de história que orientou a formulação da questão.

**Representações do curso de História**

Em uma entrevista de 1991, quando questionado a respeito da influência que a FAFI teve sobre sua atividade como historiador, Francisco Iglésias lamentou não poder falar de nenhum professor seu com a reverência com que os ex-alunos das faculdades de Medicina e de Direito falavam de seus professores:

> Meus professores na Faculdade de Filosofia - vou ser um pouco cruel - eram todos improvisados. No primeiro ano, a gente tinha história antiga. Quem ensinava história grega era um homem elegante, que havia vencido um concurso nacional de oratória das escolas de direito e dava aulas lendo o Charles Seignobos, historiador absolutamente demodé já naquela época. Outro, também dado à boa oratória, era professor de história romana, que ficou famoso quando foi presidente do Tupi, um clube de futebol de Juiz de Fora [...] Estudei história do Brasil com João Camilo de Oliveira Torres, que conhecia a disciplina e era muito estudioso. Acho que aproveitei muito com ele. Os outros professores eram muito fracos. Mas o pior de todos era o que ensinava antropologia, um dermatologista. Ele abria um livro e ditava a aula, partindo do pressuposto de que o aluno era um débil mental. Reacionário fanático, pregava um catolicismo do pior tipo possível. Nas aulas, ditava a matéria sem sair da cadeira: "Marches, um bandido", referindo a Marx; "Comte, positivista perigoso", enunciando letra por letra — C-O-M-T-E — como se fossemos mais ignorantes do que éramos. Os alunos de hoje da Faculdade de Filosofia não tolerariam uma coisa dessa.[57]

Com efeito, enquanto os cursos superiores considerados tradicionais existiam em Minas Gerais desde a passagem do século XIX para o XX,[58] o curso de História no qual Francisco Iglésias se graduou foi criado junto com a Faculdade de Filosofia, em 1941. Durante toda a sua formação, a FAFI funcionou sem o reconhecimento federal,

---

57 Entrevista de Francisco Iglésias concedida a Maria Efigênia Lage de Resende (UFMG) e Roberto Barros de Carvalho (Revista Ciência Hoje). In: SBPC. *Cientistas do Brasil – Depoimentos*. São Paulo: Global, 1991.

58 A Faculdade de Direito foi criada em 1892; a Faculdade de Odontologia é de 1907; a de Farmácia e a de Engenharia são de 1911 e a de Música é de 1925. Em 1927, estas faculdades foram reunidas para compor a Universidade de Minas Gerais.

que só aconteceu em 1946,[59] e sofreu com a falta de estrutura e com a "improvisação" de seu corpo docente. Entre 1943 e 1946, a FAFI viveu momentos de grande insegurança institucional. De acordo com Bessa, entrevistado por Haddad,

> no início da fase da Faculdade na Escola Normal, houve uma debandada geral, dada a precariedade das condições de funcionamento da Faculdade, quando os professores não ganhavam nada, muitos foram desistindo, desanimando e largando, criando um vácuo institucional.[60]

> Esta desestabilização se fez refletir nas turmas do curso de Geografia e História que se formaram entre 1946 a 1948: em cada ano, saíram apenas dois diplomados.[61]

Mas esta não foi uma exclusividade mineira. Nos depoimentos de grandes historiadores de outros estados é recorrente a observação da carência de profissionais especializados nos cursos de História das universidades, mesmo naquelas institucionalmente reconhecidas. A avaliação negativa dos professores foi feita pelos contemporâneos de Francisco Iglésias formados na USP, na UDF ou na Universidade do Brasil. A professora Emília Viotti da Costa, por exemplo, que ingressou na USP em 1948, ponderou que não teve professores marcantes no curso de História e que teria sido mais influenciada pelos livros que leu e por professores de outros departamentos do que pelos do Departamento de História.[62] Ela também revelou que, na prática, pelo menos até a década de 1950, a pesquisa não fazia parte da formação dos futuros professores naquela instituição:

---

[59] Decreto 20.825 de 26 de março de 1946. Concede reconhecimento aos cursos de Filosofia, Matemática, Geografia e História, Ciências Sociais, Letras Clássicas e Letras Neo-latinas da Faculdade de Filosofia de Minas Gerais. Legislação Informatizada da Câmara dos Deputados, www.camara.gov.br, acesso em 24 de abril de 2012.

[60] Pedro Parafita de Bessa, entrevista em 15 de abril de 1988 apud HADDAD, Maria de Lourdes Amaral. *Faculdade de Filosofia de Minas Gerais: raízes da ideia de universidade na UMG [Dissertação de Mestrado]*. Belo Horizonte: Faculdade de Educação da UFMG, 1988. p. 116.

[61] Anuário da Faculdade de Filosofia da Universidade de Minas Gerais. Belo Horizonte, 1939-1953. p. 481.

[62] Entrevista de Emília Viotti da Costa. In: MORAES, José Geraldo Vinci de; REGO, José Márcio. *Conversas com historiadores brasileiros*. São Paulo: Editora 34, 2002.

> O curso era voltado para a formação geral do professor. A pesquisa em fontes primárias não recebia muito estímulo ou orientação (...) Em matéria de pesquisa, recebi pouca orientação. Só fui realmente aprender a pesquisar depois de formada, quando uma bolsa de estudos do governo francês me permitiu estudar em Paris.[63]

Os programas das cadeiras do curso de Geografia e História da Faculdade de Filosofia de Minas Gerais na grade curricular de 1939 a 1953 mostram que aqui também quase não havia espaço para discussões teórico-metodológicas.[64] Mesmo alguns anos mais tarde, em 1957, quando o curso de História foi separado do curso de Geografia, o currículo foi considerado arcaico, tradicional e pobre por quem o cumpriu.[65] A Faculdade de Filosofia continuava a ser voltada para a preparação de professores e, embora pudesse ser desqualificada por quem demandava investimento em pesquisas, ela parece ter cumprido satisfatoriamente a demanda social por docentes para o ensino secundário, pois o salto de qualidade da escola secundária foi por todos notada. Para Resende, o que garantia essa excelência era a unificação dos corpos docentes do ensino superior e secundário. Segundo ela, "o interesse pela docência na escola pública, superior ou secundária, tinha na cátedra, instituição comum aos dois níveis, um ponto de alta correlação, que a tornava atraente ao exercício profissional".[66]

Outro crítico dos primeiros anos dos cursos universitários de História foi Edgar Carone, formado na USP em 1948. Ele lembrou que teve bons professores franceses, mas "também tive alguns pernas-de-pau". Após a sua formatura, seu dilema era "vou lecionar ou vou para a fazenda?", pois sua formação não permitia outra coisa. Decidiu-se pela fazenda, onde permaneceu por 12 anos ininterruptos.[67] Também Maria Yedda Leite Linhares teve impressão parecida sobre a UDF e a Universidade do Brasil, onde ingressou em 1939. Ela destacou negativamente seus professores de História, sugerindo que "talvez nem devam ser lembrados", pois

> Eremildo Luiz Vianna, de História Antiga e Medieval, (...) se notabilizou nos anos 60 por sua atuação junto às forças policiais da ditadu-

---

63 *Idem*. p. 70.

64 Anuário da Faculdade de Filosofia da Universidade de Minas Gerais. Belo Horizonte, 1939-1953.

65 RESENDE, Maria Efigênia Lage de. *Memorial*. Concurso para Professor Titular [Manuscrito]. Belo Horizonte: UFMG, 1991. p. 20.

66 *Idem*. p. 23.

67 Entrevista de Edgard Carone. In: MORAES, José Geraldo Vinci de; REGO, José Márcio. *Conversas com historiadores brasileiros*. São Paulo: Editora 34, 2002. p. 51.

ra na denúncia de professores; Helio Vianna, professor catedrático de História do Brasil, era tradicionalista nos cursos que ministrava, limitando-se à leitura de um livro didático de sua autoria; ou ainda Silvio Júlio de Albuquerque Lima, que dissertava ano após ano sobre os feitos de Simón Bolívar.[68]

As avaliações negativas dos cursos e dos professores dos departamentos de História foram comuns àquela geração pioneira que fez carreira na universidade. Mas elas precisam ser consideradas a luz do contexto em que foram feitas, pois os critérios de verificação para determinar a qualidade dos cursos estavam informados por uma realidade alheia àquela que estava sendo posta à prova. Na década de 1940, quando esses historiadores se formaram, o que era considerado "inovador" ou "tradicional" no conhecimento histórico se distanciava bastante daquilo que orientava suas avaliações nas décadas de 1990 e 2000.

Em uma nota publicada em 1944, por exemplo, ao comentar o livro de seu professor no curso de Geografia e História da FAFI - João Camilo de Oliveira Torres - Francisco Iglésias destacou "a importância do trabalho e do seu autor", cujo livro sobre o papel da geografia de Minas Gerais na constituição de grupos sociais "ninguém deixará de consultar no futuro para o estudo do nosso Estado". Ele afirmou ainda que, através de seus livros, "João Camilo mostra a sua extraordinária cultura, o conhecimento que tem de toda a filosofia moderna e da história do Brasil" (IGLÉSIAS 1944).

Em um artigo de jornal publicado em 1956, por exemplo, Francisco Iglésias destacou positivamente seu professor da Faculdade de Filosofia, Arthur Versiani Velloso, catedrático de História da Filosofia. Reconheceu a importância da iniciativa deste professor junto ao grupo fundador da instituição em um momento em que "não se cuidava do assunto". Por ocasião do seu aniversário de 50 anos, Francisco Iglésias foi convidado para escrever sobre o antigo professor e se colocou entre os alunos da Faculdade de Filosofia que lhe deviam atenção e favores. Dele, Francisco Iglésias destacou a experiência docente, enfatizando que ainda lembrava as lições do professor: "ainda hoje lembramos esses companheiros antigos e eu, essas lições como eram dadas, o que era dado, bem como fatos circunstanciais dignos de memória para nós".[69]

Portanto, que a avaliação negativa que Francisco Iglésias faz da Faculdade de Filosofia e do curso de História no qual se graduou deve ser compreendida como parte

---

68   Entrevista de Maria Yedda Leite Linhares. In: MORAES, José Geraldo Vinci de; REGO, José Márcio. *Conversas com historiadores brasileiros*. São Paulo: Editora 34, 2002. p. 26.

69   IGLÉSIAS, Francisco. Um professor de entusiasmo. *O Diário*. Belo Horizonte, 22 de janeiro de 1956. p. 4.

do contexto discursivo que integrou as demandas da reforma universitária de 1968 e sua definição a respeito das atribuições docentes e da própria função social da universidade. O tom denunciatório da condição supostamente precária dos cursos de História em suas fases iniciais está associado à construção de um discurso posterior sobre o que seria uma organização adequada à realidade universitária. Os depoimentos de Francisco Iglésias e de seus contemporâneos estavam informados pelas exigências da época em que foram declarados, daí julgarem que o despreparo de seus professores impediu que o curso de História cumprisse a contento o seu propósito de formar profissionais da área. Mas, apesar da primeira geração de historiadores formados pelas universidades terem tido uma formação orientada pelos chamados "não especialistas" – portanto, não profissionais, "amadores" – que ainda ocupariam as principais cadeiras do curso de História na universidade durante longos anos, eles adquiriram a legitimidade social necessária para se tornarem "verdadeiros" historiadores.

## Campo universitário, campo de poder

A expansão do ensino superior no Brasil através de institutos isolados ou do sistema universitário fez parte de um conjunto de políticas públicas realizadas a partir da década de 1930 que pretendeu promover a modernização cultural e institucional do país concomitante ao processo de industrialização e urbanização que visava à incorporação da economia nacional à economia capitalista mundial. Dentre os limites para a plena realização desse projeto de criação de uma ordem burguesa moderna, atualizado em diferentes momentos da história brasileira, consideramos necessário pontuar a discrepância entre as medidas estabelecidas no plano técnico-administrativo, visando maior eficiência das instituições, e as realidades existentes, constituídas a partir de uma cultura política específica e de uma complexa dinâmica social capaz de comportar, naturalmente, campos de poder relativamente autônomos.

Se considerarmos, como propôs Rodrigues ao analisar a institucionalização do curso de Geografia e História no Rio Grande do Sul da década de 1940,[70] as concepções teóricas de Weber acerca do processo de burocratização das sociedades capitalistas, veremos a configuração de uma estrutura de poder dentro das instituições sociais fundamentada menos pelo poder econômico ou político do que pelo mérito profissional dos agentes. Foi o que a autora percebeu quando estudou os critérios de recrutamento de docentes naquela unidade: ele era baseado na afinidade entre o título

---

70 RODRIGUES, Mara Cristina de Matos. "O papel da universidade no 'campo da história': o curso de Geografia e História da UPA/URGS na década de 1940". In: *Métis: história & cultura*, vol. 2, n. 2, jul./dez. 2002.

da formação superior do docente e a disciplina que ele lecionaria e, principalmente, na experiência didática prévia.[71] Não obstante a racionalização dos procedimentos de seleção dos docentes das instituições recém-federalizadas, destacamos os arranjos informais que interferiram nos primeiros anos de organização institucional do curso de Geografia e História em Minas Gerais a partir, por exemplo, da presença da "gramática personalista do clientelismo",[72] cuja interferência teria afetado diretamente o percurso intelectual de Francisco Iglésias.

A alocação de Francisco Iglésias como docente na Faculdade de Ciências Econômicas (FACE) não se deu sem que fossem levantados questionamentos sobre seu distanciamento em relação à Faculdade de Filosofia, lugar da especialização da produção e do ensino de história. Segundo Maria Efigênia Lage de Resende,

> contingências profissionais vincularam o Professor Francisco Iglésias à Faculdade de Ciências Econômicas da UFMG, fato que, sem dúvida, privou o Departamento de História da UFMG de elemento capaz de nortear e apoiar de maneira direta e sistemática a pesquisa histórica.[73]

Numa entrevista dada em 1991, Francisco Iglésias narrou ironicamente o episódio que teria impedido sua contratação como assistente de ensino[74] da cadeira de

---

71   Idem.

72   De acordo com Nunes, "a democratização de 1945 não rompeu – tampouco a de 1930 o fez – a gramática personalista do clientelismo. O novo regime emergiu das entranhas da ditadura que ele ousou substituir e as elites que administravam a transição e que, em última análise, controlaram o período constitucional e democrático pós-45 eram compostas pelas mesmas pessoas que apoiaram o regime anterior ou que dele se beneficiaram [...] Assim, o clientelismo que cresceu à sombra da estrutura social brasileira tornou-se um instrumento de engenharia política austuciosamente manipulado por aqueles que se encontravam no poder" (NUNES, Edson. *A gramática política do Brasil: clientelismo e insulamento burocrático*. Rio de Janeiro: Jorge Zahar Editor; Brasília: ENAP, 2003. p. 68).

73   RESENDE, Maria Efigênia Lage de. "História de Minas: condições de pesquisa e produção historiográfica". In: *Revista Brasileira de História*, São Paulo, vol. 2, n. 4, set. 1982. p. 173

74   Os assistentes de ensino cooperavam com o professor catedrático nas atividades pedagógicas e de pesquisa. Graciani ressalta que os assistentes de ensino "eram da confiança do catedrático e dependiam dele para permanecer neste lugar" (GRACIANI, Maria Stela Santos. *O ensino superior no Brasil: a estrutura de poder na universidade em questão*. Petrópolis: Vozes, 1982. p. 85).

História do Brasil da Faculdade de Filosofia, cujo professor catedrático era Antônio Camilo de Faria Alvim:

> Quando a Universidade de Minas Gerais foi federalizada, procurei o diretor da Faculdade de Filosofia, professor Camilo Alvim, e disse que queria ser assistente da cadeira de História do Brasil. Ele me respondeu que teria muito prazer, mas confessou que o senador Melo Vianna – que tratou da federalização da universidade – havia solicitado exatamente aquela vaga. O Melo Viana disse ao Alvim que tinha um amigo advogado brilhante e que seria um excelente professor da disciplina. Lógico, não é? Quem não domina ciência nenhuma pode muito bem ser professor de história do Brasil! Afinal todo mundo já ouviu falar na Marquesa de Santos, no Tiradentes, no Pedro Álvares Cabral. Não pode é ser professor de oftalmologia, de cirurgia facial... Vejam que azar o meu! Fiquei muito frustrado, mas pouco depois recebi um telefonema do Yvon Magalhães Pinto me convidando para ser assistente na Faculdade de Ciências Econômicas.[75]

De fato, o senador Fernando de Melo Viana teve participação direta no processo de federalização da UMG, instituição a qual a FAFI tinha sido incorporada em 1948. De acordo com o histórico oficial da instituição, ele foi o responsável pela adoção de uma estratégia que permitiu a aprovação, pelo Congresso, da minuta do projeto de federalização feita pelo Conselho Universitário da UMG e que tramitava há quase dois anos. A solução encontrada por ele para tornar mais ágil o processo consistiu na inclusão da proposta como emenda a um projeto de lei do Poder Executivo que federalizava outro estabelecimento de ensino. Além disso, como relator da Comissão de Serviço Público Civil, ele teria articulado, junto aos líderes das bancadas de outros estados, a apresentação de emendas e substitutivos de mesma natureza para que, durante a votação, ficasse mais fácil a aprovação do projeto com as modificações sugeridas. A tática funcionou, resultando na aprovação da federalização da UMG em 16 de dezembro de 1949. Segundo o mesmo histórico, um dia depois, o Conselho Universitário reuniu-se para conceder o título de Professor Honoris Causa ao senador Melo Viana sob a justificativa de que

> sob sua orientação direta fez o projeto marchar vitorioso pelas diversas comissões técnicas do Senado, empenhou-se em vivos debates

---

75 Entrevista concedida a Maria Efigênia Lage de Resende (Departamento de História, UFMG) e Roberto Barros de Carvalho (Revista "Ciência Hoje"), publicada em junho de 1991. http://www.canalciencia.ibict.br/notaveis/livros/francisco_iglesias_31.html. Acesso em 29/03/2010.

no plenário da Câmara Alta, defendendo com denodo todos os aspectos do projeto e fazendo, finalmente, a vitória da benemérita lei.[76]

A concessão do título, entretanto, parece não ter sido a única demonstração de reconhecimento da atuação de Melo Viana em benefício da universidade, visto que a cadeira de História do Brasil se transformou, segundo Francisco Iglésias, em moeda de troca de favores. A prática clientelista acabou contribuindo para a manutenção de docentes sem preparo especializado na universidade. O indicado do senador Melo Viana, Hamilton Leite, tinha feito o curso secundário no Ginásio Municipal de Carangola – cidade onde seu padrinho foi juiz de direito –, e o curso superior na Faculdade de Direito da UMG. Sem qualquer experiência didática anterior, ele assumiu a cadeira de História do Brasil em março de 1950, mas se licenciou em 1953 para exercer o mandato de deputado estadual.

O sistema de cátedras, extinto somente com a reforma de 1968, representava um bloqueio significativo à reestruturação burocrática da universidade. De acordo com Graciani, tratava-se de "um sistema de relação de poder implícito na organização universitária e vivido pelo catedrático em toda a sua plenitude". A autora ainda acrescenta que o catedrático

> considerava-se e era considerado como "proprietário" daquela área do conhecimento, possuidor do mais alto *status* e posição na universidade [...] As cátedras caracterizavam-se como cargos de provimento vitalício, em que o professor investido neles permanecia em caráter definitivo, açambarcando todo o poder decisório naquela área do conhecimento e, consequentemente, de um ou vários segmentos da organização.[77]

Embora o sistema de cátedras potencializasse as interferências do capital econômico e político no funcionamento acadêmico, é necessário que se considere ainda a própria organização do campo universitário enquanto palco de práticas antagônicas sustentadas tanto por aqueles tipos de capital, quanto pelo capital propriamente cultural, acumulado através da autoridade científica e da notoriedade intelectual. De acordo com Bourdieu, o campo universitário é "o lugar de uma luta para saber quem, no interior desse universo socialmente mandatário para dizer a verdade sobre o mundo social (e sobre o mundo físico), está realmente (ou particularmente) fundamentado para dizer a verdade".[78] As relações de força que se estabelecem entre os agentes ou

---

76  UFMG 80 ANOS. Consolidação – Depois do sonho, a realidade. *UFMG Diversa*, ano 5, n. 11, maio 2007.
77  GRACIANI, Maria Stela Santos. *O ensino superior no Brasil: a estrutura de poder na universidade em questão*. Petrópolis: Vozes, 1982. p. 82-83.
78  BOURDIEU, Pierre. *Coisas ditas*. São Paulo: Brasiliense, 1990. p. 116.

as instituições engajadas nesta luta dependem tanto da capacidade técnica quanto do poder social para agir e falar em nome de uma ciência.

Tendo sido recrutado para compor o corpo docente da FACE, portanto, Francisco Iglésias tornou parte desta organização que envolve tanto o polo científico, quanto o polo mundano: competências teóricas e técnicas, mas também conflitos, crises, interesses, relações de força e desilusões. A consciência da complexidade deste espaço, Francisco Iglésias manifestou numa carta enviada a Alice Canabrava em 1971, na qual falou sobre suas impressões a respeito do curso de História da USP depois que Brasil Bandecchi assumiu a cadeira de História do Brasil naquela instituição:

> Soube, com escândalo, da designação de Brasil Bandechi para a cadeira de História do Brasil. Pobre curso de Historia, pobre Faculdade de Filosofia, mísera História do Brasil! Não sei, mas acho que há certo clima de abastardamento na Universidade de São Paulo. Desculpe o tom violento, mas pelo que às vezes sei e vejo, acho que não pode ser de outro modo. A Escola em que deram aulas Braudel, Lucien Febvre, Jaime Cortesão, Sérgio Buarque de Holanda merecia destino mais nobre. Havia algo de errado, para chegar-se ao ponto que se chegou.[79]

O "escândalo" provavelmente se justificava pelo fato de que Bandecchi representava, na visão da historiografia universitária, a permanência de "amadores" no lugar onde deveria prevalecer profissionais com formação especializada. Bacharel em Direito pela USP, Bandecchi era membro do Instituto Histórico e Geográfico de São Paulo, além de ter sido vereador na cidade. Na mesma carta, Francisco Iglésias ainda declarou que não se arrependia de ter permanecido na UFMG quando teve oportunidade de se transferir para a USP justamente por acreditar que o campo universitário paulista era mais propenso ao conflito, visto que os espaços de poderes eram mais dispersos e orientados por espécies mais variadas de capital do que a UFMG:

> [...] bendigo o momento em tive a inspiração de recusar a ida para São Paulo. Não entrei em uma jaula, em uma selva, para disputar com todos os golpes o direito de sobrevivência. Em boa hora fiquei aqui. Franco por franco, a Universidade de Minas Gerais é melhor, pelo menos tem menor responsabilidade, que foi menos aquinhoada que a de VV.[80]

---

79 Carta de Francisco Iglésias a Alice Canabrava em 6 de dezembro de 1971. Instituto de Estudos Brasileiros (IEB/USP). Coleção Alice Canabrava.

80 *Idem.*

Em outra carta, de 1982, escrita na ocasião do falecimento de Sérgio Buarque, ele reafirmou que "imagino de quanto me livrei não entrando naquele serpentário, onde ele pairava como um pássaro ou uma borboleta, sem tomar conhecimento das mesquinharias que se passavam a sua volta". Mas declarou que guardava com orgulho a deferência representada pelo convite, se esquecendo de que chegou a considerar a proposta, conforme vimos no primeiro capítulo.[81]

A correspondência de Francisco Iglésias com Alice Canabrava,[82] professora de História Econômica da Faculdade de Ciências Econômicas da USP, é reveladora daquilo que Vale destacou na obra de Bourdieu sobre o *homo academicus*: "as dificuldades para sobreviver numa luta que é de 'todos contra todos'; uma luta em que uns dependem dos outros, ao mesmo tempo concorrentes e clientes, adversários e juízes, para determinar sua verdade e seu valor, sua vida e sua morte simbólica".[83] Um dos assuntos recorrentes entre os dois nos anos de 1967 e 1968 foi o concurso para livre-docente da professora Paula Beiguelman, que ocupava a cadeira de Política desde 1963, quando seu titular, o professor Lourival Gomes Machado, se licenciou para trabalhar na UNESCO. Com a morte de Machado em 1967, o sociólogo Florestan Fernandes, segundo Canabrava, teria criado impedimentos para a aprovação de Beiguelman e questionado a qualidade acadêmica de sua tese com o intuito de garantir a cadeira de Política para Fernando Henrique Cardoso ou Octávio Ianni. A articulação teria feito Canabrava participar da banca com o objetivo de defender Beiguelman naquela batalha:

> [...] seria omissão imperdoável de minha parte se eu não participasse do concurso para defernder a Paula, sabendo que o Florestan Fernandes forçou sua própria participação na banca com o propósito de dificultar o mais possível o caminho de nossa amiga, para colocar na cadeira de Política um dos dois de seus assistentes: Fernando Henrique Cardoso ou Octavio Ianni. [...] Com grande alegria, nossa Paula foi aprovada por unanimidade, não sem tentativas de conchavos no plano secreto, com o objetivo de recusá-la sob o pretexto de que a

---

81 Carta de Francisco Iglésias a Alice Canabrava em 24 de abril de 1982. Instituto de Estudos Brasileiros (IEB/USP). Coleção Alice Canabrava.

82 A Coleção Francisco Iglésias do Instituto Moreira Sales guarda cerca de 80 cartas remetidas por Alice Canabrava entre 1953 e 1988. Já a Coleção Alice Canabrava do Instituto de Estudos Brasileiros da USP responde por cerca de 30 cartas enviadas por Francisco Iglésias entre 1960 e 1987, além de algumas cópias da correspondência ativa da professora. É desse conjunto documental que tratamos aqui.

83 VALLE, Ione Ribeiro. "Ler *Homo academicus*". In: BOURDIEU, Pierre *Homo academicus*. Florianópolis: UFSC, 2011. p.17.

tese não tinha valor algum. O Florestan chegou a dizer publicamente, na arguição, que a tese era um fracasso.[84]

Para Canabrava, entretanto, seu gesto de amizade para com Beiguelman não poderia ser comparado às estratégias de Florestan Fernandes, visto que estava supostamente legitimado pelo reconhecimento das qualidades intelectuais da candidata.[85] O episódio do concurso de livre-docência de Beiguelman teria feito Canabrava se afastar de Florestan Fernandes ao reconhecer nele uma face que ela considerava de natureza distinta daquela que ele apresentava como sociólogo.[86] Partícipe das lutas do campo universitário, Canabrava identificou em Florestan Fernandes estratégias de conservação e ampliação de seu capital científico que considerou inadequadas ao campo universitário, ainda que ela própria tenha lançado mão de estratégias semelhantes na batalha para interferir no recrutamento de docentes e manifestado dúvidas em relação a aprovação de Beiguelman no concurso para titular da cátedra de Política da USP devido justamente ao seu reduzido capital de poder político e social (se comparado ao de seu concorrente direto, Fer-

---

84 Carta de Alice Canabrava a Francisco Iglésias em 17 de junho de 1967. Instituto Moreira Sales. Coleção Francisco Iglésias.

85 "Penso que a tese tem vários pecados de História, e esquema marxista carece de marcos históricos sólidos, no plano cronológico é evidente um anacronismo, sem a atribuição ao século 19 de fenômenos pertencente ao 20. Mas apesar de tudo isso, há muito e muito de positivo no saldo. A defesa foi esplêndida e valia a pena acompanhar a Paula em sua linha precisa de raciocínio, na sua convicção quanto ao esquema teórico traçado, em sua imensa erudição no campo da Sociologia, da Historia Política, da História Econômica. Fiquei encantada. Acredito eu, que ninguém com isenção de ânimo podia deixar de reconhecer o quanto uma pessoa como a Paula representa de potencial, quanto à investigação, à contribuição original, na direção de uma cadeira como Ciência Politica" (Carta de Alice Canabrava a Francisco Iglésias em 17 de junho de 1967. Instituto Moreira Sales. Coleção Francisco Iglésias).

86 "[...] embora o admire ainda como sociólogo, prefiro ficar à distância (e quanto maior, melhor), como pessoa, desde o concurso da Paula. Ele continua movendo a ela uma perseguição sórdida e, como parte do plano, o Fernando Henrique Cardoso está para chegar de Paris para fazer o concurso para a cadeira de Politica. Não tenho visto a Paula estes últimos tempos, mas tenho notícia de que ela continua firme no propósito de fazer o concurso. Acho que ela deve ir até o fim, seja qual for o resultado" (Carta de Alice Canabrava a Francisco Iglésias em 31 de março de 1968. Instituto Moreira Sales. Coleção Francisco Iglésias).

nando Henrique Cardoso).[87] Como previsto por Canabrava, o resultado foi a conquista da cátedra de Política por Fernando Henrique Cardoso em 1968, pouco tempo antes de ele ser aposentado compulsoriamente por força do AI-5.

O caso em tela é exemplar dos fatores diversos que movimentam internamente o campo científico, pois revela os esforços para a manutenção de uma admissão homogênea, do ponto de vista das trajetórias e dos *habitus*, que se confronta permanentemente com os princípios meritocráticos.[88] Embora as estratégias usadas por aqueles que detêm poder sobre as instâncias de reprodução do corpo docente no campo universitário (guardada a devida variedade de sua manifestação conforme contextos históricos específicos) sejam comumente vistas como naturais e necessárias, nem sempre são compreendidas como indissociáveis da prática científica. Em carta de 1972, por exemplo, Canabrava relatou que uma das possíveis consequências da contratação de amigos e apadrinhados no Departamento de História da USP era o convite de professores estrangeiros para reverter a deficiência de seu quadro docente:

> O novo diretor é o Eduardo de Oliveira França, conversamos um dia destes, está muito preocupado, reconhece que não houve seleção para provimento das funções docentes do Departamento de História, um bom número de professores escolhidos à base de relações de amizade pessoal. Acha que a solução agora é uma injeção poderosa de professores estrangeiros. Mas, a verba? Sim, porque não é fácil desalojar acomodados estáveis, apadrinhados, doutores e outros togados pela capelania da Livre-Docência.[89]

Por outro lado, na mesma carta, a professora confessou ao amigo que sentia enorme gratidão para com os colegas da Faculdade de Ciências Econômicas que teriam apoiado sua permanência lá durante a reforma de 1968, não permitindo sua transferência para a Faculdade de Filosofia e dando o que ela classificava como um privilégio:

---

87  "Acho uma parada muito dura para a Paula, não acredito que ela ganhe o concurso, não por falta de merecimento, mas por causa das igrejinhas montadas, o preconceito contra a mulher nas cátedras e, sem dúvida o concorrente é muito hábil e inteligente, traz títulos de várias partes do mundo – Chile, México, Paris, que mais? A Paula tem os títulos específicos" (Carta de Alice Canabrava a Francisco Iglésias em 21 de junho de 1968. Instituto Moreira Sales. Coleção Francisco Iglésias).

88  VALLE, Ione Ribeiro. "Ler *Homo academicus*". In: BOURDIEU, Pierre *Homo academicus*. Florianópolis: UFSC, 2011.

89  Carta de Alice Canabrava a Francisco Iglésias em 22 de outubro de 1972. Instituto Moreira Sales. Coleção Francisco Iglésias.

"produzir ciência, e não conchavos de paróquia".[90] A declaração, entretanto, não deixa de apontar para certa pessoalidade da decisão de manter a cadeira de História Econômica naquela instituição, visto que sua titular guardava desavenças pessoais com a direção da Faculdade de Filosofia.

Embora compartilhasse com Alice Canabrava pesadas críticas aos jogos de poder que se travavam na Faculdade de Filosofia da USP, Francisco Iglésias manteve sempre relações amistosas com seus colegas de São Paulo, estendendo uma rede de contatos que viabilizou a publicação de seus textos, a participação em eventos e a ocupação de cargos. Daí José Murilo de Carvalho ter afirmado que Francisco Iglésias "por muito tempo, talvez tenha sido o único estranho a quem se tenha dado o acesso livre à fortaleza do Departamento de História da USP".[91] É que sua percepção dos jogos de poder no interior do campo universitário manifestada em sua correspondência pessoal não o colocava numa posição olímpica em relação a eles. Ao contrário, conforme observou Bourdieu, para que o campo universitário funcione, é preciso que haja pessoas prontas para disputar o jogo, o que significa ter inculcado suas regras. Daí certa cumplicidade subjacente aos antagonismos, pois todos os pressupostos do campo são aceitos, mesmo sem que se saiba, pelo simples fato de se entrar no jogo.[92]

E Francisco Iglésias não apenas incorporou as regras do jogo, como deve ser incluído no "universo dos universitários importantes".[93] Dentre as propriedades res-

---

[90] Canabrava se referia a uma das situações em que suas diferenças para com o professor e diretor da Faculdade de Filosofia, Eurípedes Simões de Paula, se manifestaram, desta vez em relação à cadeira de História Econômica, problema que já tinha sido relatado numa carta de 1968: "[...] minha opinião firmada é de que a História Econômica (Geral e do Brasil) deve permanecer apenas no currículo da Faculdade de Ciências Econômicas, pois se trata de uma especialização muito particular no campo da História, especialização vinculada cada vez mais estreitamente a outras matérias que fazem parte do currículo da mesma Faculdade. A opinião do Prof. Simões de Paula é de que a História Econômica deve integrar o Instituto de Geografia e História. Se vier a ser consultada oficialmente sobre o problema, esta é a minha opinião. É a mesma do Prof. Camargo, com o qual debati o assunto. Como Diretor da Faculdade de Ciências Econômicas, ele terá que dar uma palavra decisiva no Conselho Universitário quando se tratar deste assunto e o fará segundo a minha opinião" (Carta de Alice Canabrava a Francisco Iglésias em 31 de março de 1968. Instituto Moreira Sales. Coleção Francisco Iglésias).

[91] CARVALHO, José Murilo de. "Francisco Iglésias, crítico de história". In: *Revista do Departamento de História da UFMG*. Belo Horizonte, nº 9, 1989. p. 181.

[92] BOURDIEU, Pierre. *Questões de Sociologia*. Lisboa: Fim de Século, 2003.

[93] BOURDIEU, Pierre. *Homo academicus*. Florianópolis: UFSC, 2011. p. 29.

ponsáveis por esta distinção podemos considerar tanto aquelas características classificatórias advindas da experiência prática do campo universitário (o pertencimento ao comitê consultivo das universidades e a participação em bancas de grandes concursos), como aquelas que denotam poder ou autoridade científica (a direção de um organismo de pesquisa ou de uma revista científica, a tradução de seus trabalhos em línguas estrangeiras, a participação em comissões dos conselhos superiores de pesquisa e em colóquios internacionais etc.), e ainda outras que foram capazes de aumentar sua notoriedade intelectual e seu capital de poder político e econômico (a colaboração em jornais e revistas de grande circulação, a publicação de coleções de bolso, o pertencimento a gabinetes ministeriais, condecorações diversas, assinaturas de petições etc.). Segundo Bourdieu, esses indicadores nos ajudam a objetivar algo não objetivado: o prestígio científico e a notoriedade.[94]

As boas relações de Francisco Iglésias com os acadêmicos da USP, responsáveis por guardar o campo da historiografia brasileira entre as décadas de 1930 e 1990, tanto contribuiu quanto foi resultado de seu prestígio científico. Em 1960, por exemplo, ele participou da edição da "História Geral da Civilização Brasileira", dirigida por Sérgio Buarque de Holanda e publicada sob os auspícios da Faculdade de Filosofia daquela universidade. Em carta a Alice Canabrava, ele revelou suas reservas à qualidade do empreendimento,[95] embora suas colaborações na coleção – "Minas Gerais", no tomo II, volume II, e "Vida política, 1848-68", no tomo II, volume III – fossem sempre referenciadas com destaque pela importância que as edições adquiriram.[96] Em 1965, ele

---

94  Idem. p. 31.
95  "Já estou terminando o primeiro volume da nova História do Brasil, edição de Sérgio Buarque de Holanda. Não me parece feliz sua realização até agora. A obra perde muito mais ainda quando comparada a edição francesa – a realmente monumental 'Histoire generale des civilisations'. A brasileira fica muito aquém, em qualquer sentido. Espero que o próximo volume tenha melhor gabarito: ele terá, estou certo, pois há, entre outras, colaboração sua (não há?)" (Carta de Francisco Iglésias a Alice Canabrava em 28 de junho de 1960. Instituto de Estudos Brasileiros (IEB/USP). Coleção Alice Canabrava).
96  Mais tarde, as críticas se tornaram públicas. Em "Historiadores do Brasil", Francisco Iglésias ressaltou que a coleção "devia ser orgânica, como a dedicada às civilizações, editada na França sob a direção de Maurice Crouzet. [Sérgio Buarque de Holanda] Convocou, como aquele, um grupo de colaboradores, mas, a nosso ver, em número excessivo, resultando obra necessariamente fragmentária. Tem capítulos notáveis e outros fracos" (IGLÉSIAS, Francisco. *Historiadores do Brasil*. Belo Horizonte: UFMG; Rio de Janeiro: Nova Fronteira, 2000. p. 210).

apresentou seu primeiro trabalho no Simpósio da Associação dos Professores Universitários de História (APUH), intitulado "Artesanato, manufatura e indústria". Na oportunidade, ele foi indicado para a vice-presidência da associação, dirigida por Eurípedes Simões de Paula, fundador e também diretor da prestigiosa "Revista de História", e secretariada por Sérgio Buarque de Holanda e Alice Canabrava. Apesar do aspecto meramente formal do cargo, visto que a entidade funcionava sob comando exclusivo dos professores de São Paulo, seu nome ganhou ainda mais visibilidade na comunidade de historiadores. Em 1966, Simões de Paula o designou para uma conferência sobre o tema da colonização e da migração, o que resultou no trabalho "Natureza e ideologia do colonialismo no século XIX", apresentado no simpósio da APUH de 1967. Francisco Iglésias também foi convidado por Simões de Paula para enviar um trabalho para a edição número 100 da "Revista de História". Na companhia de F. Braudel, J. Glénisson, J. Delumeau, C. Boxer, José Honório Rodrigues e Sérgio Buarque de Holanda, entre outros, Francisco Iglésias publicou o artigo "Minas e a imposição do Estado no Brasil" naquela edição comemorativa de 1974.[97] Ainda na década de 1970, ele foi convidado por Florestan Fernandes, coordenador da Coleção Grandes Cientistas Sociais, da editora Ática, para organizar o volume referente à obra de Caio Prado Júnior, que seria editado em 1982.[98] Além de selecionar os textos para compor a publicação – escolhi-

---

[97] Francisco Iglésias também fez parte da comissão de redação da "Revista Brasileira de Ciências Sociais", editada pela Faculdade de Ciências Econômicas da UFMG; compôs o conselho diretor da "Revista Brasileira de Estudos Políticos", também da UFMG; atuou na comissão de redação da "Debate & Crítica" e da "Contexto", ambas de São Paulo; fez parte do conselho editorial da "Educação Brasileira", revista do Conselho de Reitores das Universidades Brasileiras; e da "Revista Brasileira de História", entre outras.

[98] A correspondência entre Francisco Iglésias e Florestan Fernandes revela que o historiador mineiro já tinha sido convidado, na década de 1970, para organizar outros volumes da Coleção Grandes Cientistas Sociais, sobre Marc Bloch, Henri Pirenne, Celso Furtado ou outro nome que desejasse, mas recusou. No caso da seleção dos textos de Marc Bloch, a tradução para o português parece ter sido um dos motivos que travaram o empreendimento, embora Florestan Fernandes tivesse empenhado na superação dos problemas: "[...] Faremos tudo o que você achar necessário para tornar o texto em português melhor. Aliás, será útil: é preciso começar a fazer esse trabalho de historiador de dar a língua portuguesa uma dimensão mais ampla, para falar sobre e do passado. Ninguém melhor do que você para supervisionar e orientar esse fecundo trabalho [...]" (Carta de Florestan Fernandes para Francisco Iglésias em 04 de agosto de 1977. Instituto Moreira Salles. Coleção Francisco Iglésias).

dos a partir do critério do interesse para a História – ele escreveu uma introdução que se tornou uma referência importante para os estudos sobre o autor e sua obra.[99]

Ator e espectador da vida universitária brasileira, Francisco Iglésias comparou o acirramento de suas disputas internas à realidade acadêmica norte-americana. Em carta de 1975 ele observou que

> a vida universitária já adquire os traços norte-americanos de selva, disputa desenfreada, em que as pessoas tem que se afirmar e para tanto aceitam todas as armas, querem a vitória a qualquer preço, ainda que no sacrifício da lealdade a si mesmo ou aos amigos. Nunca estudei (V. sabe) em Universidade ianque, mas pelo depoimento de conhecidos que lá estiveram sei que é uma tourada em que se nega auxílio até ao irmão ou ao amigo mais chegado. O que importa é o cargo, é a carreira. O que me desagrada ao extremo. Afinal, a carreira é algo de muito secundário.[100]

Ele ainda notou certa incongruência de algumas práticas dos intelectuais universitários quando afirmou que "o que me surpreende um pouco é ver como pessoas que criticam tanto o "sistema" (é a palavra que eles usam) se torturam para obter as suas galas; que, obtidas, em geral tornam o vitorioso em seu defensor".[101] Às observações genéricas se juntaram críticas a determinadas práticas de certo grupo de intelectuais "uspianos" que, na sua avaliação, transformavam os espaços de debate e de divulgação de pesquisas em "instrumento de promoção pessoal". Segundo ele, a principal consequência deste problema era "o caráter paternalista, patrimonial, seja da Revista ou dos tais Simpósios ou Encontros". A situação contribuiu para sua resolução de se afastar dos próximos eventos: "Pretendo comparecer menos ainda do que compareci ao anterior: só para cumprimentar pessoas, que sou contra o estilo que se consagrou".[102] A reserva crítica não o impediu de participar de uma homenagem à Simões de Paula feita seis anos após sua morte. Em "Evocação de Eurípedes Simões de Paula", Francisco Iglésias afirmou que a "Revista de História" poderia ser corretamente chamada de "a re-

---

99  IGLÉSIAS, Francisco. Um historiador revolucionário. In: PRADO JÚNIOR, Caio. *Caio Prado Júnior*: história. Organizador da coletânea Francisco Iglésias. Coleção Grandes Cientistas Sociais, n. 26. São Paulo: Ática, 1982.

100 Carta de Francisco Iglésias a Alice Canabrava em 23 de março de 1975. Instituto de Estudos Brasileiros (IEB/USP). Coleção Alice Canabrava.

101 *Idem.*

102 *Idem.*

vista do Eurípedes".[103] O comentário, tendo em vista as confidências à Alice Canabrava feitas pouco antes, talvez guarde mais significado do que a referência ao protagonismo do professor paulista na fundação e nos 27 anos na direção da publicação.

De fato, depois das conferências de 1965 e 1967, Francisco Iglésias não apresentou nenhuma tese nos simpósios daquela associação. Deles, recebia notícias através das cartas de Alice Canabrava, embora continuasse tendo participação ativa em outros congressos nacionais e internacionais.[104] Em 1981, entretanto, ele atribuiu seu afastamento daqueles eventos à falta de convites e reafirmou seu desprezo pela crescente influência política no meio universitário:

> Fiquei sabendo da criação de outras Associações de Professores de História, como a de Cecilia [sic]. Não recebi nenhum convite de lado nenhum para participar. Bom, nada melhor que ser esquecido, marginalizado. V. conhece a obra-prima de Kafka, "Quatro versões de Prometeu"? Tem dez linhas, maravilha de síntese. Pois a quarta versão diz: "Os homens o esqueceram, os deuses o esqueceram, ele mesmo se esqueceu". Tenho essa situação como ideal. Acho que o meio universitário brasileiro (possivelmente mundial) irremediavelmente perdido pela politica.[105]

Mas a trajetória intelectual de Francisco Iglésias foi profundamente marcada pela acumulação de um "capital simbólico de notoriedade" resultado tanto de seu prestígio

---

103 IGLÉSIAS, Francisco. Evocação de Eurípedes Simões de Paula. In: CÂNDIDO, Antônio et alli. *In memoriam de Eurípedes Simões de Paula:* artigos, depoimentos de colegas, alunos, funcionários e ex-companheiros de FEB; vida e obra. São Paulo: Seção Gráfica da Faculdade de Filosofia, Letras e Ciências Humanas da Universidade de São Paulo, 1983. p. 432.

104 Em 1966, ele foi debatedor oficial do setor de história do Sixth Colloquium of Luso-Brazilian Studies, realizado em Nova Iorque; em 1970, teve o trabalho "Situação da História Econômica no Brasil" apresentado no I Simpósio de História Econômica da América Latina do XXXIX Congresso de Americanistas, realizado no Peru; em 1971, participou da mesa redonda sobre "A pesquisa histórica no Brasil" promovida pela Associação Brasileira para o Progresso da Ciência (SBPC); no mesmo ano, participou de um colóquio sobre história quantitativa do Brasil no Centre National de la Recherche Scientifique da École Pratique des Hautes Études com a tese "Perspectiva da história econômica de Minas Gerais, 1980/1945"; entre outros.

105 Carta de Francisco Iglésias a Alice Canabrava em 6 de novembro de 1981. Instituto de Estudos Brasileiros (IEB/USP). Coleção Alice Canabrava.

científico, quanto de suas competências sociais.[106] Para além das disposições políticas em sentido amplo, a posição ocupada por ele na hierarquia universitária afiançou seu envolvimento em círculos de significativo poder político fora dela, sobretudo após sua aposentadoria em 1982. Sua participação, desde 1979, como assessor na Comissão Internacional para uma História Científica e Cultural da Humanidade, organizada pela UNESCO; entre 1983 e 1984, como curador efetivo do Instituto Estadual do Patrimônio Histórico e Artístico de Minas Gerais (IEPHA); desde 1985, como conselheiro da Secretaria de Patrimônio Histórico e Artístico Nacional e do Conselho Nacional de Política Cultural (antigo Conselho Federal de Cultura); e em 1992, como assessor de José Aparecido de Oliveira, embaixador do Brasil em Portugal, ampliaram seus termos de referência oficiais para além das credenciais oferecidas pela universidade.[107]

Segundo Alberto Venâncio Filho, a ideia de convidar Francisco Iglésias para compor a Comissão Internacional para uma História Científica e Cultural da Humanidade foi dele, em conversa com Paulo Carneiro, representante diplomático do Brasil na UNESCO e então conselheiro executivo da organização:

> [...] um dia, no Rio de Janeiro, conversamos [Alberto Venâncio Filho e Paulo Carneiro] sobre o seu desejo de que desta vez, ao invés de

---

106 Francisco Iglésias ocupou os cargos de secretário do setor de Minas Gerais da Associação Brasileira de Escritores (1945); diretor do Centro de Estudos Mineiros (1965-1967; 1969-1971); vice-Presidente da Associação Nacional dos Professores Universitários de História (ANPUH, 1965-1966); técnico do Centro de Desenvolvimento e Planejamento Regional (CEDEPLAR, 1970-1971); Assessor do Comitê de Ciências Humanas do Conselho Nacional de Desenvolvimento Científico e Tecnológico (CNPq, 1975-1978); tesoureiro da Seção Brasileira da Associação de Historiadores da América Latina e Caribe; assessor da Associação Nacional de Pós-Graduação e Pesquisa em Ciências Sociais; membro do Conselho Curador da Fundação de Amparo à Pesquisa do Estado de Minas Gerais (FAPEMIG); vice-presidente da Sociedade Brasileira de História da Ciência (1983-1987); representante do Brasil na Comissão de História do Instituto Pan-Americano de Geografia e História; correspondente da Academia Portuguesa de História (desde 1993) e até Conselheiro do Museu de Astronomia e Ciências Afins, entre outros.

107 A amizade de Francisco Iglésias com José Aparecido de Oliveira lhe rendeu a maioria dos cargos ocupados na esfera política. Secretário de Estado de Cultura do governador Tancredo Neves (1983-1984), Oliveira designou Francisco Iglésias para a comissão que discutiu a reformulação da política da área de patrimônio levada a cabo pelo IEPHA. Ministro da Cultura do governo José Sarney (1984-1990), Oliveira o convidou para o Conselho Federal de Cultura. Embaixador do Brasil em Portugal no governo Itamar Franco (1992-1994), Oliveira o nomeou seu assessor.

chamar grandes nomes da história brasileira, se pudesse atrair para o projeto um historiador mais jovem, mas igualmente qualificado. Sugeri-lhe então o nome do professor Francisco Iglésias, da Universidade Federal de Minas Gerais, recentemente falecido, homem de grande cultura, que, embora tenha publicado poucos livros, era considerado no meio universitário uma grande figura de historiador, chamado sempre para bancas de concursos das Universidades de São Paulo e do Rio de Janeiro. Paulo Carneiro entrou em contato com Francisco Iglésias, teve confirmado o meu julgamento, e indicou-o para fazer parte da equipe da 2ª edição da "História". Trabalhos diversos têm retardado esse empreendimento, que até agora não se concretizou, mas a presença de Francisco Iglésias nos trabalhos de revisão foi de extrema utilidade.[108]

Pelos serviços prestados, Francisco Iglésias foi distinguido com duas medalhas da Inconfidência – criada pelo governador Juscelino Kubitschek para "galardoar o mérito cívico do cidadão que, em Minas, se distinga pela notoriedade de seu saber, cultura e relevantes serviços à coletividade"[109] –; duas medalhas Santos Dumont – criada pelo Ministério da Aeronáutica em 1956 "com a finalidade de galardoar os militares da Aeronáutica Brasileira [...]; os militares das Forças Aéreas Estrangeiras [...] e os cidadãos brasileiros e estrangeiros que tenham prestado destacados serviços à Aeronáutica"[110] –; uma medalha da Ordem de Rio Branco – criada pelo presidente João Goulart para "galardoar aos que, por qualquer motivo ou benemerência, se tenham tornado merecedores do reconhecimento do Governo"[111] –; uma medalha da Ordem do Mérito Legislativo – criada pela Assembleia Legislativa de Minas Gerais para "galardoar as pessoas físicas ou jurídicas nacionais ou estrangeiras que pelos seus serviços ou méritos excepcional, se tenham tornado merecedoras do especial reconhecimento da

---

108 VENÂNCIO FILHO, Alberto. "Paulo Carneiro: um humanista brasileiro no século XX." In: *Revista Brasileira*. Rio de Janeiro, ABL, Ano VII, fase VII, n. 31, abr./maio/jun. 2002. p. 71.

109 Lei n. 882 de 28 de julho de 1952. Cria a medalha da Inconfidência. Disponível em http://www.almg.gov.br/consulte/legislaçao/index.html . Acesso em 15 de outubro de 2012.

110 Decreto n. 39.905 de 5 de setembro de 1956. Cria, no Ministério da Aeronáutica, a medalha de "Mérito Santos Dumont" e dá outras providências. Disponível em http://www.planalto.gov.br/ccivil_03/decreto/antigos/D39905.htm. Acesso em 15 de outubro de 2012.

111 Decreto n. 51.697 de 5 de fevereiro de 1963. Institui uma Ordem honorífica denominada Ordem de Rio Branco. Disponível em http://www.planalto.gov.br/ccivil_03/decreto/1950-1969/d51697.htm. Acesso em 15 de outubro de 2012.

Assembleia Legislativa"[112] –; e a comenda Ordem dos Pioneiros de Belo Horizonte – criada em 1964 para ser conferida "àqueles moradores da Capital, de qualquer nacionalidade, que, para aqui tendo se transferido à época da fundação, deram à Cidade, nos anos subsequentes, substancial contribuição ao seu desenvolvimento e progresso, em qualquer setor de atividade".[113]

Mais tarde, Alberto Venâncio Filho tentou, sem sucesso, apadrinhar o ingresso de Francisco Iglésias na Academia Brasileira de Letras (ABL), conforme revela uma carta de 1993.[114] Nela, o acadêmico insiste na ideia da candidatura do mineiro para ocupar a vaga deixada pelo professor Américo Jacobina Lacombe sob o argumento de que, com as mortes de José Honório Rodrigues, Luiz Viana Filho e Afonso Arinos de Melo Franco, a Academia estava sem nenhuma cadeira ocupada por um historiador. Prevendo a resistência de Francisco Iglésias, sobretudo devido ao desgaste provocado

---

112 Resolução n. 2.778 de 27 de abril de 1982. Cria a ordem do Mérito Legislativo do Estado de Minas Gerais. Disponível em http://www.almg.gov.br/consulte/legislacao/completa. Acesso em 15 de outubro de 2012.

113 Lei n. 1165 de 12 de dezembro de 1964. Institui a Ordem dos Pioneiros e determina outras providências. Disponível em http://www.cmbh.mg.gov.br/leis/legislacao/pesquisa. Acesso em 15 de outubro de 2012. O processo da comissão julgadora que conferiu a Francisco Iglésias essa condecoração em 1987 pode ser consultado no Arquivo Público da Cidade de Belo Horizonte.

114 O próprio Francisco Iglésias, em 1990, entrou na campanha de Alberto Venâncio Filho por uma vaga na Academia, conforme revela uma carta escrita a Otto Lara Resende, na qual sugeria o nome do amigo ao acadêmico mineiro: "Ontem um grande amigo meu me telefonou comunicando que é candidato e perguntando o que é que eu podia fazer por ele. Sugeriu, ele mesmo, que eu falasse a v. E é o que faço agora. Trata-se de meu amigo Alberto Venâncio Filho, grande advogado, pessoa de cultura e de magnífico trato. Tem um livro bem feito sobre a intervenção do Estado na economia. Tem outro, bem mais rico, sobre a história da Academia de Direito de São Paulo, as famosas Arcadas do Largo São Francisco (de São Paulo). Grande amigo de Afonso Arinos, que lhe sugeriu a ideia da Academia, organizou um livro em homenagem a ele. E fez uma introdução para a edição inglesa da tradução do livro clássico de Vítor Nunes Leal – grande livro. E deve ter mais coisas. Acho que ele tem condições de candidatar-se, não sei se vai aparecer algum graudão das letras como o Ariano para empanar-lhe o brilho. Acho, porém, que não há mais graudões nas letras [...] Por ora, queria apenas pedir-lhe que refletisse no assunto. Já apareceu algum candidato? Não falo no Brossard, é claro, que o Venâncio é muito melhor que ele. E que outros que pipocam em torno da ABL. Peço-lhe que me fale no assunto (Carta de Francisco Iglésias a Otto Lara Resende em 9 de setembro de 1990. Instituto Moreira Sales. Coleção Otto Lara Resende).

pela campanha para obtenção de votos, Venâncio Filho antecipou que "em geral tem se formado dois grupos de acadêmicos, um com certo sentido fisiológico, muito ligado ao poder, e outro de intelectuais autênticos, que desejam ver na Academia os verdadeiros valores", sugerindo que Francisco Iglésias poderia contar com o apoio do segundo grupo, supostamente responsável pelas eleições de Sérgio Paulo Rouanet, Darcy Ribeiro e Otto Lara Resende:

> Estou certo de que seu nome terá o apoio de todo o grupo de intelectuais a que me referi, e certamente de maioria significativa, sobretudo agora com o seu livro Trajetória Política do Brasil numa obra escrita que realmente realça o seu valor intelectual e a sua categoria de historiador.[115]

De acordo com Venâncio Filho, a possibilidade de pertencer a Academia, "cujo prestígio e a reputação em todo país é inegável", fazia valer a pena a campanha. Francisco Iglésias, entretanto, não dava grande importância a ela. Numa carta a Otto Lara Resende de 1979, na qual sugere algumas leituras para a preparação do discurso de posse do amigo em resposta a seu pedido, ele afirmou que "ela [a Academia] é sem importância, mas não partilho o preconceito anti-acadêmico, ela não tira nada de ninguém, como não acrescenta nada. Quem era digno de nota continuará a sê-lo, quem não era nada continuará sendo nada".[116] De fato, naquele momento, Francisco Iglésias já não precisava da insígnia da ABL para se distinguir como intelectual, pois sua notoriedade já estava consolidada pelo reconhecimento da comunidade universitária.

---

115 Carta de Alberto Venâncio Filho a Francisco Iglésias em 28 de julho de 1993. Biblioteca da Faculdade de Ciências Econômicas da UFMG. Coleção Francisco Iglésias.

116 Carta de Francisco Iglésias a Otto Lara Resende em 16 de agosto de 1979. Instituto Moreira Sales. Coleção Otto Lara Resende.

# 3

# Combates pela historiografia universitária

Se a afirmação do horizonte científico e a incorporação dos códigos disciplinares da pesquisa não ocorrem por meio de nenhuma "revolução" ou mudança rápida de paradigma, os indícios da redefinição das maneiras de fazer e pensar a história devem ser localizados na forma como se concebe cada empreendimento de escrita específico. É a partir da identificação das normas que traduzem as exigências disciplinares em determinados contextos – os objetos históricos legítimos, a estruturação do texto, a afirmação de conceitos, as citações, os diálogos teóricos – que podemos perceber as mudanças efetuadas no conhecimento a partir dos impulsos de um novo lugar de produção da história, bem como a permanência de ideias e práticas alheias à afirmação do modelo.

Não se trata, portanto, de perguntarmos qual o impacto da institucionalização universitária do saber histórico sobre a historiografia brasileira, nem de questionarmos até que ponto esta reorganização social rompeu com uma tradição historiográfica e impôs outra, pois não estamos diante de nenhum evento fundador. As transformações internas e externas ao discurso histórico não atendem aos mitos de uma constituição progressiva da historiografia, pois ele é configurado por suas relações com o sistema no qual é elaborado e em contextos específicos. Daí emerge seu valor documental e a contribuição das obras históricas do passado para o conhecimento da própria história. A condução do conhecimento histórico para dentro da universidade brasileira resultou na assimilação de técnicas da ciência histórica que foram desenvolvidas fora dela. Não houve, portanto, uma transformação significativa dos paradigmas intelectuais e cognitivos que guiavam o corpus historiográfico brasileiro. Apesar disso, houve uma importante reconfiguração da função social do historiador a partir de sua inclusão no universo do ensino superior e da construção da ideia da "universidade moderna", o que impôs a transformação da maneira como os historiadores justificavam o seu próprio trabalho diante daqueles que não possuíam uma formação específica.

Desse modo, ainda que possamos questionar as "inovações" da historiografia produzida pela universidade a partir da década de 1930 sob o ponto de vista do progresso do conhecimento histórico, é forçoso considerar que a institucionalização dos cursos de História impôs, inevitavelmente, uma redefinição discursiva dos parâmetros disciplinares do saber histórico. O constructo universitário incidiu exatamente sobre a maneira como Francisco Iglésias concebeu o seu próprio trabalho e sobre a forma como ele percebeu e foi percebido pelos seus pares. A "historiografia universitária" foi legitimada não pela imposição de um novo paradigma cognitivo, mas pelo rearranjo discursivo que transformou a antiga normatização da prática historiográfica numa técnica codificada supostamente inacessível para aqueles que não se submeteram à formação especializada.

Neste capítulo, identificamos e analisamos as considerações de Francisco Iglésias sobre a história e o ofício de historiador, aquilo que Mastrogregori chamou de "método externo" por constituírem reflexões externas as próprias narrativas históricas.[1] Ainda que não se apresente como uma teoria sistemática da história, suas reflexões teóricas se manifestaram de forma regular e numa documentação abundante: artigos, resenhas, introduções e conclusões de obras, notas de leitura, correspondência pessoal, relatórios técnicos etc. A partir da recuperação dessas reflexões esparsas identificamos uma postura teórica estreitamente relacionada ao anseio por uma metodologia histórica própria ao empreendimento científico universitário. Os discursos de Francisco Iglésias para configurar o campo disciplinar da história na universidade o inseriram naquilo que Foucault chamou de "combate pela verdade", cujo entendimento não é o de um "combate 'em favor' da verdade", mas "em torno do estatuto da verdade e do papel econômico-político que ela desempenha".[2]

---

[1] MASTROGREGORI, Massimo. "Existe uma formulação teórica em Marc Bloch e Lucien Febvre?". In: NOVAIS, Fernando; SILVA, Rogério Forastieri da. (orgs.). *Nova história em perspectiva*. Vol. 1. São Paulo: Cosac Naify, 2011.

[2] FOUCAULT, Michel. "Verdade e poder". In: *Microfísica do poder*. Rio de Janeiro: Graal, 1979. p. 11.

As fontes selecionadas para este capítulo buscaram contemplar diversos momentos da trajetória intelectual de Francisco Iglésias nos quais se manifestaram suas reflexões teóricas sobre a história e o ofício do historiador. Privilegiamos suas resenhas críticas publicadas entre 1940 e 1950, sua tese de livre-docência – "Política econômica do governo provincial mineiro (1835-1889)" – apresentada em 1955 e publicada em 1958; o livro "Introdução à historiografia econômica", de 1959; introduções de livro e artigos diversos escritos entre 1960 e 1980 e os relatórios técnicos sobre a área de história produzidos para o CNPq entre 1978 e 1983.

### Redes para a (nova) história: as resenhas críticas

*A resenha crítica, como um gênero do discurso, é uma* prática social que, para além das convenções textuais que obedece, revela as formas como interpretamos e interagimos com o mundo.[3] A função comunicativa que uma resenha exerce dentro do ambiente acadêmico respalda a descrição e a avaliação de uma produção artística ou intelectual, oferecendo ao leitor especializado um juízo sobre a obra em questão. Através da linguagem e dos canais que possibilitam a realização desse propósito no campo da história, pretendemos conhecer os valores mobilizados por Francisco Iglésias em suas resenhas, cuja produção compôs parte significativa de sua escrita e ajudou a delimitar uma comunidade de historiadores identificada pela formação especializada. Selecionamos uma amostra documental que consideramos representativa dos recursos avaliativos por ele utilizados para apreciar o discurso científico sobre a história na primeira fase de seu itinerário intelectual, nos anos 1940 e início dos 1950, enquanto ele ainda cursava a graduação ou estava recém-formado.

Para Delacroix, Dosse e Garcia, a profissionalização dos historiadores é o resultado da "operação de fechamento" de uma comunidade científica que ocorre em dois planos: na organização da formação e na codificação do método.[4] Podemos perceber essa operação em curso no processo de institucionalização universitária do conhecimento histórico ocorrido no Brasil a partir da década de 1930 através da publicação das revistas acadêmicas. A redefinição dos lugares de formação e de codificação do método histórico – e, portanto, de constituição de uma nova comunidade – não alterou de forma abrupta as maneiras de fazer, de ensinar e de pensar a história, mas deixou indicadas referências fundamentais que passaram a orientar as novas gerações

---

3   BAKHTIN, Mikhail. "Os gêneros do discurso". In: *Estética da criação verbal*. São Paulo: Martins Fontes, 1992.

4   DELACROIX, Christian; DOSSE, François; GARCIA, Patrick. *Correntes históricas na França: séculos XIX e XX*. Rio de Janeiro: FGV, 2012. p. 87.

de historiadores. As revistas acadêmicas e, especialmente, as resenhas nelas publicadas desempenharam um papel significativo nos dois planos de fechamento de uma comunidade científica apontados acima.

No âmbito do discurso científico sobre a história, as resenhas ajudaram a estabelecer uma linha de demarcação entre os profissionais da história e os outros. Através dos recursos avaliativos com os quais elas operam, as resenhas contribuem para a consolidação de uma norma que distingue os estudos históricos que merecem divulgação, afastando da profissão aqueles que são considerados incapazes ou "amadores". As resenhas exercem assim uma função essencial dentro das revistas e das sociedades científicas: elas ajudam a constituir "redes para a história" através da manifestação dos posicionamentos científicos e políticos que identificam uma comunidade de historiadores.[5] Esclarecendo o quê e o como Francisco Iglésias avaliou as produções históricas com suas resenhas críticas na década de 1940 e 1950, esperamos conhecer não só os debates internos à comunidade científica da qual ele fazia parte, mas também os métodos, os temas e as abordagens considerados merecedores de difusão.

Paralelamente, as resenhas também podem nos indicar que os parâmetros de valoração que as legitimam não são necessariamente guiados pela racionalidade que comumente se espera das avaliações vinculadas ao campo científico. Deles fazem parte posicionamentos interpessoais que envolvem o afeto e o julgamento – e, portanto, a emoção e o posicionamento ético – além da apreciação baseada em conceitos estéticos ou científicos. Esses posicionamentos podem ser compreendidos através dos enunciados que carregam valorações que não são explícitas, daí a necessidade de analisar não apenas os significados inscritos no texto, mas também aqueles que ganham importância na relação com contextos mais amplos.[6] A própria seleção das obras que serão resenhadas recebe pressões que não advêm do campo científico, mas do mercado

---

5   *Idem*. p. 92.

6   A teoria da valoração (ou teoria da avaliatividade) tem sido estudada no âmbito dos estudos linguísticos por Peter White. Segundo ele, "a valoração apresenta técnicas para analisar, de forma sistemática, como a avaliação e a perspectiva operam em textos completos e em grupos de textos de qualquer registro. A abordagem está interessada nas funções sociais desses recursos, não simplesmente como formas através das quais falantes/escritores individuais expressam seus sentimentos e posições, mas como meios que permitem que os indivíduos adotem posições de valor determinadas socialmente, e assim se filiem, ou se distanciem, das comunidades de interesse associadas ao contexto comunicacional em questão" (WHITE, Peter. "Valoração: a linguagem da avaliação e da perspectiva". In: *Linguagem em (dis)curso*, vol. 4, número especial, 2004. p. 177).

*Francisco Iglésias*: a história e o historiador

editorial, de outras atividades sociais ou de relações afetivas. Essa interferência, provocada pelo envio de livros como cortesia pelas editoras, pelo contato direto com o editor/autor ou pelos pedidos pessoais justificados pela amizade, não só influencia a escolha do livro, mas também direciona o tipo de avaliação que será feita, promovendo a interação da avaliação científica com fatores que são frequentemente considerados como externos a ela.[7]

Ao longo de toda a sua trajetória intelectual, especialmente, nas décadas de 1940 e 1950 consideradas aqui, Francisco Iglésias publicou inúmeras resenhas, tanto em revis-

---

[7] No decorrer do itinerário intelectual de Francisco Iglésias no campo universitário, sobretudo a partir da década de 1970, o prestígio dos autores e das editoras referenciadas por ele tendeu a crescer, visto que a circulação de seu texto se dava com maior facilidade. Dentre suas correspondências constam algumas cartas e cartões de autores e editoras que encaminharam seus livros acompanhados do pedido de uma apreciação, revelando as pressões por ele sofridas. A Livraria Francisco Alves Editora S. A., por exemplo, lhe ofertou exemplares dos livros "História – Novos Objetos" e "História – Novas Abordagens", de Jacques Le Goff e Pierre Nora, enfatizando que "ficaríamos gratos se pudéssemos receber de V. S$^a$. uma avaliação sobre os livros" (Carta da Livraria Francisco Alves Editora S. A. para Francisco Iglésias em 19 de agosto de 1976. Biblioteca da Faculdade de Ciências Econômicas da UFMG. Coleção Francisco Iglésias). A Livraria Nobel S. A. também lhe enviou um exemplar do livro "Arquitetura e arte no Brasil colonial", do historiador inglês John Bury, com uma carta na qual a assistente editorial gentilmente solicitou seus comentários e também sua "valiosa colaboração na divulgação desta obra" (Carta da Livraria Nobel S. A. para Francisco Iglésias em 10 de dezembro de 1990. Biblioteca da Faculdade de Ciências Econômicas da UFMG. Coleção Francisco Iglésias). Os exemplos citados mostram que as cortesias dos editores quase nunca eram gratuitas. Os autores também se prestavam às gentilezas interessadas, como foi o caso de Aldo Janotti que, ao lhe enviar a obra "O Marquês de Paraná", escreveu que "ficaria imensamente grato caso você considere que ele mereça ser objeto de sua prestigiosa apreciação" (Cartão de Aldo Janotti para Francisco Iglésias em 11 de outubro de 1990. Biblioteca da Faculdade de Ciências Econômicas da UFMG. Coleção Francisco Iglésias). A prática recorrente despertou a observação de Maria Efigênia Lage de Resende que, quando lhe encaminhou uma obra de sua autoria, afirmou que não repetiria a façanha de publicar livros, pois "esta atividade exige demasiado 'lobby' para o meu gosto e temperamento" (Cartão de Maria Efigênia Lage de Resende para Francisco Iglésias s/d. Biblioteca da Faculdade de Ciências Econômicas da UFMG. Coleção Francisco Iglésias). A professora provavelmente se referia não apenas à negociação dos autores com as editoras, mas também à pressão para a divulgação do livro após seu lançamento em obediência às exigências do mercado editorial e da própria publicidade intelectual.

tas acadêmicas, quanto em jornais. Embora a diferença dos meios de divulgação seja um fator importante no momento de analisar os padrões de avaliação utilizados neste tipo de texto, não faremos aqui esta distinção nas resenhas escritas por Francisco Iglésias. Em primeiro lugar, porque foi na condição de detentor de uma formação especializada que ele se credenciou para descrever e avaliar obras de história através de resenhas, fossem elas publicadas em meios acadêmicos ou não. Sua apreciação historiográfica, portanto, esteve sempre vinculada à posição que ele ocupava no campo acadêmico. Em segundo lugar, é preciso considerar que os jornais de sua época mantinham cadernos – os chamados suplementos literários – de reconhecida qualidade intelectual e relativa autonomia em relação ao mercado editorial. Eles tanto divulgavam novos livros quanto ofereciam suas páginas para a publicação de resenhas críticas, ensaios e artigos de interesse acadêmico no momento em que as revistas especializadas figuravam em pequeno número. Em terceiro lugar, não podemos ignorar que o próprio Francisco Iglésias não distinguia a forma de divulgação de suas resenhas, tendo publicado o mesmo texto em revistas acadêmicas e em jornais de ampla circulação. A prática se estendeu no tempo e, em alguns casos, o autor chegou a publicar como resenha, acrescentando pequenas modificações, textos originalmente escritos para apresentar ou prefaciar uma obra. Portanto, não havia critérios rígidos para distinguir seus esforços de avaliação. A preocupação com a divulgação do conhecimento já se sobrepunha a qualquer reserva que pudesse garantir a "pureza" dos gêneros discursivos.

A primeira resenha de Francisco Iglésias foi publicada em 1944. Ele tratou do livro "Formação do Brasil Contemporâneo", de Caio Prado Júnior, lançado dois anos antes. Se o espaço próprio de uma obra de pensamento que se tornou fundamental para a historiografia brasileira pode ser descoberto a partir da exploração do discurso crítico que ela suscita, como afirmou Claude Lefort,[8] então Francisco Iglésias deve ser considerado um dos artífices desse "empreendimento coletivo" que influenciou a delimitação, a conservação e a autoridade que a obra de Caio Prado Júnior adquiriu. A escolha não foi aleatória: a obra foi marcada não só pela filiação do autor ao marxismo, mas também pelo esforço para produzir um conhecimento científico capaz de compreender e orientar a vida coletiva no presente, conforme manifestou Caio Prado Júnior na introdução de sua obra.[9] A

---

8   LEFORT, Claude. "A obra de pensamento e a história". In: *As formas da história. Ensaios de antropologia política*. São Paulo: Brasiliense, 1979.

9   "(...) E foram estas, bem como outras considerações da mesma natureza, que me levaram, para chegar a uma interpretação do Brasil de hoje, que é o que realmente interessa, àquele passado que parece longínquo, mas que ainda nos cerca de todos os lados" (PRADO JR., Caio. *Formação do Brasil Contemporâneo – Colônia*. São Paulo, Brasiliense, 1979. p. 13).

proposta coadunava perfeitamente com as preocupações de Francisco Iglésias na época e com a concepção de história que orientava suas reflexões.

No momento em que escreveu a resenha, Francisco Iglésias era o que se poderia chamar na época de um "intelectual militante", como vimos no primeiro capítulo. Frequentador das reuniões do PCB, ele compunha a célula intelectual do partido, era futuro egresso do curso de Geografia e História da Faculdade de Filosofia e reconhecido como um dos poucos conhecedores de fato da teoria marxista.[10] Ainda que ele não se alinhasse declaradamente ao materialismo histórico, defendia a necessidade de uma orientação filosófica para assegurar que a história promovesse uma "significação do tempo" e ofertasse um conhecimento atento às relações entre o passado e o presente: "é preciso compreender a significação do tempo e ver que o passado não é outro mundo, uma região estranha, pois continua a agir nos nossos dias. A história não é a recordação do passado, mas o pensamento atual que formamos de um passado sempre presente".[11]

Sua resenha do livro de Caio Prado Júnior foi ao mesmo tempo uma apreciação do texto em questão e uma afiliação ao seu esquema de pensamento sobre a história. Remetendo à ideia de Croce de que toda história é sempre contemporânea, ele procurou distinguir a história da crônica. Enquanto a primeira seria "o pensamento do que passou como presente", a outra não passaria de um "luxo de erudição" que serviria à mera repetição da memória de fatos acontecidos. A distinção entre estas duas maneiras de lidar com o passado foi operatória para a análise da historiografia brasileira que Francisco Iglésias empreendia naquela resenha:

> Entre os estudiosos da história do Brasil o que se faz mais frequentemente é a simples crônica. Isto por faltar a quase todos os que se dedicam a tais estudos, entre nós, uma cultura sólida, uma orientação filosófica segura, de maneira que o comum é o arrolar seco dos fatos, sem qualquer interpretação, qualquer sugestão fecunda.[12]

Foi através da análise do contexto intelectual da produção de Caio Prado Júnior que Francisco Iglésias destacou o autor e sua obra como um "ponto de partida de uma ampla análise do Brasil de hoje".[13] Sem recear o relativismo, ele afirmou que "no debate das ideias, é claro que a conduta é sempre norteada pela filosofia do autor, pois sendo a história um conhecimento dos acontecimentos humanos como produto

---

10  DOURADO, Autran. *Um artista aprendiz*. Rio de Janeiro: Rocco, 2000.

11  IGLÉSIAS, Francisco. Formação do Brasil Contemporâneo. *Folha de Minas*, Belo Horizonte, 1º de janeiro de 1944. p. 13.

12  Idem.

13  Idem.

de seres sociais, a sua interpretação decorrerá do conceito que tivermos destes". A interpretação de Caio Prado, portanto, sendo orientada pelo materialismo histórico, privilegiava o lado econômico e submetia a organização social e política ao estado das forças produtivas.

O livro de Caio Prado Júnior sintetizava, na visão que Francisco Iglésias já manifestava na resenha de 1944, o tipo de historiografia que a nova realidade imposta pela ampliação do ensino superior deveria produzir: uma historiografia guiada pela ciência social e atenta aos ensinamentos que orientam o presente. Para Francisco Iglésias, Caio Prado Júnior era modelar nesse sentido, pois "fazendo o seu estudo em função do presente, tornando-o contemporâneo, Caio Prado realiza o ideal da história de Benedetto Croce, que deve ser o ideal de todo historiador autêntico".[14] Tendo em vista que esse ideal norteou o pensamento de Francisco Iglésias desde então, não surpreende que ele tenha se ocupado das obras de Caio Prado Júnior em outras oportunidades ao longo do seu itinerário intelectual.[15]

---

14 IGLÉSIAS, Francisco. Formação do Brasil Contemporâneo. *Folha de Minas*, Belo Horizonte, 1º de janeiro de 1944. p. 13-14. Cabe ressaltar que antes, em 1943, José Honório Rodrigues já havia publicado duas resenhas do livro de Caio Prado Júnior com apreciações gerais bastante semelhantes à crítica feita por Francisco Iglésias. Ver FREIXO, André de Lemos. *A arquitetura do novo: ciência e história da História do Brasil em José Honório Rodrigues* [Tese de Doutorado em História]. Rio de Janeiro: UFRJ, 2012. p. 117-125.

15 Francisco Iglésias foi o organizador da coletânea de textos de Caio Prado Júnior para a Coleção Grandes Cientistas Sociais, da editora Ática, coordenada por Florestan Fernandes na década de 1970 e publicada em 1982. Na introdução da obra ele destacou que embora Caio Prado não tivesse formação específica em história, nunca foi um amador, pois "nunca deixou de ser estudioso, não tem características de amador [...] e se dedicou como erudito aos documentos, buscando-os no Brasil e no estrangeiro, editando-os para que fossem aproveitados por outros". Daí ter enfatizado que "Formação do Brasil contemporâneo" seria uma das obras-primas da historiografia brasileira, "o maior livro sobre a colônia", e Caio Prado Júnior seria um dos grandes historiadores do país (IGLÉSIAS, Francisco. Um historiador revolucionário. In: PRADO JÚNIOR, Caio. *Caio Prado Júnior*: história. Coleção Grandes Cientistas Sociais, n. 26. São Paulo: Ática, 1982. p. 9 e 26). Por ocasião da morte de Caio Prado Júnior, em 1990, Francisco Iglésias publicou ainda outro texto sobre o autor na revista "Dados", recuperando muito do que já tinha escrito na introdução daquela coletânea (IGLÉSIAS, Francisco. Caio Prado Júnior (1907-1990). *Dados – Revista de Ciências Sociais*, Rio de Janeiro, vol. 33, n. 3, 1990). No livro póstumo "Historiadores do Brasil" também consta, como não poderia deixar de ser, um estudo sobre a contribuição de Caio

Foram estas referências que Francisco Iglésias levou tanto para a revista "Kriterion", da Faculdade de Filosofia, quanto para a "Revista da Faculdade de Ciências Econômicas", duas das publicações acadêmicas com as quais ele esteve envolvido na passagem dos anos 1940 para os anos 1950. A maneira como ele tratou do problema da cientificidade do conhecimento histórico através de suas colaborações nessas revistas abre caminho para a compreensão da codificação científica que os estudos históricos em Minas Gerais instituíram tanto no curso de Geografia e História da FAFI, quanto nas disciplinas ligadas à história econômica da FACE.

Entre 1949 e 1955, Francisco Iglésias publicou na "Kriterion" cerca de 20 textos originais, entre artigos e resenhas críticas. Sua condição de ex-aluno daquela faculdade e de autor de numerosos ensaios publicados nos periódicos de Minas Gerais, Rio de Janeiro e São Paulo, bem como sua relação de amizade com um dos idealizadores daquela publicação, o professor Arthur Versiani Velloso, que já havia intermediado sua contratação pelo Colégio Marconi, garantiu seu lugar nas páginas da revista e uma posição na comunidade científica que se configurava através dela. Depois, já contratado como professor da FACE, entre 1952 e 1956, ele publicou também na "Revista da Faculdade de Ciências Econômicas", estabelecendo uma ponte entre os estudos históricos das duas faculdades. Apresentado como "professor e ensaísta", ele se dedicou, principalmente, à crítica de livros de interesse para o historiador em formação. Tratando de obras inéditas ou de reedições, seus comentários buscaram extrair o que cada obra poderia contribuir para os estudos históricos ditos profissionais, daí ter sempre avaliado a qualidade teórica e metodológica das obras e autores analisados, bem como selecionado para resenha textos de introdução à pesquisa histórica.

Sua primeira resenha na revista "Kriterion" tratou simultaneamente de dois livros de Diogo de Vasconcelos que, em 1948, passava a contar com novas edições: "História Antiga das Minas Gerais" e "História Média de Minas Gerais". Para Francisco Iglésias, Diogo de Vasconcelos não só era "o maior historiador que Minas já produziu", como seus livros constituiriam "as obras básicas para a história do Estado".[16] Ele reconhecia nelas o primeiro levantamento da história mineira sobre a Colônia e sua capacidade de explicação dos fatos, embora percebesse a ausência de uma "ideia geral dirigindo o trabalho".[17] O que Francisco Iglésias ressentia era a ausência da interpretação, da parte filosófica

---

Prado Júnior para a historiografia brasileira (IGLÉSIAS, Francisco. *Historiadores do Brasil: capítulos de historiografia brasileira*. Belo Horizonte: UFMG; Rio de Janeiro: Nova Fronteira, 2000. p. 200-206).

16  IGLÉSIAS, Francisco. Diogo de Vasconcelos. *Kriterion*, Belo Horizonte, n. 9-10, jul./dez. 1949. p. 492-493.

17  *Idem*. p. 494.

que, para ele, era inerente a todo conhecimento histórico com vontade de compreensão global dos acontecimentos e que seria responsável pelo entrelaçamento dos fatos históricos. Contrário a todo fatalismo ou determinismo histórico, sua concepção apresentava a liberdade interpretativa como o fundamento do trabalho do historiador. Esta era uma das chaves de avaliação das pesquisas que ele achava que deveriam ser valorizadas pelo conteúdo informativo que apresentavam, mas que não se destacavam pela construção de um sentido histórico.

Desde o século XIX francês, o debate entre a fatalidade e a liberdade na historiografia ressoava inevitavelmente na política. A realidade brasileira também comportou essa relação e a produção intelectual de Francisco Iglésias é uma prova disso. A liberdade criadora como princípio explicativo da história pressupunha a liberdade moral do homem, seu protagonista. Daí as incursões que Francisco Iglésias tinha feito pelos problemas filosóficos que abordavam a relação do homem com o seu meio cultural e social.[18] Daí, também, sua contribuição para o rearranjo da interpretação liberal da história no momento de luta contra a opressão política no Brasil pós-Vargas e pós-Guerra.[19]

Naquela mesma edição, Francisco Iglésias também fez a crítica do livro "Introduction à l'Histoire", de Louis Halphen, publicado na França em 1946. Em sua resenha, ele reconheceu a importância das obras de metodologia dos estudos históricos por compreenderem a história como ciência, mesmo daquelas produzidas por um autor considerado um "historiador 'historizante'", como ele avaliava o caso. Em 1946, Lucien

---

18   Ver, por exemplo, IGLÉSIAS, Francisco. Artista e homem. *O Diário*. Belo Horizonte, 29 de junho de 1944; IGLÉSIAS, Francisco. Sob o signo do homem. *Folha de Minas*. Belo Horizonte, 14 de outubro de 1945; IGLÉSIAS, Francisco. Os pensamentos perigosos. *Edifício*. Belo Horizonte, jan. 1946; IGLÉSIAS, Francisco. Noção de limites. *Diário de Notícias*. Rio de Janeiro, 13 de julho de 1947; IGLÉSIAS, Francisco. Universalidade da História. Estado de Minas. Belo Horizonte, 10 de julho de 1949; IGLÉSIAS, Francisco. Meditação de Natal. *Estado de Minas*. Belo Horizonte, 22 de dezembro de 1949; entre outros.

19   Ver, por exemplo, IGLÉSIAS, Francisco. Democracia e preconceito racial. *O Libertador*. Belo Horizonte, 23 de junho de 1945; IGLÉSIAS, Francisco. Os negros vão fazer ouvir a sua voz. *O Libertador*. Belo Horizonte, 23 de junho de 1945; IGLÉSIAS, Francisco. Um dever dos comunistas. *O Libertador*. Belo Horizonte, 18 de agosto de 1945; IGLÉSIAS, Francisco. O povo consciente e organizado. *O Libertador*. Belo Horizonte, 28 de agosto de 1945; IGLÉSIAS, Francisco. Um guia para a ação. *O Libertador*. Belo Horizonte, 15 de setembro de 1945; IGLÉSIAS, Francisco. A falsa bandeira. *Folha de Minas*. Belo Horizonte, 30 de setembro de 1945; IGLÉSIAS, Francisco. Ainda o fascismo. *O Libertador*. Belo Horizonte, 6 de outubro de 1945; IGLÉSIAS, Francisco. Do laissez-faire à democracia planificada. *Edifício*. Belo Horizonte, jul. 1946; entre outros.

Febvre já havia publicado em Paris o artigo "A história historicizante", no qual identificava esta obra de Halphen com o tipo de história que deveria ser superada.[20] Mas Francisco Iglésias via no livro o mérito de oferecer uma "visão geral para iniciantes", um "manual introdutório", apresentando, na sua concepção, conceitos indiscutíveis e questões que poderiam servir de ponto de partida para o debate metodológico sobre a história, sempre necessário.[21]

De acordo com Delacroix, Dosse e Garcia, "durante muito tempo, em razão das críticas formuladas pelos Annales, os historiadores metódicos serviram de 'contraste'. Foram considerados o símbolo de uma história a banir".[22] Profundamente influenciada pela historiografia francesa, a historiografia brasileira acompanhou esta concepção e só agora tem atentado para a reavaliação contemporânea em curso na França desde, pelo menos, a tese de Charles-Olivier Carbonell, publicada em 1976.[23] As relações de Francisco Iglésias tanto com as perspectivas historiográficas propriamente metódicas, quanto com aquelas que aproximaram mais firmemente o conhecimento histórico das ciências sociais podem tornar mais complexo nosso entendimento da historiografia universitária em seus primeiros anos, bem como contribuir para a nossa "emancipação em relação aos juízos emitidos pelos Annales",[24] ainda tão presentes na historiografia brasileira contemporânea.

A seleção de autores e obras feita por Francisco Iglésias, nas décadas de 1940 e 1950, para as revistas "Kriterion" e "Revista da Faculdade de Ciências Econômicas", mostra que os primeiros esforços disciplinares da história na universidade possuíam uma autonomia relativa diante dos julgamentos que Marc Bloch e, sobretudo, Lucien Febvre fez naqueles anos. Francisco Iglésias conhecia os debates que tinham sido travados na "Revue de Synthèse Historique" sobre as ciências sociais e a história, meio através do qual os fundadores da "Revista dos Annales" publicaram seus primeiros textos, bem como estava atualizado sobre o que era publicado nesta revista desde 1929. Se é verdade que a oposição dos Annales em relação à historiografia francesa anterior foi despertada principalmente por Febvre, sobretudo a partir da década de 1950, é

---

20   FEBVRE, Lucien. "A história historicizante". In: *Combates pela história*. Lisboa: Presença, 1989. p. 117-121.

21   IGLÉSIAS, Francisco. Louis Halphen. *Kriterion, Belo Horizonte, n. 9-10, jul./dez. 1949. p. 496-497.*

22   DELACROIX, Christian; DOSSE, François; GARCIA, Patrick. *Correntes históricas na França: séculos XIX e XX.* Rio de Janeiro: FGV, 2012. p. 69.

23   *Idem.*

24   *Idem.* p. 69.

razoável que Francisco Iglésias tenha percebido a contribuição que a historiografia metódica francesa poderia dar aos estudos históricos brasileiros independentemente daquelas disputas internas.

Em um artigo publicado no jornal "Estado de Minas" ainda em 1949, Francisco Iglésias demonstrou sua preocupação com a carência de obras de cunho metodológico e de estudos que atentassem para a epistemologia histórica. Sua explicação para esta ausência estava no fato de que a ciência histórica ainda não estava constituída inteiramente, pois a normatização dos institutos históricos não tinha garantido o rigor necessário para transformar a história numa "verdadeira ciência". Ele relacionou a institucionalização universitária da história com o aumento do número de publicações sobre teoria e metodologia. O aparecimento de profissionais com formação especializada demandava o estudo das questões específicas do ofício. Na sua visão, "é natural, pois, que só agora comecem a aparecer livros teóricos e metodológicos sobre o assunto. Eles crescem em número dia a dia, na tentativa de esclarecimento do objeto".[25] Além de acompanhar a emergência da discussão no ambiente intelectual brasileiro, Francisco Iglésias esteve atento às publicações francesas e italianas, conforme mostra o conjunto de obras por ele resenhadas no período.

Em outro artigo do "Estado de Minas", publicado em 1950, antes de tecer comentários sobre o livro "O problema das ciências históricas", de Enrico de Michellis, que tinha sido traduzido do italiano para o espanhol em 1948, Francisco Iglésias voltou a chamar a atenção para a quantidade de obras de cunho teórico e metodológico que estavam sendo publicadas em vários centros de estudo do mundo, "livros que tratam da história em sua essência, da questão de métodos e objetivos, da sua natureza como ciência e de sua posição no quadro dos conhecimentos humanos", o que justificava a seleção por ele feita. Na sua percepção, o Brasil, embora fizesse ecoar essas discussões, ainda não oferecia contribuição para a conceituação da ciência histórica, pois "é um capítulo que supõe estudos superiores de que mal temos notícia". As reflexões brasileiras neste campo seriam atividade de "algumas vozes isoladas", "resultado exclusivo da curiosidade bibliográfica e do esforço individual", devido ao reduzido investimento no desenvolvimento do ensino superior.[26] Por isso é que um autor como José Honório Rodrigues, cultor pioneiro da matéria, mereceu sua atenção.

A preocupação com a discussão metodológica dos historiadores orientou a escolha do livro "Teoria da História do Brasil", de José Honório Rodrigues, lançado em

---

25 IGLÉSIAS, Francisco. Estudos Históricos. *Estado de Minas, Segunda Secção, Belo Horizonte, 23 de outubro de 1949. p. 1.*

26 IGLÉSIAS, Francisco. Nota sobre um livro. *Estado de Minas. Belo Horizonte, 8 de janeiro de 1950. p. 17.*

1949. A crítica de Francisco Iglésias se dirigiu também ao autor, avaliado como "trabalhador", "discreto", "despretensioso", "erudito" e "experiente". A análise da obra deu a possibilidade de discutir as diferenças entre técnica histórica (metodologia) e interpretação histórica (teoria), pouco distinguidas em José Honório, segundo o critério de Francisco Iglésias. Para ele, o título do livro era equivocado, na medida em que o autor não criou, nem apresentou nenhuma teoria, mas apenas analisou o material existente para se obter uma teoria. O livro era uma introdução metodológica à história do Brasil e não uma teoria da história do Brasil, conforme indicava o título. A diferença deveria ser observada, segundo Francisco Iglésias, pois a metodologia seria composta por técnicas de trabalho indiscutíveis, enquanto a teoria seria subjetiva, individual e discutível. A observação não comprometeria o mérito do trabalho que estava justamente em oferecer uma introdução metodológica voltada para os estudos brasileiros.[27] O aspecto profissional da obra de José Honório foi observado na quantidade de notas, organizadas em oitenta páginas, e na bibliografia que poderia ser extraída das citações. Seu valor era tanto maior quando se percebia que "entre nós não se sabe o que é história, nem mesmo, às vezes, entre os seus cultores".[28] Daí a conclusão de que os cursos de História das faculdades de Filosofia já não poderiam mais continuar sem essa disciplina básica que era a de metodologia e de que a obra era indispensável para os estudantes das faculdades de Filosofia. A originalidade de José Honório, segundo Francisco Iglésias, não provinha das ideias propriamente, mas do trabalho de sistematização que ele empreendeu, pois exprimia o "sintoma de que já chegamos à maturidade que caracteriza alguns centros universitários".[29]

Ainda que em alguns comentários de livros Francisco Iglésias tenha proposto fazer uma simples nota, sem pretensão crítica, não se eximiu de fazer uma avaliação. Foi o caso da resenha do "Manual bibliográfico de estudos brasileiros", dirigido por Rubens Borba de Morais e William Berrien, lançado em 1949. O empreendimento teria nascido do programa do Instituto de Estudos Latino-Americanos que, em 1939, promoveu a Conferência Bibliográfica, na Universidade de Michigan. Coube a especialistas brasileiros fazer a bibliografia correspondente à sua área e o histórico do de-

---

27   As críticas de Francisco Iglésias chamaram a atenção de José Honório Rodrigues. Para a segunda edição da obra, publicada em 1957, o autor solicitou ao historiador mineiro observações que pudessem ser incorporadas à nova edição (Carta de José Honório Rodrigues a Francisco Iglésias em 29 de novembro de 1956. Instituto Moreira Sales. Coleção Francisco Iglésias).

28   IGLÉSIAS, Francisco. José Honório Rodrigues. *Kriterion*, Belo Horizonte, n.11-12, jan./jun. 1950. p. 198.

29   *Idem*. p. 199.

senvolvimento de cada disciplina. A parte de história contou com a colaboração de Sérgio Buarque de Holanda, Otávio Tarquínio de Sousa, Caio Prado Júnior, Gilberto Freyre, Alice Canabrava e José Honório Rodrigues, autores que, como lembrou Freixo, "destacavam-se pelos esforços em defesa de uma renovação dos estudos históricos no Brasil", uma das principais finalidades daquele manual. Segundo o mesmo autor:

> A questão da especialização tornou-se decisiva naquele texto e "contexto", se tornando parte fundamental dos debates sobre a escrita do passado brasileiro para aqueles intelectuais. O ímpeto renovador ganhava *status* entre os participantes da seção em questão (História) [...], assim como em seus trabalhos, representando bem as questões que animavam esse cenário intelectual.[30]

Daí que, na avaliação de Francisco Iglésias, "Manual bibliográfico de estudos brasileiros" era uma obra que "nenhum historiador ou estudante de história poderá prescindir".[31] Embora ele tenha afirmado que desejou apenas registrar o livro "em simples nota, sem pretensão crítica" e que "não tivemos outra intenção que a de assinalar o aparecimento de mais uma obra"[32], ele acabou destacando os melhores históricos, classificando as bibliografias e apontando as faltas que, em seu juízo, deveriam ser supridas. Uma delas, na seção de obras gerais de referência e de geografia, o resenhista apontou a ausência dos mineiros Xavier da Veiga e Nelson de Sena sob a justificativa de que "A Terra Mineira", de Nelson de Sena, "não obstante ser antiquada em muitos pontos, é de informação segura e tem o mérito de ser geral", enquanto "Efemérides mineiras", de Xavier da Veiga, "embora o ângulo que nela se adota para estudo não seja dos mais fecundos, tem conjunto tão amplo de elementos que a faz muito útil". Em suma, na avaliação de Francisco Iglésias, "ainda que o critério tenha sido seletivo, como foi declarado, essas obras se impõem nas seções citadas, uma vez que são seções de certa amplitude".[33] A renovação dos estudos, na sua concepção, não poderia prescindir das bases mais sólidas que tinham sido lançadas no passado.

Outro livro selecionado para resenha demonstrou a preocupação com a divulgação de obras que pudessem auxiliar os estudantes de história em nível superior, visto

---

30 FREIXO, Andre de Lemos. *A arquitetura do novo: ciência e história da História do Brasil em José Honório Rodrigues* [Tese de Doutorado em História]. Rio de Janeiro: UFRJ, 2012. p. 16.

31 IGLÉSIAS, Francisco. "Manual bibliográfico de estudos brasileiros". In: *Kriterion*, Belo Horizonte, n.11-12, jan./jun. 1950. p. 202.

32 *Idem.* p. 200-201.

33 *Idem.* p. 201-202.

que as cadeiras de teoria e metodologia ainda não faziam parte da realidade daqueles cursos.[34] "Guide de l'Étudiant em Histoire Moderne et Contemporaine", de Camille Bloch e Pierre Renouvin, publicado na França em 1949. Ainda que seu conteúdo fosse predominantemente relacionado à realidade dos estudos históricos franceses, na visão de Francisco Iglésias a obra contribuiria para a reflexão dos historiadores sobre temas relevantes do ofício, como a organização de arquivos, a questão metodológica e a linguagem mais adequada para ser usada na escrita da história. Sua resenha foi clara na especificação do público indicado para a obra: "Sua leitura se recomenda aos que se entregam à história para estudo, não para distração; para um trabalho científico, não para um gênero literário. Daí ser útil aos alunos das Faculdades de Filosofia, para os quais é de fato inestimável".[35]

Foi na "Revista da Faculdade de Ciências Econômicas" que Francisco Iglésias publicou a resenha de "Apologie pour l'histoire ou Métier d'historien", de Marc Bloch, em 1954. Depois de chamar a atenção para a influência da historiografia francesa no Brasil, explicada não só pela familiaridade com a língua, mas, sobretudo, pela "receptividade para todas as elaborações do pensamento francês", Francisco Iglésias avaliou a posição de Marc Bloch naquele ambiente intelectual, "integrado no trabalho de renovação metodológica e de esclarecimento da história de seu próprio país ou da Europa, à vista de pesquisas originais". Na avaliação do autor, naquela obra inacabada estava uma das melhores introduções ao estudo da história:

---

34 A preocupação com a formação teórica que os cursos superiores de história ofereciam aos seus alunos já estava sendo manifestada, sobretudo, por José Honório Rodrigues. Em artigo de 1946, por exemplo, ele condicionou o "amadurecimento da historiografia brasileira" ao preparo metodológico dos historiadores nos cursos superiores de história: Nada seria superior à inauguração de um curso de metodologia da história e de historiografia, que preparasse o futuro historiador no manejo dos fatos achados em documentos novos. O conhecimento dos métodos da natureza da evidência histórica e as ciências auxiliares poderia contribuir decisivamente para o amadurecimento da historiografia brasileira. A publicação integral de documentos inéditos, o conhecimento da evolução da pesquisa, dos seus métodos, da historiografia e o melhor contato com os trabalhos dos grandes clássicos, nossos ou estrangeiros, possibilitariam o preparo de novos historiadores e evitariam o autodidatismo, e tão perniciosos efeitos (RODRIGUES, José Honório. A historiografia brasileira em 1945. *O jornal*. Rio de Janeiro, 10 de março de 1946. p. 7 apud FREIXO, Andre de Lemos. *A arquitetura do novo: ciência e história da História do Brasil em José Honório Rodrigues* [Tese de Doutorado em História]. Rio de Janeiro: UFRJ, 2012. p. 155-156).

35 IGLÉSIAS, Francisco. "Camille Bloch et Pierre Renouvin". In: *Kriterion*, Belo Horizonte, n.11-12, jan./jun. 1950. p. 204.

> A matéria é conceituada de maneira justa, em suas possibilidades e limites. Inúmeros problemas são postos em exame, todos satisfatoriamente. A linguagem é a mais simples, o raciocínio sempre direto. Marc Bloch transmite, aí, sua experiência de historiador.[36]

Desde então, em praticamente todas as obras de Francisco Iglésias aparecem as marcas de sua leitura de Marc Bloch, cujo livro póstumo tinha sido organizado por Lucien Febvre e publicado pela primeira vez, na França, em 1949. Leitor contumaz desta obra (em sua biblioteca consta uma edição francesa de 1952), Francisco Iglésias a citou nas introduções – onde ele explicitava suas escolhas teóricas e conceituais – de quase todas as suas publicações, seja através de referências diretas ou da "diluição" das ideias do historiador francês ao longo de seu texto. A recorrência desta obra nos trabalhos de Francisco Iglésias pode ser explicada pela necessidade de demarcar o novo campo disciplinar da história na universidade, tarefa que atravessou todo o seu percurso intelectual. Se nas décadas de 1930 e 1940, na França, fazer a apologia da história significava defender o conhecimento histórico das imposições metodológicas que ameaçavam a sua autonomia – a da história positivista herdeira da filosofia de Augusto Comte, transposta à historiografia francesa por Charles Seignobos, e a das ciências sociais herdeiras do legalismo físico, representada na França pela escola sociológica fundada por Émile Durkheim e apresentada aos historiadores através dos trabalhos de François Simiand – nas décadas de 1940 a 1970, no Brasil, defender o conhecimento histórico significava afastar a sua produção das pessoas sem preparo universitário especializado.

Francisco Iglésias também escreveu a resenha de "Initiation à la critique historique", do belga Léon Halkin, publicado na mesma coleção em que apareceu o livro de Bloch. Embora o autor da obra se dedicasse principalmente à história religiosa, aquele era um livro que tratava dos problemas gerais da disciplina histórica, destinado à "iniciação para estudiosos de tipo médio" (nem leigos, nem especialistas).

> Halkin não é extremado em sua posição: conquanto objetivo e exato, com o culto do método e da pesquisa, compreende e aceita as críticas feitas à História por escritores que não a cultivam, como Paul Valéry, muitas vezes citado. Conhece as limitações do ofício: sabe que o historiador pode obter apenas uma relativa imparcialidade, pois o mais objetivo ainda é 'um impressionista'; sabe também que 'a

---

36 IGLÉSIAS, Francisco. "Apologie pour l'histoire ou Métier d'historien". In: *Revista da Faculdade de Ciências Econômicas*. Belo Horizonte, ano III, n. 5, jan./jun. 1954. p. 259-261.

História não pode pretender mais que uma reconstituição imperfeita de um passado que ele não atinge em si mesmo".[37]

A resenha que Francisco Iglésias fez do livro "O desenvolvimento da cultura do algodão na Província de São Paulo", de Alice Canabrava, em 1952, buscou comprovar que à universidade coube a responsabilidade pelo aumento do interesse pela história econômica através das monografias exigidas pela carreira universitária. O próprio Francisco Iglésias se enquadrava no quadro que descrevia, pois se dedicou à pesquisa da política econômica do governo provincial mineiro impulsionado pela produção de sua tese de livre docência. Mas nessa resenha, ele não só apresentou ao leitor o livro da historiadora vinculada à Universidade de São Paulo, mas também estabeleceu os parâmetros que distinguiam a "verdadeira" historiografia econômica dos trabalhos em que a economia aparecia na dependência da política e precisava ser documentada através das crônicas ou dos discursos parlamentares e relatórios escritos pelos políticos. Esse viria a ser o caso de sua tese, como vimos. Ao se dedicar ao surto da economia algodoeira em São Paulo como reflexo da Guerra de Secessão dos Estados Unidos, a autora teria produzido "um estudo de história econômica verdadeiramente modelar". Francisco Iglésias destacou o seu rigor metodológico, sua exposição clara e direta, sua capacidade de compreender as implicações sociológicas e superar a simples narrativa, além da utilização de fontes primárias inéditas ou nunca aproveitadas. A obra de Canabrava, na avaliação do resenhista, era "a manifestação de que a história econômica do Brasil já enverada para o caminho exato, com a adoção dos requisitos de técnica e métodos científicos de trabalho".[38]

A amostra das resenhas críticas produzidas por Francisco Iglésias é significativa para percebermos que os problemas de teoria e metodologia da história foram centrais na seleção e na avaliação que ele fazia das obras de história. Além de demonstrar, como antecipou Resende, que o autor se destacou por um "acompanhamento sistemático do que se passava no campo da historiografia brasileira, no que concerne tanto a obras historiográficas quanto a obras de instrumentação do trabalho do historiador",[39] elas revelam que a reflexão sobre as condições de trabalho do pesquisador fazia-se especialmente necessária nos contextos de redefinição do campo disciplinar da história.

---

37 IGLÉSIAS, Francisco. "Initiation a la critique historique". In: *Revista da Faculdade de Ciências Econômicas.* Belo Horizonte, ano III, n. 5, jan./jun. 1954. p. 262.

38 IGLÉSIAS, Francisco. "O desenvolvimento da cultura do algodão na Província de São Paulo". In: *Kriterion,* Belo Horizonte, n. 21-22, jul./dez. 1952. p. 548.

39 RESENDE, Maria Efigênia Lage de. "Francisco Iglésias: vida e obra". In: PAULA, João Antônio de. *Presença de Francisco Iglésias.* Belo Horizonte: Autêntica, 2001. p. 22.

Ainda que os currículos dos cursos estivessem voltados para a formação de professores, as revistas acadêmicas foram um meio importante para a discussão teórico-metodológica que deveria orientar as pesquisas neste campo. Afinal, o domínio das questões de teoria e método foi uma forma de distinguir os historiadores "profissionais" dos "amadores" ou "diletantes", pois a partir delas se codificou uma linguagem própria que marcou a escrita da história na universidade.

### Incorporando uma codificação: a tese de livre-docência

Ao ingressar como professor na Faculdade de Ciências Econômicas da UFMG, Francisco Iglésias incorporou uma codificação que, para além de representar sua inserção na prática formal do discurso acadêmico, alterou o próprio conteúdo daquilo que estava sendo dito, conforme veremos na análise da tese de livre-docência apresentada por ele em 1955 e, paralelamente, do livro "Introdução à historiografia econômica", publicado em 1959 – suas primeiras realizações historiográficas a partir da universidade. De fato, de acordo com Resende, a tese de Francisco Iglésias "registra sua presença no grupo de historiadores que marca o início da historiografia acadêmica brasileira, ao mesmo tempo em que funda, pelo rigor de seu trabalho, a historiografia acadêmica em Minas Gerais". A análise que dela empreendemos aqui confirma a impressão de Resende de que, com sua tese, Francisco Iglésias deu visibilidade a um novo profissional – o historiador –, além de firmar os parâmetros para o exercício do ofício.[40]

Francisco Iglésias começou a escrever sua tese de livre-docência em 1953, motivado pela vontade de permanecer como professor da Faculdade de Ciências Econômicas.[41] Ele ocupava o cargo de assistente de ensino desde 1949, mas de acordo com o Regulamento da Assistência de Ensino, aprovado em 1951, ele só poderia permanecer na função por até quatro anos.[42] Após esse período, o assistente deveria se submeter ao concurso de

---

40   Idem. p. 33.

41   Embora Francisco Iglésias tenha iniciado sua carreira na FACE lecionando Geografia Econômica, logo foi convidado pelo catedrático de História Econômica, Rodolfo de Abreu Bhering, para assisti-lo nesta cadeira.

42   Como assistente de ensino, Francisco Iglésias lecionou as disciplinas Geografia histórica, Geografia econômica e História do Brasil para o curso preparatório de candidatos ao concurso de habilitação da Faculdade de Ciências Econômicas, também chamado de curso pré-vestibular ou curso anexo, entre 1951 e 1954. A partir de 1956 até 1958, já concursado, ele lecionou para os cursos de Política e Sociologia e de Administração Pública as disciplinas História da Economia, História Social e Política do Brasil e História Econômica Geral e do Brasil.

livre-docência, passando a professor adjunto.[43] O concurso foi realizado em 1955, tendo como comissão julgadora os professores Alice Piffer Canabrava, Emílio Guimarães Moura, Hélio Viana, Raul Jobim Bittencourt e Rodolfo de Abreu Bhering. Sua tese foi publicada pelo Instituto Nacional do Livro em 1958 e é esta edição que usamos aqui.[44]

Embora já tivesse publicado artigos e resenhas em revistas acadêmicas,[45] a tese de livre-docência pode ser considerada a obra de estreia de Francisco Iglésias na universidade. Ele fez desse trabalho inaugural em termos de esforço investigativo e tempo despendido um produto exemplar do novo lugar de produção científica que a universidade representava. De acordo com sua explicação inicial, o que o teria levado ao assunto da política econômica da província mineira seria "a preocupação com a realidade de Minas e o nosso conceito de tese e de trabalho universitário", visto que, na sua concepção, para realizar um estudo desse tipo, o historiador precisaria ter consciência dos limites impostos pela pesquisa científica, escolhendo temas cuja documentação pudesse ser encontrada com relativa facilidade.[46]

A vinculação institucional de seu texto, portanto, não foi um procedimento puramente formal: foi a partir da universidade que ele justificou sua escolha temática e diferenciou sua escrita de outras produções historiográficas. Daí ele ter inaugurado em seu primeiro empreendimento acadêmico uma prática que se tornou comum em suas obras: o exercício de autolocalização da sua contribuição intelectual. A recorrência desta maneira de apresentar seus trabalhos revelava a sobrevivência de uma

---

43   Regulamento da Assistência de Ensino aprovado pela Congregação da Faculdade de Ciências Econômicas em 16 de março de 1951. In: PAULA, João Antônio. *Passado e Presente de uma instituição: memória da Faculdade de Ciências Econômicas/UFMG*. Belo Horizonte: FACE/UFMG, 1991. p. 59-60.

44   O manuscrito original pode ser consultado na Coleção Francisco Iglésias da Biblioteca da Faculdade de Ciências Econômicas da UFMG.

45   Entre 1950 e 1956, por exemplo, Francisco Iglésias publicou 24 artigos nas revistas acadêmicas "Kriterion", "Revista da Faculdade de Direito" e "Revista da Faculdade de Ciências Econômicas", todas da Universidade de Minas Gerais. Entre suas publicações, algumas já antecipavam temas que fizeram parte de sua tese, como IGLÉSIAS, Francisco. Aspectos do desenvolvimento da história econômica. *Revista da Faculdade de Ciências Econômicas*. Belo Horizonte, dezembro de 1954; IGLÉSIAS, Francisco.. O surto industrial de Minas Gerais. *Kriterion*, Belo Horizonte, junho de 1955; e IGLÉSIAS, Francisco. Política unitária do Segundo Reinado. *Revista da Faculdade de Ciências Econômicas*. Belo Horizonte, dezembro de 1955.

46   IGLÉSIAS, Francisco. *Política econômica do governo provincial mineiro (1835-1889)*. Rio de Janeiro: INL, 1958. p. 9-11.

preocupação com a legitimação da produção da historiografia universitária confiada no cumprimento dos objetivos da própria universidade. Tal esforço tinha a pretensão de definir a realização de seus estudos em função da relação que eles mantinham com outros trabalhos e com as problemáticas exploradas pelo grupo de pesquisadores da comunidade científica.

A convicção de Francisco Iglésias de que a historiografia universitária deveria contribuir para a ampliação do conhecimento oferecendo um ponto de vista original sobre determinado assunto o levou ao século XIX, pois ele constatou que "a vida provincial mineira quase ainda não existe como tema para o historiador. À vista de tal verificação, animou-nos a ideia de que qualquer esforço teria sentido".[47] A ausência de bibliografia para a fase provincial, portanto, faria todo e qualquer empreendimento ser inédito, realizando de forma mais estreita o propósito suposto da universidade, que era "contribuir mais efetivamente para o conhecimento do país".[48] De acordo com Francisco Iglésias, este objetivo deveria ser traduzido não somente pela divulgação do que já era conhecido, mas, sobretudo, pelo esforço de produzir conhecimento original. Sua avaliação era a de que "em países como o nosso, mais talvez que em outros, esse é um dever, pois há ignorância generalizada das suas coisas, enquanto o esforço intelectual, por falta e tradição ou apoio, ainda é apenas teimosia de obstinados".[49]

A escrita de Francisco Iglésias elaborada até então, cujos textos preencheram as páginas de jornais e revistas, estava restrita ao cumprimento daquela primeira tarefa. Embora ele tenha valorizado a história de Minas Gerais através da publicação de resenhas de obras de viajantes que passaram pelo estado, como John Mawe, e de historiadores como Diogo de Vasconcelos, sua contribuição ainda não tinha ido além dos limites da difusão do conhecimento existente.[50] E esse conhecimento, segundo sua

---

47  Idem. p. 11.

48  Idem. p. 14.

49  Idem. p. 14-15.

50  Ver, por exemplo, IGLÉSIAS, Francisco. Sobre a história de Minas Gerais. *Estado de Minas*. Belo Horizonte, 11 de abril de 1954; IGLÉSIAS, Francisco. Minas e um problema da historiografia brasileira. *Tribuna de Minas*. Belo Horizonte, 1º de maio de 1952; IGLÉSIAS, Francisco. Diogo de Vasconcelos. *Kriterion*. Belo Horizonte, dezembro de 1949; IGLÉSIAS, Francisco. John Mawe em Minas Gerais. *Estado de Minas*. Belo Horizonte, 24 de julho de 1949; IGLÉSIAS, Francisco. Generalidades sobre a história de Minas Gerais. *Estado de Minas*. Belo Horizonte, 19 de junho de 1949; IGLÉSIAS, Francisco. Conhecimento de Minas. *O Diário*. Suplemento Literário. Belo Horizonte, 28 de junho de 1944; IGLÉSIAS, Francisco. Minas, o negro e o garimpo. *O Diário*. Suplemento Literário. Belo Horizonte, 04 de junho de 1944.

observação em um artigo publicado em 1949, era extremamente insatisfatório, pois não ultrapassava a fase do arrolamento de nomes e datas, e que "a história mineira tem sido mais uma crônica do que história propriamente":

> O estudo das coisas mineiras bem poucas vezes se tem chegado à História [...] Para que haja história, como diz o lugar comum, é preciso que haja interpretação. No mais, temos apenas grossos relatórios que ainda não foram trabalhados pelo espírito crítico característico do historiador: temos a matéria bruta com a qual se faz a história, mas não a história propriamente. O estudioso que não dá um passo além dessa primeira fase não merece ser chamado historiador; cabem-lhe melhor outros epítetos.[51]

Quando Francisco Iglésias escolheu o tema de sua tese, portanto, preocupava-o cumprir as exigências de um trabalho universitário sob o ponto de vista da viabilidade científica e da originalidade, daí ter escolhido um tema próximo – Minas Gerais – e pouco examinado – a vida provincial.[52] Como postulante de cargo no ensino superior,

---

51 IGLÉSIAS, Francisco. Generalidades sobre a história de Minas Gerais. *Estado de Minas*. Belo Horizonte, 19 de junho de 1949. p. 1. Artigo idêntico do autor foi publicado no mesmo jornal cerca de cinco anos depois, em 11 de abril de 1954, sob o título "Sobre a história de Minas Gerais".

52 Ao comentar o lançamento da obra de Francisco Iglésias, o crítico Campomizzi Filho concordou que o número de estudos históricos sobre as províncias era reduzido na época, por isso ele considerava aquela monografia uma "preciosa oferta do INL" (CAMPOMIZZI FILHO. Política econômica do governo provincial mineiro. *Folha de Minas*, Belo Horizonte, 23 de abril de 1959. p. 4). Uma nota não assinada do "Jornal do Comércio" também destacou a ausência de monografias regionais sobre a vida imperial (JORNAL DO COMÉRCIO. Rio de Janeiro, 12 de abril de 1959). Miguel Costa Filho tratou a obra como "um volume original e que versa matéria inteiramente nova" e afirmou que "Iglésias tem razão, quando diz que quase não se estudou a vida provincial mineira" (COSTA FILHO, Miguel. Política econômica. *Jornal do Brasil*. Rio de Janeiro, 06 de março de 1959). Em carta enviada a Francisco Iglésias ainda em 1954 – portanto, quatro anos antes da publicação – o professor Lourival Gomes Machado já manifestava o desejo de ver divulgada aquela tese: "Coisa imperdoável: a sua tese, por piores juízos que dela faça sua famosíssima amargura crítica, precisa chegar aos amigos, pelo menos aqueles que estudam história de Minas. Vamos dar um jeito nisso?" (Carta de Lourival Gomes Machado a Francisco Iglésias em 10 de setembro de 1954. Instituto Moreira Sales. Coleção Francisco Iglésias). Não obstante a dificuldade para mensurar a propagação da tese de Francisco Iglésias entre os estudiosos da história de Minas Gerais antes de sua publicação, vale registrar que ela foi

sua tese guardou as marcas deste "rito iniciático" na abundância de notas e na presença de bibliografia crítica. Às notas de referência foram juntadas outras, mais esparsas, para discutir os trabalhos de outros historiadores, norma que se estendeu ao conjunto da produção histórica universitária.[53] De fato, segundo Grafton, a história das notas de rodapé pode mostrar as mutações que a narrativa histórica sofreu ao longo dos séculos em decorrência das lutas por poder institucional.[54] Mas a presença delas não é suficiente para garantir a cientificidade do texto, daí a necessidade de dar significado a outras demarcações que podem ajudar a esclarecer os postulados epistemológicos da historiografia universitária.

De acordo com Delacroix, Dosse e Garcia, o novo modo de escrever história imposto à universidade afetou o estilo dos historiadores, "que são convidados a romper com a retórica e dar a seus trabalhos [...] o tom desenvolto e austero da ciência".[55] De fato, Francisco Iglésias organizou seu espaço textual de acordo com a organização do espaço social no seu entorno. Como observou Certeau, a historiografia produz sua credibilidade através da linguagem referencial que tem por função comprovar o discurso: as citações e notas produzem um "efeito de real" e remetem a um "lugar de autoridade". A aparente comprovação de seus enunciados, portanto, se baseia no ato da palavra como ato de autoridade. Assim, para além dos dispositivos de produção de credibilidade, a linguagem referencial da historiografia ajuda a demarcar o espaço no qual sua "encenação escriturária" ganha sentido, pois "citando, o discurso transforma o citado em fonte de credibilidade e léxico de um saber".[56] A relação entre o lugar deste saber e sua exterioridade se faz presente na própria interpretação que é oferecida ao leitor:

---

referida no I Seminário de Estudos Mineiros, realizado em 1957, através do trabalho apresentado por Marcos Carneiro de Mendonça sobre a economia mineira do século XIX (MENDONÇA, Marcos Carneiro de. A economia mineira no século XIX. *Anais do I Seminário de Estudos Mineiros*. Belo Horizonte, 1957).

53  Delacroix, Dosse e Garcia trataram desse aspecto ao estudarem os caminhos de acesso à profissão de historiador na França entre 1880 e 1906 (DELACROIX, Christian; DOSSE, François; GARCIA, Patrick. *Correntes históricas na França: séculos XIX e XX*. Rio de Janeiro: FGV, 2012).

54  GRAFTON, Anthony. *As origens trágicas da erudição: pequeno tratado sobre a nota de rodapé*. Campinas: Papirus, 1998. p. 189.

55  DELACROIX, Christian; DOSSE, François; GARCIA, Patrick. *Correntes históricas na França: séculos XIX e XX*. Rio de Janeiro: FGV, 2012. p. 91.

56  CERTEAU, Michel de. *A escrita da história*. Rio de Janeiro: Forense, 2008. p. 102.

[...] o discurso produz um contrato enunciativo entre o remetente e o destinatário. Funciona como discurso didático, e o faz tanto melhor na medida em que dissimule o lugar de onde fala (ele suprime o *eu* do autor), ou se apresente sob a forma de uma linguagem referencial (é o "real" que lhes fala), ou conte mais do que raciocine (não se discute um relato) e na medida em que tome os seus leitores lá onde estão (ele fala sua língua, ainda que de outra maneira e melhor do que eles) [...] Este discurso não deixa escapatória. A estrutura interna do discurso trapaceia. Produz um tipo de leitor: um destinatário citado, identificado e doutrinado pelo próprio fato de estar colocado na situação da crônica diante de um saber.[57]

Mas ao precisar alguns aspectos de sua construção historiográfica – sua motivação, suas escolhas conceituais e temáticas – Francisco Iglésias confrontou a imposição do discurso histórico de se situar fora da experiência que lhe confere crédito. Ele mostrou que sua escrita histórica estava controlada pelas práticas das quais era resultado, sendo ela própria uma prática social vinculada a uma instituição supostamente mais legítima. Antes de fixar como início da sua narrativa aquilo que na realidade era um ponto de chegada da pesquisa histórica – um dos aspectos que caracterizam a passagem da prática investigadora à escrita e que Certeau chamou de "inversão escriturária" – Francisco Iglésias conduziu seu leitor ao lugar de onde falava.

A institucionalização universitária do conhecimento histórico estava provocando nos agentes que dela participavam uma tentativa de reconstrução da identidade disciplinar da história, do historiador e de sua legitimidade científica, daí a pertinência dessa estratégia. Ainda que Francisco Iglésias tenha manifestado o reconhecimento do valor das contribuições que foram dadas por vários autores mineiros, ele não reconheceu a cientificidade nos empreendimentos historiográficos anteriores, acusando-os de reforçarem mitos e fantasias ao invés de esclarecerem a realidade. Foi em oposição a este modelo que ele procurou afirmar o horizonte científico da sua tese. Seu papel deveria ser "colocar o assunto no domínio da pesquisa e das noções objetivas, pondo de lado o saudosismo romântico e ingênuo".[58] A crítica ao "amadorismo" das produções históricas sobre Minas Gerais já tinha aparecido em um artigo de 1952, no qual ele afirmou que

> A história de Minas, para nós pouco mais tem sido que lembrança orgulhosa acompanhada de suspiros. Se esse estado de espírito pode ser compreensível em pessoas que perderam o que tinham e vivem em ci-

---

57  Idem. p. 102-103.
58  IGLÉSIAS, Francisco. *Política econômica do governo provincial mineiro (1835-1889)*. Rio de Janeiro: INL, 1958. p. 10.

dades mais antigas, entre restos de um passado superior ao presente é de todo injustificável fora dos quadros de uma lamentação aborrecida que resulta de uma condição mórbida que não tem sequer o encanto de certas correntes de pensamento tradicionalista romântico.[59]

Com a expectativa de uma mudança evolutiva, Francisco Iglésias classificou o conhecimento histórico sobre Minas Gerais como em "estado rudimentar" e atribuiu esta condição a dois fatores: a falta de formação da maioria dos estudiosos e a prudência excessiva que os impediria de avançar nas interpretações.[60] Daí ele ter esclarecido em sua tese que buscou compreender a realidade de Minas Gerais no século XIX com as ferramentas que este novo lugar de produção de conhecimento – a universidade – poderia oferecer, ou seja, "com a objetivação de problemas fundamentais e com a adoção de métodos e técnicas adequados".[61] O que Francisco Iglésias reivindicava, portanto, era a adoção de uma nova atitude cognitiva, uma ruptura epistêmica com o que ele considerava fazer parte do senso comum através da produção de uma história problematizadora em lugar da simples reprodução de fatos cuja existência era supostamente irredutível.

Se as possibilidades da escrita da história nestes termos estavam sendo reivindicadas, como é sabido, por outros historiadores desde a década de 1930, vale ressaltar que Francisco Iglésias contribuiu para a articulação desta história "nova" ao meio universitário brasileiro como condição indispensável para a sua realização. Antes dos anos 1960 e 1970, portanto, quando emergiram os primeiros cursos de pós-graduação em História, já havia um esforço para deslocar a produção historiográfica dos lugares institucionais considerados tradicionais ou aristocráticos (IHGB, ABL, ISEB etc.) para a universidade que, pelo menos no contexto mineiro, já dava oportunidade para que discentes e docentes sem vínculos com as elites tradicionais nela ingressassem, como era o caso de Francisco Iglésias.

A inspiração historiográfica declarada de Francisco Iglésias foi a obra do economista e historiador sueco Eli F. Heckscher sobre a época mercantilista. Livro inovador para a época, o trabalho de Heckscher traduzido para o espanhol em 1943 enfatizou a ação do Estado na criação das condições para a emergência do sistema capitalista

---

59 IGLÉSIAS, Francisco. Minas e um problema da historiografia brasileira. *Tribuna de Minas*. Belo Horizonte, 1º de maio de 1952.

60 IGLÉSIAS, Francisco. Generalidades sobre a história de Minas Gerais. *Estado de Minas*. Belo Horizonte, 19 de junho de 1949. p. 1.

61 IGLÉSIAS, Francisco. *Política econômica do governo provincial mineiro (1835-1889)*. Rio de Janeiro: INL, 1958. p. 9.

na medida em que ele teria sido "o sujeito e o objeto da política mercantilista".[62] Ele se deteve nas ações políticas que influíram no desenvolvimento econômico e não no próprio desenvolvimento econômico. Daí Francisco Iglésias ter também recortado seu objeto para esclarecer como se deu a ação do Estado no encaminhamento a política econômica, ressaltando seu papel fundamental na formação do mercado interno brasileiro, uma das prerrogativas do desenvolvimento capitalista.

A consciência de que a análise da política econômica realizada durante todo o Império seria inviável nos limites de uma tese, o levou a delimitar cronologicamente seu trabalho entre 1835 e 1889, da Reforma da Constituição à Proclamação da República. Foi a partir de 1835 que as províncias passaram a dispor de um governo, de um legislativo próprio e de uma relativa autonomia. Embora Francisco Iglésias tenha reconhecido que os limites adotados seriam antes políticos que econômicos, argumentou que o marco final teria muito sentido econômico, uma vez que deu início a uma nova estrutura do país com a substituição do trabalho escravo pelo trabalho livre.

A lógica da ordem temporal presente em sua tese poderia ser classificada, de acordo com o esquema de Norma Côrtes para a geração nacionalista da década de 1950, como uma razão dual: a realidade nacional encerraria uma simultaneidade de diversas fases históricas. Essa noção de "contemporaneidade do não coetâneo", tributária de Ortega y Gasset, rejeita a temporalidade linear e postula a sincronicidade, de forma que "novo e velho, moderno e atraso, atual e inatual, esperanças (projetos de futuro) e *ultrapassados* (memória e tradição) sempre coexistem em um mesmo momento presente".[63] Francisco Iglésias percebeu essa temporalidade múltipla, conflitiva e ambígua quando afirmou que

> entre nós qualquer alteração pequena exige muitos anos: o desenvolvimento não se faz com harmonia – enquanto em certos pontos a estrutura se altera, torna-se complexa ou rica com elementos novos, em outros a estática é a única lei, de modo que vivem agora como viviam no Império, às vezes até com traços mais antigos. Para uma realidade mais profunda, como é a econômica, os fatos políticos quase não contam, as datas não têm sentido. As adaptações são

---

62 HECKSCHER, Eli. *La época mercantilista: historia de la organización y las ideas econômicas desde el final de la edad media hasta la sociedad liberal*. México: Fondo de Cultura Económica, 1943.

63 CÔRTES, Norma. "Debates historiográficos brasileiros: a querela contra o historicismo". In: MOLLO, Helena Miranda *et alli (orgs.)*. *A dinâmica do historicismo: revisitando a historiografia moderna*. Belo Horizonte: Argvmentvm, 2008. p. 239.

lentas, de modo que mal se percebe que houve mudança de aspecto, tão imperceptível foi a evolução.[64]

Pleiteando a cadeira de História Econômica, a tese de Francisco Iglésias se enquadrava nos limites dessa história especial. As histórias especializadas estavam sendo percebidas por ele naquele momento como uma conquista fundamental da "historiografia moderna", na qual ele se esforçava por se autoposicionar. Sua reflexão a esse respeito apareceu no livro "Introdução à historiografia econômica", publicado em 1959.[65] Francisco Iglésias rechaçou aí a historiografia romântica do século XVIII e valorizou o esforço de exatidão e ampliação do conteúdo feito no século XIX pela escola metódica. Ele atribuiu a esse momento a diversificação da história, que não deveria ser somente política, mas política, social, religiosa e econômica ao mesmo tempo.[66] Francisco Iglésias ainda não havia se rendido à crítica dos Annales à história produzida no século XIX e, por isso, ele foi capaz não só de reconhecer o esforço metódico e crítico dos historiadores do XIX, mas também de ressaltar que a história produzida então não era somente política.

Em "Introdução à historiografia econômica", ele apresentou uma reflexão teórica que acabou legitimando o esforço em torno da história da política econômica do governo provincial mineiro realizado em sua tese. Os dois textos foram elaborados quase simultaneamente, o que justifica a análise que os toma como complementares. Comparando os temas abordados no livro com os assuntos lançados nos diários de classe das aulas de História da Economia ministradas por ele em 1956 e 1958 para os cursos de Sociologia e Política e de Administração Pública na Faculdade de Ciências Econômicas da UFMG, é possível concluir que esta obra foi resultado das aulas que ele preparava para lecionar a matéria.[67] Um artigo publicado na "Revista da Faculdade de

---

64  IGLÉSIAS, Francisco. *Política econômica do governo provincial mineiro (1835-1889)*. Rio de Janeiro: INL, 1958. p. 13-14.

65  O livro compõe a Coleção Estudos Econômicos, Políticos e Sociais, organizada pela Faculdade de Ciências Econômicas da Universidade de Minas Gerais. A coleção contou com outros títulos como, por exemplo, "A empresa e a fixação dos preços: concorrência e monopólio", de Admardo Terra Caldeia, e "Introdução ao estudo da repartição da renda" e "Conteúdo social nas constituições brasileiras", de Fábio Lucas, entre outros. Na avaliação de Nelson Werneck Sodré, essa coleção revelava "a existência, em Belo Horizonte, de um centro de estudos dos mais credenciados do país" (SODRÉ, Nelson Werneck. Monografias. *O Semanário*, n. 171, ano IV, Rio de Janeiro, semana de 8 a 14 de agosto de 1959. p. 9-11).

66  IGLÉSIAS, Francisco. *Introdução à historiografia econômica*. Belo Horizonte: FACE, 1959.

67  Diário de Classe e Relação Geral do Ano. Aula de História da Economia do 3º ano, turma única. Professor Francisco Iglésias. Ano letivo 1956; Diário de Classe e Relação

Ciências Econômicas", em 1954, também foi aproveitado no livro.[68] Seu interesse não foi discutir a problemática dos processos da vida econômica através dos tempos, mas os problemas metodológicos que explicam "como é que se chegou, entre os historiadores, à colocação do econômico entre suas preocupações, a ponto de desenvolver um ramo especial de seus estudos".[69]

Depois de situar o leitor no conceito de história econômica e na posição do econômico na historiografia, ele tratou da Escola Histórica de Economia Política desenvolvida na Alemanha durante o século XIX e sua contribuição para a interpretação econômica da história, sobretudo a partir de Karl Marx. Em seguida, estudou a historiografia econômica brasileira, na qual destacou as obras de José Honório Rodrigues, Celso Furtado, Caio Prado Júnior e Roberto Simonsen. Seu livro foi alvo da crítica de Nelson Werneck Sodré, que apontou a ausência de fundamento científico na escolha das fontes pelo autor:

> A súmula de Francisco Iglésias sobre historiografia econômica, em que há observações pertinentes e acertadas, parece-nos deficiente nas suas fontes. O exame crítico dessas fontes revela um apreço injustificado por algumas a que falta qualquer fundamento científico. No exame das fontes, particularmente quanto crítico, deve antes de tudo, existir uma escala: mais vale selecionar os títulos adequados, definindo as tendências e os métodos a que obedecem, do que proceder a um arrolamento. Em cultura, omitir e esquecer, tem também uma função.[70]

A crítica do historiador marxista, autor de uma obra engajada e que foi considerada uma das mais representativas das diretrizes interpretativas do Partido Comunista Brasileiro, era justificada. Em "Introdução à historiografia econômica" Francisco Iglésias primou pela "sobriedade" com a qual tratou a interpretação econômica da história, sobretudo o pensamento de Karl Marx, sobre o qual percebeu a presença de "forças emocionais" que teriam prejudicado a objetividade da análise: "ele não pode ser criticado sem que o crítico receba o tratamento que se dava aos hereges. Tem que ser

---

Geral do Ano. Aula de História da Economia do 3º ano, turma única. Professor Francisco Iglésias. Ano letivo 1958. Arquivo da Memória Institucional da FACE/UFMG.

68   IGLÉSIAS, Francisco. Aspectos do desenvolvimento da história econômica. *Revista da Faculdade de Ciências Econômicas*. n. 6, julho/dezembro de 1954.

69   IGLÉSIAS, Francisco. *Introdução à historiografia econômica*. Belo Horizonte: FACE, 1959. p. 12.

70   SODRÉ, Nelson Werneck. Monografias. *O Semanário*, n. 171, ano IV, Rio de Janeiro, semana de 8 a 14 de agosto de 1959. p. 9-11

visto como perfeito, de valor permanente".[71] Além de lamentar o fato do pensamento de Marx ter sido bandeira de reivindicações sociais, Francisco Iglésias ainda criticou o que classificou como uma modificação do ângulo de análise e do interesse do autor: o uso de suas ideias na luta anti-imperialista e nacionalista, questões que movimentavam os intelectuais da época e que se fazia presente, sobretudo, no ISEB (Instituto Superior de Estudos Brasileiros), o lugar de onde Sodré falava. Dentre as fontes citadas por Francisco Iglésias e que poderiam ter motivado as críticas de Sodré estava a obra "La vocation actuelle de la sociologie", de Georges Gurvitch. O autor defendia o ideal do cientista neutro e desinteressado e afirmava que o pensamento de Marx tinha sido objeto de deformação ideológica, sobretudo na configuração da equivocada teoria do fator econômico predominante.

Em "Introdução à historiografia econômica", Francisco Iglésias pretendeu "evidenciar a modernidade da historiografia econômica" e relacionar seu surgimento a alteração da ordem social europeia. O aparecimento e o desenvolvimento da historiografia econômica foram ainda compreendidos no contexto mais amplo da ciência social e dos estudos históricos:

> Se a sociologia afirma que todos os fenômenos sociais são fenômenos globais, com o desenvolvimento das pesquisas históricas tornou-se evidente a necessidade de especialização. Era impossível a alguém dominar toda a matéria que se compreendia sob os títulos ambiciosos de História Universal, História Geral ou História da Civilização. Impunha-se ao estudioso a especialização em determinado povo, época ou tipo de atividade ou preocupação. Tomando-se a matéria no seu todo, devia-se fazer algum corte em sua realidade, para mais atenda e fecunda consideração.[72]

Não obstante o reconhecimento da necessidade da especialização, Francisco Iglésias não ignorou que "não existe, em toda a sua pureza, o fato econômico, o fato político, o fato artístico ou religioso" e que a decomposição do fato social em diferentes aspectos seria necessário para observá-lo melhor, conforme ensinava Marc Bloch, autor insistentemente citado. Ao estudioso seria impossível "manter-se com rigor na sua esfera, sem episódicas interferências em campo alheio".[73] Daí que, objetivando pesquisar a política econômica da província mineira para elaboração de sua tese, ele não se viu obrigado a restringir-se à vida econômica. Seu propósito foi "evidenciar a realidade

---

71 IGLÉSIAS, Francisco. *Introdução à historiografia econômica*. Belo Horizonte: FACE, 1959. p. 63.
72 *Idem.* p. 14.
73 *Idem.* p. 16-17.

econômica, a situação material sob a influência do governo",[74] sendo assim, precisava dar atenção ao elemento político e administrativo.

A primeira parte de sua tese, intitulada "A realidade política", tratou justamente dos elementos que teriam dado unidade ao Império e que tiveram consequências para a efetivação das políticas por ele implantadas. Somente na segunda parte, intitulada "Política econômica do governo provincial mineiro", é que ele abordou a política econômica propriamente dita. A lavoura, a pecuária, a indústria, a mão de obra, o ensino técnico, o transporte e as finanças foram os elementos que, segundo Francisco Iglésias, caracterizaram a política econômica provincial de Minas Gerais. A cada um deles, o autor dedicou um estudo específico no qual procurou destacar a ação fundamental do Estado na criação da "moldura institucional" que promoveu o desenvolvimento do capitalismo. A compreensão histórica do governo provincial enquanto protagonista do processo de mudanças estruturais em Minas Gerais não apenas confirmou a superação da historiografia identificada com a crônica, alvo das críticas constantes de Francisco Iglésias, como o aproximou das discussões em voga sobre a teoria desenvolvimentista e o consequente debate sobre a industrialização e o desenvolvimento urbano como promotores da aceleração do desenvolvimento econômico-social.

Além de tentar preencher uma lacuna na historiografia com a produção de um conhecimento original, é possível que Francisco Iglésias tenha sido influenciado na escolha de seu tema por uma indicação relativa aos documentos utilizados. O cientista social Manuel Diegues Júnior, ao comentar a publicação de Francisco Iglésias, declarou que ele próprio já havia chamado a atenção em sua coluna no jornal "Diário de Notícias" para as falas e mensagens dos Presidentes de Província como documentos valiosos para a reconstituição da vida provincial e da própria história do Império, fonte notadamente privilegiada pelo autor.[75] O artigo teria sido publicado seis anos antes, exatamente quando Francisco Iglésias dava início à sua investigação. Para Diegues Júnior, a maneira como os problemas da administração eram encarados, encaminhados ou resolvidos na vida provincial revelava grande parte do segredo da história do Império brasileiro. Na sua avaliação, estudos como o de Francisco Iglésias deveriam ser seguidos por outros historiadores em relação às demais Províncias, pois "trata-se de contribuição fundamental para que se escreva, no devido tempo, a história do Império, ainda tão vazia".[76]

Quando terminou a sua tese, Francisco Iglésias escreveu uma longa carta à professora Alice Canabrava expondo os problemas que já percebia em seu trabalho e ma-

---

74  Idem. p. 12.
75  DIEGUES JÚNIOR, Manuel. *A vida provincial*. Diário de Notícias. Rio de Janeiro, 5 de abril de 1959.
76  Idem.

nifestando desânimo em relação a ele. A partir da resposta da correspondente, pudemos inferir que Francisco Iglésias reclamou das "imprecisões", do caráter incompleto e do "tom cronista" de seu próprio trabalho. Sua autocrítica denunciava sua insegurança em relação ao cumprimento dos pressupostos que ele mesmo havia postulado. Canabrava, que fez parte da comissão julgadora do concurso, tratou de consolá-lo:

> Acredito sinceramente que seu trabalho vale – com todas as imperfeições que você mesmo aponta. Sua tese deve ter muitos aspectos positivos e entre os muitos um é evidente: a sua coragem em se propor em realizar a pesquisa, em meio adverso. Outro: a base sólida, das fontes primárias. São aspectos positivos e que ficam, Iglésias, a despeito de tudo o que puderem criticar, atacar, ou destruir do seu trabalho.[77]

Após a publicação da tese, entretanto, as resenhas e os vários comentários que revelam a repercussão imediata do seu trabalho se ativeram em pormenores.[78] As notas de Daniel de Carvalho sobre o livro de Francisco Iglésias foram feitas para destacar o que seriam, para o crítico, três problemas da tese: a omissão de duas fábricas de tecido de Itabira na relação das principais da Província; a consideração da escravidão como razão preponderante para afastar as correntes migratórias para o Brasil; e a parte referente aos índios, que pareceu a Carvalho "muito sumária e omissa".[79] As críticas foram posteriormente incluídas no livro "Ensaios de crítica e de história" (1964), do mesmo

---

[77] Carta de Alice Canabrava a Francisco Iglésias em 10 de maio de 1954. Instituto Moreira Sales. Coleção Francisco Iglésias.

[78] Ver, por exemplo, JOSÉ, Oiliam. *Historiografia Mineira*. Belo Horizonte: Itatiaia, 1959; COSTA FILHO, Miguel. *Política econômica*. Jornal do Brasil, Rio de Janeiro, 6 de março de 1959, p. 3; OLINTO, Antônio. *Política econômica do governo provincial mineiro*. O Globo, Rio de Janeiro, 18 de março de 1959, p. 12; DIEGUES JÚNIOR, Manuel. *Política econômica do governo provincial mineiro*. Diário de Notícias, Rio de Janeiro, 5 de abril de 1959; VIANA, Hélio. *Política econômica do governo provincial mineiro*. Jornal do Comércio, Rio de Janeiro, 12 de abril de 1959; CAMPOMIZZI FILHO. *Política econômica do governo provincial mineiro*. Folha de Minas, Belo Horizonte, 23 de abril de 1959, p. 4; SODRÉ, Nelson Werneck. *Política econômica do governo provincial mineiro*. Semanário, Rio de Janeiro, junho/59, p. 6-12; CARVALHO, Daniel de. *A economia da Província de Minas Gerais; a agricultura e a siderurgia*. Diário de Notícias, Rio de Janeiro, outubro/59; CARVALHO, Daniel de. *Notas ao livro do Prof. Francisco Iglésias: a tecelagem, a imigração, os silvícolas*. O Diário, Belo Horizonte, 15 de outubro de 1959, p. 4 e 11; entre outros.

[79] CARVALHO, Daniel de. Notas ao livro do Prof. Francisco Iglésias: a tecelagem, a imigração, os silvícolas. *O Diário*, Belo Horizonte, 15 de outubro de 1959, p. 4.

autor, acrescentadas de outras observações sobre a maneira como Francisco Iglésias tratou de temas como a agricultura, a siderurgia, a navegação fluvial, o ensino técnico e as estradas de Minas Gerais em sua tese.

Contra a afirmação de que "ainda que não animada pelo Governo Português que lhe criou até alguns embaraços – pois só pensava em outra riqueza – desenvolveu-se a lavoura de subsistência"[80], Carvalho argumentou que a metrópole estimulou a agricultura e a criação de animais para o suprimento das minas de ouro. Esse incentivo se dava, sobretudo, através da oferta de sesmarias. Se houve proibição de engenhos em certos períodos, aconteceu em decorrência da política econômica mercantilista e da preocupação de que a abundância de aguardente pudesse comprometer a ordem na colônia, segundo Carvalho. Em relação à indústria, o crítico também questionou as afirmações de que a atividade industrial mineira foi feita "sem assistência técnica ou auxílio dos poderes públicos" e de que a Coroa portuguesa procurava evitar o trabalho industrial.[81] Ele lembrou que a siderurgia sempre mereceu apoio da monarquia lusitana e ofereceu dados para comprovar os numerosos atos da metrópole em favor da indústria do ferro. É curioso observar que as críticas de Carvalho às afirmações de Francisco Iglésias nestes aspectos se restringem à realidade da Capitania e não da Província, que foi o tema da monografia.

As minúcias observadas por Carvalho levaram a "correções" de propósito duvidoso. Ao comentar a afirmação de Francisco Iglésias de que a comunicação de Minas Gerais com a Bahia, São Paulo e Rio de Janeiro "foram feitas, um pouco ao acaso, ora aproveitando os caminhos de índios, ora os primeiros trilhos das passadas do sertanista",[82] ele afirmou que "não se pode emparelhar situações tão díspares", contra-argumentando que a ligação de Minas com Bahia foi sempre pelo Rio São Francisco.[83] Mas o fato de haver uma linha fluvial de navegação, conforme observou Carvalho, não anulava a constatação de que as picadas orientaram a comunicação terrestre entre aqueles núcleos, conforme enfatizou Francisco Iglésias. Outro trecho confrontado por Carvalho foi aquele em que Francisco Iglésias teria afirmado que "quanto ao índio, por suas condições e traços culturais, não tem grande contribuição nesse particular [a

---

80  IGLÉSIAS, Francisco. *Política econômica do governo provincial mineiro (1835-1889)*. Rio de Janeiro: INL, 1958. p. 61.

81  Idem. p. 90-91.

82  Idem. p. 153.

83  CARVALHO, Daniel de. A economia da província de Minas Gerais. In: *Ensaios de crítica e de história*. Rio de Janeiro: edição do autor, 1964. p. 82.

lavoura]".[84] Entretanto, não encontramos a passagem referida por Carvalho na publicação de 1958, que foi a sua referência para empreender o comentário à obra.

Entre outros pormenores da tese, "desmentidos por fatos incontestáveis" nas palavras de Carvalho,[85] ele também chamou a atenção para certa ausência de crítica na forma como Francisco Iglésias lidou com a documentação. Em relação ao uso do relatório de 1843, do Presidente Soares Andreia, por exemplo, Carvalho observou que seria preciso considerar o tom pitoresco característico de sua linguagem para perceber os exageros de suas afirmativas.[86] Essa ausência de crítica documental poderia ser encarada como um dos reparos mais graves feito à tese de Francisco Iglésias, visto que sua pretensão era justamente utilizar uma documentação copiosa e tratá-la com discernimento e método.

Para Nelson Werneck Sodré, a tese de Francisco Iglésias constituía "contribuição informativa apreciável, útil a todos os que se interessam pelo estudo da nossa história econômica".[87] Oilian José destacou que o autor não se deixou levar pelos ciclos então dominantes da economia mineira, abrangendo também as demais atividades produtoras de riqueza na província.[88] Campomizzi Filho acrescentou que o grande mérito do trabalho foi não ter se concentrado no estudo da economia interna de Minas Gerais, mas apresentar o debate do problema administrativo das províncias. O que o resenhista mais valorizou foi o que a tese trouxe de informação da história política. Ele elogiou a estruturação dos capítulos e a linguagem agradável, ao mesmo tempo em que afirmou que a tese de Francisco Iglésias "prestou às nossas letras históricas um admirável serviço".[89]

Mas o lugar de onde estes críticos falavam não era aquele no qual Francisco Iglésias havia buscado posicionar a sua tese. Embora Campomizzi Filho tenha afirmado que o empenho para que a tese de Francisco Iglésias aparecesse em livro foi de-

---

84  IGLÉSIAS, Francisco. Apud. CARVALHO, Daniel de. "A economia da província de Minas Gerais". In: *Ensaios de crítica e de história*. Rio de Janeiro: edição do autor, 1964. p. 70.

85  CARVALHO, Daniel de. "A economia da província de Minas Gerais". In: *Ensaios de crítica e de história*. Rio de Janeiro: edição do autor, 1964. p. 79.

86  *Idem.*

87  SODRÉ, Nelson Werneck. Uma tese. *O Semanário*, n. 162, ano IV, Rio de Janeiro, semana de 6 a 12 de junho de 1959. p. 7.

88  JOSÉ, Oiliam. *Historiografia Mineira*. Belo Horizonte: Itatiaia, 1959. p. 261.

89  CAMPOMIZZI FILHO. Política econômica do governo provincial mineiro. *Folha de Minas*, Belo Horizonte, 23 de abril de 1959, p. 4.

corrente da repercussão que ela conseguiu nos meios acadêmicos brasileiros,[90] o fato é que a historiografia brasileira manteria escassos os trabalhos sobre as particularidades regionais até, pelo menos, meados dos anos 1970, visto que os modelos explicativos da economia colonial como reflexo da dinâmica internacional prevaleceram.

As observações sobre a carência de estudos da província mineira feitas na década de 1950 por ocasião da publicação da tese de Francisco Iglésias se repetiram quase 30 anos depois, quando a historiografia universitária retomou o assunto no contexto da crítica da tese da decadência de Minas Gerais no século XIX.[91] Os estudos que tiveram como objetivo compreender a colônia a partir de suas condições internas renovaram o interesse pelo conhecimento das realidades regionais e, consequentemente, procuraram estabelecer um diálogo com os exíguos trabalhos sobre o tema realizados no passado. A originalidade da tese de Francisco Iglésias – objetivo perseguido em função de sua concepção de trabalho universitário – favoreceu o retorno da historiografia econômica à sua obra.[92]

## História e vida: em diálogo com José Honório Rodrigues

A comunicação epistolar entre Francisco Iglésias e José Honório Rodrigues revela que eles tiveram um contínuo contato intelectual e profissional, principalmente nas

---

90  *Idem.*

91  A tese da decadência de Minas Gerais no século XIX foi defendida por Celso Furtado em 1959. Ela pode ser considerada como herdeira dos estudos de Caio Prado Júnior sobre a economia colonial, interpretada como dependente do mercado internacional e carente de mercado interno. De fato, para ser plenamente compreendida, essa tese deve ser analisada no contexto dos modelos explicativos da economia colonial, pois a hipótese de uma "involução" econômica em Minas Gerais é tributária da perspectiva de que a colônia seria incapaz de promover acúmulo de capital de forma endógena. A crítica da tese da decadência de Minas Gerais apareceu quando se questionou a incapacidade da colônia de reter parte do excedente acumulado.

92  Os trabalhos recentes que recuperaram o diálogo com a tese de Francisco Iglésias foram realizados, sobretudo, por pesquisadores da histórica econômica, dentre os quais destacamos: GODOY, Marcelo Magalhães; BARBOSA, Lidiany Silva. "Uma outra modernização. Transportes em uma província não exportadora – Minas Gerais, 1850-1870". In: *Economia e Sociedade*. Campinas, v. 17, n. 2 (33), agosto de 2008; e FREITAS, Ana Paula Ribeiro. *Diversidade econômica e interesses regionais: as políticas públicas do governo provincial mineiro (1870-1889)*.[Dissertação de Mestrado]. São Paulo, USP, 2009.

décadas de 1950 e 1960. Embora não tenha aceitado, devido às "trabalhosas circunstâncias do momento, com o Curso da Escola Superior de Guerra",[93] José Honório foi convidado para integrar a banca do concurso de livre-docência de Francisco Iglésias. A ele, o autor de "Teoria da História do Brasil" solicitou, em 1956, sugestões para a segunda edição do livro.[94] José Honório também convidou Francisco Iglésias para colaborar em algumas de suas atividades, como na orientação do Departamento de Estudos do Instituto Superior de Estudos Brasileiros e na elaboração da edição brasileira da Enciclopédia Larousse. Eles ainda intermediaram mutuamente a publicação de artigos. José Honório não só acompanhou o que Francisco Iglésias escreveu sobre suas obras nas resenhas, comentando o que gostou e justificando alguma falta por ventura apontada, como o incentivou a se manifestar nas cartas sobre os textos que ele publicava nos jornais de grande circulação.[95] A objetividade das cartas de José Honório não o impediu de demonstrar seu afeto e respeito pelo historiador mineiro, a quem chamava de "Iglésias amigo".

Por ocasião do lançamento de *História e ideologia*, de Francisco Iglésias, José Honório escreveu um comentário do livro no qual apostou no nome do autor para ajudar a superar o conservadorismo político mineiro:

---

[93] Carta de José Honório Rodrigues a Francisco Iglésias em 17 de janeiro de 1956. Instituto Moreira Sales. Coleção Francisco Iglésias.

[94] Carta de José Honório Rodrigues a Francisco Iglésias em 29 de novembro de 1956. Instituto Moreira Sales. Coleção Francisco Iglésias.

[95] Em carta de 2 de julho de 1962, José Honório comenta: "Acabo de ler sua excelente crítica no Estado [em referência a IGLÉSIAS, Francisco. África e Brasil, outro horizonte. *O Estado de S. Paulo*. São Paulo, 30 de junho de 1962]. Gostei muito e como Afrânio Coutinho me tinha pedido uma crítica sobre meu livro para os Cadernos, num número especial dedicado à África, consulto-o sobre a reprodução [a que Francisco Iglésias acedeu, conforme indica a publicação IGLÉSIAS, Francisco. África e Brasil, outro horizonte. Cadernos Brasileiros, 1962] [...] Concordo com sua crítica aos excessos de algumas palavras. Lêda também achou isso, mas eu queria ser veemente. Sobre a miscigenação, acho que embora grande parte se encontre nas estatísticas e em outros livros, creio que a apresentação é original, sobretudo na distribuição percentual estadual. Não elogiei Torres, acentuei seu papel [...] Não sei se você viu meus dois artigos sobre "Uma Política Externa Própria e Independente" publicado nos dias 10 e 17 de junho no Jornal do Brasil. Gostaria de saber sua opinião, pois penso em reunir a outros em livro" (Carta de José Honório a Francisco Iglésias em 2 de julho de 1962. Instituto Moreira Sales. Coleção Francisco Iglésias).

> Espero que o historiador mineiro – primeira geração mineira, filho de imigrantes espanhóis – um renovador, modelo de dignidade, de estudo, de inteligência e de caráter, sirva à nova geração como um exemplo contra aquele conservantismo político que tantos males causou ao Estado de Minas Gerais.[96]

A confiança que José Honório Rodrigues depositava no amigo fez sua esposa, Leda Boechat Rodrigues, consultar Francisco Iglésias sobre a possibilidade de lançar como livro póstumo uma organização de ensaios e artigos escritos por ele.[97] Segundo ela, foi Francisco Iglésias que sugeriu a inclusão na publicação de uma entrevista concedida por José Honório ao professor John D. Wirth para compor a série de grandes historiadores entrevistados pela "The Hispanic American Historical Review".[98] Nesta entrevista, aliás, José Honório chegou a destacar Francisco Iglésias como incentivador de seus estudos de historiografia:

> Quero dizer que fui muito estimulado por um amigo muito íntimo, Francisco Iglésias, uma de nossas melhores mentalidades. Iglésias sempre insiste: 'Zé Honório você *deve acabar* esse livro sobre a historiografia'. E assim trabalhei neste projeto de *História da História* em regime de tempo integral.[99]

O diálogo de Francisco Iglésias com a obra de José Honório Rodrigues também foi traduzido pelas resenhas escritas a cada lançamento editorial do colega e pelos artigos publicados por ocasião de seu aniversário e de sua morte. Ao todo, foram 26 textos sobre o historiador carioca publicados entre 1950 e 1990.[100] Ainda na década de 1970,

---

96   RODRIGUES, José Honório. "Francisco Iglésias: História e ideologia". *Ensaios livres*. São Paulo: Imaginário, 1991. p. 203. Resenha originalmente publicada no "O Estado de São Paulo" em 31 de julho de 1971.

97   RODRIGUES, José Honório. *Ensaios livres*. São Paulo: Imaginário, 1991.

98   RODRIGUES, Lêda Boechat. "Explicação". In: RODRIGUES, José Honório. *Ensaios livres*. São Paulo: Imaginário, 1991. p. XIII.

99   Entrevista de José Honório Rodrigues a John D. Wirth para "The Hispanic American Historical Review". In: RODRIGUES, José Honório. *Ensaios livres*. São Paulo: Imaginário, 1991. p. 273

100  IGLÉSIAS, Francisco. "Teoria da História do Brasil". In: *Kriterion*, jun./1950; IGLÉSIAS, Francisco. "As fontes da história do Brasil na Europa". In: *Kriterion*, dez./1951; IGLÉSIAS, Francisco. "Notícia de varia história". In: *Revista da Faculdade de Ciências Econômicas*, jun./1952; IGLÉSIAS, Francisco. "Um programa de história da América". O Diário. Belo Horizonte, 29 de outubro de 1954; IGLÉSIAS, Francisco. "Brasil, pe-

Raquel Glezer posicionou Francisco Iglésias entre os três principais historiadores que contribuíram para a repercussão da obra de José Honório.[101] Para além dos estudos de história da historiografia – frequentemente apontado como o assunto que mais aproxima os dois historiadores – verificamos que Francisco Iglésias tinha em José Honório uma referência para a sua própria concepção da história enquanto estudo que deveria garantir uma estreita relação entre passado e presente, entre história e vida.

---

ríodo colonial". In: *Kriterion*, jun./1955; IGLÉSIAS, Francisco. "África e Brasil, outro horizonte". O Estado de S. Paulo. São Paulo, 30 de junho de 1962; IGLÉSIAS, Francisco. "África e Brasil, outro horizonte." In: *Kriterion*, dez./1962; IGLÉSIAS, Francisco. "África e Brasil, outro horizonte". In: *Cadernos Brasileiros*, 1962; IGLÉSIAS, Francisco. "Aspirações Nacionais." In: *Tempo Brasileiro*. Rio de Janeiro, ano 2, n. 4-5, jun./set. 1963; IGLÉSIAS, Francisco. "Vida e história". *O Estado de S. Paulo*. São Paulo, 10 de dezembro de 1966; IGLÉSIAS, Francisco. "Vida e história". In: *Revista Brasileira de Estudos Políticos,* jul./1967; IGLÉSIAS, Francisco. "Elogio de José Honório Rodrigues". *Minas Gerais*, Suplemento Literário. Belo Horizonte, 3 de janeiro de 1970; IGLÉSIAS, Francisco. "José Honório Rodrigues – A pesquisa histórica". In: *Revista de História*, jul./1970; IGLÉSIAS, Francisco. "O parlamento e a história do Brasil". *Minas Gerais,* Suplemento Literário. 13 de outubro de 1973; IGLÉSIAS, Francisco. "O parlamento e a história do Brasil". In: *Revista Brasileira de Estudos Políticos*, jul./1974; IGLÉSIAS, Francisco. "O historiador José Honório Rodrigues". *Última Hora*. Rio de Janeiro, 21 de novembro de 1976; IGLÉSIAS, Francisco. "José Honório Rodrigues – Independência: revolução e contra-revolução". In: *Revista Brasileira de Estudos Políticos*, jan./1977; IGLÉSIAS, Francisco. "José Honório Rodrigues – História da História do Brasil". In: *Revista Brasileira de Estudos Políticos*, jul./1980; IGLÉSIAS, Francisco. "Conciliação e reforma". *Estado de Minas*. Belo Horizonte, 18 de julho de 1982; IGLÉSIAS, Francisco. "História combatente". O Estado de S. Paulo. São Paulo, 24 de outubro de 1982; IGLÉSIAS, Francisco. "Novo elogio de José Honório Rodrigues". *Correio das Arte*. João Pessoa, 18 de setembro de 1983; IGLÉSIAS, Francisco. "José Honório Rodrigues e a historiografia brasileira". *O Estado de S. Paulo*. São Paulo, 15 de maio de 1987; IGLÉSIAS, Francisco. "José Honório Rodrigues e a historiografia brasileira". In: *Acervo*, vol. 2, n. 2 dez./1987; IGLÉSIAS, Francisco. "José Honório Rodrigues. Notícia Bibliográfica e Histórica". Campinas, dez./1987; IGLÉSIAS, Francisco. "José Honório Rodrigues e a historiografia brasileira". In: *Estudos Históricos*. Rio de Janeiro, vol. 1, n. 1, 1988; IGLÉSIAS, Francisco. "História combatente". In: *Revista Brasileira de Estudos Políticos*, n. 71, jul./1990; IGLÉSIAS, Francisco. "José Honório Rodrigues e a historiografia brasileira". In: *História & Literatura: ensaios para uma história das ideias no Brasil*. São Paulo: Perspectiva; Belo Horizonte: Cedeplar-FACE-UFMG, 2009.

101 GLEZER, Raquel. *O fazer e o saber na obra de José Honório Rodrigues: um modelo de análise historiográfica* [Tese de Doutorado em História]. São Paulo: USP, 1976.

Desde a década de 1940, segundo Freixo, José Honório defendia que o estudo do passado com o objetivo de compreender melhor o presente era uma das chaves para a renovação dos estudos históricos:

> Uma das principais perspectivas acerca de uma renovação historiográfica defendida por Rodrigues era, além das novas pesquisas, o compromisso com o presente. O novo pesquisador seria alguém capaz de revelar, através de suas investigações documentais inéditas, elementos do passado que, aliados a essa preocupação com as questões sociais, econômicas e políticas do seu presente, poderiam esclarecer problemas da sociedade brasileira e apontar caminhos ou alternativas para sua solução. Essa era a principal distinção entre [a] "nova" historiografia brasileira e os "velhos" estudos históricos, como ele já apresentava em seus textos.[102]

De acordo com o levantamento de Freixo, em 1945 e 1946, Rodrigues abordou o assunto em dois artigos publicados no "O Jornal", do Rio de Janeiro.[103] Em 1965, retornou ao tema numa conferência pronunciada na Faculdade de Filosofia, Ciências e Letras de São Bento, da Pontifícia Universidade Católica de São Paulo, e que foi publicada no livro "Vida e História", de 1966. Falar das relações da história com o presente significava para o autor lidar com as relações da história com a vida e com a ação: a história seria um poder ativo que determina e condiciona o presente, sugerindo meios de ação.[104] A ideia não era nova: desde Marx, a compreensão dos laços e da influência mútua entre o passado e o presente sobrevivia em estilos e éticas diferentes:

> De um lado, perdura a aceitação consciente do passado, a romântica fuga ao passado. No primeiro caso é que o exemplo de Ranke é relevante: os homens que sobrevivem nos seus livros estão mortos, definitivamente mortos; o segundo é uma transfiguração e idealização do passado tão grande, tão influente, que o passado acaba por assassinar o presente. O mundo conservador vive deste ideal, de um culto, de uma reverência sem espírito crítico [...] Há, enfim, uma terceira fase, uma tomada de posição existencial: a história existe na escala do presente, é uma força de transformação. É uma vivência

---

102 FREIXO, Andre de Lemos. *A arquitetura do novo: ciência e história da História do Brasil em José Honório Rodrigues* [Tese de Doutorado em História]. Rio de Janeiro: UFRJ, 2012. p. 167.

103 RODRIGUES, José Honório. "História e atualidade". *O Jornal*. Rio de Janeiro, 27 de maio de 1945; RODRIGUES, José Honório. "A necessidade da metodologia histórica". *O Jornal*. Rio de Janeiro, 8 de dezembro de 1946.

104 RODRIGUES, José Honório. *Vida e História*. Rio de Janeiro: Civilização Brasileira, 1966.

> que serve especificamente para fabricar um destino. A História serve para transformar o mundo.[105]

Ambos, José Honório e Francisco Iglésias, se incluíram nesta terceira fase: eles viram na relação da história com o presente uma relação de codependência responsável por garantir um horizonte de mudança. Em um artigo de 1963, "História e presente", Maria Yedda Linhares também chamou a atenção para a legitimidade social do conhecimento histórico naquele momento em que parte dos brasileiros estava preocupada em conhecer, entender e explicar o Brasil:

> Toda a vida política e intelectual do País gira, hoje, em torno de problemas brasileiras e indaga-se, com impaciência, sobre a maneira de solucioná-los, tendo em vista sua colocação em termos de causalidade histórica. Daí a importância da História nos dias que vivemos e a frequência com que a ela se recorre, tirando-a das prateleiras empoeiradas, a que fora relegada pelos especialistas eruditos, para ser trazida ao proscênio da vida pública.[106]

A intrínseca relação entre a história e o presente com vistas à criação de condições propícias para a promoção de transformações sociais foi por ela percebida como um fenômeno que não era exclusivo do Brasil, pois decorrente da consciência histórica dos povos subdesenvolvidos. Para a autora, "o pensar historicamente resultou da constatação da miséria e do atraso que oprimem metade da população da terra e determinam condições sub-humanas de existência", situação que teria sido gerada pelo desenvolvimento capitalista e pelo imperialismo.[107] Na sua avaliação, os historiadores deveriam acompanhar, através da reformulação dos princípios orientadores da abordagem histórica, a demanda dos brasileiros que, conscientes do processo histórico, passaram a pensar em termos de desenvolvimento, mudança e transformação: "devemos não apenas estudar, mas *pensar* o Brasil, um Brasil dentro do mundo que o gerou, a fim de que a História nos faça inteligíveis a nós mesmos, livrando-nos, a nós, historiadores, da pecha de burocratas do passado".[108] Daí a responsabilidade maior dos intelectuais – historiadores e professores de história aí incluídos – na orientação da vida nacional:

---

105 *Idem.* p. 4-5.

106 LINHARES, Maria Yedda. "História e presente". In: *Tempo Brasileiro*. Rio de Janeiro, ano 2, n. 4-5, jun./set. 1963. p. 63.

107 *Idem.* p. 64.

108 *Idem.* p. 67.

Já podemos dizer: soou a hora da História para o Brasil. É preciso conclamar historiadores e professores. Impõe-se, agora mais do que nunca, uma reflexão sobre o presente, do contrário não será válida a nossa ciência. Urge construir o futuro, transformando o presente, herdeiro do passado.[109]

Na introdução do livro "História e Ideologia", escrita em setembro de 1969, o autor defendeu que a função da história seria oferecer à humanidade "os elementos para que se esclareça sua situação [pois] o historiador, mais que qualquer outro estudioso, pode entender o momento que vive".[110] Daí sua manifestação de enorme admiração não só pela obra, mas pela vida de Marc Bloch, que teria feito da história uma lição de liberdade para si mesmo. No seu entendimento, o historiador francês soube compreender o seu próprio sofrimento em um campo de concentração nazista como um episódio dentro de um quadro social mais amplo, cujo sentido, em longo prazo, era positivo.

A nota otimista foi acompanhada da advertência de que sua reflexão não era ingênua, nem conivente com a passividade, mas antes um "apelo à luta e à superação de barreiras", uma prova de sua "confiança na ação, agente superador das contingências". O estudo da história, da maneira como Francisco Iglésias o compreendia, é que comprovaria esta possibilidade, pois levaria a ideia de que "a adversidade é eventual: ainda que fatores tenham carga de retrocesso, ele [o homem] pode superá-los, impondo-se".[111] Sua ideia estava em sintonia com os apontamentos feitos por Linhares em 1963, para quem a diferença entre progressistas e reacionários estava na abertura otimista do futuro:

> O progressista, aquele que entende as condições históricas, entende-as como passado e como presente, para modificá-las se construir um futuro melhor e mais justo. O reacionário, aquele que parte do passado e só para ele se volta. O primeiro olha para a frente. Não tem compromissos com o passado, é otimista, portanto. O segundo olha para trás. É, via de regra, saudosista, pessimista quanto ao futuro, irritado quanto ao presente.[112]

As conclusões de Francisco Iglésias foram resultado de uma análise histórica baseada em duas categorias fundamentais: a ideia de temporalidade e de processo. A história não deveria ser estudada como o conhecimento do passado pelo passado, de

---

109 *Idem*. p. 71.

110 IGLÉSIAS, Francisco. *História e Ideologia*. São Paulo: Perspectiva, 1971.

111 *Idem*. p. 15.

112 LINHARES, Maria Yedda. "História e presente". In: *Tempo Brasileiro*. Rio de Janeiro, ano 2, n. 4-5, jun./set. 1963. p. 65.

forma estática, mas como "uma dinâmica que é auxílio para entendimento do atual e possibilidades do futuro". Daí suas ressalvas, não obstante tomá-lo como objeto de análise, ao pensamento reacionário, pois este seria "fruto da falta de sentido histórico". O conhecimento da maneira como as perspectivas conservadoras se manifestaram no passado, entretanto, contribuiriam para a compreensão do presente.

Além disso, a escrita ensaística poderia facilitar o cumprimento da própria função da história da maneira como Francisco Iglésias a concebia – como conhecimento capaz de esclarecer a situação presente e orientar a ação –, pois permitiria a expressão mais clara de ideias, atingindo público amplo: "tentaremos, com eles [os ensaios], atingir um público mais vasto que o dos estudantes dos cursos superiores de História, hoje multiplicados no País".[113] O objetivo do autor foi dialogar com o maior número possível de leitores, daí a opção pelo ensaio como forma de contribuir para a decodificação da linguagem acadêmica sem abandonar o rigor científico.

Em 1976, Francisco Iglésias publicou um estudo mais aprofundado que as reflexões pertinentes ao espaço discursivo de uma resenha sobre o pensamento de José Honório Rodrigues no qual endossou sua "história combatente". Seu artigo foi publicado no jornal "Última Hora", do Rio de Janeiro, e causa estranheza que ele nunca tenha sido divulgado por revistas acadêmicas ou mesmo por outros jornais de circulação nacional, como aconteceu com outros textos seus sobre o mesmo historiador. O fato é que neste artigo – "mais reportagem que crítica", segundo o autor – o historiador carioca foi distinguido no quadro da historiografia brasileira pela conjugação do trabalho intenso com a qualidade de sua obra.[114]

O objetivo de Francisco Iglésias foi "fixar em linhas abrangentes o perfil do historiador". Seu retrato foi traçado pela contribuição de José Honório para a organização dos arquivos nacionais e a divulgação de fontes, seu trabalho de pesquisa e de interpretação e seu levantamento de questões sobre a história do Brasil. Dentre as teses mais caras defendidas por José Honório – a denúncia da historiografia oficial, a necessidade do revisionismo, o caráter cruento da história brasileira – Francisco Iglésias destacou o caráter combativo como uma de suas ideias básicas:

> Denunciou sempre o caráter alienante da produção nativa, marcada pelo interesse pelo passado distante e a falta de apego aos tempos modernos, que uma visão equívoca dizia não pertencerem à História: eles ficavam para outros cientistas sociais ou para os estrangeiros [...] José Honório pregou sempre contra esse falso modo de ver,

---

113 IGLÉSIAS, Francisco. *História e Ideologia*. São Paulo: Perspectiva, 1971. p. 12.
114 IGLÉSIAS, Francisco. O historiador José Honório Rodrigues. *Última Hora*. Rio de Janeiro, 21 de novembro de 1976.

exigindo a atenção à atualidade, uma História combatente, engajada nas grandes causas do tempo.[115]

A história combatente de José Honório manifestava todo seu potencial pragmático para garantir a completa emancipação nacional brasileira através da crítica mordaz à incompetência intelectual e administrativa de nossas elites. De acordo com Francisco Iglésias, escrevendo da ideia à prática, José Honório tratou de temas cruciais da realidade brasileira de sua época, como as aspirações nacionais, episódicas ou permanentes, a necessidade de integração do povo na política, o voto do analfabeto, a política externa independente, de forma modelar, "sem qualquer cunho de reportagem jornalística ou de propaganda política, mas no mais severo sentido científico". Na avaliação de Francisco Iglésias, os livros de José Honório Rodrigues "tratam de problemas extremamente vivos e que perturbam o autor, que tenta reconstruir a sua gênese e o faz com êxito, exemplo de história combatente".[116]

Mas as ideias quase sempre polêmicas de José Honório sobre a história brasileira causava indiferença nos meios universitários. Embora tenha sido professor na Faculdade de Ciências Econômicas do Estado da Guanabara, na Universidade Federal Fluminense, na Universidade Federal do Rio de Janeiro e na Universidade de Brasília – além de ter lecionado também no exterior, em Austin e em Columbia – nunca foi titular ou catedrático em nenhuma delas, nem permaneceu por períodos longos. Numa entrevista, Francisco Falcon assegurou que o caráter "franco-atirador" de José Honório o manteve fora da universidade a maior parte de sua vida: "nunca lhe deram a chance de uma cátedra na então Universidade do Brasil ou em outra universidade".[117] Para Francisco Iglésias, a paixão com a qual José Honório lidava com os estudos históricos criou-lhe dificuldades de toda ordem: "gostava de ir a congressos, reuniões, academias, mas indispunha-se facilmente com o próximo, gerando atritos desnecessários, que muito lhe perturbavam a existência".[118] Suas ideias progressistas, manifestadas numa linguagem vigorosa e violenta, pode ter arrefecido a repercussão de sua obra na universidade:

> Seu tom indignado e até irado podia constituir certo encanto nas conferências e debates, conferindo-lhes vivacidade, mas levou a in-

---

115 *Idem.*

116 *Idem.*

117 GONÇALVES, Márcia de Almeida; GONTIJO, Rebeca. "Sobre história, historiografia e historiadores: entrevista com Francisco José Calazans Falcon". In: *História da Historiografia*. Ouro Preto, n. 7, nov./dez. 2011. p. 378.

118 IGLÉSIAS, Francisco. "José Honório Rodrigues e a historiografia brasileira". In: *Estudos Históricos*. Rio de Janeiro, vol. 1, n. 1, 1988. p. 56.

> justiças, frequentes em artigos de jornal de seus últimos anos, quando descambava até para o xingatório [...] O calor da linguagem e o número excessivo de chamadas no texto para suas próprias obras criaram-lhe animosidades e até julgamentos injustos por parte de pessoas menos compreensivas.[119]

O fato é que Francisco Iglésias valorizou e guardou a memória de José Honório não só como autor de uma obra pioneira de estudos de teoria, método e história da historiografia – como vimos em suas resenhas – mas como historiador que compreendeu a história "como coisa viva, atuante, ligada ao país e à época".[120] Daí ele ter lamentado sua ausência da "cadeira principal do curso de História na Faculdade de Filosofia – a de História do Brasil, cujo exercício seria profícuo na fixação de uma linha moderna e renovadora em cursos ainda tão emperrados, como também na formação de pessoal".[121]

Na década de 1990, Francisco Iglésias retomou o viés "combatente" do pensamento de José Honório no comentário que fez do livro lançado oito anos antes.[122] Segundo ele, tão ou mais importante que a pregação teórica de José Honório era a autoria de livros como "Brasil e África" (1961), "Aspirações nacionais" (1963), "Conciliação e reforma no Brasil" (1965), entre outros, nos quais suas posições em seu tempo "fazem dele uma peça significativa no processo social, o que não se dá com aquele que ilusoriamente supõe colocar-se acima do bem e do mal, negando-se a qualquer posicionamento, sem perceber já há aí tomada de atitude".[123] Ele destacou que em sua teorização sobre a História, José Honório sempre insistiu que ela não é campo neutro, ideia que Francisco Iglésias endossou:

> A ilusão da neutralidade científica não encontra mais defensores: sempre que alguém considera a realidade, está tomando posição, consciente ou inconscientemente. É claro que não se prega uma atividade partidária, a definição por um dos lados de modo decidido,

---

119 IGLÉSIAS, Francisco. "José Honório Rodrigues e a historiografia brasileira". In: *Acervo*. Rio de Janeiro, vol. 2, n. 2, jul./dez. 1987. p. 9.

120 *Idem.* p. 8.

121 IGLÉSIAS, Francisco. Novo elogio de José Honório Rodrigues. *Correio das Artes.* João Pessoa, 18 de setembro de 1983. p. 4.

122 IGLÉSIAS, Francisco. História combatente. In: *Revista Brasileira de Estudos Políticos*, n. 71, jul./1990.

123 *Idem.* p. 275.

torcendo-se a verdade para defesa de algum interesse. Ação ou omissão configura determinada atitude, a neutralidade é ilusória.[124]

A concepção de Francisco Iglésias de uma história vinculada ao presente, portanto, não poderia deixar de ser também tributária das reflexões de José Honório. Ele levou para o campo universitário a indignação e combatividade do colega em linguagem menos apaixonada, tendo igualmente denunciado o oficialismo e o culto do convencional presente na produção histórica brasileira e buscado orientar os estudos históricos em sua inerente atualidade, o que pode ser comprovado tanto por sua avaliação geral da área de história nas universidades brasileiras, quanto por sua produção historiográfica propriamente dita, conforme veremos no próximo capítulo.

## Avaliação e perspectivas

Como integrante do Comitê Assessor de Ciências Sociais do Conselho Nacional de Desenvolvimento Científico e Tecnológico (CNPq), Francisco Iglésias elaborou, em 1978, o diagnóstico da situação das pesquisas na área de História nas universidades brasileiras. O documento redigido por ele fez parte do dossiê "Avaliação & Perspectivas",[125] periodicamente produzido pelo CNPq e, em 1979, foi incluído na obra "História das Ciências no Brasil".[126] Depois, em 1982 e 1983, mesmo quando já não fazia parte do Comitê Assessor, ele foi convidado e aceitou elaborar novo documento de avaliação das pesquisas históricas no Brasil. Conforme a apresentação da publicação de 1978, sua preparação era "confiada a pesquisadores brasileiros representativos da comunidade científica do País",[127] o que significava o reconhecimento não só do trabalho de Francisco Iglésias como historiador, mas também de sua capacidade crítica em relação ao desenvolvimento da disciplina. Concomitante a este trabalho, em 1983, Francisco Iglésias avaliou, ainda, a historiografia brasileira de seu tempo face à interdisciplinaridade.[128]

Mas um dos primeiros esforços para promover a avaliação da área de História realizado por Francisco Iglésias foi feito antes, em 1971, numa comunicação apre-

---

124 *idem.*
125 CNPq. "História." In: *Avaliação & perspectivas*. Brasília: CNPq, 1978.
126 IGLÉSIAS, Francisco. "A história no Brasil". In: FERRI, Mário Guimarães; MOTOYAMA, Shozo (coord.). *História das ciências no Brasil*. São Paulo: Edusp, 1979.
127 CNPq. "Apresentação". In: *Avaliação & perspectivas*. Brasília: CNPq, 1978. p. 1.
128 IGLÉSIAS, Francisco. A historiografia brasileira atual e a interdisciplinaridade. In: *Revista Brasileira de História*. São Paulo, vol. 3, n. 5, março de 1983.

sentada à mesa-redonda promovida pelo Núcleo Regional do Paraná da Associação dos Professores Universitários do Brasil (APUH) sobre a "Pesquisa Histórica no Brasil", por ocasião da XXIII Reunião Anual da Sociedade Brasileira para o Progresso da Ciência (SBPC). Seu texto foi publicado na "Revista de História" em edição daquele mesmo ano.[129] Naquele momento, a SBPC passava a abranger também as ciências sociais em seus debates sobre a ciência. A pesquisa histórica foi contemplada naquele evento com o espaço para a discussão dos pesquisadores interessados na construção da chamada "historiografia moderna" no Brasil. O momento era, de fato, propício para as avaliações críticas da historiografia brasileira: os balanços e a constituição evolutiva de uma história da historiografia contribuíam para a autolocalização dos historiadores, cujo lugar privilegiado de produção – a universidade – começava a sentir os efeitos gerais da reforma de 1968 e dos cursos de pós-graduação em história que aumentavam no país a cada dia.

No balanço crítico que Francisco Iglésias fez dos estudos históricos brasileiros em 1971, seu objetivo foi "denunciar a situação de inferioridade em que se encontram os estudos de História no Brasil".[130] Na sua avaliação, persistia aqui, não obstante a consolidação dos cursos superiores de História, uma "historiografia tradicional", caracterizada por ele como sendo superficial, impressionista, essencialmente política, atenta exclusivamente aos grandes vultos e episódios, ignorante em relação às instituições e ao cotidiano. Com esse diagnóstico, ele concluiu que a formação especializada proporcionada pelas universidades brasileiras desde a década de 1930 não tinha sido suficiente para garantir um estudo mais apurado da história.

O *topos* do "atraso" da cultura brasileira compartilhado por mais de uma geração de intelectuais levou a reboque os métodos e as técnicas da pesquisa histórica, considerada inferior em relação a forma como estes estudos eram conduzidos pelos países "desenvolvidos".[131] Se Francisco Iglésias achava equívoco e demasiado abstrato o conceito de "história universal", categoria que, a seu ver, apaga as fisionomias culturais individuais e o entendimento de que seus traços atendem a necessidades

---

129 IGLÉSIAS, Francisco. A pesquisa histórica no Brasil. *Revista de História,* v. 43, 1971.

130 *Idem.* p. 373.

131 NICOLAZZI, Fernando. *Um estilo de história: a viagem, a memória, o ensaio. Sobre Casa-grande & senzala e a representação do passado* [Tese de Doutorado em História]. Porto Alegre: UFRS, 2008; FREIXO, Andre de Lemos. *A arquitetura do novo: ciência e história da História do Brasil em José Honório Rodrigues* [Tese de Doutorado em História]. Rio de Janeiro: UFRJ, 2012.

íntimas e funções impostas por sua natureza específica,[132] considerou o conhecimento histórico no Brasil alheio à própria história na medida em que o percebeu comparativamente aos "centros mais avançados", nos quais visualizava "a superioridade da historiografia desses países".[133]

A propalada precariedade dos estudos históricos brasileiros, segundo Francisco Iglésias, tinha uma explicação: a historiografia universitária estaria contaminada por dois "vícios" – a falta de pesquisa e a falta de interpretação – ainda não superados. Para o autor, o Brasil produzia poucas pesquisas históricas. Disso resultavam trabalhos que eram simples repetição de anteriores e que contribuíam para a perpetuação de graves equívocos. Uma parte da responsabilidade pela ausência de pesquisas estava na desorganização dos arquivos públicos. Para chegar à etapa de leitura do documento, o pesquisador tinha que, antes, empreender uma verdadeira caça ao material, pois não havia catálogos, índices, fichários ou obras de referência que facilitasse o acesso ao documento. Depois, ainda seria preciso limpá-lo e arranjá-lo convenientemente. Qual historiador aceitaria se transformar nesse dublê de arquivista?

Mesmo quando a pesquisa era bem conduzida, o estudioso ainda poderia se deparar com outra dificuldade: a interpretação dos documentos. A capacidade interpretativa do historiador só se revelaria apurada com o conhecimento de alguma ciência social. Elas é que ofereceriam os instrumentos de interpretação adequados. Sem a Sociologia, a Economia, a Política ou a Antropologia, a História não passaria de uma crônica, um relatório, uma "histoire historisante". O problema estaria na dosagem da pesquisa e da interpretação necessárias ao labor histórico: "se há o livro de larga pesquisa e pouca elaboração, que quase sempre constitui obra de interesse, ainda que não seja importante, há os que interpretam demais, sem qualquer pesquisa. É raro se obtenha resultado apreciável nessa linha".[134] O que Francisco Iglésias propôs foi um equilíbrio entre a pesquisa e a interpretação. Contra os livros de farta pesquisa e pouca elaboração teórica ou de aplicação mecânica de algum esquema analítico sem aproveitamento da informação documental, ele reivindicou uma nova "tarefa historiográfica": a pesquisa aliada à interpretação. Para que tal tarefa pudesse ser realizada, entretanto, seria preciso fundar uma "tradição universitária".

De acordo com Francisco Iglésias, o tom amadorístico e o caráter decorativo das pesquisas brasileiras até aquele momento precisavam ser superados pelo rigor aca-

---

132 IGLÉSIAS, Francisco. Um conceito equívoco: a história universal. In: *História e ideologia*. São Paulo: Perspectiva, 1971.

133 IGLÉSIAS, Francisco. A pesquisa histórica no Brasil. *Revista de História*, v. 43, 1971. p. 375.

134 *Idem*. p. 376.

dêmico, científico. A inspiração familiar ou patriótica já não poderia servir de motivo para uma produção historiográfica amadurecida. O conhecimento histórico já contava com uma disciplinarização e não poderia continuar exposto às incursões de meros escritores ou curiosos. Ele atentava para o fato de que a fácil constituição do curso de História, que exige menores recursos de montagem, acabava favorecendo a proliferação de faculdades de qualidade duvidosa. Se elas eram suficientes para formar professores para o curso secundário, não o eram para formar pesquisadores e historiadores,[135] observação que acompanhava um dos motes da reforma universitária realizada poucos anos antes.

Mas se grandes historiadores do Brasil e do mundo nunca passaram pelos bancos acadêmicos, porque seriam necessários novos estabelecimentos naquele momento? Francisco Iglésias afirma que a disciplina precede a escola (assim foi com a Economia ou o Teatro), mas o seu desenvolvimento impõe a necessidade de formação que leva aos estabelecimentos especializados. No caso da História, a técnica historiográfica já se apresentava mais elaborada e complexa, por isso requeria ensino próprio. Isso não significava estabelecer o monopólio da produção de obras de história para quem cursou a faculdade, mas apenas reconhecer o aprimoramento das metodologias de pesquisa que conferiam rigor e objetividade aos estudos históricos.

Entretanto, os currículos dos cursos de História revelavam grande desconhecimento dessas transformações, comprovando o despreparo de que os formulou. Mesmo com a permissão legal de flexibilidade, os currículos de História permaneciam quase iguais ao que eram quando da criação, como se a matéria não tivesse evoluído e seus professores não tivessem melhorado o padrão anterior. Predominava a improvisação e o autodidatismo. Se as faculdades de História não formavam pesquisadores, é porque não estavam estruturadas para esse fim. Elas não passavam de outro tipo de Escola Normal. As melhores publicações de interesse histórico acabavam sendo feitas por pesquisadores formados nos cursos de Ciências Sociais e Ciências Econômicas.[136] Era na pós-graduação que se colocava a possibilidade de formar quem deveria entregar-se à pesquisa e à historiografia.[137]

Por tudo isso, o currículo das Faculdades de História deveria ser revisto e reorganizado apropriadamente: um elenco de matérias básicas obrigatórias de informação sobre as partes essenciais da história, e outro de instrumentos de trabalho historiográfico, com destaque para as disciplinas auxiliares de maior operacionalidade. Deveriam

---

135 *Idem*. p. 376.
136 *Idem*. p. 385.
137 *Idem*. p. 406.

existir, ainda, disciplinas optativas de Economia, Sociologia, Política e Antropologia, para que o aluno tivesse instrumentos interpretativos da realidade social que o permitisse organizar convenientemente e entender seu material de estudo e pesquisa.[138]

Portanto, quando Francisco Iglésias foi convidado para integrar o Comitê Assessor do CNPq e escolhido para ser o redator da avaliação dos cursos de História, já tinha tornado pública sua visão crítica da área e estabelecido algumas estratégias que julgava convenientes para superar os entraves de seu desenvolvimento. Para a elaboração dos relatórios do CNPq foram feitas pesquisas junto às várias instituições que tinham pós-graduação na área ou que desenvolviam pesquisa histórica com certa continuidade, realizadas pelo pessoal técnico do CNPq e por professores convidados. As informações, entretanto, não foram suficientes para fornecer um retrato quantitativo da área, levando Francisco Iglésias a escrever análises gerais da situação dos estudos históricos com muitos pontos em comum com o diagnóstico feito em 1971 na reunião da SBPC, cerca de dez anos antes. Dentre os principais pontos tratados nos relatórios, destacamos a relação da História com as demais ciências sociais, a crítica aos cursos de pós-graduação e as tarefas que foram recomendadas para um futuro imediato.

A ideia de que o historiador deveria conhecer outras ciências sociais para adquirir o instrumental necessário para interpretar os processos históricos acompanhou todo o percurso intelectual de Francisco Iglésias, tendo se manifestado de forma clara na avaliação de 1971. Nos relatórios enviados ao CNPq em 1978, 1982 e 1983, entretanto, bem como no artigo "A historiografia brasileira atual e a interdisciplinaridade", de 1983,[139] a posição da História relativamente a outras áreas das ciências sociais levou a constatações preocupantes. Em 1978, ele chamou atenção para o fato de que o preparo teórico e o instrumental técnico exigido dos pesquisadores dedicados às diversas ciências sociais teriam dificultado a entrada de "amadores" em seus campos de pesquisa, o que não teria ocorrido com a História, mais aberta às aventuras de patriotas, genealogistas e comemoradores. Por outro lado, os melhores estudos de história na universidade estavam sendo feito por profissionais de outras ciências sociais. Mas se a história estava dominando a pesquisa das ciências sociais e colhendo os frutos dos trabalhos que aumentavam em quantidade e qualidade a sua bibliografia, o mesmo não se poderia dizer da influência que as ciências sociais estavam exercendo sobre a história. Em relação à dinâmica da interdisciplinaridade, Francisco Iglésias advertiu que

---

138  Idem. p. 383-384.

139  IGLÉSIAS, Francisco. "A historiografia brasileira atual e a interdisciplinaridade." In: *Revista Brasileira de História*. São Paulo, vol. 3, n. 5, março de 1983.

> alguns perigos podem ocorrer para a História, com a realização de muita obra esquemática, resultado de aplicação de modelos teóricos elaborados por aquelas ciências. [Os historiadores] aplicam mecanicamente esses modelos, buscando na História apenas a comprovação para suas teorias. Abandona-se a pesquisa, em nome de referencial teórico que acaba por comprometer o trabalho historiográfico. O sentido especificamente histórico é posto de lado em nome de teorias e modelos, por vezes brilhantes e de resultado em outras áreas, deixando-se a pesquisa sob a acusação de mero positivismo, empirismo factual.[140]

A preocupação com o "uso indiscriminado" por historiadores de modelos criados nas ciências sociais o levou à preocupação com a especificidade do conhecimento histórico. No relatório de 1982, ele voltou a afirmar que

> a generalização dos modelos dessas ciências sociais deve ser feita com cautela: a afoiteza com que às vezes é praticada leva a mecanicismos e a outras distorções, que não enriquecem a ciência social usada – Economia ou outra – nem a História, representando antes um equívoco que deve ser denunciado, pois pode levar a História à perda de sua especificidade.[141]

De acordo com Francisco Iglésias, o que estava em jogo era o conceito de processo, de desenvolvimento e de mudança – a essência da história – frequentemente solapada para enquadrar a realidade nos esquemas teóricos. A capacidade de captar o essencial de cada época e a sutileza da mudança é que distinguiria os historiadores, mas "pretensos historiadores" estavam se rendendo aos modelos das ciências sociais devido a falta de compreensão da história e do senso de relativismo:

> É gente que não faz pesquisa e tem até desprezo por ela: para que investigar em documentos, se já sabem interpretar o que houve? É paradoxal ver historiadores com menosprezo pela pesquisa, traindo um erro de orientação e encaminhamento profissional. Consideram essa tarefa menor, pedestre, para iniciantes, não para detentores de verdades como eles. Denuncie-se o fato, pois a História é pesquisa e interpretação; não é dogmática, tem em conta as características do tempo [...].[142]

No momento em que Francisco Iglésias avaliou a situação da historiografia universitária, a produção da pós-graduação em História, apesar de recente, já estava consolida-

---

[140] CNPq. História. In: *Avaliação & perspectivas*. Brasília: CNPq, 1978. p. 141.
[141] CNPq. História. In: *Avaliação & perspectivas*. Brasília: CNPq, 1982. p. 380.
[142] CNPq. História. In: *Avaliação & perspectivas*. Brasília: CNPq, 1983. p. 208.

da. Em 1978, foram destacados os cursos da Universidade Federal do Paraná, da Universidade Federal Fluminense, da Universidade de São Paulo e da Universidade Estadual de Campinas. Em 1983, já eram dezesseis cursos em funcionamento. Mas se a situação geral do ensino, no nível médio e superior, podia ser considerada melhor, segundo Francisco Iglésias, era em função dos professores egressos dos cursos de graduação.

O problema, entretanto, era que, apesar dos nítidos avanços, os cursos de graduação ainda não teriam encontrado o caminho certo, fornecendo candidatos "que não são os ideais" para a pós-graduação. Em 1978, Francisco Iglésias relatou que a pós-graduação era uma "moda" e que os alunos estariam menos interessados em seu aperfeiçoamento científico e intelectual do que nas vantagens que a mera referência à pós-graduação em seus currículos poderia oferecer.[143] Em 1983, ele foi mais longe ao afirmar que os alunos da pós-graduação saíam do curso como tinham entrado: "com alguma formação em História, mas às vezes sem saber o que é História".[144] A deficiência não foi atribuída, como se poderia imaginar, à ausência de estudos teóricos ou epistemológicos nos cursos, mas à qualidade dos próprios alunos:

> Muita gente foi estudar História por não desejar ou não poder seguir o curso de Medicina, Direito ou Engenharia. Não havia nenhuma razão para a escolha: igualmente podiam ir para o curso de Sociologia ou outro qualquer. Não se trata, pois, de bom candidato [...] Há alunos que entram nas faculdades apenas para continuar como alunos: fizeram um curso sem motivação, não têm o que fazer com o diploma, de modo que o melhor é continuar sendo alunos; têm *status* acadêmico, carteira de cinema ou podem fazer política, atividade em que muitos se comprazem.[145]

Ao atribuir aos alunos a responsabilidade pela deficiência dos cursos, supondo, ainda, que haveria um único conceito de História a ser apreendido, Francisco Iglésias lançou dúvidas sobre a objetividade de sua avaliação. Ainda que os documentos enviados ao CNPq tenham proposto estratégias para superar a pouca qualidade dos cursos de graduação e pós-graduação na área, tais como a elevação dos salários dos professores, a ampliação das oportunidades de pesquisa, a assistência do Estado aos arquivos e às bibliotecas e a existência de bolsas de pesquisa, aquele descrédito atribuído ao corpo discente, se aceito, dificilmente poderia ser superado por qualquer das ações sugeridas.

---

143  CNPq. História. In: *Avaliação & perspectivas*. Brasília: CNPq, 1978.
144  *Idem.* p. 202.
145  *Idem.* p. 203.

O tom pessimista da avaliação foi reconhecido numa carta que Francisco Iglésias enviou a Alice Canabrava solicitando a leitura do relatório de 1982 e o envio de sugestões antes que o documento fosse discutido pelo Comitê Assessor do CNPq:

> Reconheço um tom muito pessimista, que vou corrigir na revisão. No fundo, porém, bem no fundo, é o que penso, mas acho que não deve ser dito e menos ainda escrito, pois pode prejudicar a área de Historia nas altas esferas administrativas. Nada de baixo astral – como dizem nossos alunos.[146]

O "baixo astral" relativamente a área não só foi mantido no relatório como, em 1983, se estendeu ao próprio empreendimento de avaliação promovido pelo CNPq. Para Francisco Iglésias, o documento não teve eficácia, pois as faltas apontadas no primeiro relatório, de 1978, teriam sido repetidas no segundo, de 1982, e poderiam ser novamente mencionadas. De acordo com o autor, a precária distribuição do trabalho, "feito, ao que parece, para ser guardado na gaveta", impediu que a comunidade de historiadores pudesse conhecer as deficiências apontadas e contribuir para a melhoria do quadro da pesquisa histórica no Brasil.[147]

Dentre os obstáculos para o desenvolvimento de pesquisas, Francisco Iglésias voltou a apontar a falta de organização dos arquivos e de elaboração de obras de referência para facilitar a pesquisa, além de chamar a atenção para a ausência de formação de pessoal técnico para trabalhar nos arquivos e de assuntos relacionados a eles nas disciplinas dos cursos de História; a insuficiência da carga horária de Metodologia; a ausência de valorização do trabalho de pesquisa e da carreira de pesquisador em história; a ausência de divulgação do que tem sido produzido na área; a falta de um Banco de Dados para recolher o que foi feito e facilitar o uso do material por outros pesquisadores; os longos períodos de proibição ao conhecimento de certos documentos; a existência de censuras, imposições e medidas contra professores e pesquisadores.[148]

O que estas avaliações e perspectivas da área de história mostram é que o aumento e a diversificação da produção histórica não só impôs novo ritmo ao estudo do passado, como suas articulações com a realidade social mais ampla estabeleceu algumas questões que tornaram obrigatória a reflexão crítica sobre o próprio ofício. Escrevendo no calor daquele ambiente intelectual marcado pela revisão crítica da situação dos

---

146 Carta de Francisco Iglésias a Alice Canabrava em 4 de março de 1982. Instituto de Estudos Brasileiros (IEB/USP). Coleção Alice Canabrava.

147 CNPq. História. In: *Avaliação & Perspectivas*. Brasília: CNPq, 1983. p. 193.

148 CNPq. História. In: *Avaliação & Perspectivas*. Brasília: CNPq, 1982; CNPq. História. In: *Avaliação & Perspectivas*. Brasília: CNPq, 1983.

estudos históricos, Carlos Guilherme Mota o marcou como "momento de impasse", relacionando-o a uma crise institucional alimentada pelo papel das faculdades de Filosofia no desenvolvimento dos estudos históricos, pela necessidade de maior cooperação interdisciplinar, pela falta de organização dos arquivos, pela repercussão da produção dos brazilianistas, pela "americanização" da universidade com a emergência do sistema departamental e agravada pelas aposentadorias compulsórias patrocinadas pela Ditadura Militar.[149] Para Heloísa Fernandes, no entanto, a explicação para aquele "momento de impasse" deveria considerar, sobretudo, a conjuntura teórica e política – que constituiria um "núcleo" – responsável por fazer a mediação do historiador com seu objeto de estudo. Na avaliação da autora, estaria ocorrendo uma "autonomização", por "corte cirúrgico", dos dois níveis daquele núcleo, problema que teria levado a afirmação de duas posições conflitantes: uma para a qual o desenvolvimento das ciências humanas só seria possível com o seu desvinculamento progressivo da filosofia, da política, da ideologia etc., e outra mais próxima do "humanismo liberal", cujo objetivo seria colocar a ciência a serviço da vida, e não o contrário.[150]

A forma como Mota e Fernandes traduziram as questões daquele contexto intelectual, colocando a si mesmos, enquanto cientistas sociais, como sujeito e objeto de reflexão, além de apontar para as discussões sobre a produção do conhecimento histórico que vinham sendo levantadas desde, pelo menos, a década de 1930, nos ajudou a significar a maneira como Francisco Iglésias posicionou a sua própria historiografia naquele contexto, conforme veremos no próximo capítulo.

---

149 MOTA, Carlos Guilherme. "A historiografia brasileira nos últimos quarenta anos: tentativa de avaliação crítica". In: *Debate & Crítica*. São Paulo, n. 5, março de 1975.

150 FERNANDES, Heloísa Rodrigues. "O intelectual, um personagem histórico". In: *Debate & Crítica*. São Paulo, n. 5, março de 1975. p. 135-137.

# 4

# Fazer ciência, fazer história

A consolidação da atuação dos cientistas sociais na universidade brasileira favoreceu o início de uma mudança na maneira como os intelectuais lidaram com as relações entre o saber e a política e, consequentemente, com seu próprio papel na sociedade. De acordo com Glaucia Villas Bôas, a partir da segunda metade dos anos 1950, o grande desafio dos intelectuais ligados à universidade foi estabelecer uma correspondência entre "fazer ciência" e "fazer história". Entre o cientista e o cidadão, a função do intelectual na sociedade foi ajustada pelos debates que ocuparam as faculdades de filosofia e os centros de pesquisa e que buscaram estabelecer o grau de autonomia do conhecimento científico em relação aos projetos históricos e políticos de caráter universal e nacional. A produção de conhecimento estava intimamente atrelada ao papel dos cientistas na promoção de mudanças sociais, mas as relações entre a atividade científica e a atividade político-pragmática foi objeto de intensas controvérsias.[1]

Para o caso francês, Gisèle Sapiro afirmou que a introdução dos procedimentos de pesquisa, de métodos quantitativos e de modelos teóricos nas ciências sociais

---

1 VILLAS BÔAS, Glaucia. "Fazer ciência, fazer história (Guerreiro Ramos, Florestan Fernandes e Costa Pinto)". In: *Mudança provocada: passado e futuro no pensamento sociológico brasileiro*. Rio de Janeiro: FGV, 2006.

foi um meio de despolitizá-las.² No caso específico da história na Alemanha, Rüsen também atentou para o fato de que a crescente profissionalização dos historiadores os afastou dos problemas da vida prática, o que resultou na perda da função orientadora da historiografia dentro da estrutura do tempo.³ Para o contexto que analisamos aqui, entretanto, cabe a observação feita por Foucault de que com a especialização, a universidade e o ensino se tornaram ultra-sensíveis politicamente devido à multiplicação e ao reforço de seus efeitos de poder.⁴ Se a institucionalização da produção do histórico pelas universidades e sua consequente reorganização disciplinar justificava as demandas pela profissionalização do historiador, a especialização adquirida aumentou seu poder para controlar a política de verdade do conhecimento sobre o passado e, consequentemente, o funcionamento da própria sociedade. Daí que, como sugeriu o mesmo autor, os problemas políticos dos intelectuais deveriam ser tratados em termos de verdade/poder, e não verdade/ideologia.⁵

Como estas transformações da relação entre o conhecimento científico e os projetos históricos e políticos interferiram na produção historiográfica de Francisco Iglésias a partir dos anos 1960 até a década de 1990, quando percebemos mais nitidamente na realidade brasileira aquilo que Bauman chamou de "a desagregação social dos intelectuais"⁶ é o que procuramos investigar. Propomos nesse capítulo a análise da historiografia de Francisco Iglésias tendo em vista a diversidade do contexto intelectual das décadas de 1960 e 1980 para questionar a relação da sua produção no período com a convicção do valor desse conhecimento para a realização de transformações sociais no presente. O que nossa análise da historiografia de Francisco Iglésias sugere é que seus combates acadêmicos em favor da reorganização disciplinar da produção histórica universitária não significou o afastamento da função orientadora da história. Ao contrário, entre a ciência e a consciência histórica que informa a ação foi estabelecida uma relação de codependência, conforme veremos na análise das fontes privilegiadas neste capítulo: artigos diversos publicados entre as décadas de 1960 e 1980; o

---

2   SAPIRO, Gisèle. "Modelos de intervenção política dos intelectuais: o caso francês." In: *Revista Pós Ciências Sociais*, vol. 9, n. 17, jan./jun. 2012. p. 22.

3   RÜSEN, Jörn. "Didática da história: passado, presente e perspectivas a partir do caso alemão". In: SCHMIDT, Maria Auxiliadora; BARCA, Isabel; MARTINS, Estevão de Rezende. *Jörn Rüsen e o ensino de história*. Curitiba: UFPR, 2011. p. 24.

4   FOUCAULT, Michel. "Verdade e poder". In: *Microfísica do poder*. Rio de Janeiro: Graal, 1979. p. 10.

5   *Idem*.

6   BAUMAN, Zygmunt. *A vida fragmentada: ensaios sobre a moral pós-moderna*. Lisboa: Olhos D'Água, 2007.

livro "História e ideologia", publicado em 1971; o capítulo "Momentos democráticos da trajetória brasileira", de 1985; e o livro "Historiadores do Brasil", escrito na década de 1980, parcialmente revisado nos anos 1990 e publicado postumamente, em 2000.

## Entre o intelectual universal e o específico

Até a década de 1940, quando Francisco Iglésias adquiriu sua formação no curso de História e Geografia da FAFI e participou dos círculos intelectuais formados pelos mais destacados escritores mineiros, o intelectual dito "de esquerda" ainda tinha seu discurso autorizado pela escolha moral, teórica e política que o colocava como representante do universal: "o intelectual seria a figura clara e individual de uma universalidade da qual o proletariado seria a forma obscura e coletiva".[7] Mas o quadro intelectual brasileiro da segunda metade do século XX estava traduzindo o desgaste da figura deste "intelectual universal" (também chamado de "intelectual público" ou "intelectual escritor").

Em 1977, por exemplo, uma enquete realizada pelo "Jornal do Brasil" reuniu 32 intelectuais com o objetivo de "julgar o poder da inteligência": coube àquelas personalidades esclarecer "que papel foi reservado à imaginação criadora dos homens de inteligência no processo de formação do Brasil que aí está". A ideia básica do trabalho, conforme explicação do próprio jornal, "era provocar a inteligência brasileira de hoje, para que ela detectasse os possíveis erros do processo brasileiro e os pontos onde os homens de pensamento falharam – pelo menos por omissão".[8] Os problemas colocados pelo jornal revelavam as desilusões da opinião pública diante das representações do intelectual, pois se a situação vivida naqueles tempos era produto de algo pensado por eles, a conclusão era que eles teriam levado a sociedade brasileira como um todo ao fracasso.

Para verificar qual a parcela de "culpa" que caberia aos homens de pensamento, aos indivíduos que compunham o que eles chamaram de "elite cultural" do país, a enquete foi dirigida a um seleto grupo de escritores, sociólogos, juristas, poetas e historiadores comumente identificados com aquele "intelectual universal". Francisco Iglésias foi incluído nesse grupo, ao lado de Gilberto Freyre, Sérgio Buarque de Holanda, Raimundo Faoro, Hélio Pellegrino, Hélio Silva, Dalmo Dallari, Antônio Houaiss, Décio Pignatari, Dias Gomes, Eugênio Gudin, Wilson Martins, Walter Clark, Celso Lafer, Mário Schemberg, Paulo Sérgio Pinheiro, Alceu Amoroso Lima, Ariano Suassuna, José Américo de Almeida, Aliomar Baleeiro, Roberto Campos, Miguel Reale e

---

7   FOUCAULT, Michel. "Verdade e poder". In: *Microfísica do poder*. Rio de Janeiro: Graal, 1979. p. 9.

8   JORNAL DO BRASIL. O poder da inteligência. *Jornal do Brasil*. Caderno B. Rio de Janeiro, 2 de maio de 1977. p. 1.

Millôr Fernandes. Carlos Lacerda, Gustavo Corção, Antônio Cândido, Bilac Pinto, Lúcio Costa, Ferreira Gullar, Jorge Amado, Nise da Silveira e Joaquim Cardoso também foram convidados, mas não responderam a interpelação.

O único critério apontado pelo jornal para justificar a escolha desses nomes foi que, através de suas obras e de suas atividades no campo cultural, eles teriam exercido influência sobre uma parcela da opinião pública brasileira. É preciso considerar, entretanto, a precariedade da medição do "peso" dessa influência. Parece que a balança adotada foi o próprio "Jornal do Brasil", pois muitas daquelas personalidades eram seus colaboradores fixos. O próprio Francisco Iglésias, no primeiro semestre daquele ano, manteve ali uma coluna quinzenal sobre história e política. As questões formuladas pelo jornal foram as seguintes:

> De que forma suas ideias contribuíram para o Brasil de hoje? Até que ponto suas ideias coincidem com o Brasil concreto dos nossos dias? Considera que há algo de errado ou frustrado neste país? Em caso de resposta positiva, em que medida as elites culturais – e o senhor em particular – foram incapazes de evitar tal fracasso?[9]

As perguntas lançadas revelam certa desconfiança em relação a capacidade dos escritores de cumprir o papel que era atribuído ao "intelectual universal". O resultado da enquete como um todo, publicada ao longo de quatro dias, é um documento importante para compreendermos a maneira como os intelectuais perceberam a sua função social e como eles se autorrepresentaram naquele contexto em que a censura impunha grandes limitações à criação intelectual dentro e fora da universidade. O depoimento de Francisco Iglésias, especialmente, é revelador de sua preocupação com os rumos da vida intelectual em plena ditadura. Mas a crença otimista na contribuição que os intelectuais poderiam dar à sociedade, tão marcante em suas reflexões da década de 1940, foi abalada naquele novo contexto.

Em primeiro lugar, Francisco Iglésias questionou sua participação naquele inquérito, pois considerou que "como simples professor de história", ele não realizava atividade "capaz de exercer influência", a não ser para uma área muito específica:

> Do pouco que escrevi, não me parece que tenha desenvolvido ideia que pudesse exercer influência, pelo seu impacto, pois a abordagem sempre foi de molde a despertar quando muito o interesse da área restrita: caso da crítica à produção historiográfica, em que talvez te-

---

[9] *Idem.*

nha insistido em posições novas, embora não me considere criador de nenhuma delas. Apenas divulguei-as.[10]

De fato, emergia naquele momento a figura do "intelectual específico" formado pelas universidades, cuja significação política foi bastante alterada. Foucault explica que

> do momento em que a politização se realiza a partir da atividade específica de cada um, o limiar da escritura como marca sacralizante do intelectual desaparece, e então podem se produzir ligações transversais de saber para saber, de um ponto de politização para um outro. Assim, os magistrados e os psiquiatras, os médicos e os assistentes sociais, os trabalhadores de laboratório e os sociólogos podem, em seu próprio lugar e por meio de intercâmbios e de articulações, participar de uma politização global dos intelectuais. Este processo explica por que, se o escritor tende a desaparecer como figura de proa, o professor e a universidade aparecem, talvez não como elementos principais, mas como "permutadores", pontos de cruzamento privilegiados.[11]

Por outro lado, como historiador, Francisco Iglésias procurou se afirmar como sujeito detentor de um conhecimento específico de implicação universal, na medida em acreditava que sua representação da verdade e da justiça não era uma escolha individual, mas um desdobramento do conhecimento histórico científico que ele detinha. Desse modo, a sua "missão", bem como de todo historiador com formação universitária (apenas esse lugar institucional poderia credenciar a produção histórica como científica), deveria ser representar e defender a causa do povo, e não dos poderosos:

> Não confundo o Brasil com seus eventuais dominadores. A situação passa e o país fica. O permanente é a Nação, é o seu povo sofrido e castigado, mas que não se abate pelo autoritarismo e amanhã pode ressurgir, por sua ação ou dos fatais desencontros entre os detentores do Poder. O povo é o grupo maior, a verdadeira nacionalidade, com seus interesses como aspiração e seus sofrimentos como realidade.[12]

---

10  IGLÉSIAS, Francisco. O intelectual não reflete as exigências nacionais. *Jornal do Brasil*. Caderno B. Rio de Janeiro, 5 de maio de 1977. p. 4.

11  FOUCAULT, Michel. "Verdade e poder". In: *Microfísica do poder*. Rio de Janeiro: Graal, 1979. p. 10.

12  IGLÉSIAS, Francisco. O intelectual não reflete as exigências nacionais. *Jornal do Brasil*. Caderno B. Rio de Janeiro, 5 de maio de 1977. p. 4.

De acordo com Daniel Pécaut, desde meados dos anos 1950, não obstante a variedade das posições dos intelectuais, ninguém duvidava da existência de uma nação brasileira e não era preciso apelar para o Estado para forjar a sociedade. O advento do "povo" como sujeito político, sobretudo em suas manifestações em favor da soberania nacional, contribuiu para seu reconhecimento pelos intelectuais como encarnação concreta da nação.[13] Francisco Iglésias buscou fundamentar este ponto de vista com o conhecimento histórico. Naquele inquérito, ele recorreu a uma expressão de Capistrano de Abreu que, pelo menos desde a década de 1950,[14] era uma referência obrigatória para os historiadores "profissionais". Como ele, Francisco Iglésias afirmou que estava "antes com o povo 'sangrado e ressangrado' como dizia Capistrano de Abreu, que com o grupo dirigente".[15] A expressão tomada do historiador cearense para se referir ao povo brasileiro, aliás, foi apropriada por José Honório Rodrigues em quase todos os seus livros e usada de forma recorrente em sua própria argumentação histórica.[16]

Mas, como lembrou Le Goff, "o conceito de povo assim como o de popular foram feitos para serem fluidos": eles são historicamente construídos por sujeitos – os intelectuais – que se autoafirmam pertencentes a uma categoria social distinta.[17] Visto que "'povo' não designa um grupo dado, mas um ato de instituição que cria um novo ator a partir de uma pluralidade de elementos heterogêneos", é incontornável concebê-lo como resultado de uma demanda sociopolítica, como uma categoria política.[18] Por outro lado, os esforços para assegurar a legitimidade científica desta categoria não podem ser desprezados. Para Francisco Iglésias, do "povo" fazia parte o amplo grupo de agen-

---

13   PÉCAUT, Daniel. *Os intelectuais e a política no Brasil: entre o povo e a nação*. São Paulo: Ática, 1990.

14   Rebeca Gontijo identificou em um artigo de Sérgio Buarque de Holanda publicado no "Correio da Manhã" em 15 de junho de 1951 – "O pensamento histórico no Brasil durante os últimos cinquenta anos (1900-1950)" – uma das primeiras referências a Capistrano de Abreu como impulsionador de mudanças no âmbito dos estudos históricos (GONTIJO, Rebeca. *Tal história, qual memória? Capistrano de Abreu na história da historiografia brasileira*. Projeto História. São Paulo, n. 41, dezembro de 2010).

15   IGLÉSIAS, Francisco. O intelectual não reflete as exigências nacionais. *Jornal do Brasil*. Caderno B. Rio de Janeiro, 5 de maio de 1977. p. 4.

16   GUIMARÃES, Géssica Goes. "José Honório Rodrigues: por uma história combatente". In: *ANPUH. Anais do XXIII Simpósio Nacional de História*. Londrina, 2005.

17   LE GOFF, Jacques. Prefácio. In: BOLLÈME, Geneviève. *O povo por escrito*. Rio de Janeiro: Martins Fontes, 1988. p. XI.

18   LACLAU, Ernesto. O retorno do "povo": razão populista, antagonismo e identidades coletivas. Política & Trabalho. In: *Revista de Ciências Sociais*, n. 23, outubro de 2005. p. 10.

tes que não detinham poder político ou econômico para influenciar, de forma pacífica, a ação do Estado e sua existência concreta poderia ser historicamente comprovada. Daí certa impertinência da chave de leitura que colocou em lados opostos ciência e ideologia ou, como caracterizou Norma Côrtes, sobrepôs à ideologia a neutralidade científica (razão como ciência em oposição à razão como consciência).[19]

Se o engajamento dos cientistas sociais em projetos históricos e políticos já não representava um consenso, ou seja, se da teoria à prática o caminho se tornava cada vez mais complexo e tortuoso, isto não significou que eles estivessem alheios a estas questões. Ao contrário, no momento da reorganização da estrutura universitária – traduzida pela reforma de 1968 – cientistas sociais e historiadores aprofundaram a fundamentação de suas identidades profissionais na distinção entre a "antiga" e a "nova" elite intelectual de formação científica a partir da legitimação dos intelectuais-cientistas como agentes mais capacitados para orientar as mudanças sociais.[20] Conforme apontou Côrtes, entre as décadas de 1960 e 1970, ocorreu uma alteração significativa dos padrões cognitivos dos intelectuais a partir da emergência de uma geração de pensadores sociais ligados à universidade que se opôs aos princípios historicistas e singularizadores que explicavam a formação nacional. O ISEB foi o lugar institucional privilegiado dos intelectuais nacionalistas inspirados por esses princípios. Para a autora, a emergência de outro modelo interpretativo, identificado com o estruturalismo, foi fixado pela tradição sociológica paulista, cujos representantes,

> talentosos e promissores, quando passaram a ocupar os cargos que antes tinham sido preenchidos pelos antigos catedráticos e os substituíram no interior da estrutura universitária, também negaram validade teórica e propriedade política ao paradigma nacional-desenvolvimentista elaborado nos anos 1950. E nesse gesto redefiniram (ou reinventaram) um novo papel para a intelligentsia no Brasil, ao mesmo tempo em que assumiam um perfil profissional diverso daquele que caracterizou a geração contra a qual se opuseram.[21]

---

19 CÔRTES, Norma. Debates historiográficos brasileiros: a querela contra o historicismo. In: MOLLO, Helena Miranda [et all] (orgs.). *A dinâmica do historicismo: revisitando a historiografia* moderna. Belo Horizonte: Argvmentvm, 2008.

20 VILLAS BÔAS, Glaucia. Fazer ciência, fazer história (Guerreiro Ramos, Florestan Fernandes e Costa Pinto). In: *Mudança provocada: passado e futuro no pensamento sociológico brasileiro.* Rio de Janeiro: FGV, 2006.

21 CÔRTES, Norma. *Esperança e democracia: as ideias de Álvaro Vieira Pinto.* Belo Horizonte: UFMG; Rio de Janeiro: IUPERJ, 2003. p. 31.

De acordo com Côrtes, a tradição sociológica paulista foi a responsável pela fixação do paradigma interpretativo que alcançou uma impressionante penetração social, comprovada pelas indicações bibliográficas adotadas pelas diversas disciplinas universitárias e que aparecem listadas como obras de referência em monografias ou teses de mestrado. O êxito social desses autores seria ainda mais notável na medida em que, segundo ela, a interpretação que formularam sobre a experiência histórica brasileira teria se tornado uma espécie de narrativa oficial, visto que atingiu um público incomparavelmente maior do que toda a comunidade universitária reunida devido à incorporação dessas interpretações nos livros didáticos de história do Brasil. O sucesso do paradigma estruturalista que orientou essas interpretações seria indicativo da "amarga fortuna crítica do historicismo e dos ideias nacionalistas":[22]

> Formulado pelos teóricos da teoria da dependência e consolidado na crítica à razão dualista – crítica contrária à racionalidade dual típica dos intelectuais nacionalistas da década de 1950, cuja visão de mundo em consonância com os ideais do pós-guerra sustentava a conjunção do binômio democracia & crescimento econômico –, o principal traço dessa canônica interpretativa reside no cosmopolitismo com que avaliou nossa experiência civilizacional. Segundo seus termos, é pela inclusão na ordem capitalista que se deve compreender e explicar a formação da sociedade brasileira. Inspirado num estruturalismo difuso, mas agressivo, este paradigma não apenas contrariou a perspectiva historicista (a que chamam de romântica ou pré-científica), como também rejeitou qualquer possibilidade de ação política inspirada nos ideais nacionalistas.[23]

A autora ainda lembrou que, ao contrário do que os próprios cientistas sociais afirmavam, essa alteração teórica não significou uma "evolução" ou um "aprimoramento" do conhecimento da realidade histórica e social que teria sido orientada pela ultrapassagem da "ideologia" pela "ciência". Entre os jovens cientistas sociais e historiadores da universidade e os intelectuais da chamada "geração de 1950" (representados, sobretudo, pelos membros do ISEB) haveria, segundo Côrtes, duas visões antagônicas de Brasil pautadas por repertórios conceituais e paradigmáticos inconciliáveis: o primeiro, estruturalista, e o outro, historicista.[24] Embora o esquema possa ser aplica-

---

22  *Idem*. p. 31-32.
23  *Idem*. p. 28-29.
24  CÔRTES, Norma. Debates historiográficos brasileiros: a querela contra o historicismo. In: MOLLO, Helena Miranda et alli (orgs.). *A dinâmica do historicismo: revisitando a historiografia moderna*. Belo Horizonte: Argvmentvm, 2008.

do aos grupos específicos analisados por Côrtes – de um lado Florestan Fernandes, Fernando Henrique Cardoso e Fernando Novais; de outro, João Cruz Costa, Nelson Werneck Sodré e Álvaro Vieira Pinto – sua generalização ofusca realidades distintas vividas fora do eixo intelectual Rio-São Paulo. As obras e o percurso intelectual de Francisco Iglésias podem dar um exemplo de que entre os jovens intelectuais acadêmicos e os representantes da intelectualidade nacionalista não houve apenas oposição, mas tentativa de diálogo e conciliação.

Enquanto docente vinculado à universidade desde a década de 1950, Francisco Iglésias rechaçou tanto a fundamentação de sua razão cognitiva no engajamento político, quanto na neutralidade científica que supostamente promove um conhecimento mais verdadeiro da realidade. Em 1977, por exemplo, ele denunciou como um equívoco da historiografia a transposição daquelas "sínteses interpretativas" das ciências sociais para os estudos históricos sob a alegação de que a aplicação mecânica de modelos abstratos quase sempre representava uma violação da realidade:

> Deve-se denunciar, em muito da moderna historiografia, sobretudo na dos mais jovens e afoitos – e pensamos principalmente em nosso país, que recebe com alvoroço as novidades, transformando a última palavra da Europa ou dos Estados Unidos em artigo de fé – uma genuflexão ante outras ciências sociais, que passam a usar sem a necessária cautela. Se seus antecessores as desconheciam, em grave falta, eles a conhecem e adotam, mas esquecem da História, apresentando em seu nome fórmulas bem arquitetadas, contudo frequentemente vazias. Conquistam um público, têm repercussão, mas não fazem trabalho duradouro, pois o crítico amanhã apontará o erro e o edifício imponente vai ruir sem nada deixar.[25]

A história, segundo o autor, tinha obrigação de tirar proveito da interdisciplinaridade, mas a contribuição das outras ciências sociais não poderia ser compensada com a transformação da história em sua "escrava". Francisco Iglésias comparou os *nouveaux riches* da ciência – no caso, da história – com aqueles que tentam se impor na sociedade pela imitação de atitudes e comportamentos que não lhes são familiares: ambos teriam os mesmos aspectos frágeis e censuráveis. Para ele,

> [...] essa produção historiográfica, que chama a atenção para o fato de que usa métodos novos, "faz ciência", pretende ter chegado a ponto que não se conhecia. Entende-se o alarde, pois sem ele ninguém perceberia tais autores. Percebendo-os, os ingênuos os exaltam, mas

---

25 IGLÉSIAS, Francisco. Um equívoco da historiografia atual. *Jornal do Brasil*. Rio de Janeiro, 13 de março de 1977. p. 11.

o trabalho não é sério e não resiste à crítica. Se o erro é diverso do cometido pelos antigos beletristas, o resultado é o mesmo, ou seja, um esforço vazio e que não produz nada, não dá qualquer contribuição. Engano por engano, antes o dos que reduziam a História à pesquisa e ao factual. Pelo menos revelavam documentos, para que outros os aproveitassem devidamente.[26]

O problema também apareceu nas cartas remetidas a Alice Canabrava. Ao comentar a historiografia brasileira da época, afirmou que "na verdade, o que se tem visto é o chute, o saque barato. A produção historiográfica, em nome da ciência social abandona a História e não chega a lugar nenhum".[27] Ele também lembrou que já tinha escrito algumas vezes sobre a necessidade da interdisciplinaridade, mas que

> hoje já acho que a história precisa encontrar sua especificidade, pois esses cientistas, na maioria (é claro que não penso em um Celso Furtado, autor extraordinário), não tem nenhuma sensibilidade histórica, não tem o sentido da mudança. Falam tanto em dialética e são os menos dotados para ela que existem.[28]

O confronto entre estas duas gerações de pensadores se deu concomitantemente a uma série de transformações históricas, ocorridas entre os anos 1950 e 1970, que não poderiam deixar de afetar a vida universitária. Ainda na explicação de Côrtes,

> a Universidade se tornara o principal centro aglutinador da vida intelectual, viu inflar suas estruturas de ensino e de pesquisa, além de passar por um inédito processo de massificação com o crescente ingresso de jovens desvinculados das elites ou dos estratos mais tradicionais da sociedade. Esses mesmos jovens, por outro lado, protagonistas dessa explosão estudantil, acreditavam possuir virtudes inerentes à sua idade e, embalados pelo som de versos "não confio em ninguém com mais de 30 anos...", desvalorizavam a experiência e a vivência das gerações passadas. E, finalmente, para culminar, quando ingressaram na vida profissional se tornaram ainda mais contestadores, pois se defrontaram com um governo ditatorial – o que só servia para confirmar suas certezas acerca da

---

26   *Idem.*

27   Carta de Francisco Iglésias a Alice Canabrava em 4 de novembro de 1977. Instituto de Estudos Brasileiros (IEB/USP). Coleção Alice Canabrava.

28   Carta de Francisco Iglésias a Alice Canabrava em 6 de novembro de 1981. Instituto de Estudos Brasileiros (IEB/USP). Coleção Alice Canabrava.

urgência de se reinventar o mundo sob novos padrões de inteligência, vida e conduta.[29]

O momento parece ter sido vivido de forma um tanto dolorosa por Francisco Iglésias. Enquanto vários colegas seus sofriam perseguições ou tinham sido aposentados compulsoriamente pela Ditadura Militar – ações repressivas consideradas provas maiores de resistência à ordem do regime – ele permaneceu no país e sofreu com a desconfiança dos alunos mais engajados, conforme revela sua carta a Otto Lara Resende em outubro de 1969:

> É desagradável ser aposentado, e mais ainda é não o ser, que se fica suspeito aos olhos dos alunos, visto como conivente, ou uma nulidade, um zero. Apesar da falta de critério dessas medidas, que aposentam professores que são finas expressões do reacionarismo – quem conhece o quadro mineiro só pode achar que a relação até agoraaparecida aqui é um ato de peça de teatro absurdo, à maneira de Beckett ou Ionesco –, é sempre desagradável ser professor agora.[30]

Seu descontentamento com a vida universitária o motivou a solicitar a ajuda do velho amigo Otto Lara Resende, então adido cultural junto a Embaixada do Brasil em Lisboa, para conseguir uma bolsa "ou qualquer outra atividade" que o mantivesse em Portugal por algum tempo:

> Devo explicar meu desejo de sair: ao fim de mais de 20 anos de Universidade não a tolero mais; o exercício do magistério é desagradável. O clima político, de Jango aos dias de hoje, foi azedando, de modo a tornar as relações professor-aluno difíceis. Tudo está cinzento, a universidade, a medíocre vida intelectual, o clima de Belo Horizonte, Minas e o Brasil, tudo me faz querer sair.[31]

Mas Francisco Iglésias acabou permanecendo no Brasil. Suas cartas a Alice Canabrava mostram que seu desgosto com a vida universitária e, especialmente, com a

---

29  CÔRTES, Norma. *Esperança e democracia: as ideias de Álvaro Vieira Pinto.* Belo Horizonte: UFMG; Rio de Janeiro: IUPERJ, 2003. p. 40.

30  Carta de Francisco Iglésias a Otto Lara Resende em 20 de outubro de 1969. Instituto Moreira Sales. Coleção Otto Lara Resende.

31  Carta de Francisco Iglésias a Otto Lara Resende em 24 de fevereiro de 1970. Instituto Moreira Sales. Coleção Otto Lara Resende.

relação professor-aluno só fez aumentar ao longo da década de 1970.[32] Sem mencionar uma situação pessoal específica, ele desabafou:

> Não adianta ter um comportamento digno, reconhecendo a validade de uma crítica ou aspiração, ainda que se sacrifique por ela – o que já aconteceu muitas vezes – se não faz sempre o jogo, a primeira recusa é suficiente para enquadrá-lo [o professor] entre os "carcomidos", os vendidos ao imperialismo da FORD ou do governo. Não há respeito ao próximo, tudo se resume a slogans e julgamentos sumários, tão

---

[32] De acordo com Francisco Iglésias, a destruição de uma ordem sem que se instalasse outra – resultado da reforma de 1968 – provocou um caos que teria agravado a contestação cotidiana dos alunos: "Não contesto o direito que tem à contestação: como os cursos são ruins, é natural que procurem endireitá-lo por conta própria, que lhes falta a confiança nos professores. Estão certos. O resultado, contudo, não é dos mais animadores. Pelo menos na fase atual o que se vê é o desencontro [...] entre uma cartilha que desejam impor as autoridades e as certezas também dogmáticas de alunos, caminha-se pobre do professor que não forma em uma lado nem em outro. Nunca foi tão difícil ser sincero, defender ou preservar o que se pensa" (Carta de Francisco Iglésias a Alice Canabrava em 18 de agosto de 1974. Instituto de Estudos Brasileiros. IEB/USP. Coleção Alice Canabrava). Mas se ele considerou a contestação dos alunos geralmente certa, julgou que eles se equivocavam na personificação do professor como representante do poder: "a ideia de que a relação professor-aluno é uma 'luta de classes' é uma estupidez sociológica e de danosos efeitos no quadro das Escolas" (Carta de Francisco Iglésias a Alice Canabrava em 18 de dezembro de 1974. Instituto de Estudos Brasileiros. IEB/USP. Coleção Alice Canabrava). A "insinceridade dos jovens", segundo ele, não acometia apenas os alunos, mas também os professores: "E aí caio em um dos temas que me perturbam: o da insinceridade dos jovens, sejam nossos colegas professores, sejam nossos alunos. Criticam a ordem constituída – no que tem toda razão –, mas costumam usar os seus métodos. Veja o comportamento político dos estudantes: condenam o que há por estas bandas, mas só festejam os governos fortes. E na prática da política universitária usam as mesmas armas que as autoridades superiores – com a mentira, a fraude, uma inexpressiva minoria manipulando tudo pelo desinteresse, apatia ou burrice dos demais. Tenho acumulado casos, que hoje me dão um conceito do aluno menos favorável do que tinha. Acho que estão certos na crítica, mas errados nos métodos. E, o que é pior, muitas vezes também nos objetivos, pois acabam por se tornar donos (os tais líderes) de situações para virarem professores e seguirem depois os métodos que condenavam. A velha afirmativa, por ser lugar comum, não é menos verdadeira: o revolucionário de hoje é o reacionário de amanhã" (Carta de Francisco Iglésias a Alice Canabrava em 23 de março de 1975. Instituto de Estudos Brasileiros IEB/USP. Coleção Alice Canabrava).

injustos ou cruéis como os que as autoridades que eles [os alunos] dizem que condenam fazem...[33]

Para além dos dilemas provocados pela tentativa de justapor perspectivas intelectuais díspares, os esforços de Francisco Iglésias foram para conciliar o "fazer ciência" e o "fazer história". Se o conhecimento científico deveria estar comprometido com a transformação, valores progressistas deveriam nortear suas atividades especializadas, ainda que o caminho a seguir estivesse aberto às escolhas dos agentes.

## Estudos sobre o pensamento conservador

Frequentemente se ressalta o fato de que Francisco Iglésias, não obstante ser reconhecido como alguém que sempre se posicionou no campo ideológico oposto, realizou estudos sobre o conservadorismo que se destacaram pela objetividade. Antônio Cândido observou que "Francisco Iglésias foi um dos precursores do interesse pelo pensamento conservador brasileiro" e que procurava mostrar a coerência e a contribuição positiva dessas obras sem perder de vista o que lhe parecia negativo.[34] De fato, antes que as ciências sociais e a história se empenhassem na releitura de autores esquecidos devido às ideias autoritárias ou racistas que manifestavam, Francisco Iglésias já tinha desenvolvido um estudo sobre o pensamento reacionário no qual ressaltou a trajetória intelectual de Jackson de Figueiredo.[35] Ele também abordou o o pensamento político de Fernando Pessoa, lidando com outras fontes que não a obra poética do autor. Mais tarde, ainda se dedicou à obra de Alberto Torres e de Oliveira Vianna, conforme veremos.

Mas os autores que destacamos aqui não esgotam os estudos que Francisco Iglésias realizou sobre o pensamento conservador, ainda que o autor tenha dedicado a estes representantes do conservadorismo brasileiro maior afinco. Desde 1944, ele colocava em questão as bases supostamente científicas do pensamento de autores responsáveis pela difusão de teorias racistas, como Gobineau, bem como reconstituía a

---

33  Carta de Francisco Iglésias a Alice Canabrava em 23 de maraço de 1975. Instituto de Estudos Brasileiros (IEB/USP). Coleção Alice Canabrava.

34  CÂNDIDO, Antônio. Prefácio. In: IGLÉSIAS, Francisco. *História & Literatura:* ensaio para uma história das ideias no Brasil. São Paulo: Perspectiva. Belo Horizonte: Cedeplar-FACE-UFMG, 2009. p. XVII-XVIII.

35  IGLÉSIAS, Francisco. Estudo sobre o pensamento reacionário: Jackson de Figueiredo. In: *História e Ideologia.* São Paulo: Perspectiva, 1971. Texto originalmente publicado em Revista Brasileira de Estudos Sociais, Belo Horizonte, jul./1962.

história dessa ideia na época moderna articulando-a a história da luta de classes.[36] Para Francisco Iglésias, o racismo merecia a atenção da história das ideias para esclarecer as questões do presente, pois seria uma das formas de manifestação da desigualdade que teria conduzido ao conflito bélico que sua época vivia.[37]

Suas bases para uma crítica das ideias foram lançadas ainda em 1949, quando Francisco Iglésias publicou uma reflexão sobre o assunto. Nela, ele alertou para a complexidade da tarefa de analisar uma obra de pensamento, visto que quase sempre sua ideologia estava informada por valores do momento. O papel do crítico seria "separar o seu valor permanente do que é fruto de formação defeituosa ou do meio em que o autor vive, tarefa que exige bastante, pois exige o conhecimento de um completo, uma vez que o pensamento é resultado de uma situação individual e uma situação social".[38] O maior problema para executar este trabalho seria lidar com a necessidade de desenvolver uma atitude serena diante de qualquer obra, o que não significava se eximir de julgamento:

> Ao iniciar a leitura de livro cujo conteúdo sabe que é contrário ao seu pensamento, deve o crítico por de lado a paixão e seguir o raciocínio do autor [...] As ideias do crítico, bem como a paixão – se a tiver – não devem intervir enquanto toma conhecimento da obra para não invalidar o seu juízo sobre ela, o seu valor em si. Tal afirmativa não importa em negar ao crítico o direito de julgar. Seria absurdo concebê-lo como transmissor ou intérprete apenas; seria negar mesmo o seu motivo de ser, a sua significação etimológica. A crítica só é exercida com mérito quando é uma afirmação da personalidade, como tentativa de criação. No domínio das ideias, que é quando mais necessário se faz o julgamento, a primeira virtude talvez seja o equilíbrio.[39]

Para Francisco Iglésias, numa crítica de ideias "a atitude de repulsa por discordância é indigna"[40] e foi essa convicção que o orientou no estudo das obras dos qua-

---

36 Ver, por exemplo, IGLÉSIAS, Francisco. Introdução ao racismo. *O Diário*, Belo Horizonte, 9 de novembro de 1944; IGLÉSIAS, Francisco. Pré-história do racismo. *O Diário*, Belo Horizonte, 12 de dezembro de 1944; e IGLÉSIAS, Francisco. A falsa bandeira. *Folha de Minas*, Belo Horizonte, 30 de setembro de 1945.

37 IGLÉSIAS, Francisco. A falsa bandeira. *Folha de Minas*, Belo Horizonte, 30 de setembro de 1945. p. 18.

38 IGLÉSIAS, Francisco. Sobre a crítica de ideias. *Estado de Minas*. Belo Horizonte, 3 de julho de 1949. p. 17.

39 *Idem*.

40 *Idem*.

tro autores que destacamos aqui – Jackson de Figueiredo, Fernando Pessoa, Alberto Torres e Oliveira Vianna.

Originalmente publicado em 1962 numa revista acadêmica, "Estudo sobre o pensamento reacionário: Jackson de Figueiredo" ganhou repercussão quando passou a compor os ensaios reunidos no livro "História e Ideologia", lançado em 1971.[41] Francisco Iglésias procurou oferecer um capítulo de história das ideias a partir da análise da obra e da repercussão dos escritos de Jackson de Figueiredo. Embora avaliasse negativamente a produção intelectual desse autor – sua obra foi por ele considerada um retrato da sua formação precária, da insuficiência filosófica de seus estudos, da fragilidade literária de suas referências e do pouco conhecimento de história – Francisco Iglésias valorizou sua "sensibilidade para o ambiente", pois Jackson de Figueiredo teria sido um homem que viveu plenamente os problemas do Brasil. Na sua percepção, "o importante nessa obra é o seu lado de engajamento na sociedade, a participação e o incentivo à participação".[42] Para Francisco Iglésias, ainda, o que fazia a personalidade e a obra de Jackson de Figueiredo era a flama, pois ele foi alguém que teria conseguido compensar as limitações intelectuais pela paixão com a qual manifestava suas ideias:

> Obra extensa, ela se destaca sobretudo pela paixão; não se distingue pelo vigor de estilista, pela beleza literária, pela expressão de poeta ou romancista, como não se distingue, no campo do ensaio, pelo rigor das colocações, pela profundidade de análise ou amplitude de vistas.[43]

E seria, pois, justamente o engajamento profundo de Jackson de Figueiredo em seu presente que teria provocado, na avaliação de Francisco Iglésias, os equívocos de suas análises, sobretudo daquelas de maior vigor jornalístico, afeitas à polêmica:

> Levado pelo fato do dia, pela impressão instantânea, sem a indispensável perspectiva da distância, fez colocações indevidas, julgou com severidade e equívoco. Suas páginas, contudo, são o retrato de um momento da vida brasileira, extremamente vivo em seus acentos muito diretos e na vibração dos choques de hora agitada.[44]

Portanto, a notável imersão de Jackson de Figueiredo nos problemas de seu tempo teria sido a responsável tanto pelo valor de sua obra, quanto pela fragilidade de

---

41  Essa versão, com pequenas correções e acréscimos, é que utilizamos aqui.

42  IGLÉSIAS, Francisco. Estudo sobre o pensamento reacionário: Jackson de Figueiredo. In: *História e Ideologia*. São Paulo: Perspectiva, 1971. p. 110.

43  *Idem*. p. 143.

44  *Idem*. p. 144.

seus argumentos. Seus temas recorrentes – catolicismo, contra-revolução, ordem, autoridade, nacionalismo e moralismo – configuraram uma noção de Brasil "como país católico, formado pelo catolicismo e que só é fiel ao seu destino quando subordinado aos princípios traçados pela Igreja",[45] daí ter se transformado na "primeira manifestação consequente do reacionarismo no país", influenciando setores fora da Igreja e se transformando no "ponto inicial, com objetividade e coerência, da pregação anti-revolucionária ou reacionária, direitista, fascista ou parafascista".[46] Jackson de Figueiredo se destacou pelo pioneirismo, visto que "pela primeira vez um escritor católico se empolgava de modo completo por sua causa [...] Teve a coragem de declarar-se católico e reacionário, consumiu-se na causa da Igreja, quando a maioria dos setores dirigentes da nação não era constituída por crentes".[47]

O reconhecimento do valor histórico do pensamento de Jackson de Figueiredo, entretanto, não poupou suas ideias da crítica que Francisco Iglésias fazia a todo pensamento reacionário, identificando-o como "fruto da falta de sentido histórico".[48] Na sua avaliação, o autor "não vê o todo, não vê o processo, não sente a mudança, pois só pensa no homem, em termos quase estáticos",[49] daí que

> muito do que o país tem de mais significativo e evidente passou-lhe de todo despercebido. Dir-se-ia que não tinha sensibilidade para o social. Não soube perceber o homem em sociedade, com as deficiências e injustiças de que era vítima. A trama de suas necessidades econômicas e a luta pelo quotidiano, no humilde aspecto material, nunca foram vistas por ele. Também os problemas de classe e as relações entre elas não foram sentidos pro quem não atentava para esses aspectos. Se não os percebeu no plano individual, também não os percebeu no plano geral; não viu entraves de natureza econômica ao desenvolvimento da nação, com a disputa de mercados, a exploração feita aqui por outras nações.[50]

Os critérios de avaliação de Francisco Iglésias estavam informados por uma perspectiva histórica de valorização de conflitos nas relações sociais entre grupos e classes

---

45  *Idem*. p. 149.
46  *Idem*. p. 110.
47  *Idem*. p. 153.
48  IGLÉSIAS, Francisco. *História e Ideologia*. São Paulo: Perspectiva, 1971. p. 14.
49  IGLÉSIAS, Francisco. Estudo sobre o pensamento reacionário: Jackson de Figueiredo. In: *História e ideologia*. São Paulo: Perspectiva, 1971. p. 152-153.
50  *Idem*. p. 152.

sociais, bem como por questões relativas ao caráter nacionalista do desenvolvimento econômico brasileiro, problemas que não faziam parte do universo de preocupações de Jackson de Figueiredo. Por isso, segundo Francisco Iglésias, na década de 1960, o autor já não era lido pelos velhos e menos ainda pelos jovens, "uma vez que sua obra não dá respostas razoáveis às perguntas e aos problemas que preocupam agora".[51] Ainda assim, Francisco Iglésias acreditava que tomar o pensamento reacionário como tema de estudo poderia "oferecer perspectiva para o entendimento do Brasil de hoje"[52] devido à permanência do conservadorismo no Brasil de sua época. De fato, ao comentar o lançamento de "História e ideologia", Celso Furtado destacou que o ensaio sobre Jackson de Figueiredo abria o véu "sobre esse outro Brasil intelectual que para muitos de nós é praticamente desconhecido." Segundo ele, "quando olho para trás e identifico os intelectuais que mais influenciaram as classes dirigentes brasileiras na primeira metade do século atual (Alberto Torres, Oliveira Viana) pergunto-me se esse outro não é o verdadeiro Brasil".[53]

Em "História e ideologia", Francisco Iglésias também publicou o ensaio "Pensamento político de Fernando Pessoa", no qual pretendeu abordar o pensamento social do autor, considerado tão interessante e fecundo quanto sua obra poética. A originalidade da abordagem deve ser destacada. Francisco Iglésias lançou mão de fontes tais como a biografia do autor, artigos e panfletos publicados por ele em jornais portugueses. Com vivo sentimento político, mas sem interesse pela vida partidária, Fernando Pessoa, segundo Francisco Iglésias, era conservador, com traços aristocráticos. Contra a democracia, propunha, com pouca objetividade, uma "Monarquia Científica", antitradicionalista e anti-hereditária, governada pelo "Rei-Média". Uma vez que seria abolido o conceito de que a qualquer indivíduo seria lícito ter opiniões sobre política ou sobre qualquer outra coisa, uma vez que só poderia ter opiniões o que fosse "Média", o "Rei-Média" seria o mais hábil, seja no campo político, artístico ou filosófico. Na avaliação de Francisco Iglésias, o messianismo de Fernando Pessoa, sobretudo revelado na obra poética do heterônimo Álvaro de Campos, poderia ser percebido neste texto assinado com o mesmo nome.

De acordo com Francisco Iglésias, Fernando Pessoa "não se definia, ou era contraditório e paradoxal, impróprio para o jornalismo, para o doutrinário ou

---

51  Idem. p. 157.
52  Idem. p. 109.
53  Carta de Celso Furtado a Francisco Iglésias em 1 de julho de 1971. Instituto Moreira Sales. Coleção Francisco Iglésias.

proselitista".[54] Em sua ambiguidade, lutou contra uma ditadura (a de Pimenta de Castro) para substituí-la por outra (a de Sidônio Pais). Ele defendeu a "abolição do conceito de democracia" e foi considerado um defensor do "autoritarismo tradicionalista". Para Francisco Iglésias, um dos documentos políticos mais significativos por ele produzidos foi "O Interregno – Defesa e justificação da ditadura militar em Portugal", de 1928, publicado cerca de três meses antes da instauração do Estado Novo português. De acordo com o documento,

> Fernando Pessoa achava que o Governo devia ter base na opinião pública, e, como esta falhava em Portugal, tese que há muito defendia –, com o povo dividido equitativamente em monarquistas e republicanos, ante a possível luta ou mesmo o caos, cabia à Força Armada garantir a ordem, ocupando o poder. Em certo período, era a solução, o Interregno. Demais, ele não acreditava em regime democrático, cujas bases – liberalismo, voto, pacifismo – eram falsas, a seu ver. O regime democrático seria inglês, não funcionando se transplantado a outros países. A tese do escrito de 1928 é eminentemente reacionária.[55]

Por fim, Francisco Iglésias admite que "querer tirar uma filosofia ou um sistema político de seus escritos é tarefa difícil e que não leva a resultado apreciável, a não ser ao julgamento de que foi indeciso, fluido, frágil", em virtude de sua ambiguidade e falta de objetividade.[56] Ainda que suas ideias econômicas, também mencionadas por Francisco Iglésias, pudessem "constituir subsídios ao entendimento de suas posições políticas",[57] elas não mudavam o fato de que seu pensamento social foi todo contraditório, o que poderia ser explicado pelo menosprezo e displicência com os quais tratou as ciências sociais, conforme revelou Francisco Iglésias.

Francisco Iglésias realizou um estudo da obra de Alberto Torres para o prefácio da reedição de "A Organização Nacional", em 1982.[58] A ocasião o fez ponderar que "a proposta de reeditar Alberto Torres não significa [que] se aceite seu pensamento, mas

---

54 IGLÉSIAS, Francisco. O pensamento político de Fernando Pessoa. In: *História e ideologia*. São Paulo: Perspectiva, 1971. p. 250.

55 *Idem.* p. 255.

56 *Idem.* p. 256-257.

57 *Idem.* p. 260.

58 Em 2009, o texto foi incluído na coletânea "História & Literatura", organizada por João Antônio de Paula, cuja edição utilizamos aqui. (IGLÉSIAS, Francisco. *História & Literatura: ensaios para uma história das ideias no Brasil*. São Paulo: Perspectiva; Belo Horizonte: Cedeplar-FACE-UFMG, 2009).

tão só o fato de reconhecer em sua produção uma das básicas na história das ideias no país",[59] ideia que foi repetida adiante: "o reconhecimento de sua importância não significa adesão a quanto pregou. De nossa parte, por exemplo, pouco temos em comum com o político e o sociólogo: não há aí, porém, impedimento para reconhecer-lhe lugar na história da inteligência nativa".[60] Esse reconhecimento, ele atribuía ao amadurecimento intelectual do Brasil que, com a ampliação das universidades e o florescimento das faculdades de Filosofia e de Ciências Econômicas, aumentou a demanda pela leitura dos "mestres das ciências sociais" nas próprias fontes.

A princípio, Francisco Iglésias pareceu justificar a inclusão do nome de Alberto Torres no rol dos mais importantes sociólogos brasileiros e sugeriu o relançamento de outras obras do mesmo autor.[61] Na sua avaliação, "ele marcou o pobre panorama nacional, com um pensamento próprio, de base na cultura patrícia e origem de muito desdobramento futuro". Assim como no estudo de Jackson de Figueiredo, ele destacou que Alberto Torres "reconheceu um Brasil vivendo-o intensamente, pela experiência ou pela leitura".[62] Suas marcas teriam sido a objetividade e a denúncia da alienação e da transposição da ideologia estrangeira para a realidade nacional, o que demandava conhecimento profundo da situação do presente para realizar o objetivo de organizar o país em função de sua própria fisionomia.[63] Ao final, entretanto, a conclusão de Francisco Iglésias era que "Alberto Torres é um nome na história do pensamento social brasileiro, embora não na história da ciência social".[64] Sua formação foi predominantemente política e jurídica, o que tornava suas análises carentes de cultura econômica, segundo o autor. Além disso, a crítica ao seu excessivo psicologismo (presente, sobretudo, em "O problema nacional brasileiro") mostrou uma objetividade bastante relativa. Para Francisco Iglésias, a obra de Alberto Torres resultava da "observação atenta de seu meio, bem mais que de leituras, de absorção de ideias alheias sem a necessária experiência pessoal",[65] daí sua dificuldade para considerá-lo um cientista social.

O estudo sobre a obra de Oliveira Vianna foi escrito para o seminário "O pensamento de Oliveira Vianna", realizado na Unicamp em 1991, cujo objetivo foi promover

---

59 IGLÉSIAS, Francisco. *História & Literatura: ensaios para uma história das ideias no Brasil*. São Paulo: Perspectiva; Belo Horizonte: Cedeplar-FACE-UFMG, 2009. p. 16.
60 *Idem*. p. 17.
61 *Idem*. p. 15.
62 *Idem*. p. 16.
63 *Idem*. p. 17.
64 *Idem*. p. 38.
65 *Idem*. p. 34.

uma análise menos parcial de sua obra.⁶⁶ Desde meados dos anos 1980, historiadores e cientistas sociais buscavam resgatar autores e obras descartados anteriormente devido às ideias autoritárias e racistas que defendiam. O pensamento conservador, relegado pelas esquerdas, foi valorizado como fundamental para a compreensão do Brasil devido à duração e repercussão que estas ideias tiveram no discurso político e acadêmico brasileiro. Oliveira Vianna estava sendo retomado como uma peça fundamental da história das Ciências Sociais no Brasil, pois se reconhecia o diálogo entre ele e os mais importantes intérpretes da realidade brasileira.

Para Francisco Iglésias, o seminário foi uma oportunidade para o debate e revisão do legado de Oliveira Vianna, como também possibilitava um balanço da ciência social brasileira.⁶⁷ Ele procurou responder se Oliveira Vianna, cuja temática histórica perpassava toda sua obra, poderia ser considerado um historiador. Esta não era uma questão nova, visto que José Honório Rodrigues também já havia problematizado a obra de Oliveira Vianna nesses termos.⁶⁸ Se José Honório Rodrigues não o considerava historiador, mas antes um intérprete da história – pois ele não pesquisava em arquivos, apenas interpretava fatos já conhecidos – para Francisco Iglésias, Oliveira Vianna poderia ser visto como historiador, embora não o fosse fundamentalmente. Ainda que estabelecesse generalizações que poderiam comprometer o sentido histórico e não frequentasse arquivos, ele dava sentido aos fatos históricos através de uma interpretação arguta dos documentos que lia nas publicações do IHGB, de arquivos e de museus. Contrariando José Honório Rodrigues, na visão de Francisco Iglésias,

> pode-se fazer História sem essa frequência às casas de documentos, pois nem todos os historiadores foram dados à pesquisa convencional, o que não impediu que surgissem obras-primas historiográficas de quem não lidou com as fontes no original. A falta desse tipo de pesquisa, portanto, é apenas um dado, que não impediria a realização de obra historiográfica ao nosso autor ou qualquer outro.⁶⁹

---

66  BASTOS, Élide Rugai; MORAES, João Quartim (orgs.). *O pensamento de Oliveira Vianna*. Campinas: Unicamp, 1993. p. 9.

67  IGLÉSIAS, Francisco. Leitura historiográfica de Oliveira Vianna. In: BASTOS, Élide Rugai; MORAES, João Quartim (orgs.). *O pensamento de Oliveira Vianna*. Campinas: Unicamp, 1993. p. 313.

68  RODRIGUES, José Honório. A metafísica do latifúndio. O ultra-reacionário Oliveira Vianna. In: *História da história do Brasil*. São Paulo: INL, 1988, v. 2, t. 2.

69  IGLÉSIAS, Francisco. Leitura historiográfica de Oliveira Vianna. In: BASTOS, Élide Rugai; MORAES, João Quartim (orgs.). *O pensamento de Oliveira Vianna*. Campinas: Unicamp, 1993. p. 315-316.

O importante, para Francisco Iglésias, era que "o que o levou ao grande interesse pela história [...] foi o gosto pela realidade, pelo concreto, pelo nacional, por sua terra, convicto de que era preciso buscar no passado as raízes do presente".[70] Se Oliveira Vianna era um conservador ou um pararreacionário, o era de forma lúcida e coerente, pois oferecia uma direção ao presente fundamentado no conhecimento do passado.

Embora tenha valorizado a presença da história nas obras sociológicas do autor fluminense, Francisco Iglésias não deixou de avaliar criticamente a linguagem e o teor das informações históricas oferecidas. Sobre "Populações meridionais do Brasil", publicado em 1920, concluiu que era um "livro enxundioso, repetitivo, grande demais para o que pretendia dizer" e que adotava uma "linguagem pomposa e de estilo com algo de oratório, apresentava excesso de cacoetes". Mais grave, entretanto, seriam as "passagens de pouco equilíbrio, chegando quase ao delírio de imaginação e falta de rigor crítico".[71] Para Francisco Iglésias, Oliveira Vianna "delirou" ao dissertar sobre a aristocracia rural brasileira. Ao projetar suas ideias de sociedade e governo, ele teria traçado um quadro fantasioso e arbitrário, a ponto de ter comprometido a qualidade de sua obra, dominada por preconceitos. Ainda que tenha criticado duramente a obra, Francisco Iglésias procurou o valor de "Populações Meridionais do Brasil" e o encontrou justamente na sua estrutura, no gosto por categorias que poderiam elevar a história do simples factual aos conceitos capazes de oferecer entendimento do presente.[72]

O interesse de Francisco Iglésias pelo pensamento conservador pode ser explicado pela importância que o historiador dava para a relação entre a facticidade do passado e os problemas de orientação do presente. A ciência da história que ele considerava tradicional e buscava superar teria se afirmado, segundo ele, tanto por sua capacidade de obter das fontes os fatos comprováveis do passado, quanto pela presunção factualista da interpretação, supostamente reduzida ao necessário para dar sentido lógico aos fatos. Francisco Iglésias, ao contrário, buscou valorizar justamente a capacidade interpretativa de historiadores e pensadores sociais. A interpretação deveria ser encarada não como uma operação exclusivamente lógico-científica para o encadeamento dos fatos históricos, mas como uma atividade necessária para dar orientação segura ao presente. Esta seria a função última tanto da história, quanto das ciências sociais, mas só cumprida pelo intelectual engajado no presente, fosse ele de esquerda ou de direita, liberal ou conservador.

---

70   *Idem*. p. 316.
71   *Idem*. p. 318.
72   *Idem*. p. 320.

## História e ideologia

Em 1971, Francisco Iglésias reuniu cinco ensaios escritos em diferentes momentos e que foram publicados no livro "História e Ideologia". Foi publicado aí "Um conceito equívoco: a história universal" – originalmente publicado na revista "Kriterion" em 1952, acrescentado de modificações significativas –, "Natureza e ideologia do colonialismo no século XIX" – escrito para o IV Simpósio da Associação dos Professores Universitários de História realizado em 1967 –, "Estudo sobre o pensamento reacionário: Jackson de Figueiredo" – originalmente publicado na "Revista Brasileira de Ciências Sociais" em 1962 –, "Celso Furtado, pensamento e ação" e "Pensamento político de Fernando Pessoa" – ambos inéditos.

Segundo o autor, a linha comum dos ensaios foi "a preocupação histórica e o tratamento em termos de situação do tema em relação ao tempo e ao local" e a importância deles como "momentos para a compreensão do presente".[73] A introdução revela o objetivo de Francisco Iglésias de credenciar seus estudos no âmbito científico, ainda que a preocupação que motivou todos eles tenha sido com a ideologia dos autores abordados, daí o título do livro. O assunto se justificava visto que para ele toda atividade pública seria a expressão de uma ideologia, no sentido de orientada por princípios ou ideias.[74] A neutralidade, segundo viria a afirmar mais tarde, não passava de "ilusões generosas de quem deseja ser objetivo".[75]

A obra revela uma transformação na maneira de lidar com o papel do intelectual na sociedade, visto que seu apelo à luta, sua confiança na ação e sua identificação da história com a liberdade estavam agora pautadas por uma racionalidade propriamente científica, ainda que não imune às tomadas de posição. Foi nesse sentido que a historiografia de Francisco Iglésias se inseriu em um campo de disputas e consensos sobre suas diretrizes. Se a produção de conhecimento histórico é uma atividade que aborda questões relativas à identidade pessoal e coletiva, como afirmou Martins, "os trabalhos

---

73 IGLÉSIAS, Francisco. *História e ideologia*. São Paulo: Perspectiva, 1971. p. 13-14.

74 Vale ressaltar que o conceito de ideologia adotado por Francisco Iglésias não se fundou estritamente na concepção original de Marx no sentido de uma falsa concepção da realidade afirmada pelas classes dominantes para justificar seu poder sobre o proletariado, nem tampouco na expressão dos interesses revolucionárias da classe dominada. O conceito de ideologia utilizado por ele foi orientado pelo significado mais genérico do termo, como ideias sustentadas por grupos sociais diversos para racionalizar e defender seus interesses e compromissos institucionais de qualquer tipo.

75 IGLÉSIAS, Francisco. *Trajetória política do Brasil (1500-1964)*. São Paulo: Companhia das Letras, 1993. p. 225.

que produzem história estão carregados de intenção pragmática genérica, cuja plausibilidade (ou seja: cujo grau de eficácia, para convencer os interlocutores) repousa sobre a competência científica ou remete a ela".[76] Por um lado Francisco Iglésias inseriu seus estudos sobre "autores e ideologias significativos" como parte do conjunto de temas legítimos de serem abordados pela historiografia:

> Embora julguemos que o trabalho do historiador deva ser eminentemente a pesquisa, não é menos legítimo o cuidado com os altos temas, assuntos gerais, autores e ideologias significativos. Se em países como o nosso, pobre de historiografia, em que quase tudo está por ser feito, o essencial é a investigação em Arquivos, há sempre tempo para outros trabalhos. Demais, eles se impõem. Como é pacífico, o estudioso de História que se empenha no esclarecimento de sua área, de determinado assunto ou do conjunto, deve ter formação geral, interesse metodológico, única forma de elevar a matéria que elabora a plano superior.[77]

Por outro, ele justificou o ensaio como "a melhor forma de expressão de certa atividade intelectual",[78] não obstante suas versões quase sempre impressionistas. Para Francisco Iglésias, esta forma de apresentação poderia pretender algum rigor, visto que "o ensaio histórico pode ser forma de divagação, mas pode ser também objetivo, aproximando-se do trabalho de natureza científica".[79] Ele afirmou sua filiação à tradição ensaística de historiadores como Vitorino Magalhães Godinho, Sérgio Buarque de Holanda e José Honório Rodrigues, cujos textos qualificados como ensaios, segundo ele, não desmereciam suas obras. Para Francisco Iglésias, o ensaio busca a verdade de forma antidogmática: "é a procura de caminhos, não de sentenças ou fórmulas tidas como eternas. Admite a hipótese, aceita a crítica, pode desenvolver ou corrigir e até invalidar depois o que apresenta".[80]

Para além das justificativas apontadas pelo próprio autor para explicar a reunião destes cinco ensaios em 1971, cabe-nos acrescentar que os textos reunidos em "História e ideologia", escritos, revistos ou atualizados no final dos anos 1960, ajudam a esclarecer como Francisco Iglésias lidou com a questão do nacionalismo, incontornável no

---

76  MARTINS, Estevão de Rezende. Consciência histórica, práxis e cultura. A propósito da teoria da história de Jörn Rüsen. In: *Síntese Nova Fase,* v. 19, n. 56, 1992. p. 61.

77  IGLÉSIAS, Francisco. *História e ideologia.* São Paulo: Perspectiva, 1971. p. 10.

78  *Idem.* p. 11.

79  *Idem.* p. 12.

80  *Idem.* p. 12.

pensamento brasileiro de 1930 a 1970. A organização de seus ensaios pode ser relacionada ao contexto de críticas ao modelo ocidental de civilização que, desde o período entre guerras, caracterizou a posição de uma parte dos intelectuais latino-americanos. Distinguindo-se dos nacionalistas identificados com o fascismo europeu, com a Igreja ou com ideias antiliberais, uma vertente dos intelectuais que se ocuparam da questão nacional a partir dos anos 1930 estava informada pela vulnerabilidade do modelo de desenvolvimento capitalista baseado no setor primário-exportador e pela cooperação das oligarquias no processo de exploração dos excedentes. De acordo com Claudia Wasserman, esses intelectuais se dedicaram aos problemas econômicos dos países latino-americanos, à transição da sociedade rural para a sociedade urbano-industrial e à ascensão e lutas das novas classes sociais,[81] problemas que perpassaram todos os ensaios reunidos em "História e ideologia".

Em "Um conceito equívoco: a história universal", Francisco Iglésias procurou demonstrar a impossibilidade de se escrever uma "história universal" ou "história da civilização", visto que as histórias assim denominadas e elaboradas no século XVIII não passavam de abstrações feitas pela Europa Ocidental para todo o mundo. De acordo com Francisco Iglésias, nestas histórias, "a universalidade pretendida é antes geográfica que histórica, uma vez que as regiões remotas são apenas referidas como natureza ou exotismo, sem real compreensão de seus valores humanos".[82] A reunião de elementos díspares teria sido feita de modo arbitrário e com critérios subjetivos, segundo o Francisco Iglésias. O que ao autor importou destacar foi que os sistemas filosóficos que fundamentaram as análises generalizadoras, não obstante seu valor intelectual e seu enorme poder explicativo, não teriam contado com a contribuição da história, ainda não configurada como ciência. O resultado, segundo ele, foi a submissão da realidade à esquemas engenhosamente arquitetados. A explicação para o quadro intelectual da época não estava em outro lugar senão na ideologia, na "ideia de que o europeu superior – os Estados Unidos vistos como prolongamento da Europa – deve submeter os demais, para bem de todos".[83]

Ao se "libertar" das amarras impostas pelos esquemas filosóficos, a história teria se desvencilhado, segundo Francisco Iglésias, de dois equívocos: o primeiro, "achar que a história só compreende determinados povos – os povos mais desenvolvidos do ocidente europeu"; o segundo, a "ideia de pretensão de superioridade

---

81 WASSERMAN, Claudia. Nacionalismo: origem e significado em Sérgio Buarque de Holanda, Samuel Ramos e Ezequiel Martinez Estrada. In: *Revista Universum*, Universidad de Talca, n. 18, 2003.

82 IGLÉSIAS, Francisco. *História e Ideologia*. São Paulo: Perspectiva, 1971. p. 19.

83 *Idem*. p. 35.

de um povo sobre outro".[84] Para o autor, "não se nega mais, hoje, que ela [a história] deva incorporar outros povos, que todos os homens têm a mesma natureza e que tudo que se processa no mundo é como um jogo de peças conjugadas",[85] daí que a "história universal" só poderia ser configurada mediante a escrita de uma série de histórias particulares – individuais ou nacionais – visto que "como é reconhecido por todos os estudiosos, não há uma civilização, mas civilizações".[86]

As conclusões de Francisco Iglésias neste ensaio acabaram se articulando ao artigo seguinte, "Natureza e ideologia do colonialismo no século XIX", no qual o autor procurou mostrar como o pensamento europeu da época – o liberalismo e o evolucionismo – traduziu os interesses expansionistas de sua burguesia. Quando Francisco Iglésias estava os originais do texto para apresentação no simpósio da ANPUH, compartilhou com Alice Canabrava suas dúvidas em relação a abordagem do tema, o que ficou registrado numa carta de 25 de março de 1967:

> Depois que escolhi a matéria, fiquei um pouco arrependido. Não que ela me desagrade, mas pela sua vastidão e pela delicadeza do tema. Acho que fui um pouco temerário, ousei demais. Agora estou cheio de escrúpulos, suscetibilidades. Matéria ampla e por vezes um pouco perigosa, cobre um tempo longo – um século, uma 'longue durée', como diria nosso amigo Braudel – e foi encarada com a pretensão de apreender o tema no seu sentido geral.[87]

Canabrava interpretou as hesitações de Francisco Iglésias como indícios de sua dificuldade para afirmar suas conclusões como científicas, visto que o "perigo" ou a "delicadeza" do tema estava justamente na facilidade com a qual o estudioso poderia esbarrar em questões de cunho político significativas para o presente. Por isso ela respondeu que

> Concordo com você quanto à "delicadeza" do tema. Por isso é que nos lembramos de Você, e ninguém melhor do que Você, pelo seu equilíbrio, além dos predicados intelectuais. Não vejo porque recuar. Afinal de contas Você está escrevendo como um cientista social e não como um político ou coisa que o valha.[88]

---

84   Idem. p. 38.
85   Idem. p. 45.
86   Idem. p. 51.
87   Carta de Francisco Iglésias a Alice Canabrava em 25 de março de 1967. Instituto de Estudos Brasileiros (IEB/USP). Coleção Alice Canabrava.
88   Carta de Alice Canabrava a Francisco Iglésias em 2 de abril de 1967. Instituto Moreira Sales. Coleção Francisco Iglésias.

Em seu texto, Francisco Iglésias enfatizou que tanto o liberalismo, quanto o evolucionismo foram ideologias que resultaram da ascensão da burguesia enquanto classe social e do domínio de certas nações da Europa sobre outras. Ele explicou que o liberalismo

> acaba por ser o modo de ver de uma classe que detém o poder econômico e político, a classe burguesa, pensamento que só poderia originar-se e desenvolver-se na Inglaterra e na França, pelo pioneirismo dessas nações relativamente às outras. No século em estudo, é tal corpo de ideias que convém à classe burguesa daqueles países, como é ainda o que lhes convém no quadro internacional, pois estabelece o domínio que podem ter sobre os demais.[89]

E que o evolucionismo, por sua vez,

> concretiza mais ainda o lado brutal do liberalismo, de seu desinteresse pelo proletariado ou pelos povos que vivem em condições de dominados. O uso dos conceitos de luta, seleção natural, sobrevivência dos mais aptos – aplicação de princípios da biologia à ciência social – vai criar uma ideologia de dominação, de imperialismo.[90]

Para Francisco Iglésias, em plena Guerra Fria, já não fazia sentido manter a crença de que o mundo europeu poderia manter a orientação da realidade, pois esta passaria por duas forças não tradicionais: Estados Unidos e União Soviética. Além disso, com seu poder em declínio, a Europa deveria rever sua atitude de suposto centro e, ao mesmo tempo, reconhecer "a afirmação de outros continentes e nacionalidades, que tentam lugar próprio, sem as vinculações aos antigos europeus ou às novas potências dominantes",[91] o que evitaria os sangrentos conflitos da descolonização. Em diálogo com o ensaio anterior, escrito quase uma década antes, Francisco Iglésias concluiu que

> A ciência não admite mais qualquer preconceito de superioridade de raça ou de grupo [...] Hoje, a Europa aparece em termos de igualdade com os outros. A nova ordem é realmente universal, sem prioridades, exclusivismos ou omissões [...] A universalidade, pretendida e em parte alcançada, é o que se procura hoje no mundo, seja na consideração de todos os povos, em teoria, seja na prática. Os meios

---

[89] IGLÉSIAS, Francisco. *História e Ideologia*. São Paulo: Perspectiva, 1971. p. 100.
[90] *Idem.*
[91] IGLÉSIAS, Francisco. *História e Ideologia*. São Paulo: Perspectiva, 1971. p. 105.

de comunicação, a técnica e a ciência fizeram com que o mundo se tornasse pequeno e pretendesse ser realmente uma unidade.[92]

Além dos dois artigos que abordaram o pensamento conservador de Jackson de Figueiredo e de Fernando Pessoa, analisados em tópico específico neste capítulo, "História e ideologia" ainda trouxe ensaio de Francisco Iglésias sobre Celso Furtado, intelectual para o qual o autor manifestou em diversas oportunidades sua enorme admiração. Seu ensaio "Celso Furtado, pensamento e ação" apontou para algumas características do intelectual estudado que poderiam justificar a frequente deferência dada a ele. De acordo com Francisco Iglésias, Celso Furtado foi um verdadeiro cientista social, cuja ação no serviço público foi pautada por esta condição. Ele teria conseguido dar ampla divulgação ao seu pensamento, sem fazer concessões para ter popularidade, pois manteve sempre relação com o seu tempo, seu país e sua região. Além disso, o que o autor procurou enfatizar em seu ensaio foi que Celso Furtado manteve sempre entrelaçados o pensamento e a ação, formando verdadeira unidade:

> Ele não é o simples estudioso ou pensador, mas o homem engajado no processo de construção de um Brasil moderno. Voltado sempre para temas atuais, sem qualquer bizantinismo, é a personificação do cientista social, que estuda, pesquisa e realiza os modelos para que tenham eficácia, resultados concretos.[93]

Para Francisco Iglésias, essa característica é que teria garantido o êxito do trabalho de Celso Furtado, pois como economista, seu método não se deteve na aplicação de um ou outro modelo de interpretação, mas consistiu em "tirar de cada autor ou corrente o que é, a seu ver, correto ou adaptável à realidade brasileira ou latino-americana", daí que Furtado "adota os modelos que lhe parecem corretos, sem tentar aplicá-los mecanicamente a casos diversos, sem ortodoxia".[94] Essa característica que evita que o estudo "seja abstrato, simples modelo fruto de elaboração mental" teria sido resultado de sua capacidade de "engajamento ao tempo e ao meio".[95] Por isso é que Francisco Iglésias colocava Celso Furtado, não obstante sua formação de economista, entre os mais brilhantes autores da historiografia brasileira. Este destaque mereceu a atenção do próprio Celso Furtado que, em carta a Francisco Iglésias, comentou que "o interesse que você põe nos meus trabalhos e o tempo que dedica a lê-los, deixam-me confuso.

---

92  Idem.
93  IGLÉSIAS, Francisco. *História e Ideologia*. São Paulo: Perspectiva, 1971. p. 160.
94  *Idem*. p. 176.
95  *Idem*. p. 166.

Isso por que três quartas partes dos meus escritos são de economia, ciência que se situa na periferia de seus interesses intelectuais".[96] Na oportunidade, Furtado afirmou que recebeu e leu "História e ideologia" com grande interesse.

## Brasil, sociedade democrática

Entre 1983 e 1984, Francisco Iglésias fez parte da equipe que realizou estudos para a produção do livro "Brasil, sociedade democrática", sob coordenação de Hélio Jaguaribe que, até 1962, estava vinculado ao ISEB. Juntamente com Wanderley Guilherme dos Santos, Vamireh Chacon e Fábio Konder Comparato, além do próprio coordenador, a equipe pretendeu dar sua contribuição intelectual para a determinação das condições de instauração de uma democracia estável e socialmente responsável naquele presente de transição. O livro abordou o experimento democrático na história Ocidental em perspectiva comparada, as relações entre democracia social e democracia política, a comunicação de massa na sociedade democrática, as soluções constitucionais para a reconstrução democrática. A cargo de Francisco Iglésias ficou o estudo da experiência democrática ao longo da história brasileira, de 1822 a 1984. Nesse texto, o autor ensaiou a capacidade de síntese didática que o distinguiria nos anos 1990 com a publicação de "Trajetória política do Brasil (1500-1964)" (1993) e "Breve história contemporánea del Brasil" (1994).

O empreendimento daqueles acadêmicos não ocultou que a obra continha "riscos" por lidar com "questões carregadas de implicações valorativas".[97] De fato, estudar os fatores constitutivos de uma sociedade democrática no momento em que o regime militar ainda tentava se rearranjar, era algo que não poderia ser feito sem o juízo crítico daqueles pesquisadores. Segundo Jaguaribe, os riscos foram assumidos, sobretudo, pelos patrocinadores da publicação: a FINEP (Financiadora de Estudos e Projetos) – entidade criada durante a Ditadura Militar para promover a pesquisa científica e tecnológica –, e o Banco do Estado de São Paulo (BANESPA), à época dirigido por Luís Carlos Bresser Pereira. Os autores procuraram se pautar, segundo informaram nas considerações preliminares, numa metodologia informada "a partir de uma posição valorativa marcada por uma concepção social-humanista da sociedade e do mundo".[98]

---

96 Carta de Celso Furtado a Francisco Iglésias em 1 de julho de 1971. Instituto Moreira Sales. Coleção Francisco Iglésias.

97 JAGUARIBE, Hélio. Agradecimentos. In: JAGUARIBE, Hélio [et al.]. *Brasil, sociedade democrática*. Rio de Janeiro: José Olympio, 1985. p. VII.

98 JAGUARIBE, Hélio [et al.]. *Brasil, sociedade democrática*. Rio de Janeiro: José Olympio, 1985. p. 5.

O encaminhamento do trabalho de Francisco Iglésias foi orientado por três hipóteses principais: 1) a história brasileira apresentaria períodos de relativa democracia alternados com governos autoritários que, por sua vez, entrariam em crise e dariam margem para o reaparecimento de regimes democráticos; 2) a experiência democrática brasileira, tal como a grega e a europeia, é dependente do princípio de que a legitimidade política depende "do consentimento dos governados, do processo de fluidificação das relações massa-elite e da medida em que o país logre assegurar sua própria soberania e resistir a pressões externas";[99] 3) a experiência histórica brasileira, tal como as constatações da história geral, transitou entre a democracia e os governos autoritários de forma tensa e violenta, sendo que "o processo de democratização só progride estavelmente quando, a partir de um certo patamar de democracia, no plano político, se logre induzir um patamar de democracia algo superior, no plano social, o que permitirá um posterior passo adiante, no plano político".[100]

Com o objetivo de mostrar que a história política brasileira, entre 1822 e 1984, não poderia ser considerada uma história evolutiva na direção da democracia, portanto, Francisco Iglésias avaliou seus avanços e recuos dependendo da maior ou menor força dos grupos econômicos dominantes sobre o Estado, visto que "ora é o Estado que avança, ora é o povo. Este é quase sempre contido, pois a máquina estatal, óbvia expressão dos interesses do grupo dominante, está sempre alerta e consegue deter qualquer arrancada mais audaciosa".[101] Em sentido geral, entretanto, Francisco Iglésias considerou que a sociedade e a política sempre caminharam para melhor entendimento. Seu otimismo, segundo ele próprio justificou, não era resultado de uma análise ingênua, desejo de verificar a constância evolucionista na ideia do progresso, crença no espontaneísmo ou na fatalidade do destino humano. Sua conclusão se baseava no entendimento de que "a inquietação, a crítica, a denúncia e o combate são permanentes na vida dos povos"[102] e o caso brasileiro não poderia ser diferente. Para Francisco Iglésias, em texto escrito pouco depois de sua participação naquele inquérito, a história de lutas e revoltas nos trezentos anos de domínio português, nos sessenta e sete anos de governo monárquico e, especialmente, naqueles tempos recentes de Ditadura Militar comprovaria a tendência de que "a consciência crítica pode movimentar o pro-

---

99  Idem. p. 9.
100 Idem. p. 9-10.
101 IGLÉSIAS, Francisco. Momentos democráticos na trajetória brasileira. In: JAGUARIBE, Hélio [et al.]. *Brasil, sociedade democrática*. Rio de Janeiro: José Olympio, 1985. p. 126.
102 Idem.

cesso, alterando-o substancialmente, imprimindo-lhe rumos. A luta é uma constante e suas vitórias com frequência aceleram o ritmo".[103]

Através do estudo dos momentos democráticos da vida brasileira desde a Independência – ou seja, dos momentos em que o povo se levantou pela afirmação da nação, segundo o autor –, Francisco Iglésias pretendeu superar a perspectiva de que o país não possuía uma história democrática na qual se inspirar naquele momento em que a Ditadura Militar dava seu último suspiro. O processo de redemocratização em curso demandava a construção de tradições positivas nas quais a reorganização das suas instituições pudesse se legitimar.

As hipóteses preliminares, elaboradas pela equipe de pesquisadores como "suposições que orientaram a busca inicial de dados",[104] estabeleceram alguns eventos para marcar a alternância dos momentos democráticos da história brasileira: da Constituição de 1824 até a Regência Una; da maioridade de Pedro II até a proclamação da República; da eleição de Prudente de Morais até o governo de Washington Luís; da candidatura de Júlio Prestes até o governo provisório de Getúlio Vargas; da Constituição de 1934 até a instauração do Estado Novo; da deposição de Vargas, em 1945, e da Constituição de 1946 até o golpe militar de 1954; do antigolpe do Marechal Lott até o golpe de 1964; da supressão dos atos institucionais, em 1979, até a sucessão do Presidente Figueiredo.

O texto de Francisco Iglésias revela que ele teve autonomia para lidar com este instrumento heurístico, visto que ele apostou no aumento da consciência crítica da população oprimida como motor de transformações sociais e políticas. Esta perspectiva foi levada em conta no momento de abrir mão das periodizações da história política brasileira existentes e propor outros marcos que, se menos rígidos ou didáticos, poderiam ter maior riqueza para explicar "a participação do povo na política". O primeiro momento – de 1822 a 1888 – deveria ser compreendido tendo em conta o ano de 1841, quando ocorreu a reforma do Código de Processo Criminal, o "arcabouço legal da nacionalidade", e a construção de toda uma estrutura de domínio. O segundo momento – de 1888 a 1930 – buscou valorizar especialmente a mudança do sistema de trabalho por considerar o impacto deste acontecimento, do ponto de vista econômico, social e político, mais significativo do que a instauração da República. O terceiro – de 1930 a 1964 – ressaltou a aceleração do processo histórico através da superação da dependência internacional, da maior participação política e, também,

---

103 *Idem.* p. 127.
104 JAGUARIBE, Hélio [et al.]. *Brasil, sociedade democrática.* Rio de Janeiro: José Olympio, 1985. p. 5.

de igualdade de todos no plano social, com uma consciência crítica de identidade, conduzindo à ideia da democracia de massas; de busca da superação da miséria de amplos segmentos da sociedade ou de áreas excluídas do conjunto de bens, de sobrevivência vegetativa; de atendimento das necessidades básicas de todos, de usufruto dos bens conquistados, inclusive do lazer, que leva a considerável alargamento da criatividade e da inventiva tecnológica e artística.[105]

Finalmente, o quarto momento – a partir de 1964 – caracterizado pelo retrocesso de um regime que, em 1984, revelou sua exaustão.

De acordo com Francisco Iglésias, o processo da independência brasileira foi favorecido pela "tradição de luta do povo" formada por seu embate contra as pretensões francesas, inglesas e holandesas, pela rebeldia de índios e negros contra os portugueses, pelos conflitos dos brasileiros, no século XVIII, contra os privilégios comerciais ou contra a administração, o que teria feito do Brasil uma "colônia insubmissa, sempre em luta contra a dominação".[106] Para o autor, embora a fase final do processo de emancipação tivesse sido conduzida pelo príncipe regente, ela não teria sido pacífica. Fundamentando seu argumento na obra "Independência: revolução e contrarrevolução" (1975), de José Honório Rodrigues, ele afirmou que a interpretação do caráter incruento da emancipação só era sustentada pela "historiografia tradicional".[107] Da mesma forma, sua interpretação da proclamação da República ponderou que, embora ela tenha sido instalada mediante um golpe militar, "dizer que o povo não participou é esquecer os mártires de muitos momentos da Colônia e do Império".[108] A mesma lógica foi usada quando ele tratou da incorporação do proletariado na sociedade através da tutela de Getúlio Vargas: "se o povo brasileiro não a conquistou com sua organização e choques naquele momento – a organização operária era feita pelo governo, as lutas proibidas –, conquistou com os atritos dos sindicatos, a greve, o enfrentamento da repressão ao longo de muitos anos".[109]

No balanço geral da realidade política brasileira entre 1822 e 1888, para Francisco Iglésias, se poderia falar em democracia no Brasil – não obstante a exclusão da maior parte da população e dos escravos – "pela existência aqui de uma estrutura política re-

---

105 IGLÉSIAS, Francisco. Momentos democráticos na trajetória brasileira. In: JAGUARIBE, Hélio [et al.]. *Brasil, sociedade democrática*. Rio de Janeiro: José Olympio, 1985. p. 129.

106 *Idem*. p. 132.

107 *Idem*. p. 136.

108 *Idem*. p. 157.

109 *Idem*. p. 181.

gulada em leis e em funcionamento decorrente de um sistema administrativo organizado. O povo é ouvido em manifestações eleitorais, origem de seus representantes".[110] A partir de 1888 e nas primeiras décadas da República, o autor avaliou que houve uma crescente tomada de consciência no sentido democrático, visto que "o principal obstáculo a uma vida livre é removido com a abolição do trabalho escravo".[111] A partir daí, a população pode começar a se movimentar em defesa de seus interesses.

O que interessou a Francisco Iglésias destacar na análise das primeiras três décadas de República, sobretudo na década de 1920, foi o surgimento das ideias de direita e esquerda no Brasil, ou seja, a ideologização do debate. Ainda que a política continuasse pautada pelo clientelismo, começava a surgir discussões em torno das ideias que deveriam fundamentá-la:

> O mais expressivo a consignar é o surgimento de direita e de esquerda, em luta pela propaganda. A forma dominante, em que seus quadros partidários e militantes, pouco é afetada, pois continua no ramerrão do poder e do uso de seus privilégios. Não se passara, ainda, da política de clientela à ideológica [...] A curto prazo, porém, a ideologização do debate vai ser sensível e produzir importantes resultados, como se verá depois.[112]

O problema da planificação ou do intervencionismo do Estado nas questões econômicas, por exemplo, debate travado na Europa e nos Estados Unidos, teria chegado ao Brasil com o incentivo do próprio governo Vargas. A chamada controvérsia do planejamento na economia brasileira teria aproximado o governo do que havia de mais sofisticado no pensamento político-econômico brasileiro. Para Francisco Iglésias, de fato, o Estado Novo foi marcado por profunda ambiguidade: "altamente repressivo, com aparato policial nunca visto antes, ao mesmo tempo é modernizador e realiza apreciável trabalho em favor do bem público".[113] O autor destacou, sobretudo, o aparecimento do povo na vida pública brasileira: "o governo, usando o povo e apelando para ele, inova na área política, marcando posição original. Em perspectiva ampla, essa é a nota mais significativa do primeiro período Vargas, encerrado em outubro de 1945".[114]

Mal disfarçando seu entusiasmo pelo governo do mineiro Juscelino Kubitschek, Francisco Iglésias avaliou o período como "o mais democrático da história recente do

---

110 *Idem.* p. 155.

111 *Idem.* p. 167.

112 *Idem.* p. 174.

113 *Idem.* p. 182.

114 *Idem.* p. 183.

Brasil".[115] De acordo com ele, "a agitação das camadas populares teve enorme importância na época. Além das que vieram antes, assinale-se a vez do meio rural, com o surgimento das Ligas Camponesas a contar de 1958".[116] Em suma, "nunca um chefe marcara o país com tamanha lista de realizações, despertando o otimismo e instaurando a quase plenitude democrática, pelo exercício incontestável da tolerância".[117] À curta passagem de Jânio Quadros pelo governo, entretanto, Francisco Iglésias atribuiu a culpa pela emergência dos militares no poder:

> Como iludiu o povo e chegou ao posto máximo na maior manifestação da vontade pelo voto, entrando e saindo sem nada fazer de durável – a expectativa não teve outra resposta que a frustração –, marcou o país, mas pela acefalia em que o deixa na sua maior crise e vai permitir a aventura do golpe de 1964.[118]

A movimentação social e política que se seguiu e que amedrontou os tradicionais detentores do poder, fazendo-os recorrer ao golpe de 1964, teria sido resultado, segundo Francisco Iglésias, do fato de que a nação participava do processo. A atividade pública já tinha deixado de ser privilégio do governo e dos partidos "para ser exercida por associações dos diferentes segmentos da sociedade. Todos falam, depõem, dão testemunho, reivindicam".[119] Se comprovava, aqui também, a hipótese de que "os grupos dominantes não toleram a aceleração do processo, quando sofrem ou pensam sofrer prejuízos. Ao avanço, preferem o retrocesso; à revolução, a contrarrevolução".[120]

O divórcio completo entre o governo militar e a nação não demorou a se delinear, segundo Francisco Iglésias. O Parlamento se transformou em um "arremedo de representação popular", a Universidade foi "profundamente golpeada", os grupos estrangeiros levaram à plenitude a "espoliação do proletariado urbano e rural" e o conflito de classes. O resultado foi que "patenteada a quase total impopularidade do governo, é preciso manipular a lei, no falseamento de tudo".[121] Na avaliação do autor, o regime militar não contou com sustentação ideológica, o que teria levado o poder a tratar a

---

115 *Idem*. p. 189.
116 *Idem*. p. 192.
117 *Idem*. p. 193.
118 *Idem*. p. 194.
119 *Idem*. p. 201.
120 *Idem*. p. 203.
121 *Idem*. p. 209.

nação "como constituída por gente retardada ou por deficientes intelectuais".[122] Daí sua conclusão de que, depois do povo, a direita foi a grande derrotada como golpe de 1964, pois ela não poderia ter respaldo com o dano geral que deflagrou. Além disso, ele sustentou que "a direita é sempre sem perspectiva, é eminentemente anti-histórica. Fora do processo, não o compreende nem pode dirigi-lo".[123] Esta convicção será retomada, como veremos, na análise que Francisco Iglésias fará dos historiadores do Brasil que foram orientados pelo conservadorismo.

Embora atribuísse aos demais estudos daquela obra o lugar mais adequado para o tratamento das questões relativas aos problemas suscitados pela história recente do Brasil, Francisco Iglésias não se eximiu de avaliar o seu tempo. Segundo ele, se a negação da democracia foi uma constante na trajetória brasileira, o regime militar impôs sua forma mais agressiva. Em tom de denúncia e, ao mesmo tempo, de confiança na ação do povo, ele concluiu que

> muita gente sofreu, foi exilada, torturada, morta. O Brasil cruento teve a expressão máxima. Se muito fizeram para submetê-lo, a reação igual e contrária, no sentido de afirmar a liberdade, também teve alta expressão. E foi essa gente sofrida que conseguiu repor as coisas em seu lugar; conquistou o seu espaço, fez a abertura, que não é dádiva, como supõem autoridades pretensiosas e áulicos de todas as camadas. O povo participante teve na campanha das diretas um dos seus momentos supremos. Se não a conseguiu, não foi ele o derrotado, mas a nação. Os parlamentares que cegamente a recusaram mostram apenas insensibilidade, cada vez mais afastados da massa que espoliam e não representam. Eles passam e a causa fica. O povo saberá sair do atoleiro por suas próprias mãos [...].[124]

## Historiadores do Brasil, uma história interrompida

A reflexão sobre a historiografia e, especialmente, sobre a história da historiografia brasileira esteve sempre presente no percurso intelectual de Francisco Iglésias. Ele é justamente considerado, ao lado de José Honório Rodrigues, um dos precursores dos estudos do gênero no Brasil. Para Lúcia Maria Paschoal Guimarães, por exemplo, Francisco Iglésias está ao lado de José Honório Rodrigues e Sérgio Buarque de Holanda como os autores "mais representativos de sínteses evolutivas da história da história

---

122 *Idem*.
123 *Idem*. p. 211.
124 *Idem*. p. 216.

do Brasil".[125] Apesar da avaliação geral da formação histórica universitária ter enfatizado a carência de estudos teóricos sobre a matéria, desde a década de 1940, como vimos, os artigos de Francisco Iglésias manifestaram preocupação com a definição e os problemas que fazem parte do ofício de historiador, aproximando-o dos estudos da historiografia brasileira e da reflexão sobre a teoria e a metodologia da história.

Em um artigo de 1949 ele já ponderava sobre a relatividade da história afirmando que "quanto às ideias gerais de hoje sobre a história e sobre determinadas civilizações, é possível que no futuro venham a ser alteradas em parte ou mesmo na essência. Denotaria incompreensão do espírito histórico apresentá-las como absolutas e definitivas".[126] Ao expressar a ideia da própria historicidade do conhecimento histórico, Francisco Iglésias foi levado à avaliação das obras de história tendo em vista seus contextos de produção. De fato, entre as centenas de textos escritos para jornais e revistas, prefácios e introduções, resenhas e comunicações ao longo do seu itinerário intelectual, figuram importantes ensaios que buscaram compreender criticamente autores e obras da historiografia e do pensamento social brasileiro. A justificativa para o esforço pode ser encontrada ainda na relação da historiografia com a sua própria concepção do trabalho do historiador que deveria entrelaçar a pesquisa e a reflexão sobre o próprio ofício.

Em 1949, Francisco Iglésias apontou, dentre as dificuldades que a história apresentava para seu estudioso, a ausência de organização de seus métodos e de seus instrumentos de trabalho: "a história não está ainda organizada, não se corporificou [...] Tendo natureza científica, não é uma ciência". A consequência imediata desse problema era que "na luta por encontrar o verdadeiro caminho, com a delimitação exata de objetivo e escolha de métodos adequados, os historiadores se encontram diante de problemas que exigem solução e consomem quase todo o esforço dos cultores mais responsáveis e lúcidos". Apesar do tempo despendido, o autor reconhecia que assim é que o conhecimento histórico enriqueceria sua visão e seus instrumentos de trabalho.[127]

A preocupação com os estudos de história justificaria a reunião dos textos publicados em "História & Ideologia", conforme ficou registrado no prefácio da obra, escrito em 1969. Aí ele afirmou que

---

125 GUIMARÃES, Lúcia Maria Paschoal. Sobre a história da historiografia brasileira como campo de estudos e reflexões. In: NEVES, Lúcia Maria Bastos Pereira das et alli (orgs.). *Estudos de historiografia brasileira*. Rio de Janeiro: FGV, 2011. p. 22.

126 IGLÉSIAS, Francisco. Problemas históricos. *Estado de Minas*, Belo Horizonte, 18 de dezembro de 1949.

127 *Idem*.

> embora julguemos que o trabalho do historiador deva ser eminentemente a pesquisa, não é menos legítimo o cuidado com os altos temas, assuntos gerais, autores e ideologias significativos [...] Como é pacífico, o estudioso de História que se empenha no esclarecimento de sua área, de determinado assunto ou do conjunto, deve ter formação geral, interesse metodológico, única forma de elevar a matéria que elabora a plano superior. Por menor que seja o aspecto da pesquisa, se seu executante não coloca como objeto de especulação os grandes problemas, dificilmente terá êxito na tarefa que realiza. A curiosidade intelectual, no caso, não é amadorismo ou anseio generalizante, mas o único modo possível de adquirir o sentido do que é histórico, o profundo entendimento do seu campo.[128]

Para Francisco Iglésias, portanto, a pesquisa e a reflexão sobre a sua própria produção deveriam ser duas preocupações permanentes do historiador. Embora o profissional pudesse distingui-las como duas realizações distintas, elas seriam os dois lados de um mesmo propósito: dar sentido ao que é histórico. Essa ampla concepção do trabalho do historiador o fez valorizar a interpretação como um dos parâmetros fundamentais de suas análises críticas da historiografia brasileira, conforme vimos.

O reconhecimento da necessidade de metodologias para a pesquisa histórica coincidia, segundo Francisco Iglésias, com a maioridade intelectual do Brasil: o estudo teria deixado de ser ornamento academicista ou recreativo para se identificar com a busca da interpretação da realidade em termos científicos. Daí a proliferação de obras dedicadas à busca das origens e das soluções dos problemas brasileiros, principalmente após 1922. Francisco Iglésias identificou a renovação cultural e intelectual ocorrida no Brasil nessa época com o conjunto de transformações que alteraram a fisionomia nacional: a urbanização, o industrialismo, a diversificação dos grupos sociais. Tudo isso teria sido institucionalizado a partir de 1930 com a vitória dos valores que antes estavam sendo negados por uma sociedade arcaica. O Brasil teria vivenciado, a partir daí, uma democratização contínua. Apesar de alguns recuos, na sua avaliação o saldo era positivo.[129]

Entre 1985 e 1987, Francisco Iglésias escreveu um conjunto de textos sobre a história da historiografia brasileira que ficou "esquecido" até dez anos depois, quando ele retornou aquele trabalho e reescreveu algumas de suas partes. As 103 páginas do texto original e as 54 páginas reescritas em 1998 foram organizadas pelo professor João Antônio de Paula e resultaram no livro póstumo "Historiadores do Brasil", publicado em 2000 como homenagem da UFMG ao historiador recém falecido. O organizador conta

---

128 IGLÉSIAS, Francisco. *História e ideologia*. São Paulo: Perspectiva, 1971. p. 10.

129 IGLÉSIAS, Francisco. A pesquisa histórica no Brasil. In: *Revista de História*, São Paulo, vol. 43, 1971. p. 377.

que foram encontrados dois sumários previamente elaborados por Francisco Iglésias: um, de 1985, ano do início da redação do texto, com a anotação "sugestão inicial" a caneta; outro, de 1986, com a observação "quase definitivo".[130] É para esse sumário que gostaríamos de chamar a atenção inicialmente, pois ele revela a amplitude do empreendimento que o historiador estava planejando, conforme mostra o Quadro 2, embora não o tenha realizado na íntegra.

Mais que uma obra sobre a história da escrita da história no Brasil, Francisco Iglésias deixou indicada a intenção de elaborar um estudo sobre os aspectos mais amplos que marcaram a pesquisa, a escrita e o ensino de história no país, desde o tratamento de temas teóricos (como parece mostrar o subtópico "O regional, o nacional e o universal"), passando pela preocupação com a consciência histórica formada pelo ensino, do primário à pós-graduação (terceira parte) e os aspectos políticos e econômicos que orientaram os bastidores da pesquisa no arquivo e nas agências de financiamento (quarta e quinta parte). Ao propor uma reflexão sobre as perspectivas da história e do historiador (sexta parte), Francisco Iglésias manifestou ainda sua preocupação com o futuro da disciplina, fechando a análise do passado, do presente e do futuro da história no Brasil.

---

130 PAULA, João Antônio. Notas sobre a edição. In: IGLÉSIAS, Francisco. *Historiadores do Brasil*. Belo Horizonte: UFMG, IPEA; Rio de Janeiro: Nova Fronteira, 2000.

**QUADRO 2. SEGUNDA VERSÃO DO SUMÁRIO FEITO POR FRANCISCO IGLÉSIAS EM 1986 DURANTE A ELABORAÇÃO DO ESTUDO QUE VIRIA A COMPOR O LIVRO PÓSTUMO "HISTORIADORES DO BRASIL"**

| I - INTRODUÇÃO |
|---|
| 1. Razões e natureza do livro |
| 2. O regional, o nacional e o universal |

| II - Historiografia brasileira |
|---|
| 1. Primeiro momento: 1500/1838 |
| 2. Segundo momento: 1838/1931 |
| 3. Terceiro momento: 1931/1986 |
| 4. Quadro atual: conquistas e carências |
| 5. Dilemas da interdisciplinaridade |

| III - Ensino |
|---|
| 1. Curso primário |
| 2. Curso secundário |
| 3. Curso superior |
| 4. A pós- graduação |

| IV – Arquivos e pesquisa |
|---|
| 1. Breve histórico |
| 2. O impulso recente |

| V – Assistência à história |
|---|
| 1. O poder público institucionalizado. E outros. |
| 2. Financiamentos |

| VI – Perspectivas da história e do historiador |
|---|
| 1. Breve bibliografia |
| 2. Índice analítico e onomástico. |

FONTE: PAULA, João Antônio. Notas sobre a edição. In: IGLÉSIAS, Francisco. *Historiadores do Brasil*. Belo Horizonte: UFMG, IPEA; Rio de Janeiro: Nova Fronteira, 2000. p. 13.

O que o esboço do sumário nos revela é que Francisco Iglésias traçou um projeto para oferecer ao leitor não só o sentido evolutivo da disciplina histórica, mas uma referência prática de orientação dos próprios historiadores enquanto pesquisadores e também professores. O planejamento parece ter se inspirado e superado, em termos de ambição, o projeto historiográfico que José Honório Rodrigues tinha traçado quando propôs analisar o tríptico formado pela teoria, pelo método e pela historiografia brasileira.[131] Mas o que Francisco Iglésias efetivamente realizou daquele planejamento, interrompido com a sua morte em 1999, foi uma história da historiografia brasileira amplamente influenciada pelo sentido evolutivo que Rodrigues já havia imprimido na trajetória da disciplina histórica. De 1500 a 1986, a historiografia também passou da crônica à ciência nas mãos de Francisco Iglésias.

Os estudos de história da historiografia, segundo o autor, tinham a função de oferecer uma imagem de conjunto do conhecimento histórico produzido para possibilitar "apreender a realidade, quanto foi feito e muito que há para ser feito".[132] Este tipo de empreendimento deveria contribuir para o balanço da historiografia e a autolocalização dos historiadores, sobretudo a partir do surgimento dos cursos de história e demais cursos de ciências sociais. Este tipo de obra de referência, no entendimento de Francisco Iglésias, além de ajudar o pesquisador a se localizar no quadro evolutivo da produção historiográfica, deveria ser tomado como "sinal seguro de amadurecimento intelectual", visto que indicava a existência de uma produção digna de nota.[133]

Como obra de função instrumental – como o eram os dicionários, os catálogos, guias e demais repertórios – a historia da historiografia produzida por Francisco Iglésias deveria ter caráter didático, daí a necessidade de estruturá-la em torno de uma periodização da produção historiográfica brasileira. O autor não desconhecia os riscos da estratégia, mas julgava apropriado assumi-los para oferecer ao pesquisador um modelo que fosse funcional: "convém tentar o esquema, ainda que se force por vezes a nota, como é comum em todas as tentativas de tal natureza, cometendo talvez certa arbitrariedade, com vistas a um modelo didático ou funcional".[134]

Abrindo mão de demoradas justificativas sobre os marcos temporais estabelecidos, Francisco Iglésias propôs três momentos para o entendimento da história da historiografia brasileira de 1500 (os "primeiros dias") a 1838 (data da criação do Instituto Histórico e Geográfico Brasileiro); de 1838 a 1931 (data da reforma do ensino que criou as faculdades de filosofias e os cursos de história); e de 1931 a "nossos dias".

---

131 RODRIGUES, José Honório. *Teoria da história do Brasil: introdução metodológica*. São Paulo: Companhia Editora Nacional, 1978. p. 455.

132 IGLÉSIAS, Francisco. *Historiadores do Brasil: capítulos de historiografia brasileira*. Rio de Janeiro: Nova Fronteira; Belo Horizonte: UFMG, 2000. p. 19.

133 *Idem*. p. 22.

134 *Idem*. p. 23.

Um esquema semelhante já tinha sido proposto por ele no artigo "A história no Brasil", produzido como resultado de relatório técnico elaborado para o CNPq e publicado com patrocínio da mesma instituição,[135] mostrando que suas reflexões sobre a matéria começaram antes mesmo da década de 1980. Na periodização inicialmente apresentada, entretanto, o marco entre o primeiro e o segundo momento seria o ano de 1854, data da publicação do primeiro volume de "História Geral do Brasil", de Francisco Adolfo de Varnhagen, "primeira obra importante de conjunto do processo de desenvolvimento escrita por brasileira, elaboradora de modelo muito repetido, espécie de historiografia oficial".[136]

No relatório produzido para o CNPq em 1983, a periodização da história da historiografia brasileira também aparece, mas com uma modificação significativa: a inclusão de um quarto momento: de 1971 (data da criação do primeiro curso de pós-graduação em História, na USP) até os dias atuais. Embora Francisco Iglésias receasse estabelecer como marco o nascimento de uma instituição tão nova, cujos resultados, segundo ele, ainda eram "fracos", acreditava que "suas diretrizes e algumas realizações atestam que é mesmo outro momento".[137] Mas por que Francisco Iglésias não incorporou essa fase no texto de "Historiadores do Brasil"? Suas razões podem ser buscadas no próprio relatório produzido para o CNPq. Se a multiplicação dos cursos de pós-graduação foi responsável pelo "surto de estudos brasileiros", tendo despertado o gosto pela pesquisa, a maioria, na sua avaliação, ainda era composta por estudos "fracos". Embora a pós-graduação despertasse atenções, "o mestrado e o doutorado, novos e ainda indefinidos, não permitem muitas conclusões". Daí que seu interesse e análise ficassem restritos ao relatório técnico apenas como exemplo das perspectivas que poderiam indicar.[138] Além disso, para Francisco Iglésias, muito do que a pós-graduação tinha de melhor era resultado não dos cursos de mestrado ou doutorado em si, mas "das vantagens de uma graduação bem compreendida" que, "se não chegou ainda à sua organização ideal, com um curso de História de currículo ajustado, quase cinquenta anos depois, muito já se fez e as soluções corretas vão sendo apontadas e impostas".[139]

O esquema vulgarizado na obra "Historiadores do Brasil" se tornou referência para muitos pesquisadores, bem como foi criticado por tantos outros. Embora não

---

135 IGLÉSIAS, Francisco. A história no Brasil. In: FERRI, Mário Guimarães; MOTOYAMA, Shozo (coord). *História das Ciências no Brasil*. São Paulo: Edusp, 1979.

136 Idem. p. 272.

137 IGLÉSIAS, Francisco. *História. Avaliação & Perspectivas*. Brasília: CNPq, 1983. p. 196.

138 *Idem*. p. 197.

139 *Idem*. p. 197.

nos interesse investigar os usos ou aplicações dadas ao esquema, é interessante observar como seus marcos foram discutidos sem que se atentasse para a compreensão histórica do pensamento que os selecionou. Para Godoy, por exemplo, ao contrário de 1838 e 1931, marcos temporais que apontam para mudanças ocorridas no âmbito institucional, a escolha do ano de 1500 representa um marco político que, na sua avaliação, não poderia ser considerado como nascimento da historiografia brasileira, "primeiro porque não escreviam textos de história e segundo porque não eram brasileiros".[140] Mas não houve, por parte do autor da crítica, a problematização da função das obras selecionadas para o esquema em questão.

A periodização proposta por Francisco Iglésias se refere a uma organização temporal para a história da historiografia com o objetivo, segundo sua própria concepção da tarefa, de estabelecer determinados momentos no processo evolutivo da historiografia, que foi como ele percebeu suas transformações.[141] Periodizar, portanto, não seria simplesmente estabelecer uma cronologia, pois ela exigiria do historiador capacidade teórica interpretativa da mudança. Concebendo a História como um processo que não se detém e que está em permanente mudança, o historiador deveria ter a capacidade de perceber esse movimento no fluir contínuo, competência que Francisco Iglésias chamava de sensibilidade histórica: "mais rara e difícil que a erudição histórica", ele salientava.[142] Se as mudanças quase sempre são lentas e imperceptíveis para aqueles que testemunham o processo, deve ser ressaltada pelo historiador capacitado para apreender o que é vivo através da identificação dos momentos que antecedem e preparam uma transformação. O primeiro momento da história da historiografia brasileira, de 1500 a 1838, portanto, deve ser considerado, no esquema de Francisco Iglésias, como preparação necessária das mudanças que ocorreriam depois. Sua supressão, como sugeriu Godoy, subtrairia todo o significado da periodização para a explicação histórica que o autor procurou oferecer para a história da historiografia brasileira.

A crítica empreendida por Lúcia Maria Paschoal Guimarães incorre em semelhante redução. Embora reconheça a contribuição de Francisco Iglésias para a formação do campo da história da historiografia, a autora questiona o marco temporal de 1931 como início do terceiro momento na periodização da história da historiografia e propõe sua "correção". Guimarães argumenta que "o predomínio do Instituto Histórico foi bem mais longevo" e que "o deslocamento para o âmbito universitário só se concretizou por

---

140 GODOY, João Miguel Teixeira de. Formas e problemas da historiografia brasileira. In: *História Unisinos*, vol. 13, n. 1, jan./abr. 2009. p. 71.

141 IGLÉSIAS, Francisco. Periodização da história de Minas. *Revista Brasileira de Estudos Políticos*, vol. 29, julho de 1970. p. 181.

142 *Idem*. p. 182.

volta da década de 1960".[143] Ela sugere "estender o segundo momento aludido por Iglésias até o ano de 1961",[144] data da primeira reforma de ensino após o período varguista e do I Simpósio de Professores de História do Ensino Superior, que culminou com a fundação da Associação dos Professores Universitários de História (APUH). Em nenhum momento a autora questiona as razões históricas que teriam levado Francisco Iglésias a estabelecer tal marco e ignora o fato de que a nova data estabelecida por ela relegaria ao limbo os esforços de renovação empreendidos pelo próprio historiador mineiro desde década de 1940. A retificação, tomada como um ajuste científico, deve ser explicada tendo em vista a necessidade de afirmação do novo cânone disciplinar imposto pela pós-graduação, mas relativamente alheio a normatividade na qual Francisco Iglésias se apoiava.

Embora inacabada, "Historiadores do Brasil" é uma obra que, lida em seu contexto intelectual de produção, oferece elementos significativos para a compreensão das disputas e consensos em torno da disciplinarização do conhecimento histórico na universidade, na medida em que ajudou a delimitar um conceito de historiografia, a consagrar determinadas obras e autores e a atualizar a memória científica que os historiadores profissionais deveriam guardar. A história da historiografia brasileira escrita por Francisco Iglésias herdou, principalmente de Capistrano de Abreu e José Honório Rodrigues, parte de seu panteão. Ao célebre conjunto de historiadores do Brasil, entretanto, ele deu um tratamento próprio, condizente com seu lugar institucional.

As obras destacadas no primeiro momento da periodização de Francisco Iglésias – de 1500 a 1838 – não são consideradas por ele "historiografia", mas livros contendo "mais crônicas históricas que história, mais fontes que obras elaboradas".[145] Embora alguns títulos apresentassem "apreciável consistência", segundo o autor, "nenhum deles se alçou à verdadeira historiografia".[146] As obras do período colonial e dos primeiros anos após a Independência não teriam contribuído diretamente para a construção de um esquema da história do Brasil, mas ao abordarem o passado brasileiro, acabaram contribuindo para a elaboração da história como fontes de informação. Alguns, entretanto, foram destacados por Francisco Iglésias como mais próximos do "verdadeiro entendimento" da historiografia. A partir das características que os tornaram merece-

---

143 GUIMARÃES, Lúcia Maria Paschoal. Sobre a história da historiografia brasileira como campo de estudos e reflexões. In: NEVES, Lucia Maria Bastos Pereira [et al.]. *Estudos de historiografia brasileira*. Rio de Janeiro: FGV, 2011. p. 29.

144 *Idem*. p. 30.

145 IGLÉSIAS, Francisco. *Historiadores do Brasil*. Belo Horizonte: UFMG, IPEA; Rio de Janeiro: Nova Fronteira, 2000. p. 23.

146 *Idem*. p. 53.

dores de distinção no esquema do autor, bem como daquelas que afastaram outros, foi possível estabelecer os parâmetros de sua avaliação e da construção de seu conceito.

Partes do texto publicado em "Historiadores do Brasil" sobre o primeiro momento da história da historiografia brasileira já tinha sido publicado em um artigo de 1983. Nele, Francisco Iglésias apontava que a historiografia deveria ser o resultado do levantamento, da classificação e da análise dos documentos como parte de um trabalho que seria "eminentemente realização crítica; se coletora e selecionadora, é sobretudo compreensão e juízo, quanto possível isento de aspectos valorativos".[147] De fato, em "Historiadores do Brasil", dentre vários nomes citados no primeiro momento, o autor destacou Vicente do Salvador, Rocha Pita, Antonil, Diogo de Vasconcelos e Robert Southey como produtores de uma proto-historiografia.

Sobre Vicente do Salvador e sua "História do Brasil", concluída em 1627, Francisco Iglésias afirmou que "o autor conheceu documentos, leu quanto pode e teve conhecimento de muita tradição oral, ouvindo pessoas de todas as categorias sobre tudo".[148] Além disso, ele reconheceu em sua obra uma prática que julgou válida para as historiografias de qualquer tempo e lugar, a história do presente: "Chega a falar da história dos seus dias, em boa prática historiográfica de todos os tempos [...]".[149] Mas o valor de seu texto estaria, sobretudo, na análise crítica e supostamente correta do processo de colonização, o que teria levado Vicente do Salvador a nutrir "simpatia pelos dominados", a manifestar "um nacionalismo tímido" e a ser o primeiro a fazer "a crítica fundada e direta ao colonizador".[150]

---

147 IGLÉSIAS, Francisco. Fontes impressas para o estudo de Minas no século XVIII. Memória da V Semana da História. Franca, vol. 5, 1983. p. 256.

148 IGLÉSIAS, Francisco. *Historiadores do Brasil*. Belo Horizonte: UFMG, IPEA; Rio de Janeiro: Nova Fronteira, 2000. p. 29.

149 *Idem*. p. 30.

150 "O certo é que o frei percebe o essencial do processo: trata das lutas entre os índios e o colonizador, com certa simpatia pelos dominados. Aponta os defeitos da colonização, no mau trato aos nativos, na subjugação dos brasileiros, nas práticas administrativas desonestas como o furto, o abuso do poder [...] tem o senso da realidade da Colônia [...] Denuncia a falta de iniciativa do português, que não se empenha pelo interior, permanecendo ao longo do litoral [...] A seu ver, cuidam só de espoliar o país, levando o que podem, sem pensar na criação de riquezas. Já se percebe um 'nacionalismo' tímido, mal esboçado e pouco explícito, mas real no autor [...] De fato, frei Vicente é o primeiro censor do português, o primeiro a fazer a crítica fundada e direta ao colonizador" (IGLÉSIAS, Francisco. *Historiadores do Brasil*. Belo Horizonte: UFMG, IPEA; Rio de Janeiro: Nova Fronteira, 2000. p. 30-31)

Se o aspecto político e ideológico distinguiu positivamente Vicente do Salvador, comprometeu Rocha Pita e sua "História da América Portuguesa", de 1730, um "representante eminente da linha antipopular".[151] Francisco Iglésias não compartilhava do ideal da imparcialidade científica, posição que apareceu claramente na crítica que empreendeu a Leopold von Ranke: "Problema de difícil encaminhamento [o da imparcialidade], uma vez que se sabe, sobretudo hoje, que não há neutralidade científica, principalmente nas ciências humanas".[152] Daí que, apesar de ter reconhecido que Rocha Pita "deve ter feito longas pesquisas em fontes originais e tinha capacidade de trabalho",[153] e que "queria exprimir a verdade, pesquisando, lendo, atento à tradição oral e aos depoimentos de quantos conheceu",[154] sua avaliação foi que o baiano não conseguiu captar o significado dos eventos que tratou. Segundo ele, "de um homem oficioso, convencional, conservador e áulico, não se pode esperar entendimento das lutas que atravessavam toda a história nativa", pois, continuou, "é difícil a um reacionário escrever sobre a trajetória brasileira, pois ela é feia de contestações da ordem estabelecida".[155] De qualidade duvidosa, Francisco Iglésias ressaltou, entretanto, que o livro de Rocha Pita tinha importância histórica, merecendo ser citado e estudado, visto que representava a primeira manifestação da historiografia conservadora brasileira, exemplo de que ela "não recua mesmo do reacionarismo ante a ameaça a qualquer dos privilégios do grupo dominante".[156] A obra e seu autor mereciam destaque pela capacidade de estruturar um modelo que, na avaliação de Francisco Iglésias, "tem sido o mais cultivado na historiografia brasileira".[157]

A consolidação deste esquema conservador de historiografia teria acontecido no segundo momento destacado por ele, a partir da criação do IHGB, em 1838. A monografia de Karl Friedrich Philipp von Martius, "Como se deve escrever a história do Brasil", se representou um avanço para seu tempo, propondo uma reflexão crítica sobre a história que até então se escrevia, não ultrapassou o conservadorismo com sua defesa intransigente da ordem. A marca foi igualmente ressaltada em Francisco Adolfo de Varnhagen. Embora valorizasse nele a capacidade de trabalho comprovada pela

---

151 IGLÉSIAS, Francisco. *Historiadores do Brasil*. Belo Horizonte: UFMG, IPEA; Rio de Janeiro: Nova Fronteira, 2000. p. 36.
152 *Idem*. p. 42.
153 *Idem*. p. 33.
154 *Idem*. p. 34.
155 *Idem*. p. 34.
156 *Idem*. p.36.
157 *Idem*.

obra volumosa e o pioneirismo da sistematização com pretensão de síntese, Francisco Iglésias não deixou de destacar que

> Varnhagen é excessivamente conservador – repita-se. Exaltava a monarquia, venerando-a na figura de d. Pedro II, que o auxiliou em seus trabalhos. Tinha o culto da ordem, abominava todos os movimentos de liberdade, sempre com uma palavra de condenação para qualquer rebeldia. Respeitável pelo trabalho, produziu muito, mas não escreveu nenhuma página que provocasse entusiasmo, seja pela forma, seja pela mensagem.[158]

O conservadorismo de Varnhagen teria comprometido sua interpretação dos eventos históricos quando, por exemplo, não percebeu a independência como revolução ou ruptura com Portugal, mas simples acordo episódico, ou quando tratou das lutas nas províncias mais hostis à emancipação. Segundo Francisco Iglésias, "de fato, um conservador de seu porte não podia entender a Confederação do Equador e o ideário de frei Caneca".[159] Mas o autor também ponderou que "considerá-lo desvalioso por não atentar para o mal da escravidão, por seu conservadorismo ou reacionarismo, por não apreciar questões hoje tão vitais, para nós, é não só procedimento duvidoso como denunciador de falta de sentido histórico".[160] Na avaliação de Francisco Iglésias, se o texto de Varnhagen, com sua compreensão da história pelo prisma do dominador, subsistiu por tanto tempo, foi devido ao "oficialismo da cátedra e de instituições que não se renovam", "pela preguiça de quantos dominam a cena".[161]

Mas nem toda história produzida a partir de 1838 poderia ser considerada de fato historiografia, segundo Francisco Iglésias. O momento entre 1838 e 1931 teria sido marcado tanto por autores e obras na antiga orientação de crônica, como pelo cultivo do eruditismo, cujo maior representante teria sido mesmo Varnhagen, e por autores e obras considerados "modernos", o que significava ter "pesquisa intensa, metodologia segura, temática original, elaboração superior".[162] Entretanto, depois de Varnhagen, termina o texto preparado por Francisco Iglésias para publicação, segundo nota do organizador da edição póstuma.[163] As páginas seguintes foram compostas por material selecionado dentre uma escrita em estágio ainda não definitivo. Daí que aquela divi-

---

158  Idem. p. 76.
159  Idem. p. 90.
160  Idem. p. 85.
161  Idem. p. 76.
162  Idem. p. 95.
163  Idem. p. 94.

são nuançada da historiografia do segundo momento tenha ficado um pouco perdida, deixando dúvidas sobre o conjunto de autores considerados "modernos". Dentre eles, Capistrano de Abreu parece ter sido o único nome destacado indubitavelmente.

A deferência com a qual Francisco Iglésias tratou Capistrano de Abreu o inseriu na tradição de elogios ao intelectual cearense como "o maior historiador brasileiro".[164] Autodidata, Capistrano de Abreu, segundo Francisco Iglésias, reunia os principais atributos de um autêntico historiador: conhecia os teóricos alemães que renovaram a metodologia histórica científica, possuía o sentido interdisciplinar da ciência social, superava a história política e administrativa então predominante, fazendo também história social e econômica, se interessava pelo seu presente e, finalmente, teve sensibilidade para perceber o povo. Se o conservadorismo e o reacionarismo eram, portanto, "marcas pouco recomendáveis de historiografia desde o princípio",[165] a boa historiografia moderna deveria prezar o progressismo, a defesa do desenvolvimento político-social. A relevância dada a este fator fez Francisco Iglésias desmembrar a tríade exemplar da historiografia moderna – Gilberto Freire, Caio Prado Júnior e Sérgio Buarque de Holanda – na abordagem do terceiro momento da história da historiografia, a partir de 1931.

Francisco Iglésias reconheceu que, como historiador, Gilberto Freire inovou na utilização de documentos e na temática original, valorizando aspectos até então menosprezados, como o papel do negro e do mestiço no processo de colonização. Mas não deixou de destacar que o autor de "Casa grande & senzala" sempre foi conservador, o que o teria levado a escrever coisas que Francisco Iglésias considerava serem ingenuidades ou falsidades, como o suposto bom padrão de vida dos escravos e o tratamento generoso dos senhores. Na avaliação de Francisco Iglésias,

> o autor é o melhor representante do antigo, do aristocrático, que o leva a equívocos comprometedores. Ilustra o conhecimento histórico, mas não enfrenta as questões fundamentais, não dá contribuição ao melhor encaminhamento dos problemas de mais urgência do país.[166]

O tradicionalismo de Gilberto Freire teria comprometido a apreensão global da sociedade brasileira. Defendendo ideias consideradas frágeis ou equivocadas, como a democracia racial, o sociólogo teria prestado, na visão de Francisco Iglésias, um des-

---

164 Sobre a construção da posição de Capistrano de Abreu na história da historiografia brasileira ver GONTIJO, Rebeca. Tal história, qual memória? Capistrano de Abre na história da historiografia brasileira. In: *Projeto História*. São Paulo, v. 41, 2010.

165 IGLÉSIAS, Francisco. *Historiadores do Brasil*. Belo Horizonte: UFMG, IPEA; Rio de Janeiro: Nova Fronteira, 2000. p. 51.

166 *Idem*. p. 197.

serviço em nome de uma "ideologia conservadora, reacionária e até fraudulenta da sociedade brasileira".[167] A ideia de uma história pacífica, marcada pela ausência de rupturas na trajetória nativa também seria destituída de base e fruto de uma visão estática do processo. Daí que entre os grandes historiadores brasileiros daquele momento, Francisco Iglésias tenha colocado a figura de Gilberto Freire em um plano inferior ao de Caio Prado Júnior e Sérgio Buarque de Holanda, considerados "os dois maiores historiadores de sua geração".[168]

O marco temporal do terceiro momento da história da historiografia brasileira – 1931, ano da reforma educacional empreendida por Getúlio Vargas e Francisco Campos – não significou a inclusão de quantos tivessem relação estreita com os cursos superiores de história ou ciências sociais. Francisco Iglésias valorizou aí o tratamento do passado com vistas a melhor orientação do presente, daí ter destacado as obras de Oliveira Vianna, Roberto Simonsen, Nelson Werneck Sodré e José Honório Rodrigues, além dos três já citados. O ISEB e a história produzida por não historiadores, como era o caso de Vítor Nunes Leal, Florestan Fernandes, Antônio Cândido, Raimundo Faoro e Celso Furtado, também foram lembradas como exemplo do entendimento interdisciplinar do conhecimento histórico. A aproximação da história com as demais ciências sociais era fator determinante na caracterização da historiografia a partir de 1931, segundo esquema feito por Francisco Iglésias.

A contribuição dos cursos superiores de história foi esboçada nas últimas páginas do livro, ainda que de forma pouco analítica. Francisco Iglésias reconheceu que, até aquele momento, eles fizeram "mais pela formação de professores para o curso médio que para a pesquisa". Mas ainda que Francisco Iglésias aceitasse que a qualidade das pesquisas pudesse ser questionada, "uma vez que não é o curso a garantia de validade de produção",[169] não deixou de pontuar mudanças significativas – como o aprimoramento das orientações, as melhores condições para a pesquisa, as técnicas e objetivos mais apurados – que, do seu ponto de vista, deveriam ser mais valorizadas, pois

> [...] o número de gente dedicada à pesquisa e à produção historiográfica é bem superior ao de antes, e, o mais assinalável é a sua formação, já profissional, quando o ofício não é mais distração, lazer ou equívoco beletrista, de endeusamento de grupos, classes ou pátria, como se dava antes, mas o estudo – ou a tentativa – de modo direto,

---

167 *Idem.* p. 198.
168 *Idem.* p. 200.
169 *Idem.* p. 230.

seguro, com uso de fontes comprobatórias, busca de sentido explicativo da trajetória de um povo ou nação.[170]

Para João Antônio de Paula, foi exatamente esta a motivação de Francisco Iglésias ao escrever a história da historiografia brasileira: "o livro é a descrição da trajetória da luta do povo para ser reconhecido como sujeito em sua própria história".[171] Daí que seus critérios para a avaliação da historiografia brasileira não tenha se eximido de acolher a dimensão política e ideológica das obras e autores analisados. Para Godoy, essa "politização da análise" teria impedido a identificação de Francisco Iglésias com a historiografia universitária, visto que "trata-se de uma reflexão que não se orienta a partir dos debates entre paradigmas rivais típicos do terceiro momento".[172] O autor prefere incluí-lo do segundo momento, cuja historiografia estaria supostamente mais marcada pela caracterização política. Mas este tipo de análise pouco contribui para a compreensão das motivações que movimentaram a produção historiográfica, ao mesmo tempo em que revela seu pertencimento a uma historiografia que ainda insiste em colocar em lados opostos ciência e política. Paula, ao contrário, explica que

> Quando ele [Francisco Iglésias] começou a escrever seu livro, na década de 1980, sua motivação era de um convite e de uma reparação: um convite para a visitação de tudo quanto havia sido dito sobre o Brasil, do ponto de vista histórico; a reparação ficava por conta do ânimo crítico, que motivava a visitação, ânimo de quem, no contexto do fim do regime militar, buscava entender as vicissitudes da recorrência no Brasil da exclusão social, da concentração da renda, da riqueza e do poder.[173]

Se é verdade que a historiografia é do presente e possui uma força própria fundada na sua condição crítica, o abandono de sua perspectiva política resultaria em um

---

170 *Idem*. p. 230.

171 PAULA, João Antônio. A obra de Francisco Iglésias: ponto de encontro entre os intelectuais e o povo. In: LOPES, Marcos Antônio (org.). *Grandes nomes da história intelectual*. São Paulo: Contexto, 2003. p. 524.

172 GODOY, João Miguel Teixeira de. Formas e problemas da historiografia brasileira. In: *História Unisinos*, vol. 13, n. 1, jan./abr. 2009. p. 71.

173 PAULA, João Antônio. A obra de Francisco Iglésias: ponto de encontro entre os intelectuais e o povo. In: LOPES, Marcos Antônio (org.). *Grandes nomes da história intelectual*. São Paulo: Contexto, 2003. p. 524.

delicado questionamento de seu compromisso ético.[174] Mas o "regime de historicidade presentista", na qual "a história deixou de ser capaz de escrever valendo-se do ponto de vista do futuro ou em seu nome",[175] é uma conjuntura do final do século XX da qual Francisco Iglésias não compartilhou. Relembrar sua obra no contexto da historiografia universitária contemporânea é, portanto, oferecer a ela uma memória que permita diversificar os seus sentidos possíveis.

---

174 REIS, José Carlos. *Teoria & História: tempo histórico, história do pensamento histórico ocidental e pensamento brasileiro*. Rio de Janeiro: FGV, 2012.

175 HARTOG, François. *Evidência da história: o que os historiadores veem*. Belo Horizonte: Autêntica, 2011. p. 251.

# 5

# O desafio da transposição didática

Logo após sua aposentadoria na Universidade, em 1981, Francisco Iglésias escreveu a Alice Canabrava expondo certa insatisfação com sua nova rotina de trabalho que, ele dizia, o impedia de se dedicar às leituras de sua preferência:

> Curioso, aposentei-me e ando submerso em serviços. Não darei conta de todos os meus compromissos [...] Eu que pensei que aposentado iria ler os romances dos autores que amo, os ensaios dos autores que estimo, tenho que me engolfar em leituras nem sempre do meu agrado, e com o compromisso de escrever, tarefa difícil e penosa. [...] O certo é que eu preferia ler Proust, que nunca li e estava aguardando para a época da aposentadoria. Esta chegou e eu não posso dedicar-me ao romancista francês, como queria.[1]

O fato é que ele estava se colocando a disposição de trabalhos que pudessem promover uma aproximação entre o conhecimento produzido na Universidade e o público mais amplo, composto por jovens em idade escolar ou curiosos em geral. Foi sobretudo a partir daí que ele publicou seus livros de divulgação e paradidáticos. É verdade

---

[1] Carta de Francisco Iglésias a Alice Canabrava em 6 de novembro de 1981. Instituto de Estudos Brasileiros (IEB/USP). Coleção Alice Canabrava.

que ao longo da sua trajetória intelectual, Francisco Iglésias não só manteve aceso o interesse de orientar a vida humana no presente através de sua historiografia, como seu engajamento profundo no processo de reorganização disciplinar do conhecimento histórico dentro da universidade não significou o alheamento de sua dimensão sociais. Avesso a qualquer redução política das aquisições da ciência histórica, ele não deixou de lidar com a formação da consciência histórica resultante do conhecimento sobre o passado produzido na universidade. Como historiador que atuou no decorrer das décadas de 1940 a 1990, Francisco Iglésias deu forma narrativa a essa consciência histórica através da articulação específica que promoveu entre o passado, o presente e o futuro, conforme vimos no capítulo anterior. Ainda assim, a preocupação do autor com a "formação histórica", entendida no sentido apontado por Rüsen como a articulação dos conteúdos científicos às dimensões de seu uso prático, o levou a encarar o desafio da transposição didática da ciência histórica.

A preocupação em fazer com que o conhecimento acadêmico transbordasse para fora dos "muros da Universidade" foi uma reivindicação que se acentuou paralelamente às transformações institucionais por ela sofridas. Para Fernandes, era necessário começar a perceber a existência destes "muros" e a questionar quem os construiu. Em análise de 1977, ela opinou que

> estes "muros", que hoje já se transformaram em verdadeiras fortificações, foram sendo construídos tanto por certas frações não intelectuais dos "de fora" como também, senão sobretudo, pelos próprios intelectuais. Deliberada ou inconscientemente muitos foram se encastelando.[2]

Naquele momento, a socióloga percebeu que a mediação entre a Universidade e os "de fora" estava sendo realizada pelos intelectuais aposentados, o que explicaria, segundo ela, a razão pela qual livros recentes de Celso Furtado ou Florestan Fernandes, por exemplo, tenham conseguido se afirmar com destaque, conforme sua apuração, entre os livros mais vendidos da semana. O grosso da produção historiográfica de Francisco Iglésias na década de 1980 e 1990 acompanhou este movimento.

Neste capítulo, analisaremos os esforços de Francisco Iglésias para a divulgação do conhecimento histórico para um público mais amplo, não necessariamente universitário. As fontes privilegiadas foram "História para o vestibular e cursos de segundo grau", publicado em 1973 e cujo conteúdo foi surpreendentemente reeditado até 2002; os paradidáticos "A revolução industrial" (1981), "Constituintes e Constitui-

---

2   FERNANDES, Heloísa Rodrigues. O intelectual, um personagem histórico. *Debate & Crítica*. São Paulo, n. 5, mar./1975. p. 135.

ções Brasileiras" (1985) e "A industrialização brasileira" (1985), publicados na famosa coleção "Tudo é História"; "Trajetória política do Brasil (1500-1964)", encomendada pela Companhia das Letras e publicada em 1993, "Breve história contemporánea del Brasil", edição mexicana publicada na Coleción Popular Fondo de Cultura Económica em 1994; além de textos sobre o ensino de história publicados em momentos diversos do seu percurso intelectual.

## História para o vestibular e cursos de segundo grau

Foi na década de 1930 que os livros direcionados ao público escolar começaram a ser mais frequentemente escritos, editados e impressos por brasileiros, situação favorecida tanto pela crise econômica internacional, quanto pela necessidade de aproveitar seu potencial difusor das ideias que sustentavam o regime estado-novista. Em 1938, foi criada a Comissão Nacional do Livro Didático (CNLD) para garantir a regulação das condições de produção, importação e utilização do livro didático. Livros que atentassem "contra a honra nacional", ou que contivessem "pregação ideológica ou indicação da violência contra o regime político adotado pela Nação" deveriam ter sua publicação e divulgação reprimidas.[3] De acordo com Gatti Júnior, entre as décadas de 1930 e 1960, os manuais escolares

> foram livros que permaneceram por longo período no mercado sem sofrerem grandes alterações; livros que possuíam autores de lugares tidos, naquela época, como de alta cultura, como o Colégio D. Pedro II; livros publicados por poucas editoras que, muitas vezes, não o tinham como mercadoria principal e, por fim, livros que não apresentavam um processo de didatização e adaptação de linguagem consoante às faixas etárias às quais se destinavam.[4]

O processo de massificação do ensino, com a entrada mais frequente de jovens oriundos das camadas populares, é que teria alterado, segundo o mesmo autor, a lógica de produção de textos escolares. Da produção quase artesanal, os livros didáticos objetos da indústria cultural passaram a se constituir em uma mercadoria que, como qualquer outra, "sofre interferências variadas em seu processo de fabricação e

---

3   Decreto-Lei 1.006, de 30 de dezembro de 1938. Estabelece as condições de produção, importação e utilização do livro didático. Legislação Informatizada da Câmara dos Deputados, www.camara.gov.br, acesso em 10 de dezembro de 2012.

4   GATTI JUNIOR, Décio. *A escrita escolar da História: livro didático e ensino no Brasil (1997-1990)*. Bauru: Edusc, 2004. p. 37.

comercialização".⁵ Os editores e os gráficos influenciam na organização da leitura de forma a ressignificar o texto enviado pelo autor. A história das edições de "História para o vestibular e cursos de segundo grau", manual didático publicado por Francisco Iglésias em 1973, é capítulo importante não só das tentativas de divulgação do conhecimento produzido na universidade, como também da história do livro e da leitura no ambiente escolar.

Dedicado aos seus sobrinhos, a síntese escolar da história geral e do Brasil produzida por Francisco Iglésias pode ter sido motivada pela vontade de auxiliar os estudos deles. A familiaridade do tema "vestibular" o permitiu concluir em um artigo de 1977 que a "massificação" da procura pela universidade estava transformando o acesso ao ensino superior em motivo de apreensão, crise emocional, ressentimento e frustração da maior parte. Ele percebeu que a seleção através de provas incapazes de testar o conhecimento do aluno, mais próximas de uma loteria, estava impactando o ensino de segundo grau. No artigo "O desafio do vestibular", ele tratou do problema da transformação da aprendizagem em técnica para passar em exames:

> Sabe-se que agora nos colégios todo o estudo é dirigido não para o aprendizado do jovem, mas para que ele absorva a técnica de passar nos exames fatídicos, simbolicamente representados pelas cruzinhas nas respostas. O ensino deixa de ter o objetivo certo para constituir-se apenas em fórmula para o possível êxito, com sacrifício de disciplinas, conteúdo e o mais. Com a nova ordem, deforma-se o grau médio, que não era bom e hoje só pode ser pior.⁶

Embora o problema estivesse longe de uma solução, Francisco Iglésias identificou suas causas no crescimento do país e na falta de planejamento que o acompanhou: "até há poucos anos a procura da Universidade se fazia sem chamar a atenção, que havia lugar para os poucos que a procuravam. Hoje há uma relação inquietante entre pretendentes e vagas, de modo que só número pequeno é atendido".⁷ De fato, as políticas de desenvolvimento econômico e de investimento em educação realizadas pelos governos militares desde os anos 1960 acabaram contribuindo para consolidar a ideia da relação entre ascensão social e nível de escolaridade, aumentando a demanda geral pela educação, sobretudo pelo ensino superior. De acordo com Cunha,

---

5   BITTENCOURT, Circe. Livros didáticos entre textos e imagens. In: BITTENCOURT, Circe (org.). *O saber histórico na sala de aula*. São Paulo: Contexto, 2004. p. 71.

6   IGLÉSIAS, Francisco. O desafio do vestibular. *Jornal do Brasil*. Rio de Janeiro, 19 de janeiro de 1977. p. 11.

7   *Idem*.

o crescimento da população urbana, a industrialização e a monopolização, gerando aumento das camadas médias, em termos absolutos, a redefinição do papel da mulher como trabalhadora no âmbito extradoméstico, a elevação dos requisitos educacionais par ao preenchimento dos cargos nas burocracias públicas e privadas foram processos que seguiram seu curso após o golpe. Ademais, eles se intensificaram pela política econômica adotada.[8]

O governo militar, segundo o mesmo autor, recompensou politicamente o apoio que as camadas médias deram ao golpe de Estado induzindo as universidades federais a aumentarem as vagas, principalmente nas grandes cidades. A ação também atendia as reivindicações dos estudantes "excedentes", alunos que foram aprovados no vestibular, mas não puderam se matricular por falta de vagas. Entretanto, Cunha lembra que

> a política do Estado no regime pós-64 não visava beneficiar às camadas médias, de cujos extratos mais baixos saíam os "excedentes", mas ao capital monopolista. Assim, quando o governo federal precisou de recursos para modernizar sua burocracia, subsidiar o setor privado e fazer investimentos que favoreceram a acumulação de capital, não hesitou em cortar as verbas das universidades e protelar a entrega de verbas constantes do orçamento.[9]

Quando Francisco Iglésias escreveu seu artigo "O desafio do vestibular", em 1977, ele comentou as ações do governo militar que, desde a Lei de Diretrizes e Bases de 1971, tentava contornar o então insolúvel problema da falta de vagas nas universidades com a criação de cursos menores, com aulas condensadas durante o ano letivo ou no período de férias. O malogrado curso de Estudos Sociais, matéria que tinha substituído História e Geografia nas séries de primeiro grau e que, desde 1972, habilitava os professores para dar aulas de Educação Moral e Cívica (disciplina imposta no currículo escolar pelos militares), nasceu neste contexto de implantação das licenciaturas curtas nas universidades federais. Para Francisco Iglésias, a implantação dos Estudos Sociais era "uma das provas mais lastimáveis de despreparo e subdesenvolvimento comprometedora da imagem do país no mundo, por essa demonstração de menoridade intelectual".[10]

Não obstante suas críticas às ações resultantes da LDB de 1971, é preciso considerar que, indiretamente, foi ela que impulsionou a produção didática de Francisco

---

8   CUNHA, Luiz Antônio. *A universidade reformada: o golpe de 1964 e a modernização do ensino superior*. São Paulo: Unesp, 2007. p. 81.

9   Idem. p. 83.

10  IGLÉSIAS, Francisco. O desafio do vestibular. *Jornal do Brasil*. Rio de Janeiro, 19 de janeiro de 1977. p. 11.

Iglésias. "História para o vestibular e cursos de segundo grau" teve sua primeira edição publicada em 1973 com o objetivo de atender "integralmente aos programas de vestibular de várias universidades ou escolas isoladas" e também às "escolas e exames supletivos de segundo grau".[11] O ensino supletivo tinha sido regularizado pela LDB de 1971 com a finalidade de suprir a escolarização dos jovens que não a realizaram na idade estabelecida pelo ensino regular. Os cursos poderiam ser realizados em salas de aula ou "mediante a utilização de rádios, televisão, correspondência e outros meios de comunicação que permitam alcançar o maior número de alunos".[12] A enorme procura de candidatos para os exames nos primeiros anos da década de 1970, principalmente para o segundo grau,[13] transformou as provas em um "problema de massa", pois havia "[...] milhares de candidatos em todos os estados, lotando estádios nas capitais maiores e deslocando-se de capital a capital para obter aprovação em disciplina por disciplina", o que obrigou a coordenadoria das provas a tomar medidas complementares com o objetivo de "moralizar" os exames supletivos.[14]

A demanda de estudantes pelos exames supletivos, aliada à expansão da procura pelo ensino superior, acabou influenciando o mercado de livros didáticos e a produção de material direcionado aos alunos de nível secundário. "História para o vestibular e cursos de segundo grau" chegou à quarta edição pela editora Júpiter, de Belo Horizonte, já em 1979. Depois, teve a quinta edição publicada pela Difel, em 1981. Naquele ano, Francisco Iglésias contou a Alice Canabrava que

> [...] revi inteiramente o meu livro didático de História, que publiquei aqui e foi sempre mal editado: deu quatro edições. A Editora não me pagou direito e acabou falindo. Entrei em entendimentos com a

---

11  IGLÉSIAS, Francisco. *História para o vestibular e cursos de segundo grau*. São Paulo: Difel, 1981. p. 1.

12  Lei 5.692, de 11 de agosto de 1971. Fixa Diretrizes e Bases para o ensino de 1º e 2º graus, e dá outras providências. Legislação Informatizada da Câmara dos Deputados, www.camara.gov.br, acesso em 10 de dezembro de 2012.

13  Em 1973, os exames para o segundo grau tiveram cerca de 600.000 inscritos apenas na Região Sudeste. Em todo o Brasil foram mais de 1.100.000 candidatos naquele ano. Os dados estão disponíveis em HADDAD, Sérgio. *Ensino supletivo no Brasil: o estado da arte*. Brasília: INEP, 1987. p. 31.

14  FÁVERO, Osmar. A universidade e o ensino supletivo. In: *Em Aberto*, Brasília, ano. 2, n. 16, junho de 1983.

DIFEL e ela aceitou o livro, que deve sair ainda este ano, para pegar o público escolar de 1982. Será a quinta edição.[15]

Àquela época, os novos padrões editoriais para os livros didáticos de História, que incluíram variadas disposições textuais e imagens, já estavam consolidados, mas a nova editora não realizou modificações substantivas na organização da leitura. Em 1989, quando os originais passaram para a editora Ática, especializada em publicações com orientação pedagógica, o livro ganhou tratamento gráfico ligeiramente mais moderno e uma ilustração de André Thevet na capa. As principais mudanças, entretanto, foram o novo título – "História Geral e do Brasil" – e a invenção de outro tipo de leitor. Foram omitidas quaisquer referências ao uso do texto nos cursos de segundo grau ou na preparação de alunos para o vestibular, público que a editora já atendia com outros títulos. De fato, não houve nenhuma adequação da obra ao novo padrão dos livros didáticos. A editora preferiu incluí-la na Série Fundamentos e indicá-la, conforme consta em sua aba, como "um guia e exame do essencial" para "o estudioso universitário e o leitor desejoso de compreender a história moderna e contemporânea, geral e do Brasil".[16] O conteúdo continuou idêntico às edições anteriores, com o mesmo texto e a mesma divisão de capítulos. Reorientada para novo público, a obra foi reeditada em 1994 e reimpressa em 2002, dando ao texto de Francisco Iglésias uma longevidade mercadológica de quase 30 anos.

Se considerarmos o conceito de história apresentado no primeiro capítulo de sua obra didática "História para o vestibular e cursos de segundo grau"[17], constatamos que o empreendimento de Francisco Iglésias objetivou bem mais do que oferecer informações de interesse histórico ao candidato a uma vaga no ensino superior. A abertura do livro com uma reflexão teórica sobre o conceito de história comprova sua preocupação com a formação da consciência histórica de seu leitor. Segundo Francisco Iglésias, a história existe em função do tempo, o que significa supor um processo, um desenvolvimento. Como devir, sua existência estaria mais ligada à construção do futuro, daí "entender-se seu estudo como coisa viva, realidade atuante

---

15 Carta de Francisco Iglésias a Alice Canabrava em 6 de novembro de 1981. Instituto de Estudos Brasileiros (IEB/USP). Coleção Alice Canabrava.

16 IGLÉSIAS, Francisco. *História Geral e do Brasil*. São Paulo: Ática, 1989.

17 Seguimos aqui o texto da 5ª edição, de 1981, publicado pela Difel. As diferenças mais acentuadas em relação às edições anteriores, da Júpiter, ou posteriores, da Ática, foram indicadas e contextualizadas.

e dinâmica".[18] De acordo com Francisco Iglésias, haveria um descompasso entre a historiografia e o ensino: ela não seria mais escrita

> para exaltar feitos de alguns povos, com preocupação patriótica, nem para engrandecer reis, generais ou conquistadores, no culto interessado ou ingênuo do heróis, nem para glorificar a fé, em perspectiva religiosa. Despojando-se dessas preocupações, antes sua razão de ser, ganhou em objetividade, a ponto de apresentar-se agora com a pretensão de categoria científica.[19]

O ensino da história, portanto, deveria superar o "esquema convencional" – a história do Ocidente, com destaque de nomes, datas e povos –, pois além de nada motivador, ele teria "comprometido e não promovido o conhecimento e o gosto da História".[20] Para a disciplina tornar-se "mais racional e até mais fácil", deveria deixar de ser "nomenclatura e cronologia, como é vulgarmente entendida, para ser a busca de um sentido, nexo explicativo, para a compreensão do presente e dos caminhos mais aceitáveis do futuro".[21] A história deveria promover ainda a compreensão da dinâmica social, enfatizando sua constante transformação contra a ideia da continuidade: "Vendo-a dos tempos recuados aos dias de hoje, percebe-se a sucessão de povos e Impérios: desenvolveram-se, atingiram esplendor, dominaram e não se mantiveram. Regimes autocráticos ou chefes absolutistas foram apenas momentos, desaparecendo".[22] A citação de Geoffrey Barraclough reforçava a sua tese: "a continuidade não é, de modo algum, a característica mais saliente da História (...) Em todos os grandes momentos decisivos do passado deparamos subitamente com o fortuito e o imprevisto, o novo, o dinâmico e o revolucionário".[23]

A ideia não deixava de ser um alento para os jovens leitores que viviam a experiência da Ditadura Militar. À ela foi oportunamente acrescentada o conceito de história de Marc Bloch como "ciência dos homens no tempo". Ele justificava o interesse do estudioso por qualquer tempo, o de ontem ou o de hoje, visto que para compreender a realidade presente não bastava uma visita aos museus ou arquivos, mas o conhecimento daquilo que estava "na rua, no quotidiano, na luta pela sobrevivência ou afirmação":

---

18 IGLÉSIAS, Francisco. *História para o vestibular e cursos de segundo grau.* São Paulo: Difel, 1981. p. 3.

19 *Idem.* p. 4.

20 *Idem.* p. 5.

21 *Idem.*

22 *Idem.* p. 6.

23 *Idem.* p. 5.

Tanto mais se entende o passado quanto mais se participa do presente. O homem desligado de seu contexto não pode ter sentido histórico, como ensinam os mestres modernos, contrariando imagem popular e mesmo de alguns que se pretendem historiadores e não passam de curiosos de exotismos à procura apenas de confirmação de lendas ou interesses estratificados.[24]

A estrutura narrativa de seu texto, entretanto, pouco inovou em relação ao que já era produzido, o que era praticamente inevitável tendo em vista a rigidez dos esquemas didáticos preestabelecidos. Relacionado ao processo de expansão europeia, Francisco Iglésias tratou das origens da burguesia, a ampliação do comércio, da formação do Estado nacional e da política de colonização. A "mentalidade" da época foi traduzida pelo estudo do Renascimento e da Reforma, enquanto a economia e a política foram compreendidas através do mercantilismo e do sistema absolutista. O Brasil finalmente surge no cenário histórico como colônia de Portugal: às atividades econômicas, à formação étnica e cultural, à vida social e intelectual da colônia foram dedicados estudos específicos. Com o objetivo de articular o conhecimento da história geral com a história brasileira e latino-americana, o autor alternou os momentos significativos vividos pela Europa nos séculos XVII e XVIII – as experiências liberais, a Revolução Francesa e a Revolução Industrial, por exemplo – com os processos de independência da América Latina e do Brasil. No século XIX, se enfatizou o pensamento econômico, a Guerra de Secessão, a unificação da Itália e da Alemanha e a era Vitoriana, bem como a organização política, econômica e social da América Latina e do Brasil. O imp imperialismo e as duas guerras mundiais foram, naturalmente, contemplados, ao lado das criações artísticas e científicas do século XX. O "Brasil atual" foi explicado desde a Revolução de 1930, recebendo destaque também os aspectos artísticos (literatura, artes plásticas, música, cinema) e de ciência e tecnologia.

## Passado e presente nas páginas dos livros paradidáticos

Os livros paradidáticos, auxiliares no processo de ensino e aprendizagem, tiveram ampliados seu número e tipo de publicação no decorrer dos anos 1980 e 1990. De acordo com Selva Fonseca, esta foi uma oportunidade para que os especialistas do meio acadêmico, atraídos pela lógica do mercado, pudessem se aliar às editoras e "socializar" o chamado saber histórico erudito.[25] Naquele momento, a Brasiliense foi uma das editoras brasileiras que se empenhou na divulgação do conhecimento que era

---

24  *Idem.* p. 6.
25  FONSECA, Selva G. *Didática e prática de ensino de história*. Campinas: Papirus, 2003. p. 54.

produzido sobre o Brasil, incentivando tanto publicações de textos sobre livros – como aqueles reunidos pelo periódico "Leia" e que trataremos adiante – quanto coleções de paradidáticos de enorme repercussão – como a "Primeiros Passos" e a "Tudo é História". Além disso, sob direção de Caio Graco Prado, a Brasiliense teve papel significativo na promoção de debates sobre temas de interesse para a orientação daquele momento de abertura democrática. Além da publicação de títulos e autores que marcaram o pensamento de esquerda, Caio Graco Prado vinculou sua editora ao movimento de reorganização política e fez repercutir ideias que fundamentaram a criação do Partido dos Trabalhadores, do qual foi um dos principais apoiadores.[26]

Os intelectuais da universidade que orbitaram a Brasiliense, dentre os quais figurou Francisco Iglésias, encontraram na editora a possibilidade de estender o seu discurso para fora do espaço acadêmico, ao mesmo tempo em que a empresa usufruía da legitimidade que os professores davam ao seu projeto. Para Galucio, "além deles produzirem o tipo de texto pedido pela editora – respeitando a exigência do editor de facilitar a sua linguagem para o leitor iniciante daquele assunto – eles compartilhavam efetivamente o projeto de transformação maior da sociedade".[27] Objetivamos indicar como esta perspectiva apareceu nos três livros paradidáticos escritos por Francisco Iglésias para a coleção "Tudo é História", cuja responsabilidade editorial foi atribuída a Lilia Moritz Schwarcz.

Esgotado três meses após seu lançamento, em 1981, "A Revolução Industrial" se transformou em um dos sucessos editoriais daquela coleção, tendo chegado a 11ª edição em 1992. Quando recebeu o convite da editora Brasiliense, Francisco Iglésias comentou com Alice Canabrava que achava o tema fascinante, porém difícil por requerer muito conhecimento e que só tinha aceitado por ser uma produção em nível de divulgação, embora tenha confessado que "o problema é achar a forma de expor".[28] O conteúdo dos livros didáticos e paradidáticos escritos por Francisco Iglésias, como é comum em publicações desse tipo, não era original, mas a organização e a clareza da linguagem valoriza-

---

26  GALUCIO, Andréa Lemos Xavier. *Civilização Brasileira e Brasiliense: trajetórias editoriais, empresários e militância política* [Tese de Doutorado]. Niterói: Universidade Federal Fluminense, 2009.

27  GALUCIO, Andrea Lemos Xavier. O papel da editora Brasiliense na difusão do pensamento de esquerda e nos debates intelectuais e políticos no Brasil entre 1979 e 1985. *I Seminário Brasileiro sobre Livro e História Editorial*. Rio de Janeiro: Casa de Rui Barbosa, 2004. p. 9.

28  Carta de Francisco Iglésias a Alice Canabrava em 4 de dezembro de 1980. Instituto de Estudos Brasileiros (IEB/USP). Coleção Alice Canabrava.

ram os seus textos e garantiram o cumprimento de seu objetivo, que foi a transposição para o ambiente escolar do conhecimento histórico produzido na universidade.

O tema da industrialização foi especialmente caro ao autor, visto que a época dava oportunidade para que os intelectuais reavaliassem o projeto desenvolvimentista sob a égide da democracia, como tinha se tornado exemplar no governo de Juscelino Kubitscheck. Em "A industrialização brasileira", publicado em 1985, Francisco Iglésias buscou explicar as razões do atraso do processo industrial no país. Segundo ele, "o obstáculo definitivo para a indústria no Brasil foi a produção de gêneros agrícolas em alta escala para o exterior",[29] o que teria levado à persistência da escravidão e do latifúndio, da ausência de transportes e do mercado interno. Os fatores destacados para explicar o retardamento da indústria estavam alinhadas às explicações do subdesenvolvimento brasileiro, tal qual vinha sendo mostrado por outros livros da Brasiliense e que foram indicados ao leitor daquela obra como "leituras afins".[30]

Em "Constituintes e Constituições Brasileiras", publicado na mesma coleção em 1985, o autor não escondeu a função política que atribuiu ao seu livro. Logo na apresentação, ele situou sua contribuição intelectual no contexto das necessidades sociais e políticas que identificava em seu presente:

> O principal empenho do momento é a eleição de uma Constituinte, que traduza em todas as peculiaridades a nação e a época presente, de vertiginoso ritmo de mudança aqui e no mundo. Nesse debate devem empenhar-se todos os grupos da sociedade, sem distinção, A convocação é geral.
>
> O texto que ora se apresenta é mais um elemento para o debate. Professor de História, pretendo uma perspectiva das Constituintes e Constituições do país. Por ela pode-se ter o entendimento da trajetória de 1822 a 1985. Quando se pensa em nova Constituinte, a ser convocada para o próximo ano, a fim de elaborar texto condizente com a nação e a época, é interessante ver como se tem colocado a questão ao longo dos anos. A abordagem é eminentemente a do estudioso de História, não do jurista. Dessa experiência de 162 anos talvez se possa extrair alguma coisa para o presente.[31]

---

29 IGLÉSIAS, Francisco. *A industrialização brasileira*. São Paulo: Brasiliense, 1985. p. 26.

30 Dentre elas, figuram "O capitalismo tardio", de João M. Cardoso de Mello; "Estado e subdesenvolvimento industrializado", de L. C. Bresser Pereira; "História Econômica do Brasil", de Caio Prado Júnior e "O que é subdesenvolvimento", de Horácio Gonzalez.

31 IGLÉSIAS, Francisco. Constituintes e Constituições Brasileiras. *Coleção Tudo é História*, n. 105. São Paulo: Brasiliense, 1985. p. 8.

Para Francisco Iglésias, o fim do regime militar impunha a todos o engajamento na reposição do país na ordem democrática. De fato, sua obra carregava o selo "Desafio Constituinte", uma promoção da editora Brasiliense para incentivar intelectuais, políticos e jornalistas a refletirem sobre o futuro da democracia no Brasil no momento em que seria votada a Assembleia Constituinte para elaboração da nova Constituição brasileira.[32] No primeiro capítulo, o autor destacou a influência que a reflexão dos intelectuais sempre teve na prática política e na formulação das Constituições, especialmente naquelas de orientação teórica com "normas fundadas na razão, frutos menos da experiência ou situações reais que de princípios muito gerais e abstratos".[33] Daí que ele tenha concluído que, não obstante as aceleradas transformações do processo científico, da cultura e das formas de comportamento, o pensamento social era mais resistente a mudanças e que "um dos grandes desafios de nosso tempo, neste fim de século, é ajustar os vários planos, para não serem tão nítidos os desencontros".[34]

A preparação para a Constituinte de 1986, portanto, estava sendo percebida por aqueles agentes como uma oportunidade histórica para a consolidação de uma nova ordem social, política e econômica. Este aspecto foi indiciado pela própria contracapa do livro de Francisco Iglésias, cuja sinopse afirmava: "1986: Data decisiva no calendário do futuro político do país". O momento explica a própria estrutura do livro, cujos capítulos destacam tanto o processo de composição de cada Constituinte, quanto da elaboração de cada Constituição.

## O livro didático de história como objeto de crítica

De acordo com Circe Bittencourt, a produção de livros didáticos de História ganhou uma atenção especial após 1945, com o término da Segunda Guerra Mundial. As instituições internacionais, sobretudo a UNESCO, perceberam neste material o poten-

---

32 Dentre os livros chancelados pelo "Desafio Constituinte", da editora Brasiliense, figuraram "Constituinte e Democracia no Brasil", obra coletiva que contou com a colaboração de Raymundo Faoro, Fábio Comparato, Dalmo Dallari, Emir Sader, Márcio Thomaz Bastos, entre outros; "O que é Constituinte", de Marília Garcia; O que são direitos da pessoa" e "O que é participação política" de Dalmo Dallari; "Qual é a questão da democracia", de Denis Rosenfield; "Como renascem as democracias", organizado por A. Rouquié, Bolivar Lamounier e J. Schvarzer; "Explode um novo Brasil", de Ricardo Kotscho; entre outros.

33 IGLÉSIAS, Francisco. Constituintes e Constituições Brasileiras. *Coleção Tudo é História*, n. 105. São Paulo: Brasiliense, 1985. p. 12.

34 *Idem*. p. 14.

cial para promover a transformação das relações entre os países que, até então, estavam fundamentadas na concepção da guerra como motor da história. Os livros didáticos foram tomados como instrumento privilegiado para a divulgação de exemplos históricos de soluções de conflitos por meio de acordos e negociações. Através das produções sobre manuais didáticos de História patrocinados por aquela organização – como "Les manuels d'histoire et la comprèhension internationale", publicado por J. Lauwers em 1953, e "L'enseignement d'histoire et la révision des manuels d'histoire", obra coletiva de 1967 –, os livros didáticos tiveram seu potencial de referência política consolidado e se tornaram uma preocupação mais constante por parte dos especialistas das universidades nos anos 1970 e 1980.[35]

De fato, a partir da década de 1980, houve no Brasil um constante crescimento das pesquisas acadêmicas sobre livros didáticos de diversas áreas. As demandas do processo de redemocratização incluíram debates acerca da democratização do ensino, nos quais tiveram lugar discussões sobre os conteúdos, os métodos, as teorias educacionais e, consequentemente, sobre a inadequação dos livros didáticos. Um levantamento das análises dos livros escolares foi feito por pesquisadores da Unicamp e resultou no catálogo "O que sabemos sobre livro didático", divulgado em 1989. Antes, porém, em 1987, a revista "Leia" (novo formato do antigo tabloide "Leia Livros", editado pela Brasiliense) reuniu em um suplemento especial resenhas descritivas do conteúdo de mais de 1.200 livros didáticos e, ainda, convidou especialistas do meio universitário, dentre os quais estava Francisco Iglésias, para efetuar análises qualitativas daquelas publicações com o objetivo de apontar "seus principais erros de conteúdo e metodologia".[36] Estas análises foram apresentadas no 1º Ciclo de Debates "Por uma

---

35 BITTENCOURT, Circe. Produção didática de História: trajetórias de pesquisas. *Revista de História*, São Paulo, n. 164, jan./jun. 2011.

36 Criado em abril de 1978 pela editora Brasiliense, sob direção de Caio Graco Prado, "Leia Livros" foi publicado até 1991. Segundo Galucio, a ideia inicial era fazer um jornal escrito por intelectuais sobre os livros nacionais, mas a tendência acadêmica dos colaboradores, acusados de usar um vocabulário complicado para dizer coisas simples, levou os editores a privilegiar a participação de jornalistas, supondo o domínio de uma linguagem mais clara e que pudesse atingir público mais amplo. Francisco Iglésias, entretanto, colaborador do periódico desde 1979, permaneceu atuando na publicação. Além de escrever inúmeras resenhas e analisar os livros didáticos de História, ele foi consultado, ao lado de Florestan Fernandes, Luís Fernando Veríssimo, Mário Quintana, Hélio Pellegrino, Alberto Dines, entre outros, sobre "o que ler e presentear neste fim de ano" (edição de dezembro de 1985) e convidado para eleger "Os dez grandes livros de História" (edição de setembro de 1988). Sua relação com

crescente qualidade do livro didático", realizado pela Fundação de Assistência ao Estudante (FAE), órgão vinculado ao Ministério da Educação e Cultura responsável pela compra de livros escolares, e posteriormente foram divulgadas pela revista.[37]

Em "O desafio didático", Francisco Iglésias analisou "a História que os manuais didáticos apresentam".[38] Os livros de Alencar e Cotrim (Editora Saraiva), de Maria Januária Vilela Santos (Editora Ática), de Julierme de Abreu e Castro (IBEP) e a Coleção Sérgio Buarque de Holanda (Editora Nacional) foram objeto de sua atenção. Segundo ele, a preocupação com as publicações escolares se justificava: a produção de livros didáticos estava se tornando uma atividade lucrativa e atraindo muitos cultores, daí o cuidado com a qualidade das obras. Na sua avaliação, "a melhor qualidade dessa produção deve ser creditada aos cursos de História das Faculdades de Filosofia".[39]

Mas seu credenciamento para o julgamento das obras didáticas de História foi dado não só por sua condição de professor universitário, mas também por sua experiência na produção de livros escolares. Em 1973, como vimos, ele escreveu um manual para atender aos alunos em nível secundário, "História para o vestibular e cursos de segundo grau" e, na década de 1980, ele lançou ainda três livros paradidáticos na coleção "Tudo é História", da editora Brasiliense, também responsável pela "Leia Livros": "A Revolução Industrial" (1981), "A industrialização brasileira" (1985) e "Constituintes e Constituições Brasileiras" (1985). A experiência garantiu o reconhecimento da dificuldade da tarefa no momento de avaliar os livros didáticos:

> É difícil realizar trabalho do gênero. Autor culto na especialidade pode escrever de modo inadequado, pelo uso de técnica imprópria, com exposição fora do alcance do jovem, ainda sem intimidade com os temas ou a natureza do conhecimento histórico. Outro, menos culto ou erudito, pode ter êxito, por encontrar a forma de atingir o estudante, despertando-lhe a curiosidade e o gosto. A leitura dos textos despertou-me admirações, pelos esforços de autores na busca da forma ideal [...] Confesso admiração por eles, mesmo alguns notoriamente fracos, pois só quem tentou algo sabe dos entraves quase insuperáveis.[40]

---

a editora Brasiliense se tornaria ainda mais estreita com a publicação de três livros paradidáticos na coleção Tudo é História, que trataremos adiante.

37 RODRIGUES, Adilson. Na briga pela qualidade. *Leia,* julho de 1987. p. 46.
38 IGLÉSIAS, Francisco. O desafio didático. *Leia,* julho de 1987. p. 46-47.
39 *Idem.* p. 46.
40 *Idem.* p. 46-47.

O apelo à memorização do aluno foi duramente criticado nos livros de Castro e de Santos. Este último ainda foi repreendido pelo caráter ufanista na exaltação das "façanhas de nossos heróis". Alencar e Cotrim foram distinguidos pela análise crítica, enquanto a Coleção Sérgio Buarque de Holanda, feita com a colaboração de quatro professores, foi considerada de difícil entendimento para o público alvo. Supondo que os autores desconheciam bibliografia mais atualizada sobre os temas que abordavam, Francisco Iglésias afirmou que eles

> Insistem no anedótico, na cronologia rígida, multiplicando datas; têm apego excessivo a nomes, supondo e fazendo exposição demasiado factual, raramente superando a narrativa, sem exame reflexivo, na tentativa de compreensão ou interpretação do processo histórico, cuja realidade não é apreendida. Falta-lhes, quase sempre, o senso da dinâmica, não percebem a trajetória em seus acidentes, como se a História fosse algo mecânico, quando ela é eminentemente viva. Perder o sentido de fluxo ou mudança é perder o essencial, fazendo esquema estático, negação da História.[41]

Esta pressuposição de uma disparidade entre o conhecimento histórico acadêmico e o escolar foi uma constante também nas pesquisas de pós-graduação dedicadas ao estudo dos conteúdos históricos das obras didáticas na década de 1980. Prevalecia na época a ideia de que o livro didático deveria ser um suporte de transposição do conhecimento científico para o escolar. De acordo com Bittencourt,

> Eram atribuídos aos autores dos livros didáticos um papel fundamental na confecção das obras e acentuava-se sua capacidade em estar atento à produção historiográfica mais recente para que, consequentemente, houvesse uma produção didática de História vinculada aos parâmetros acadêmicos para garantia de sua qualidade.[42]

Crítico do esquema de exposição por idades – Antiga, Medieval, Moderna e Contemporânea –, Francisco Iglésias denunciou o caráter eurocêntrico da divisão, copiada irrefletidamente de autores estrangeiros e fruto de um "evolucionismo mal compreendido". Ele reivindicou, ainda, a incorporação das então novas aquisições teórico-metodológicas da história, como a história do cotidiano e das relações de poder, pelos livros escolares:

> Atendo-se ao acontecimento, deixam de lado o básico, que são os costumes, o cotidiano, as ideias e crenças, as paixões, as molas pro-

---

41 Idem. p. 47.
42 BITTENCOURT, Circe. Produção didática de História: trajetórias de pesquisas. Revista de História, São Paulo, n. 164, jan./jun. 2011. p. 498.

pulsoras do homem e das sociedades. Detêm-se nos eventos e estes são quase só os políticos, no que a política tem de mais epidérmico – o mando, as guerras entre as nações, esquecidos de que o essencial é o poder e este não está quase nunca no chefe aparente, mas em seus donos e manipuladores.[43]

Sua avaliação acabou personalizando a deficiência daqueles livros, atribuindo seus defeitos à precária formação dos autores, como se as perspectivas teórico-metodológicas reivindicadas por ele – identificadas, sobretudo, com a historiografia francesa dos Annales – fossem unânimes ou já estivessem consolidadas na historiografia universitária naquele momento:

> a impressão geral de quanto se leu é a de falta de conhecimento maior da matéria. Os autores talvez sejam bons na didática da sala de aula, mas quase sempre têm precário domínio do assunto [...] Só o conhecem em nível médio, distantes da ciência histórica de nosso tempo.[44]

A diversidade teórico-metodológica que movimentou a produção da historiografia universitária na década de 1980, entretanto, esteve longe de concordar em seus processos de pesquisa e de explicação histórica. As tentativas de "transpor didaticamente" o conhecimento produzido na universidade para as salas de aula enfrentou intensa oposição de professores e historiadores comprometidos com concepções historiográficas diferenciadas, bem como de outros setores da sociedade. De acordo com Selva Fonseca, "a discussão das propostas curriculares nos anos 80, revelou ser inconcebível um 'consenso' em torno de uma proposta de História para a escola fundamental, uma vez que envolve diferentes espaços do saber e interesses diversificados em termos de projetos teóricos e políticos".[45]

De fato, enquanto Francisco Iglésias realizava sua análise dos livros didáticos, uma polêmica sobre a elaboração da proposta curricular para a rede pública de ensino de Minas Gerais e de São Paulo se desenrolava no meio acadêmico e nas páginas dos jornais. Entre 1986 e 1988, quando os professores universitários apresentaram as primeiras versões de suas propostas curriculares, incorporando "novas tendências historiográficas", foram achincalhados por representantes de grupos conservadores.[46] O

---

43 IGLÉSIAS, Francisco. O desafio didático. *Leia*, julho de 1987. p. 47.
44 *Idem.* p. 47.
45 FONSECA, Selva G. *Caminhos da história ensinada*. Campinas: Papirus, 1993. p. 155.
46 Reportagens e editoriais que circularam na imprensa foram reunidos e publicados na seção "Polêmica" da *Revista Brasileira de História*, São Paulo, vol. 7, n. 14, mar./ago. 1987. A história da proposta curricular de História em São Paulo pode ser acompa-

jornal "O Estado de S. Paulo", um dos mais exaltados, reagiu contra o que classificou como uma tentativa de "gerar a revolta da massa estudantil" ao propor estudar, por exemplo, a desapropriação das terras indígenas pela expansão pecuária ou a discriminação cultural presente na criação das reservas indígenas. O jornal também questionou a abordagem do tema da disciplinarização e do controle do tempo livre do trabalhador pelo patronato.[47] O "Jornal da Tarde" reagiu contra o que chamou de "obsessão pela disseminação das ciências sociais no âmbito do ensino público" e condenou as tentativas de superação de uma história factual e ufanista por meio de "uma visão tão distorcida da realidade".[48] De acordo com Fonseca, os jornais se encarregaram de transportar para a área da educação os argumentos provenientes tanto dos setores acadêmicos que discordavam das propostas, quanto dos interesses de grupos privados e políticos "preocupados em criticar principalmente a atuação dos governadores eleitos pelo voto direto".[49] O episódio mostra que as mudanças no ensino de História, para além da incorporação ou não do conhecimento produzido na universidade, estavam articuladas a diversos agentes e instâncias sociais.

A maioria das análises sobre as produções didáticas de História feitas na década de 1980 questionou os objetivos do ensino da história forjados nas décadas do pós-guerra. A crítica recaiu sobre o caráter ideológico do conteúdo das disciplinas, supostamente reveladores dos valores desejáveis por setores do poder de Estado. A ausência quase completa das histórias dos grupos sociais dominados justificou a demanda por produções que valorizassem a luta de classe, o que motivou a resistência de parte dos docentes e, principalmente, as manifestações raivosas contra o que a imprensa julgava ser a aprendizagem do ódio e do ressentimento, a construção de uma "escola da Revolução".[50]

A ideologização da historiografia foi condenada por Francisco Iglésias numa carta a Alice Canabrava de 1981:

> A esquerdização da historiografia já começa a produzir reclamações. Não se estuda mais nada. Escreve-se qualquer bobagem, salpica-se o

---

nhada em MARTINS, Maria do Carmo. A CENP e a criação do currículo de História: a descontinuidade de um projeto educacional. *Revista Brasileira de História*, vol. 18, n. 36, São Paulo, 1998.

47  Proposta politiza o currículo escolar. *O Estado de S. Paulo*, São Paulo, 25 de julho de 1987.

48  Editorial – São Paulo: um governo servindo à subversão da educação. *Jornal da Tarde*, São Paulo, 4 de agosto de 1987.

49  FONSECA, Selva G. *Caminhos da história ensinada*. Campinas: Papirus, 1993. p. 154.

50  Editorial – A barbarização ideológica do ensino. *O Estado de S. Paulo*, São Paulo, 2 de agosto de 1987.

texto com expressões como "acumulação de capital", "modo de produção", "produção primitiva" e até "produção asiática", sem falar nas inevitáveis "mais-valia", "proletariado", "o homem", "trabalhador", "expoliação" e outras que tais.[51]

Para Francisco Iglésias, entretanto, o problema não estava numa suposta discordância ideológica em relação à historiografia de orientação marxista, mas a perda de especificidade do conhecimento histórico ao incorporar modelos de explicação que comprometeriam a compreensão da mudança:

> Eu mesmo já escrevi algumas vezes (comunicação de Curitiba, por exemplo, que V. viu) sobre a necessidade de "interdisciplinaridade", a boa produção historiográfica de economistas, sociólogos, politicólogos (palavra horrível e que parece pejorativa) e outros. Hoje já acho que a historia precisa encontrar sua especificidade, pois esses cientistas, na maioria (é claro que não penso em um Celso Furtado, autor extraordinário), não tem nenhuma sensibilidade histórica, não tem o sentido da mudança. Falam tanto em dialética e são os menos dotados para ela que existem [...] Eles deviam ler pelo menos L´APOLOGIE DE L´HISTOIRE, o texto admirável do sempre admirado Marc Bloch.[52]

Francisco Iglésias, entretanto, incorporou apontamentos específicos para a realização do potencial pedagógico e político do livro didático à maneira dos parâmetros de avaliação dos livros escolares proposto pelas instituições internacionais preocupadas com a manutenção da paz após o término da Segunda Guerra Mundial e que mencionamos no início deste texto. Desde 1979, ele estava vinculado à UNESCO como assessor da sua Comissão Internacional para uma História Científica e Cultural da Humanidade e, tendo em vista a função pedagógica que ele atribuiu à História, é provável que ele conhecesse e compartilhasse das diretrizes da instituição para a educação. Segundo ele,

> a História, inteligentemente compreendida, é o domínio do relativo e, como tal, da tolerância, do entendimento entre os povos. É a melhor lição para a paz, para a harmonia entre as nações, fim das discriminações étnicas, de sexo, grupos sociais, comportamentos divergentes. Bem compreendida, tem função pedagógica superior. Ela e só ela pode inspirar a vida política nacional e internacional,

---

[51] Carta de Francisco Iglésias a Alice Canabrava em 6 de novembro de 1981. Instituto de Estudos Brasileiros (IEB/USP). Coleção Alice Canabrava.

[52] Carta de Francisco Iglésias a Alice Canabrava em 6 de novembro de 1981. Instituto de Estudos Brasileiros (IEB/USP). Coleção Alice Canabrava.

hoje conturbadas com disputas surgidas de ambições e resultantes de falta de conhecimento que a História dá, no culto de todos os valores humanos, respeitados e acatados quando compreendidos. O livro didático de 1º grau pode contribuir decisivamente para esse Estado ideal, que não é utópico, mas possível, conquanto a natureza do seu conhecimento seja de fato captada. Para tanto, estes livros podem contar e contam, se atingem sua forma justa, da qual estamos distanciados pelas suas notórias insuficiências.[53]

A aposta em tamanha potencialidade do livro didático contribuiu para a transformação deste material em "vilão da história escolar", na medida em que as expectativas não foram satisfeitas e que seus autores foram considerados os principais responsáveis por um ensino ideologicamente comprometido.[54] Além disso, as críticas centradas em um suposto despreparo dos autores/professores dedicados à produção didática de história, como foi realizada por Francisco Iglésias, favoreceram o contínuo distanciamento dos departamentos de história dos temas ligados ao ensino da disciplina, restringindo sua abordagem às faculdades de Educação.

## Sínteses da história do Brasil

Em 1983, quando Francisco Iglésias constatou o enorme aumento de pesquisas com a emergência dos cursos de pós-graduação em História, manifestou a previsão de que os estudos monográficos proporcionariam mais e melhores sínteses da história do Brasil:

> Em futuro próximo haverá milhares de obras do gênero, que permitirão ao autor qualificado, mesmo sem muita frequência aos arquivos, mas com a leitura desses textos, elaborar síntese rica e profunda, como ainda não se obteve, nas várias que figuram na bibliografia do gênero.[55]

De acordo com ele, se historiadores como Capistrano de Abreu não produziram nenhuma síntese era porque "precisava-se primeiro de análises monográficas, para depois chegar à síntese que é a ambicionada História do Brasil".[56] O esteio desta con-

---

53 IGLÉSIAS, Francisco. O desafio didático. *Leia*, julho de 1987. p. 47.
54 Ver BITTENCOURT, Circe. Produção didática de História: trajetórias de pesquisas. *Revista de História*, São Paulo, n. 164, jan./jun. 2011; e MUNAKATA, Kazumi. *Produzindo livros didáticos e paradidáticos* [Tese de Doutorado] São Paulo: PUC, 1997.
55 IGLÉSIAS, Francisco. História. In: CNPq. *Avaliação & Perspectivas*. Brasília: CNPq, 1983. p. 199.
56 *Idem*.

cepção de uma história global estava na presunção de uma continuidade e de uma estruturação em torno de um princípio unificador, como se todas as instâncias da sociedade expressassem a unidade do todo. Esta perspectiva garantiu, ao longo de toda modernidade iluminista, o significado e o sentido da mudança na história, resguardando a viabilidade das ações coletivas para a transformação do mundo social.[57] Foi com essa orientação que Francisco Iglésias defendeu a articulação das produções historiográficas individuais em sínteses integradoras elaboradas por profissionais qualificados e direcionadas ao grande público.

Como bem lembrou Resende, a preocupação com o todo foi um princípio que esteve subjacente aos escritos de Francisco Iglésias desde, pelo menos, "Introdução à historiografia econômica", de 1959, quando ele compartilhou com Henri Berr o estabelecimento do parâmetro de regulação do trabalho do historiador pelos problemas de conjunto. No livro póstumo "Historiadores do Brasil", a mesma preocupação também aparece na cobrança que faz a José Honório Rodrigues, Caio Prado Júnior e Sérgio Buarque de Holanda que anunciaram uma síntese da história do Brasil, mas não a fizeram.[58]

Em 1976, Francisco Iglésias já tinha deixado indicadas algumas referências que considerava significativas para a produção de uma síntese quando resenhou a obra "Brasil História: texto e consulta", de Antônio Mendes Júnior, Luiz Roncari e Ricardo Maranhão. A obra de síntese, segundo ele, deveria abandonar a perspectiva tradicional – o arrolamento de governos e fatos considerados importantes – e adotar em seu lugar a busca do que é essencial, "com o destaque da participação do povo, personagem ausente naquelas obras, nas quais é objeto de simples referência, não protagonista". Francisco Iglésias valorizou na obra objeto de sua análise o fato de "ter o povo como principal personagem, girando em torno dele a narrativa, com sua participação: ele não é só referido, mas é o protagonista, motor do processo do desenvolvimento brasileiro ao longo de sua História".[59] Uma obra de síntese ainda deveria ter estilo simples, ausência de rebuscamento, pois deveria auxiliar na divulgação do conhecimento histórico para interessados em geral, alunos dos cursos secundários e universitários. Daí a

---

57 REIS, José Carlos. Da "história global" à "história em migalhas": o que se ganha, o que se perde? In: GUAZZELLI, Cesar Augusto; PETERSEN, Sílvia; SCHMIDT, Benito; XAVIER, Regina Célia (orgs.). *Questões de teoria e metodologia da história*. Porto Alegre: UFRGS, 2000.

58 RESENDE, Maria Efigênia Lage de. Francisco Iglésias: vida e obra. In: PAULA, João Antônio de (org.). *Presença de Francisco Iglésias*. Belo Horizonte: Autêntica, 2001. p. 35.

59 IGLÉSIAS, Francisco. A História do Brasil longe dos velhos mestres. *Movimento*. São Paulo, 27 de novembro de 1976.

importância que ele deu aos aspectos didáticos da exposição, da divisão dos capítulos e dos subtítulos que deveriam facilitar a leitura e torná-la interessante.

Na década de 1990, Francisco Iglésias buscou articular o conhecimento histórico produzido sobre o Brasil ao contexto mais amplo da história ocidental nas obras "Trajetória política do Brasil (1500-1964)", encomendada pela Companhia das Letras e publicada em 1993, e "Breve história contemporánea del Brasil", edição mexicana publicada na Coleción Popular Fondo de Cultura Económica em 1994, cujo objetivo foi justamente sintetizar o conhecimento histórico sobre a política brasileira. A ideia inicial da Companhia das Letras, comunicada a Francisco Iglésias por Lilia Schwarcz, era que ele coordenasse um grupo pequeno para fazer um livro sobre o Brasil. Em carta a Otto Lara Resende, ele contou que a proposta, feita em 1991, era para fazer

> um livro que pode ser alentado, até com 400 páginas, que dê uma visão global da chamada realidade nativa. Com muita ilustração, rica iconografia. Que eu poderia contratar auxiliares, indicar nomes ou coisas que a Companhia faria. Que pode fazer-me um adiantamento, que o livro será publicado também em inglês.[60]

Francisco Iglésias ainda confessou ter ficado lisonjeado com o convite, mas ponderou que sua impressão era a de que "o Brasil é incompreensível, é surrealista" e que a empreitada era superior as suas "modestas forças": "fico sempre perplexo com o que as pessoas às vezes esperam de mim. Eu não espero nada, acho que não tenho forças, nem garra, nem ciência", daí a questão sobre aceitar ou não convite ter se transformado em um problema para o qual ele solicitou a ajuda do amigo: "Que maçada, Otto, ter que decidir! Será que aceito? Devo? Para que me propõe coisas, para me atormentar depois com o trabalho, o medo de não ter fôlego e coisas outras do gênero. Enfim, trouxe um problema".[61]

O fato é que o livro de Francisco Iglésias lançado pela Companhia das Letras em 1993 teve uma concepção editorial muito mais modesta do que aquela inicialmente proposta.[62] Sem iconografia ou ilustrações, o autor explicou que

> buscou-se um texto a ser lido por qualquer pessoa culta, a ser citado também como um trabalho especializado com síntese de nível aca-

---

60 Carta de Francisco Iglésias a Otto Lara Resende em 14 de junho de 1991. Instituto Moreira Sales. Coleção Otto Lara Resende.

61 Idem.

62 Antes de ser lançada no Brasil, a obra foi traduzida para o espanhol e publicada em Madrid: IGLÉSIAS, Francisco. *Historia política de Brasil (1500-1964)*. Madrid: Editorial Mapfre, 1992.

dêmico. Não é de alta erudição, com pretensões de originalidade, como não é de divulgação em nível médio ou primário. Talvez fosse o caso de dizer, como o fazem os franceses – de *haute vulgarisation*.[63]

Pouco tempo depois de ter recebido a proposta da Companhia das Letras para a produção da síntese da história política do Brasil, Francisco Iglésias foi convidado por Hélio Jaguaribe, então diretor da representação brasileira da editora mexicana Fondo de Cultura Económica, para escrever um livro sobre o Brasil para compor uma coleção de histórias dos países da América. Em carta a Otto Lara Resende ele explicou que

> falei-lhe que tenho um meio compromisso com o Schwarcz, ele teimou que eles não se excluem. De fato, são livros diferentes. Mas onde vou arranjar tempo para os dois? É certo que o da Companhia das Letras não tem prazo, mas o do Fondo tem: até dezembro [...] Eu juro que vou assumir minha posição de aposentado e as tarefas surgem. Fico às vezes seduzidos por elas, sou pusilânime, aceito as propostas [...] Porque nos inquieta, não nos deixam em paz?[64]

Mas, a favor daquele convite, Francisco Iglésias declarou que "tenho xodó especial pela editora, na qual em grande parte me formei. Ser editado por ela é uma honra que não esperava".[65] No México, Francisco Iglésias já tinha atuado como professor de História Econômica da América Latina, entre 1963 e 1964, na Faculdade de Economia da Universidad de Nuevo León, em Monterrey.

As duas obras foram elaboradas no mesmo contexto intelectual. Nenhuma delas pretendeu ser original, entretanto, ambas manifestaram o desejo de ajudar a formar a consciência histórica de seus leitores. Em "Trajetória política do Brasil (1500-1964)", o autor escolheu dialogar com "qualquer pessoa culta" e pretendeu que o conhecimento histórico oferecido contribuísse para "diminuir o hiato entre o poder político e o corpo

---

63 IGLÉSIAS, Francisco. *Trajetória política do Brasil (1500-1964)*. São Paulo: Companhia das Letras, 1993. p. 10.

64 Carta de Francisco Iglésias a Otto Lara Resende em 25 de junho de 1991. Instituto Moreira Sales. Coleção Otto Lara Resende.

65 Carta de Francisco Iglésias a Otto Lara Resende em 5 de julho de 1991. Instituto Moreira Sales. Coleção Otto Lara Resende. Sobre o processo de elaboração, ele ainda contou que "comecei esta com disposição, fiz mais da metade, depois empaquei. Há uns quatro meses, desde outubro, não faço quase nada: umas raras páginas por semana de modo que a coisa não avança. Não o entregarei na época pedida: fevereiro. Sairá em Março, no fim" (Carta de Francisco Iglésias a Otto Lara Resende em 11 de janeiro de 1992. Instituto Moreira Sales. Coleção Otto Lara Resende).

da sociedade no seu todo".[66] Em "Breve história contemporánea del Brasil", ele alertou que se tratava de um texto didático que "desea informar, em la medida de lo posible, para que se perciba cómo el país llegó a ser como es, con sus conquistas e insuficiencias, com sus atolladeros, donde los ajustes distan mucho de ser imposibles".[67]

Os dois textos, portanto, mostram que o autor esperava abrir um horizonte de transformações com suas narrativas históricas. Em "Trajetória política do Brasil (1500-1964)", a análise se restringiu ao aspecto político, com incursões pontuais aos temas econômicos e culturais; em "Breve historia contemporánea del Brasil", o autor buscou uma articulação maior entre a vida política, econômica e cultural do país. Se em "Trajetória política do Brasil (1500-1964)" Francisco Iglésias tratou do início da colonização portuguesa até o golpe militar de 1964, em "Breve história contemporánea del Brasil" o autor analisou todo o período republicano, de 1889 até o *impeachment* de Collor. Na introdução de "Trajetória política do Brasil (1500-1964)", ele explicou o marco final do estudo no ano de 1964 afirmando que "o processo conheceu em 1964 uma inflexão de tal vulto que fica difícil para quem a viveu tratá-la sem algum excesso subjetivo, pessoal".[68] A justificativa, entretanto, não o impediu de levar adiante a análise em "Breve história contemporánea del Brasil", no qual ponderou que "en el análisis de cualquier periodo, actual o pasado, nunca se logra la tan anhelada objetividad, ya que siempre subsisten, hasta cierto punto, los juicios valorativos. La neutralidad científica es ilusoria, inalcanzable".[69] Assim, o autor compôs com as duas obras uma ampla síntese da história política do Brasil de 1500 aos seus dias. O sentido das mudanças pretendidas subjaz a configuração das narrativas que, afinal, se completam.

A fase colonial do processo histórico brasileiro foi compreendida por Francisco Iglésias em função da história geral, como parte do todo que caracterizaria a chamada História Moderna na Europa e das particularidades da história política de Portugal. O sentido mais amplo da colonização foi dado pela política econômica mercantilista e o Pacto Colonial dela decorrente, enquanto as especificidades políticas e administrativas da colônia foram tomadas como consequências diretas da organização monárquica portuguesa. Assim, a presença estrangeira, as guerras pelo açúcar e a expansão territorial foram explicadas pela caracterização do período filipino, quando Portugal ficou

---

66  IGLÉSIAS, Francisco. *Trajetória política do Brasil (1500-1964)*. São Paulo: Companhia das Letras, 1993. p. 10 e 297.

67  IGLÉSIAS, Francisco. *Breve história contemporánea del Brasil*. México: FCE, 1994. p. 15.

68  IGLÉSIAS, Francisco. *Trajetória política do Brasil (1500-1964)*. São Paulo: Companhia das Letras, 1993. p. 12.

69  IGLÉSIAS, Francisco. *Breve história contemporánea del Brasil*. México: FCE, 1994. p. 18.

sob domínio espanhol, enquanto a Restauração e a dinastia dos Bragança teria favorecido a atuação mais incisiva dos portugueses sobre o Brasil, sobretudo do ponto de vista fiscal e da organização administrativa.

A percepção da história colonial em dois períodos – o primeiro até o final das guerras holandesas e o segundo até a vinda da Corte em 1808 – foi provavelmente influenciada pelas contribuições de Caio Prado Júnior e Raimundo Faoro. Apesar de partirem de interpretações diferentes, como o próprio autor reconheceu, eles defendiam teses aproximadas e complementares. Se Caio Prado percebeu que no primeiro momento da colonização a ação do Estado foi bem menos nítida que no segundo, Faoro sofisticou a análise ao diferenciar o processo da política de delegação de poder aos senhores, passando pela transigência provocada pelos privilégios concedidos até o conflito causado pelo desentendimento da Coroa com os potentados. Mas o problema que mereceu maior atenção de Francisco Iglésias ainda foi o da interpretação do sentido da colonização como parte do processo feudal ou capitalista. Amparado pelos clássicos da história econômica brasileira, como Roberto Simonsen, Caio Prado Júnior e Celso Furtado, o autor concluiu que

> no Brasil se instituiu uma economia para a produção de gêneros destinados à exportação, para o uso do colonizador; este se reserva o direito de elaborar a matéria-prima, cabendo à Colônia apenas produzi-la. Assim foi no Brasil, na América em geral e em todas as demais áreas, pois a política dominante na História Moderna, do século XV ao XVIII, foi o mercantilismo; ele oficializou o chamado Pacto Colonial, ou seja, a Colônia existe para produzir para a Metrópole.[70]

A economia colonial brasileira, destinada à exportação, teria se desenvolvido, portanto, com base no célebre trinômio monocultura, latifúndio e escravidão e se aproximado do sistema econômico que começava a ganhar vigor no século XVI: o capitalismo. Francisco Iglésias enfatizou que, por ter uma economia voltada para fora e em larga escala, a realidade brasileira contrariaria o regime feudal, daí sua conclusão de que "a colonização do Novo Mundo não prolonga o ciclo feudal, mas inaugura o sistema capitalista. O reconhecimento desses traços leva a caracterizar o processo brasileiro como capitalista".[71]

Mas no momento em que Francisco Iglésias produzia a sua síntese, na década de 1990, o problema já não preocupava os novos historiadores. O que se questionava era

---

70 IGLÉSIAS, Francisco. *Trajetória política do Brasil (1500-1964)*. São Paulo: Companhia das Letras, 1993. p. 67.

71 *Idem.* p. 69.

aquele "sentido" atribuído à colonização, apontando para a necessidade de problematizar a colônia em sua dinâmica interna. Trabalhos como os de Maria Yedda Linhares e Francisco Carlos Teixeira e Silva e de José Roberto do Amaral Lapa, nos quais os autores recusaram a interpretação do caráter secundário da agricultura produtora de alimentos na economia colonial, bem como enfatizaram a capacidade da colônia de reter parte do excedente acumulado, já estavam consolidados desde a década de 1980.[72] Embora Francisco Iglésias tenha escrito o prefácio do livro de Linhares e Silva e provavelmente conhecesse a obra de Lapa,[73] optou por não incorporá-los em sua síntese. A omissão de bibliografia mais atualizada foi comentada na resenha que Luiz Felipe de Alencastro fez da obra:

> de maneira geral, a análise histórica de Iglésias parece um pouco prisioneira da bibliografia canônica que o autor comenta na conclusão do livro. Há muitos estudos, em geral restrito às revistas especializadas e às teses não publicadas, que poderiam fundamentar novos pontos de vista sobre o Império e a Colônia, modificando, ao fim e ao cabo, nossa visão do período contemporâneo.[74]

A narrativa convencional da história monárquica brasileira – orientada, basicamente, pelo determinismo das datas – também foi criticada por Alencastro em sua resenha. A insistência na ideia do nascimento do "sentido nacional" em 1822 e de seu amadurecimento ao longo da Regência e do Segundo Reinado não estava sintonizada com a atualidade da historiografia brasileira, na qual o tema do municipalismo durante as rebeliões regenciais, por exemplo, já problematizava a questão da nacionalidade como um dado.[75] Mas, para Francisco Iglésias, as primeiras manifestações do "sentimento nacional brasileiro" teriam se dado em Minas Gerais com as produções artísticas classificadas de barrocas.[76] Aí estaria a entidade social

---

72   LINHARES, Maria Yedda; SILVA, Francisco Carlos Teixeira. *História da agricultura brasileira: combates e controvérsias*. São Paulo: Brasiliense, 1981; LAPA, José Roberto do Amaral. *O antigo sistema colonial*. São Paulo: Brasiliense, 1982.

73   IGLÉSIAS, Francisco. Prefácio. LINHARES, Maria Yedda; SILVA, Francisco Carlos Teixeira. *História da agricultura brasileira: combates e controvérsias*. São Paulo: Brasiliense, 1981.

74   ALENCASTRO, Luiz Felipe de. As paixões políticas do descobrimento ao golpe. *Folha de São Paulo [Mais!]*, São Paulo, 4 de julho de 1993. p. 7.

75   Idem. p. 7.

76   "Aqui teria começo o sentimento nacional brasileiro, pode-se dizer, não só pela atividade política como pela cultural, com a criação do primeiro surto artístico expressivo e homogêneo, como se vê pela totalidade criadora de uma escola literária de alto pa-

originária da nação, cuja configuração teria sido dada pelo português já nos primeiros três séculos de colonização:

> Seu grande feito foi garantir a unidade das partes do vasto território, configurando, já nos três primeiros séculos, o mapa de uma nação dilatada, com unidade de língua, religião, de práticas, costumes e crenças, na qual fez predominar o estilo do homem branco, português, entrelaçando-o com o índio e o negro, em bom exemplo de convívio inter-racial, embora nem sempre feito com harmonia, senão com o apelo à violência.[77]

Segundo Francisco Iglésias, no início do século XIX, portanto, já "estava lançada a base para uma nação, com muito a fazer para devidamente construir-se".[78] A ideia da "colônia insubmissa" perpassou o seu texto.[79] A vinda da Corte para o Brasil e o processo de independência foram os dois eventos políticos que melhor atuaram em favor da afirmação da nação: "o ano de 1808 é o começo da passagem para a nação, como se dará em 1822",[80] pois, a partir daí "o sentimento nacional se formou ao longo das décadas monárquicas".[81] Através das disputas entre grupos e das explosões populares é que sairia, segundo Francisco Iglésias, a verdadeira unidade, livre de perigos ou riscos: "através dos choques do período as províncias vão aos poucos adquirindo o sentido da nacionalidade, na superação dos regionalismos que as marcavam".[82] O governo de D. Pedro I e a primeira fase do Segundo Reinado – a Regência – foi tomado pelo autor como o momento "mais agitado e fascinante" da trajetória brasileira, lugar do "amadurecimento do sentido nacional".[83] A interpretação do Primeiro Reinado e da Regência como lugar da "cons-

---

drão; uma arte plástica superior, expressa na arquitetura, na escultura e na pintura; na música, com uma escola de compositores" (IGLÉSIAS, Francisco. *Trajetória política do Brasil (1500-1964)*. São Paulo: Companhia das Letras, 1993. p. 64).

77 IGLÉSIAS, Francisco. *Trajetória política do Brasil (1500-1964)*. São Paulo: Companhia das Letras, 1993. p. 113.

78 *Idem.* p. 96.

79 IGLÉSIAS, Francisco. Momentos democráticos na trajetória brasileira. In: JAGUARIBE, Hélio [et al.]. *Brasil, sociedade democrática*. Rio de Janeiro: José Olympio, 1985. p. 132.

80 IGLÉSIAS, Francisco. *Trajetória política do Brasil (1500-1964)*. São Paulo: Companhia das Letras, 1993. p. 96.

81 *Idem.* p. 144.

82 *Idem.* p. 145.

83 *Idem.* p. 143-144.

trução da nacionalidade" já tinha aparecido no seu texto para o livro "Brasil, sociedade democrática", no qual ele sintetizou que "o primeiro momento da trajetória brasileira, de 1822 a 89, é marcado pela independência e construção da nacionalidade. Antigo anseio popular, nem sempre articulado e coerente, ganha corpo entre 1822 e 41".[84]

A nacionalidade, portanto, seria o resultado direto da ação popular, quando "as várias camadas da população buscam um lugar, reivindicam, contestam, como não se fizera ainda com tal intensidade".[85] Entretanto, como reação à manifestação do povo que se levantou contra a crise social e a miséria e em defesa de melhor situação, amadureceu no Brasil também o conservadorismo. De acordo com Francisco Iglésias,

> o político da Corte, dos grupos dominantes, vê aí apenas a desordem e a ameaça à unidade. Perigo de separatismo só havia na Guerra Farroupilha, pela condição fronteiriça do Rio Grande do Sul. Nem se ameaçava a Monarquia, sistema estabelecido, embora se falasse em República, com, como na Sabinada e na Farroupilha [...] O político no poder, sempre cauteloso e raramente sensível, atribui tudo ao enfraquecimento das instituições [...] Assim, arma-se o poder central, agora vitorioso em tudo, sem atentar para a realidade profunda, a verdadeira provocadora das crises e que leva a contestações.[86]

Portanto, se a Regência contribuiu para a manifestação do nacionalismo, também apontou para a dificuldade de organizar o Estado. Os brasileiros se viram "hesitantes entre a ordem e o perigo da anarquia", daí a imposição do "sentido moderado ou conservador, constante da vida nacional".[87] Por isso, na avaliação do autor, "a política pouco muda em sua essência ao longo das décadas monárquicas" e nem poderia ser de outro modo, pois "a sociedade é rigidamente estratificada, hierárquica, discriminadora. Defende o *status quo*". O escravismo como base da vida econômica é que justificava, segundo ele, aquela situação. Somente quando o problema da propriedade da mão de obra provocou divergências entre os grupos dominantes, culminando na abolição da escravatura, é que a monarquia se viu suplantada.[88]

---

84 IGLÉSIAS, Francisco. Momentos democráticos na trajetória brasileira. In: JAGUARIBE, Hélio [et al.]. *Brasil, sociedade democrática*. Rio de Janeiro: José Olympio, 1985. p. 130.
85 IGLÉSIAS, Francisco. *Trajetória política do Brasil (1500-1964)*. São Paulo: Companhia das Letras, 1993. p. 157.
86 Idem. p. 160.
87 Idem. p. 161.
88 Idem. p. 168 e 207.

Tanto em "Trajetória política do Brasil (1500-1964)", quanto em "Breve historia contemporánea del Brasil", Francisco Iglésias atribuiu aos dois primeiros governos republicanos uma mudança significativa: pela primeira vez, desde a independência, era outro o grupo estava no poder:

> La importancia que se asigna al gobierno de los mariscales, no obstante su corta duración, proviene del carácter singular de sus logros. Pocas veces em um periodo tan breve se han realizado tantas cosas. El Brasil parecia um país nuevo, no por el régimen político – República em vez de monarquía – sino por la dirección que entonces se adoptó. Mandaba otro tipo de gente, ya no las viejas oligarquias. Se debería esto a los militares, a quienes algunos historiadores identifican con la clase media? Es una tesis discutible. Lo indudable es que el Brasil de 1894 era muy diferente al de 1889.[89]

O governo dos marechais teria sido "um hiato no domínio incontestado do grupo detentor do poder desde a independência".[90] Para Francisco Iglésias, o ideal da conciliação, marca da política imperial detalhadamente abordada em uma de suas contribuições para a "História Geral da Civilização Brasileira",[91] foi considerado comum para toda a política nacional brasileira:

> Uma constante na política nacional é a conciliação. Para a defesa de seus interesses, os grupos dominantes entram sempre em acordo, evitam rupturas e se compõem, de modo a se perpetuarem. Têm diferenças pequenas; como pertencem ao mesmo grupo ou classe, são de origem idêntica, perseguem iguais objetivos, não há motivos para divergências profundas. Nos primeiros anos da nação livre, por exemplo, quase todos são escravistas. Houve descentralizadores e até republicanos já nos primeiros tempos, até radicais gênero socialismo utópico. A grande maioria, no entanto, pensava como o figurino. Aparece certa divergência nas disputas dos partidos, como se viu entre liberais e conservadores desde a década de 1840. Os desentendimentos, porém, eram superficiais, girando mais em torno da posse de cargos – ministros, presidentes de província, senadores,

---

89 IGLÉSIAS, Francisco. *Breve história contemporánea del Brasil*. México: FCE, 1994. p. 27-28.

90 IGLÉSIAS, Francisco. *Trajetória política do Brasil (1500-1964)*. São Paulo: Companhia das Letras, 1993. p. 205.

91 IGLÉSIAS, Francisco. Vida política, 1848/1868. In: HOLANDA, Sérgio Buarque de (dir.). *História Geral da Civilização Brasileira*. Tomo II, vol. 3. São Paulo: Difel, 1967.

deputados, funcionários de alta graduação: quanto aos problemas de fato, pondo em jogo a estrutura, estavam de acordo no substancial.[92]

Mas os dois presidentes militares teriam entrado na política quase por acaso, eram "velhos, fatigados e sem maior gosto para o exercício do poder" e, por isso, não teriam se preocupado com a sucessão, deixando o campo livre para "a volta das oligarquias", a volta da conciliação, como mostrou a "política dos governadores":

> Compunha-se uma teia perfeita, em que todos se conservavam na crista da onda, sem possíveis afastamentos (a não ser pelas eventuais e inevitáveis disputas). Chega-se assim à forma ideal de conciliação, que é, na verdade, a conciliação dos estabelecidos no poder, um acordo baseado não em programas ou ideias, mas em continuísmo: uma transação, um negócio. Acordo feito pelas cúpulas, evidentemente excluía o povo. Era mesmo feito contra o povo, para mantê-lo submisso.[93]

Os "arranjos de cúpula", entretanto, não conseguiram suprimir totalmente aquela característica que, de acordo com Francisco Iglésias, tinha sido a marca da nacionalidade brasileira: a contestação popular. O movimento de Canudos, de 1897 a 1899, foi uma prova disso. Se frequentemente era apontado como de caráter monarquista, Francisco Iglésias preferiu vê-lo como uma explosão social motivada pela pobreza e pelo atraso, como também o foi o movimento do Contestado.[94] A Revolta da Vacina e a Revolta da Chibata, ocorridas no início do século XX, também teriam revelado a latente força popular.

Mas foi no início da década de 1920 que as reivindicações por uma nova estrutura social se tornam mais agudas e organizadas. Para Francisco Iglésias, o ano de 1922 foi o símbolo da eclosão de uma ampla campanha em favor da "regeneração do regime", da "republicanização da República". Além do movimento tenentista, o autor procurou destacar aí o "surgimento da política ideológica", ou seja, quando a política ultrapassou o nível do personalismo e chegou a um "pensamento condutor",[95] seja de direita ou de esquerda, pois "o importante a consignar é a política adquirir certo acento de discussão de ideias, com a pretensão de uma base no pensamento, além do jogo imediato no poder por favores".[96]

---

92  IGLÉSIAS, Francisco. *Trajetória política do Brasil (1500-1964)*. São Paulo: Companhia das Letras, 1993. p. 206-207.

93  *Idem*. p. 208.

94  *Idem*. p. 211.

95  *Idem*. p. 225.

96  *Idem*. p. 227.

O ano de 1930 foi então tomado como "linha divisória" da trajetória política brasileira, quando teve início uma "revisão da vida nacional".[97] Getúlio Vargas – "o mais sagaz de todos os chefes de Estado que o Brasil já teve"[98] – deu um sentido inovador para a administração pública. A partir de 1937, entretanto, teria criado um regime nada original, "pois em consonância com a voga direitista".[99] Mas, ainda que o Estado Novo tenha sido forte e ant*idem*ocrático, "teve um lado de grandes realizações materiais, com o princípio da modernização do aparelho administrativo, o programa de desenvolvimento econômico, uma legislação social".[100]

Se, de acordo com Francisco Iglésias, "a nação caminhara bastante, de 1930 a 1945", era porque "o povo é agora agente, embora em pequena escala, enquanto era antes pouco ouvido e nem tomava conhecimento de quanto se passava".[101] A tendência esquerdista pós-1945 teria contribuído para dar a sua ação um princípio de organização ideológica, indicando o caminho da afirmação democrática do país. A "era JK", não obstante a justeza das críticas, soube traduzir os novos tempos. Na avaliação do autor, Juscelino Kubitschek "foi de fato liberal, não perseguiu ninguém, afirmando-se talvez o mais democrático de todos".[102] Prova disso era que "el presidente se identificaba con el pueblo y éste lo veía en un nível de igualdad. Se veían cercanos quienes ejercían el poder, sin la distancia que impone la autoridad".[103] Para Alencastro, Francisco Iglésias foi ao encontro do consenso da época, na medida em que "a presidência de Juscelino Kubitschek se impõe atualmente – sobretudo após a esmagadora vitória do presidencialismo republicano no plebiscito de abril –, como paradigma político, como a Idade do Ouro da democracia e do desenvolvimento econômico".[104]

A movimentação social e política dos primeiros anos da década de 1960 refletia, de acordo com Francisco Iglésias, a liberdade de ação do período anterior. A nação passou a participar do processo, visto que "a atividade pública deixa de ser privilégio do governo ou dos partidos, para ser exercida pela sociedade. Todos falam, depõem, dão testemunho,

---

97   Idem. p. 231;233.
98   Idem. p. 235.
99   Idem. p. 246.
100  Idem. p. 250.
101  Idem. p. 258.
102  Idem. p. 269.
103  IGLÉSIAS, Francisco. *Breve história contemporánea del Brasil*. México: FCE, 1994. p. 137.
104  ALENCASTRO, Luiz Felipe de. As paixões políticas do descobrimento ao golpe. *Folha de São Paulo [Mais!]*, São Paulo, 4 de julho de 1993. p. 7.

reivindicam".¹⁰⁵ A crise que gerou o golpe militar de 1964 teria começado com a renúncia de Jânio Quadros. Depois de sete meses de um governo que "valorizou demasiadamente os militares, colocando-os à frente de comissões de inquérito que multiplicou, no afã moralizador",¹⁰⁶ o presidente saiu sem uma explicação racional, pois "Jânio não sofreu pressão: escolhido por larga margem de votos e, pelo inusitado de seu comportamento, a nação estava na expectativa, entre assustada e esperançosa".¹⁰⁷ Segundo o autor, o presidente não só não fez o quanto se esperava dele, como "colocou o país no caos em que se debateu por algum tempo e do qual ainda não se livrou de todo".¹⁰⁸ A avaliação foi ainda mais dura quando o autor afirmou que "el Brasil sigue pagando la deuda proveniente de un desatino, fruto del desorden, de la falta de entendimiento o de algún trastorno patológico".¹⁰⁹

Embora mal encaminhada, o governo de João Goulart teria dado espaço para uma importante experiência popular no poder. Para Francisco Iglésias, como era comum em toda a história política brasileira, ao avanço democrático se interpôs a força de um retrocesso "quizá el más evidente de todos".¹¹⁰ Com o aumento da consciência política e do debate esquerda-direita-centro, os diversos setores sociais teriam radicalizado suas posições e ideologizado sua prática política "que ya no es ni neutra ni débil, sino cada dia más consciente de sus tesis y posiciones".¹¹¹ O golpe militar foi, portanto, "una reacción contra lo poço que se había conquistado em nombre de la modernización del país, que sustituyó aquellos limites estrechos con algo aún más retrógrado",¹¹² daí a inadequação do nome de "revolução" dado pelos protagonistas do movimento, bem como seu encaminhamento na contra mão da ordem mundial:

> Abril de 1964 no representó un avance en ningún sentido, sino um retroceso que puso de manifiesto la irremediable miopia de sus ejecutores, su incomprensión de la realidad nacional la cual, a pesar de todo, era muy superior a su visión mezquina y precipitada. Cuando el mundo superaba las fábulas del comunismo sangriento y caminava con paso firme abandonando viejos prejuicios, conciliando extremos

---

105 IGLÉSIAS, Francisco. *Trajetória política do Brasil (1500-1964)*. São Paulo: Companhia das Letras, 1993. p. 292.

106 *Idem*. p. 278.

107 *Idem*. p. 281.

108 *Idem*. p. 282.

109 IGLÉSIAS, Francisco. *Breve história contemporánea del Brasil*. México: FCE, 1994. p. 161.

110 *Idem*. p. 193.

111 *Idem*. p. 194.

112 *Idem*. p. 195.

en busca de la paz e del orden, el Brasil, retornando a las torcidas ideas de la Guerra Fría, se afirmaba como una isla reacia al progreso y se instalaba en una situación fenecida, por lo menos, 50 años atrás. Ése es el significado del derrocamiento del gobierno constitucional de Goulart e del establecimiento de la dictadura militar.[113]

Ao tratar da Ditadura Militar, a narrativa de Francisco Iglésias não poupou palavras para denunciar as arbitrariedades e atrocidades cometidas pelos sucessivos governos militares, bem como para abordar as reações da sociedade. Ao se referir à repressão, chamou os militares de "psicópatas" e "dementes". Escrevendo ainda no calor das denúncias de corrupção que levaram ao *impeachment* de Collor, Francisco Iglésias lembrou que a prática "creció de un modo alarmante durante los gobiernos militares":

El hecho se explica porque la prensa amordazada no podía hacer denuncias y el muy sumiso Congreso ni fiscalizaba ni protestaba. Los escándalos se multiplicaban implicando a funcionarios tanto civiles como militares e incluso a ministros. Las investigaciones eran una farsa que nada alcaraban y si algo se descubría no se enteraba de ello al público. El robo ya existia, pero en esa época se institucionalizó.[114]

Para Francisco Iglésias, a Nova República (título usado por ele, mas ainda assim considerado equivocado, uma vez que na sua avaliação a República não chegou a ser "nova") começou indicando seu "triste destino". Se Tancredo Neves "era poco inclinado a realizaciones de alcance popular", dele "se esperaba cierta pacificación de los ánimos, no un gobierno eficiente".[115] A escolha de José Sarney como seu substituto "fue um error que se pago muy caro", pois "además de no pasar de político convencional, estuvo comprometido con los peores elementos de la dictadura".[116] Além disso, ele foi reconhecido como "uno de los mentores de los desacatos cometidos contra la causa popular".[117] Se seu parâmetro de avaliação dos governos continuava a ser a realização dos anseios populares, foi com indisfarçável desgosto e com uma linguagem profundamente marcada pela revolta de quem vivenciou o governo e o *impeachment* do presidente Fernando Collor de Melo que Francisco Iglésias analisou detalhadamente aquele momento.

---

113 *Idem.* p. 196.

114 *Idem.* p. 222.

115 *Idem.* p. 245.

116 *Idem.* p. 239.

117 *Idem.* p. 239-240.

# Considerações finais

Ao configurarmos a trajetória intelectual de Francisco Iglésias entre as décadas de 1940 e 1990, buscamos abordar os aspectos que consideramos mais significativos para a compreensão tanto da dinâmica do conhecimento histórico produzido pela universidade, quanto das atribuições do papel social do intelectual vinculado a ela. O sentido dos movimentos que conduziram Francisco Iglésias de uma posição a outra nesta tese – de discente no curso de Geografia e História, passando pela consolidação de sua posição como historiador na Universidade Federal de Minas Gerais, até sua aposentadoria e a concomitante publicação de obras de divulgação didática – só puderam ser percebidos enquanto uma "trajetória" porque o relacionamos com os estados sucessivos do próprio lugar em que ele atuou através do conjunto de suas relações com outros agentes que compartilharam o mesmo campo e o mesmo espaço de possibilidades. Em outras palavras, os acontecimentos da vida e da obra de Francisco Iglésias não foram definidos como um todo coerente e orientado, mas enquanto deslocamentos no interior de lugares sociais que distribuíram diferentes espécies de capital e que autorizaram sua existência.

Nesse sentido, ao recolocarmos a questão que levantamos na introdução sobre quem foi o historiador Francisco Iglésias, é em função dessa relação que buscamos uma resposta. Sua presença na ambiência intelectual dos anos 1940, através da militância política partidária, da colaboração em jornais de grande circulação e da experiência discente na Faculdade de Filosofia de Minas Gerais, nos possibilitou conhecer não apenas algumas das práticas intelectuais de seu tempo, mas também acompanhar o desenvolvimento das competências sociais que favoreceram sua entrada em um campo – o universitário – ainda em construção naquele momento.

Por um lado procuramos mostrar que as redes de sociabilidade tecidas ainda nos primeiros anos do seu percurso intelectual, além de promover a troca de ideias e de favores, reforçaram certos mecanismos constituintes de sua identidade que repercutiram diretamente em suas escolhas profissionais. A mais significativa delas foi aquela que o fez permanecer em Minas Gerais e desenvolver aqui sua carreira acadêmica mesmo quando o caminho para a Universidade de São Paulo – direção supostamente mais razoável do ponto de vista das hierarquias universitárias – estava aberto. Por outro, ao compartilhar a busca pela diferenciação da sua geração através do engajamento político, destacamos que Francisco Iglésias não só exerceu atividades práticas no interior de grupos organizados, como também promoveu reflexões que contribuíram para a formação cultural e teórica dos militantes. Como integrante da célula intelectual do PCB e, ao mesmo tempo, vinculado à Faculdade de Filosofia, ele fundamentou a autoridade do seu discurso político através das competências intelectuais que adquiriu com sua experiência acadêmica.

Ao destacar a experiência discente de Francisco Iglésias na Faculdade de Filosofia de Minas Gerais, mostramos como ela incrementou sua formação intelectual através do contato com um conteúdo de história que buscou superar o projeto de uma história nacional habituada à exaltação de grandes nomes e datas. A seleção e a avaliação dos livros de história resenhados por ele e publicados tanto na revista da FAFI, a "Kriterion", quanto na "Revista da Faculdade de Ciências Econômicas" nas décadas de 1940 e 1950, nos valeu como indícios da operação de fechamento de uma comunidade científica que estava em curso em Minas Gerais na medida em que deixaram indicadas referências fundamentais para a nova geração de historiadores com formação especializada. Da mesma maneira, sua tese de livre-docência foi lida com o intuito de ressaltar o novo modo de escrever a história a partir da universidade.

Enquanto as ciências sociais e, entre elas a história, consolidava seu espaço na universidade brasileira, estava em curso uma mudança na maneira como os intelectuais lidavam com as relações entre o saber e a política e, consequentemente, com seu próprio papel na sociedade. Mostramos como, desde o final da década de 1940, Francisco Iglésias estava atento a estas transformações. A falta de harmonia entre o pensamento do intelectual e a ação política o fez questionar a posição do intelectual na sociedade. O momento coincidiu com sua própria inserção institucional na Faculdade de Ciências Econômicas da UFMG, na década de 1950, o que não apenas tornou seu entendimento da relação entre o conhecimento científico e os projetos históricos e políticos muito mais complexo, como também o levou ao combate por uma organização disciplinar da produção histórica universitária articulada à permanência de sua função orientadora.

O quadro social e político do momento, marcado pela oposição entre esquerda e direita, pela polarização entre o comunismo e o capitalismo e pela efervescência constante dos movimentos sociais, também favoreceu as disputas em torno de uma concepção de história que resultasse na indicação de uma direção a seguir. A expectativa de que o conhecimento produzido pelas ciências sociais na universidade pudesse atender a demanda por orientação colocou em debate a própria função destas instituições para impulsionar as transformações sociais. Reconstruímos a posição do historiador Francisco Iglésias neste contexto de mudanças, que atravessou as décadas de 1960 a 1980, através de sua produção historiográfica.

Francisco Iglésias valorizou a interdisciplinaridade para apurar a capacidade interpretativa do historiador que, aliada à pesquisa cientificamente conduzida, poderia fundar uma "tradição universitária" para o conhecimento histórico. Mas se as ciências sociais eram fundamentais para que o historiador adquirisse o instrumental necessário para interpretar os processos históricos, Francisco Iglésias alertou que ele não poderia ficar refém de suas teorias sob pena de comprometer a especificidade do conhecimento histórico. A relação que o historiador manteve, por exemplo, com a teoria marxista mostra o quanto esta posição orientou suas próprias escolhas. Ainda que ele tenha se inspirado nela para privilegiar categorias relacionadas a ideia de processo histórico, dialética e luta de classes, manteve o senso de relativismo que o impediu de enquadrar a realidade histórica analisada neste esquema teórico.

Por outro lado, embora a história fosse comumente reconhecida como o conhecimento do passado, para Francisco Iglésias sua função seria compreender e orientar a ação no presente. Nesse sentido, nenhum historiador poderia arrogar neutralidade: ainda que pautados pela racionalidade científica, como estudo da transformação social, o conhecimento histórico por si mesmo seria um apelo à luta, uma demonstração de confiança na ação. Daí suas restrições aos historiadores conservadores, visto que eles não estariam comprometidos com a transformação e, portanto, não poderiam compreender o significado profundo dos acontecimentos. Para Francisco Iglésias, sua representação da verdade enquanto afirmação de valores progressistas não era fortuita, mas um desdobramento do conhecimento histórico científico que ele detinha. Nesse sentido, seus critérios para a avaliação da historiografia brasileira não poderiam deixar de sopesar a dimensão política e ideológica dos autores analisados.

As intenções pragmáticas de Francisco Iglésias se manifestaram, principalmente, através de seus ensaios históricos e estudos de história da historiografia. A tomada do pensamento conservador como objeto de análise reforçou sua posição de que as interpretações históricas só poderiam ajudar na orientação do presente mediante o engajamento profundo dos historiadores em seu próprio tempo, embora ele defendesse que a lógica e a cientificidade destas interpretações estivessem restritas aos historiadores progressistas.

Com as iniciativas institucionais voltadas para o aperfeiçoamento dos docentes do ensino superior e que resultaram na implantação da pós-graduação, uma nova identidade epistemológica da história começou a ser construída. Para marcar sua diferença em relação ao conhecimento histórico anterior produzido pela própria universidade, esta historiografia se apresentou como o resultado de uma evolução necessária dos estudos históricos ditos científicos, relegando a escrita alheia aos seus padrões de cientificidade a mero instrumento ideológico. Além disso, o engajamento dos cientistas sociais em projetos históricos e políticos já não representava um consenso, o que acelerou o movimento de afastamento dos intelectuais da universidade das questões sociais mais proeminentes de seu tempo. Para aquele que ao longo de toda a sua trajetória intelectual manteve aceso o interesse de orientar a vida humana no presente através de sua historiografia, a dedicação aos trabalhos que pudessem promover uma aproximação entre o conhecimento produzido na universidade e o público mais amplo através da publicação de livros de divulgação, didáticos e paradidáticos foi uma forma de resgatar a função do conhecimento histórico e continuar atuando em favor da consciência história do presente mesmo após sua aposentadoria na universidade.

# Fontes e referências

**Obras de Francisco Iglésias**

**Livros**

*História & Literatura: ensaios para uma história das ideias no Brasil.* São Paulo: Perspectiva; Belo Horizonte: Cedeplar-FACE-UFMG, 2009.
*Historiadores do Brasil: capítulos de historiografia brasileira.* Rio de Janeiro: Nova Fronteira; Belo Horizonte: UFMG, 2000.
*Breve história contemporánea del Brasil.* México: FCE, 1994.
*Trajetória política do Brasil (1500-1964).* São Paulo: Companhia das Letras, 1993.
*Historia política de Brasil (1500-1964).* Madrid: Editorial Mapfre, 1992.
*História Geral e do Brasil.* São Paulo: Ática, 1989.
Constituintes e Constituições Brasileiras. *Coleção Tudo é História*, n. 105. São Paulo: Brasiliense, 1985.

A industrialização brasileira. Coleção *Tudo é História*, n. 98. São Paulo: Brasiliense, 1985.

A revolução industrial. Coleção *Tudo é História*, n. 11. São Paulo: Brasiliense, 1981.

*História para o vestibular e cursos de segundo grau.* São Paulo: Difel, 1981.

*História e Ideologia.* São Paulo: Perspectiva, 1971.

*Introdução à historiografia econômica.* Belo Horizonte: FACE, 1959.

*Política econômica do governo provincial mineiro (1835-1889).* Rio de Janeiro: INL, 1958.

## Artigos e Resenhas

A sombra do mundo. *Dom Casmurro.* Rio de Janeiro, 11 de setembro de 1943.

A poesia e o poeta. *Dom Casmurro.* Rio de Janeiro, 13 de novembro de 1943.

Notas sobre a atividade poética. *O Diário.* Suplemento Literário. Belo Horizonte, 19 de dezembro de 1943.

Formação do Brasil Contemporâneo. *Folha de Minas*, Belo Horizonte, 1º de janeiro de 1944.

O ritmo histórico-literário. *Folha de Minas.* Belo Horizonte, 6 de fevereiro de 1944.

Vida e morte do bandeirante. *O Diário.* Suplemento Literário. Belo Horizonte, 27 de fevereiro de 1944.

Geração. *O Diário.* Suplemento Literário. Belo Horizonte, 30 de abril de 1944.

Minas, o negro e o garimpo. *O Diário.* Suplemento Literário. Belo Horizonte, 04 de junho de 1944.

Conhecimento de Minas. *O Diário.* Suplemento Literário. Belo Horizonte, 28 de junho de 1944.

Artista e homem. *O Diário.* Belo Horizonte, 29 de junho de 1944.

Vida e experiência. *O Diário.* Belo Horizonte, 12 de julho de 1944.

Introdução ao racismo. *O Diário*, Belo Horizonte, 9 de novembro de 1944.

Pré-história do racismo. *O Diário*, Belo Horizonte, 12 de dezembro de 1944.

Os negros vão fazer ouvir a sua voz. *O Libertador.* Belo Horizonte, 23 de junho de 1945.

Um dever dos comunistas. *O Libertador.* Belo Horizonte, 18 de agosto de 1945.

O povo consciente e organizado. *O Libertador.* Belo Horizonte, 28 de agosto de 1945.

Democracia e preconceito racial. *O Libertador.* Belo Horizonte, 23 de junho de 1945.

Um guia para a ação. *O Libertador.* Belo Horizonte, 15 de setembro de 1945.

A falsa bandeira. *Folha de Minas,* Belo Horizonte, 30 de setembro de 1945.

Ainda o fascismo. *O Libertador.* Belo Horizonte, 6 de outubro de 1945.

Sob o signo do homem. *Folha de Minas.* Belo Horizonte, 14 de outubro de 1945.

Os pensamentos perigosos. *Edifício.* Belo Horizonte, jan. 1946.

Agora não tenho dúvidas em afirmar que foi a leitura de autores marxistas o que mais me marcou no sentido de orientação... . *Edifício,* Belo Horizonte, ano I, n. 2, fevereiro de 1946.

Do laissez-faire à democracia planificada. *Edifício.* Belo Horizonte, jul. 1946.

O tema André Malraux. *Diário de Notícias.* Rio de Janeiro, 8 de junho de 1947.

Noção de limites. *Diário de Notícias.* Rio de Janeiro, 13 de julho de 1947.

Sobre Hermann Hesse. *O Estado de São Paulo,* 2 de setembro de 1947.

Hesse o "O lobo da estepe". *O Estado de São Paulo,* 7 de setembro de 1947.

Hesse e a salvação pelo humorismo. *O Estado de São Paulo,* 11 de setembro de 1947.

Inquéritos e testamentos. *Folha de Minas,* Suplemento, Belo Horizonte, 30 de maio de 1948.

Situação de Julien Benda. *Estado de Minas,* Segunda Secção, Belo Horizonte, 18 de julho de 1948.

Elegia de Abril. *Estado de Minas.* Belo Horizonte, 10 de abril de 1949.

Generalidades sobre a história de Minas Gerais. *Estado de Minas.* Belo Horizonte, 19 de junho de 1949.

Sobre a crítica de ideias. *Estado de Minas.* Belo Horizonte, 3 de julho de 1949.

Universalidade da História. *Estado de Minas.* Belo Horizonte, 10 de julho de 1949.

John Mawe em Minas Gerais. *Estado de Minas.* Belo Horizonte, 24 de julho de 1949.

Desvio da crítica. *Estado de Minas.* Belo Horizonte, 7 de agosto de 1949.

Estudos Históricos. *Estado de Minas,* Segunda Secção, Belo Horizonte, 23 de outubro de 1949.

Problemas históricos. *Estado de Minas,* Belo Horizonte, 18 de dezembro de 1949.

Diogo de Vasconcelos. *Kriterion,* Belo Horizonte, n. 9-10, jul./dez. 1949.

Louis Halphen. *Kriterion*, Belo Horizonte, n. 9-10, jul./dez. 1949.

Meditação de Natal. *Estado de Minas*. Belo Horizonte, 22 de dezembro de 1949.

Manual bibliográfico de estudos brasileiros. *Kriterion*, Belo Horizonte, n.11-12, jan./jun. 1950.

Camille Bloch et Pierre Renouvin. *Kriterion*, Belo Horizonte, n.11-12, jan./jun. 1950.

José Honório Rodrigues. *Kriterion*, Belo Horizonte, n.11-12, jan./jun. 1950.

Nota sobre um livro. *Estado de Minas*. Belo Horizonte, 8 de janeiro de 1950.

Teoria da História do Brasil. *Kriterion*, jun./1950.

As fontes da história do Brasil na Europa. *Kriterion*, dez./1951.

Minas e um problema da historiografia brasileira. *Tribuna de Minas*. Belo Horizonte, 1º de maio de 1952.

Notícia de varia história. *Revista da Faculdade de Ciências Econômicas*, jun./1952.

Sobre a história de Minas Gerais. *Estado de Minas*. Belo Horizonte, 11 de abril de 1954.

O desenvolvimento da cultura do algodão na Província de São Paulo. *Kriterion*, Belo Horizonte, n. 21-22, jul./dez. 1952.

Apologie pour l'histoire ou Métier d'historien. *Revista da Faculdade de Ciências Econômicas*. Belo Horizonte, ano III, n. 5, jan./jun. 1954.

Initiation a la critique historique. *Revista da Faculdade de Ciências Econômicas*. Belo Horizonte, ano III, n. 5, jan./jun. 1954.

Um programa de história da América. *O Diário*. Belo Horizonte, 29 de outubro de 1954.

Aspectos do desenvolvimento da história econômica. *Revista da Faculdade de Ciências Econômicas*. Belo Horizonte, dezembro de 1954.

O surto industrial de Minas Gerais. *Kriterion*, Belo Horizonte, junho de 1955.

Um professor de entusiasmo. *O Diário. Belo Horizonte*, 22 de janeiro de 1956.

Brasil, período colonial. *Kriterion*, jun./1955.

Política unitária do Segundo Reinado. *Revista da Faculdade de Ciências Econômicas*. Belo Horizonte, dezembro de 1955.

Estudo sobre o pensamento reacionário: Jackson de Figueiredo. *Revista Brasileira de Estudos Sociais,* Belo Horizonte, jul./1962.

África e Brasil, outro horizonte. *Kriterion*, dezembro de1962.

Aspirações Nacionais. *Tempo Brasileiro*. Rio de Janeiro, ano 2, n. 4-5, jun./set. 1963.

Vida e história. *O Estado de São Paulo*. São Paulo, 10 de dezembro de 1966.

Vida e história. *Revista Brasileira de Estudos Políticos*, jul./1967.

Vida política, 1848/1868. In: HOLANDA, Sérgio Buarque de (dir.). *História Geral da Civilização Brasileira*. Tomo II, vol. 3. São Paulo: Difel, 1967.

Elogio de José Honório Rodrigues. *Minas Gerais*, Suplemento Literário. Belo Horizonte, 3 de janeiro de 1970.

José Honório Rodrigues – A pesquisa histórica. *Revista de História*, jul./1970.

Periodização da história de Minas. *Revista Brasileira de Estudos Políticos*, vol. 29, julho de 1970.

A pesquisa histórica no Brasil. *Revista de História*, v. 43, 1971.

O parlamento e a história do Brasil. *Minas Gerais*, Suplemento Literário. 13 de outubro de 1973.

O parlamento e a história do Brasil. *Revista Brasileira de Estudos Políticos*, jul./1974.

O historiador José Honório Rodrigues. *Última Hora*. Rio de Janeiro, 21 de novembro de 1976.

A História do Brasil longe dos velhos mestres. *Movimento*. São Paulo, 27 de novembro de 1976.

José Honório Rodrigues – Independência: revolução e contra-revolução. *Revista Brasileira de Estudos Políticos*, jan./1977.

O desafio do vestibular. *Jornal do Brasil*. Rio de Janeiro, 19 de janeiro de 1977.

Um equívoco da historiografia atual. *Jornal do Brasil*. Rio de Janeiro, 13 de março de 1977.

O intelectual não reflete as exigências nacionais. *Jornal do Brasil*. Caderno B. Rio de Janeiro, 5 de maio de 1977.

A história no Brasil. In: FERRI, Mário Guimarães; MOTOYAMA, Shozo (coord.). *História das ciências no Brasil*. São Paulo: Edusp, 1979.

José Honório Rodrigues – História da História do Brasil. *Revista Brasileira de Estudos Políticos*, jul./1980.

Conciliação e reforma. *Estado de Minas*. Belo Horizonte, 18 de julho de 1982.

História combatente. *O Estado de São Paulo*. São Paulo, 24 de outubro de 1982.

Um historiador revolucionário. In: PRADO JÚNIOR, Caio. *Caio Prado Júnior: história*. Organizador da coletânea Francisco Iglésias. *Coleção Grandes Cientistas Sociais*, n. 26. São Paulo: Ática, 1982.

A historiografia brasileira atual e a interdisciplinaridade. *Revista Brasileira de História*. São Paulo, vol. 3, n. 5, março de 1983.

Evocação de Eurípedes Simões de Paula. In: CÂNDIDO, Antônio et alli. *In memoriam de Eurípedes Simões de Paula: artigos, depoimentos de colegas, alunos, funcionários e ex-companheiros de FEB; vida e obra*. São Paulo: Seção Gráfica da Faculdade de Filosofia, Letras e Ciências Humanas da Universidade de São Paulo, 1983.

Novo elogio de José Honório Rodrigues. *Correio das Arte*. João Pessoa, 18 de setembro de 1983.

Fontes impressas para o estudo de Minas no século XVIII. *Memória da V Semana da História*. Franca, vol. 5, 1983.

Momentos democráticos na trajetória brasileira. In: JAGUARIBE, Hélio [et al.]. *Brasil, sociedade democrática*. Rio de Janeiro: José Olympio, 1985.

José Honório Rodrigues e a historiografia brasileira. *O Estado de São Paulo*. São Paulo, 15 de maio de 1987.

O desafio didático. *Leia*, julho de 1987.

José Honório Rodrigues e a historiografia brasileira. *Acervo*, vol. 2, n. 2 dez./1987.

José Honório Rodrigues. *Notícia Bibliográfica e Histórica*. Campinas, dez./1987.

José Honório Rodrigues e a historiografia brasileira. *Estudos Históricos*. Rio de Janeiro, vol. 1, n. 1, 1988.

Caio Prado Júnior (1907-1990). Dados – *Revista de Ciências Sociais*, Rio de Janeiro, vol. 33, n. 3, 1990.

História combatente. *Revista Brasileira de Estudos Políticos*, n. 71, jul./1990.

Drummond: história, política e mineiridade. *O Estado de São Paulo* [Cultura, ano VII, n. 534]. São Paulo, 27 de outubro de 1990.

Leitura historiográfica de Oliveira Vianna. In: BASTOS, Élide Rugai; MORAES, João Quartim (orgs.). *O pensamento de Oliveira Vianna*. Campinas: Unicamp, 1993.

Mário de Andrade e uma carta. *Revista de Estudos Literários*, Belo Horizonte, vol. 1, n. 1, outubro de 1993.

**Textos sobre Francisco Iglésias**

ALENCASTRO, Luiz Felipe de. As paixões políticas do descobrimento ao golpe. *Folha de São Paulo* [Mais!], São Paulo, 4 de julho de 1993.

CALDEIRA, Paulo da Terra. *Francisco Iglésias: bibliografia*. [Trabalho de conclusão de curso]. Belo Horizonte: Escola de Biblioteconomia da UFMG, 1969.

CAMPOMIZZI FILHO. Política econômica do governo provincial mineiro. *Folha de Minas*, Belo Horizonte, 23 de abril de 1959.

CÂNDIDO, Antônio. Prefácio. In: IGLÉSIAS, Francisco. *História & Literatura: ensaios para uma história das ideias no Brasil*. São Paulo: Perspectiva; Belo Horizonte: Cedeplar-FACE-UFMG, 2009.

CARVALHO, Daniel de. A economia da Província de Minas Gerais; a agricultura e a siderurgia. *Diário de Notícias*, Rio de Janeiro, outubro de 1959.

_____. Notas ao livro do Prof. Francisco Iglésias: a tecelagem, a imigração, os silvícolas. *O Diário*, Belo Horizonte, 15 de outubro de 1959.

_____. A economia da província de Minas Gerais. In: *Ensaios de crítica e de história*. Rio de Janeiro: edição do autor, 1964.

CARVALHO, José Murilo de. Francisco Iglésias, crítico de história. *Revista do Departamento de História da UFMG*. Belo Horizonte, nº 9, 1989.

DIEGUES JÚNIOR, Manuel. A vida provincial. *Diário de Notícias*. Rio de Janeiro, 5 de abril de 1959.

GAZETA MERCANTIL. Francisco Iglésias deixa órfã história econômica do Brasil. Rio de Janeiro, 23 de fevereiro de 1999.

GODOY, João Miguel Teixeira de. Formas e problemas da historiografia brasileira. *História Unisinos*, vol. 13, n. 1, jan./abr. 2009.

GUIMARÃES, Lucia Maria Paschoal. Sobre a história da historiografia brasileira como campo de estudos e reflexões. In: NEVES, Lucia Maria Bastos Pereira [et al.]. *Estudos de historiografia brasileira*. Rio de Janeiro: FGV, 2011.

JOSÉ, Oiliam. *Historiografia Mineira*. Belo Horizonte: Itatiaia, 1959.

MOTA, Carlos Guilherme. Francisco Iglésias: professor das Gerais. In: *História e contra-história: perfis e contrapontos*. Rio de Janeiro: Globo, 2010.

OLINTO, Antônio. Política econômica do governo provincial mineiro. *O Globo*, Rio de Janeiro, 18 de março de 1959.

PAULA, João Antônio de. A obra de Francisco Iglésias: ponto de encontro entre os intelectuais e o povo. In: LOPES, Marcos Antônio (org.). *Grandes nomes da história intelectual*. São Paulo: Contexto, 2003.

_____ (org.). *Presença de Francisco Iglésias*. Belo Horizonte: Autêntica, 2001.

_____. Apresentação. In: *Francisco Iglesias, 1923-1999: catálogo da exposição Passado Presente (II), A festa da Palavra*. Belo Horizonte: UFMG, 1999.

RESENDE, Maria Efigênia Lage de. História de Minas: condições de pesquisa e produção historiográfica. *Revista Brasileira de História*, São Paulo, vol. 2, n. 4, set. 1982.

RODRIGUES, José Honório. Francisco Iglésias: História e ideologia. Ensaios livres. São Paulo: Imaginário, 1991. p. 203. Resenha originalmente publicada no *O Estado de São Paulo* em 31 de julho de 1971.

SODRÉ, Nelson Werneck. Uma tese. *O Semanário*, n. 162, ano IV, Rio de Janeiro, semana de 6 a 12 de junho de 1959.

_____. Monografias. *O Semanário*, n. 171, ano IV, Rio de Janeiro, semana de 8 a 14 de agosto de 1959.

VENÂNCIO FILHO, Alberto. À memória de Francisco Iglésias. *Revista do Instituto Histórico e Geográfico Brasileiro*. Rio de Janeiro, a. 160, n. 404, jul./set. 1999.

VIANA, Hélio. Política econômica do governo provincial mineiro. Jornal do Comércio, Rio de Janeiro, 12 de abril de 1959.

## Outras fontes impressas

ANAIS do I Congresso Brasileiro de Escritores. São Paulo: Associação Brasileira de Escritores, 1945.

ANDRADE, Mário de. Elegia de Abril (1941). In: *Aspectos da literatura brasileira*. Belo Horizonte: Itatiaia, 2002.

ANDRADE, Mário de. Prefácio. Apud ETIENE FILHO, João. Esquema de uma geração. *Mensagem*, Belo Horizonte, 15 de março de 1944.

ANTIPOFF, Daniel. Convidando uma geração a depor. *O Diário*, Belo Horizonte, 19 de junho de 1943.

Anuário da Faculdade de Filosofia da Universidade de Minas Gerais. Belo Horizonte, 1939-1953.

*Boletim Informativo da UFMG*, n. 1273, ano 26, 24 abr. 2000.

BRANDÃO, Ildeu. Convidando uma geração a depor. *O Diário*, Belo Horizonte, 16 de junho de 1943.

BRANDÃO, Ildeu. Resposta a Vinícius de Moraes III. *O Diário*, Belo Horizonte, 11 de novembro de 1944.

CAMPOS, Paulo Mendes. Convidando uma geração a depor. *O Diário*, Belo Horizonte, 11 de junho de 1943.

CNPq. História. In: *Avaliação & perspectivas*. Brasília: CNPq, 1978.

CNPq. História. In: *Avaliação & perspectivas*. Brasília: CNPq, 1982.

CNPq. História. In: *Avaliação & perspectivas*. Brasília: CNPq, 1983.

COELHO, Marco Antônio Tavares. *Herança de um sonho: as memórias de um comunista*. Rio de Janeiro: Record, 2000.

COSTA FILHO, Miguel. Política econômica. *Jornal do Brasil*, Rio de Janeiro, 6 de março de 1959.

CURSO de História completa 50 anos de fundação. *Boletim Informativo da UFMG*, n. 1592, ano 34, 26 nov. 2007.

DECLARAÇÃO de Princípios do Primeiro Congresso Brasileiro de Escritores. *Diário da Noite*. São Paulo, 27 de janeiro de 1945.

DOURADO, Autran. *Um artista aprendiz*. Rio de Janeiro: Rocco, 2000.

*Edifício*, ano 1, n. 2, fevereiro de 1946.

*Edifício*, Belo Horizonte, ano 1, vol. 2, fevereiro de 1946.

Editorial – A barbarização ideológica do ensino. *O Estado de São Paulo*, São Paulo, 2 de agosto de 1987.

Editorial – São Paulo: um governo servindo à subversão da educação. *Jornal da Tarde*, São Paulo, 4 de agosto de 1987.

ERNESTO, Pedro Paulo. Projeto de Editorial (ou aborto dum diário íntimo). *Edifício*, Belo Horizonte, ano I, n. 1, janeiro de 1946.

ESTADO DE MINAS. O historiador das Gerais [e] Minas no coração da obra do professor. Belo Horizonte, 22 de fevereiro de 1999. Caderno Espetáculo.

ESTADO DE MINAS. O historiador das Gerais [e] Minas no coração da obra do professor. Belo Horizonte, 22 de fevereiro de 1999. Caderno Espetáculo.

ETIENE FILHO, João. Convidando uma geração a depor. *O Diário*, Belo Horizonte, 3 de junho de 1943.

ETIENE FILHO, João. Resposta a Vinícius de Moraes I. *O Diário*, Belo Horizonte, 08 de novembro de 1944.

FAFICH abre comemorações dos 50 anos do curso, *Revista do Museu*, 19 nov. 2007.

Faculdade de Filosofia da Universidade de Minas Gerais. *Kriterion*. Belo Horizonte, n. 13-14, julho-dezembro de 1950.

FIGUEIREDO, Wilson de. Resposta a Vinícius de Moraes II. *O Diário*. Belo Horizonte, 09 de novembro de 1944.

FRIEIRO, Eduardo. Escritores, editores e leitores. *Folha de Minas*. Belo Horizonte, 01 de fevereiro de 1945.

GUIMARAENS FILHO, Alphonsus de. Convidando uma geração a depor. *O Diário*, Belo Horizonte, 08 de junho de 1943.

HORTA, Cid Rabello. A Faculdade de Filosofia, núcleo da Universidade de Minas Gerais. *Revista da Universidade de Minas Gerais*, n. 10, maio de 1953.

HECKSCHER, Eli. *La época mercantilista: historia de la organización y las ideas económicas desde el final de la edad media hasta la sociedad liberal*. México: Fondo de Cultura Económica, 1943.

JAGUARIBE, Hélio [et al.]. *Brasil, sociedade democrática*. Rio de Janeiro: José Olympio, 1985.

JORNAL DO BRASIL. O poder da inteligência. *Jornal do Brasil*. Caderno B. Rio de Janeiro, 2 de maio de 1977. p. 1.

JORNAL DO BRASIL. Obituário. Rio de Janeiro, 22 de fevereiro de 1999.

JORNAL DO COMÉRCIO. Rio de Janeiro, 12 de abril de 1959.

LINHARES, Maria Yedda. História e presente. *Tempo Brasileiro*. Rio de Janeiro, ano 2, n. 4-5, jun./set. 1963.

MENDONÇA, Marcos Carneiro de. A economia mineira no século XIX. *Anais do I Seminário de Estudos Mineiros*. Belo Horizonte, 1957.

MORAES, Vinícius de. Carta contra os escritores mineiros (Por muito amar). *O Jornal*, Rio de Janeiro, 05 de novembro de 1944.

O TEMPO, Belo Horizonte, 22 de fevereiro de 1999.

PELLEGRINO, Hélio. Convidando uma geração a depor. *O Diário*, Belo Horizonte, 09 de junho de 1943.

Proposta politiza o currículo escolar. *O Estado de S. Paulo*, São Paulo, 25 de julho de 1987.

RELAÇÃO de delegados e convidados estrangeiros do Primeiro Congresso Brasileiro de Escritores promovido pela Associação Brasileira de Escritores de 22 a 27 de janeiro de 1945. São Paulo: Livraria Martins Editora, 1945.

RESENDE, Maria Efigênia Lage de. *Memorial*. Concurso para Professor Titular. Belo Horizonte: UFMG, 1991.

RESENDE, Otto Lara. Convidando uma geração a depor. *O Diário*, Belo Horizonte, 10 de junho de 1943.

RODRIGUES, Adilson. Na briga pela qualidade. *Leia*, julho de 1987.

RODRIGUES, José Honório. A metafísica do latifúndio. O ultra-reacionário Oliveira Vianna. In: *História da história do Brasil*. São Paulo: INL, 1988, v. 2, t. 2.

RODRIGUES, José Honório. A necessidade da metodologia histórica. *O Jornal*. Rio de Janeiro, 8 de dezembro de 1946.

RODRIGUES, José Honório. *Ensaios livres*. São Paulo: Imaginário, 1991.

RODRIGUES, José Honório. História e atualidade. *O Jornal*. Rio de Janeiro, 27 de maio de 1945.

RODRIGUES, José Honório. *Teoria da história do Brasil*: introdução metodológica. São Paulo: Companhia Editora Nacional, 1978.

RODRIGUES, José Honório. *Vida e História*. Rio de Janeiro: Civilização Brasileira, 1966.

RODRIGUES, Lêda Boechat. Explicação. In: RODRIGUES, José Honório. *Ensaios livres*. São Paulo: Imaginário, 1991. p. XIII.

SABINO, Fernando. Convidando uma geração a depor. *O Diário*, Belo Horizonte, 13 de junho de 1943.

SABINO, Fernando. *O encontro marcado*. Rio de Janeiro: Record, 2006.

SALES, Fritz Teixeira. Convidando uma geração a depor. *O Diário*, Belo Horizonte, 12 de junho de 1943.

SALES, Fritz Teixeira. Resposta a Vinícius de Moraes. *O Diário*, Belo Horizonte, 12 de novembro de 1944.

SANT'ANNA, Affonso Romano de. Edifício literário. *O Globo*, Segundo Caderno, Rio de Janeiro, 19 de junho de 1988.

SECRETARIA DA FACULDADE DE FILOSOFIA DE MINAS GERAIS. Concurso de habilitação à matrícula na 1ª série dos cursos da Faculdade, no ano letivo de 1942. *Minas Gerais*, Belo Horizonte, 14 de janeiro de 1942.

TEIXEIRA, Lucy. Paciência. Já nos estamos sentindo diferentes. *Edifício*, Belo Horizonte, ano 1, n. 2, fevereiro de 1946.

UFMG 80 ANOS. Consolidação – Depois do sonho, a realidade. *UFMG Diversa*, ano 5, n. 11, maio 2007.

VENÂNCIO FILHO, Alberto. Paulo Carneiro: um humanista brasileiro no século XX. *Revista Brasileira*. Rio de Janeiro, ABL, Ano VII, fase VII, n. 31, abr./maio/jun. 2002.

**Fontes manuscritas**

**Arquivo Público da Cidade de Belo Horizonte (APCBH)**

Ordem dos pioneiros (1987).

**Setor de Registro e Arquivo Acadêmico Permanente da Graduação da Faculdade de Filosofia e Ciências Humanas da UFMG**

Atas do Concurso de Habilitação para o curso de Geografia e História de fevereiro de 1941 a março de 1943.

Diário de classe da Cadeira n. 28 – História da América – Terceira Série. Diários de classe de Geografia e História (1943 a 1952).

Diário de classe da Cadeira n. 29 – História do Brasil – Segunda Série e Terceira Série. Diários de classe de Geografia e História (1943 a 1952).

Prova de História do Brasil realizada por Francisco Iglésias em 7 de julho de 1943.

Regimento da Faculdade de Filosofia de Minas Gerais, cópia de 1947. Anotado e corrigido por Arthur Velloso.

Relatório de Reconhecimento da Faculdade de Filosofia de Minas Gerais, 1945.

**Biblioteca da Faculdade de Ciências Econômicas da UFMG**

**Coleção Francisco Iglésias**

Carta de Mário de Andrade a Francisco Iglésias em 2 de janeiro de 1945. (Fac-símile).

Carta da Livraria Francisco Alves Editora S. A. para Francisco Iglésias em 19 de agosto de 1976.

Cartão de Aldo Janotti para Francisco Iglésias em 11 de outubro de 1990.

Carta da Livraria Nobel S. A. para Francisco Iglésias em 10 de dezembro de 1990.

Carta de Alberto Venâncio Filho a Francisco Iglésias em 28 de julho de 1993.

Cartão de Maria Efigênia Lage de Resende para Francisco Iglésias s/d.

## Arquivo Memória Institucional da Faculdade de Ciências Econômicas da UFMG

Diário de Classe e Relação Geral do Ano. Aula de História da Economia do 3º ano, turma única. Professor Francisco Iglésias. Ano letivo 1956.

Diário de Classe e Relação Geral do Ano. Aula de História da Economia do 3º ano, turma única. Professor Francisco Iglésias. Ano letivo 1958.

## Instituto Moreira Sales (IMS)

Coleção Francisco Iglésias

Carta de Alice Canabrava a Francisco Iglésias em 10 de maio de 1954.

Carta de Alice Canabrava a Francisco Iglésias em 11 de dezembro de 1966.

Carta de Alice Canabrava a Francisco Iglésias em 17 de junho de 1967.

Carta de Alice Canabrava a Francisco Iglésias em 2 de abril de 1967.

Carta de Alice Canabrava a Francisco Iglésias em 2 de abril de 1967.

Carta de Alice Canabrava a Francisco Iglésias em 31 de março de 1968.

Carta de Alice Canabrava a Francisco Iglésias em 21 de junho de 1968.

Carta de Alice Canabrava a Francisco Iglésias em 22 de outubro de 1972.

Carta de Celso Furtado a Francisco Iglésias em 1 de julho de 1971.

Carta de Florestan Fernandes para Francisco Iglésias em 04 de agosto de 1977.

Carta de José Honório Rodrigues a Francisco Iglésias em 17 de janeiro de 1956.

Carta de José Honório Rodrigues a Francisco Iglésias em 29 de novembro de 1956.

Carta de José Honório a Francisco Iglésias em 2 de julho de 1962.

Carta de Lourival Gomes Machado a Francisco Iglésias em 10 de setembro de 1954.

Coleção Otto Lara Resende

Carta de Francisco Iglésias a Otto Lara Resende em 1º de fevereiro de 1946.
Carta de Francisco Iglésias a Otto Lara Resende em 22 de fevereiro de 1946.
Carta de Francisco Iglésias a Otto Lara Resende em 22 de março de 1946.
Carta de Francisco Iglésias a Otto Lara Resende em 13 de abril de 1946.
Carta de Francisco Iglésias a Otto Lara Resende em 28 de maio de 1946.
Carta de Francisco Iglésias a Otto Lara Resende em 09 de agosto de 1946.
Carta de Francisco Iglésias a Otto Lara Resende em 19 de outubro de 1946.
Carta de Francisco Iglésias a Otto Lara Resende em 25 de outubro de 1946.
Carta de Francisco Iglésias a Otto Lara Resende em 14 de novembro de 1946.
Carta de Francisco Iglésias a Otto Lara Resende em 04 de janeiro de 1947.
Carta de Francisco Iglésias a Otto Lara Resende em 16 de maio de 1947.
Carta de Francisco Iglésias a Otto Lara Resende em 20 de junho de 1947.
Carta de Francisco Iglésias a Otto Lara Resende em 27 de agosto de 1947.
Carta de Francisco Iglésias a Otto Lara Resende em 12 de novembro de 1947.
Carta de Francisco Iglésias a Otto Lara Resende em 28 de janeiro de 1948.
Carta de Francisco Iglésias a Otto Lara Resende em 10 de junho de 1948.
Carta de Francisco Iglésias a Otto Lara Resende em 27 de setembro de 1948.
Carta de Francisco Iglésias a Otto Lara Resende em 09 de abril de 1949.
Carta de Francisco Iglésias a Otto Lara Resende em 31 de março de 1951.
Carta de Francisco Iglésias a Otto Lara Resende em 20 de outubro de 1969.
Carta de Francisco Iglésias a Otto Lara Resende em 24 de fevereiro de 1970.
Carta de Francisco Iglésias a Otto Lara Resende em 16 de agosto de 1979.
Carta de Francisco Iglésias a Otto Lara Resende em 9 de setembro de 1990.
Carta de Francisco Iglésias a Otto Lara Resende em 14 de junho de 1991.
Carta de Francisco Iglésias a Otto Lara Resende em 25 de junho de 1991.
Carta de Francisco Iglésias a Otto Lara Resende em 5 de julho de 1991.
Carta de Francisco Iglésias a Otto Lara Resende em 11 de janeiro de 1992.
Carta de Otto Lara Resende a Francisco Iglésias em janeiro de 1992.

## Instituto de Estudos Brasileiros da Universidade de São Paulo (IEB/USP)

Coleção Alice Canabrava

Carta de Francisco Iglésias a Alice Canabrava em 28 de junho de 1960.
Carta de Francisco Iglésias a Alice Canabrava em 25 de março de 1967.
Carta de Francisco Iglésias a Alice Canabrava em 6 de dezembro de 1971.
Carta de Francisco Iglésias a Alice Canabrava em 18 de agosto de 1974.
Carta de Francisco Iglésias a Alice Canabrava em 23 de maraço de 1975.
Carta de Francisco Iglésias a Alice Canabrava em 4 de novembro de 1977.
Carta de Francisco Iglésias a Alice Canabrava em 4 de dezembro de 1980.
Carta de Francisco Iglésias a Alice Canabrava em 6 de novembro de 1981.
Carta de Francisco Iglésias a Alice Canabrava em 4 de março de 1982.
Carta de Francisco Iglésias a Alice Canabrava em 24 de abril de 1982.
Coleção Mário de Andrade
Carta de Francisco Iglésias para Mário de Andrade em 30 de novembro de 1944.
Carta de João Etienne Filho para Mário de Andrade em 20 de fevereiro de 1944.
Carta de João Etienne Filho para Mário de Andrade em 29 de dezembro de 1944.
Carta de Wilson Figueiredo para Mário de Andrade em 16 de outubro de 1944.

**Fonte audiovisual**

**Arquivo Público da Cidade de Belo Horizonte (APCBH)**

Depoimento de Francisco Iglésias em 16 de dezembro de 1993. Novos Registros.

**Fontes eletrônicas**

DECRETO-LEI 1.006, de 30 de dezembro de 1938. Estabelece as condições de produção, importação e utilização do livro didático. Legislação Informatizada da Câmara dos Deputados. Disponível em <www.camara.gov.br>, acesso em 10 de dezembro de 2012.

DECRETO-LEI 421 de 11 de maio de 1938. Regula o funcionamento dos estabelecimentos de ensino superior. Legislação Informatizada da Câmara dos Deputados, Disponível em <www.camara.gov.br>, acesso em 22 de agosto de 2011.

DECRETO-LEI 1.190 de 04 de abril de 1939. Dá organização á Faculdade Nacional de Filosofia. Legislação Informatizada da Câmara dos Deputados. Disponível em <www.camara.gov.br>, acesso em 24 de abril de 2012.

DECRETO 6.486 de 5 de novembro de 1940. Concede autorização de funcionamento para a Faculdade de Filosofia de Minas Gerais. Legislação Informatizada da Câmara dos Deputados. Disponível em <www.camara.gov.br>, acesso em 22 de agosto de 2011.

DECRETO 20.825 de 26 de março de 1946. Concede reconhecimento aos cursos de Filosofia, Matemática, Geografia e História, Ciências Sociais, Letras Clássicas e Letras Neo-latinas da Faculdade de Filosofia de Minas Gerais. Legislação Informatizada da Câmara dos Deputados. Disponível em <www.camara.gov.br>, acesso em 24 de abril de 2012.

DECRETO 39.905 de 5 de setembro de 1956. Cria, no Ministério da Aeronáutica, a medalha de "Mérito Santos Dumont" e dá outras providências. Disponível em <www.planalto.gov.br/ccivil_03/decreto/antigos/D39905.htm>, acesso em 15 de outubro de 2012.

DECRETO 51.697 de 5 de fevereiro de 1963. Institui uma Ordem honorífica denominada Ordem de Rio Branco. Disponível em <www.planalto.gov.br/ccivil_03/decreto/1950-1969/d51697.htm>, acesso em 15 de outubro de 2012.

LEI 5.692, de 11 de agosto de 1971. Fixa Diretrizes e Bases para o ensino de 1º e 2º graus, e dá outras providências. Legislação Informatizada da Câmara dos Deputados, <www.camara.gov.br>, acesso em 10 de dezembro de 2012.

LEI 1165 de 12 de dezembro de 1964. Institui a Ordem dos Pioneiros e determina outras providências. Disponível em <www.cmbh.mg.gov.br/leis/legislacao/pesquisa>, acesso em 15 de outubro de 2012.

LEI 882 de 28 de julho de 1952. Cria a medalha da Inconfidência. Disponível em <www.almg.gov.br/consulte/legislaçao/index.html>, acesso em 15 de outubro de 2012.

RESOLUÇÃO 2.778 de 27 de abril de 1982. Cria a ordem do Mérito Legislativo do Estado de Minas Gerais. Disponível em <www.almg.gov.br/consulte/legislacao/completa>, acesso em 15 de outubro de 2012.

**Referências bibliográficas**

AGUIAR E SILVA, Vítor Manuel. *Teoria da literatura*. Coimbra: Almedina, 1968.

ALMEIDA, Silvia Maria Leite de. *Acesso à educação superior no Brasil*: uma cartografia da legislação de 1824 a 2003 [Tese em Educação]. Porto Alegre: Universidade Federal do Rio Grande do Sul, 2006.

ALTAMIRANO, Carlos (dir.). *Historia de los intelectuales en América Latina*. I. La ciudad letrada, de la conquista al modernismo. Buenos Aires: Katz Editores, 2008.

_____. *Intelectuales: notas de investigación*. Bogotá: Grupo Editorial Norma, 2006.

ARAÚJO, Valdei Lopes. Cairu e a emergência da consciência historiográfica no Brasil (1808-1930). In: NEVES, Lucia M. B. Pereira das [et al.] (org.). *Estudos de historiografia brasileira*. Rio de Janeiro: FGV, 2011.

BAKHTIN, Mikhail. Os gêneros do discurso. In: *Estética da criação verbal*. São Paulo: Martins Fontes, 1992.

BAUMAN, Zygmunt. *A vida fragmentada*: ensaios sobre a moral pós-moderna. Lisboa: Olhos D'Água, 2007.

BIDERMAN, Ciro [*et alli*]. *Conversas com economistas brasileiros*. São Paulo: 34, 1996.

BITTENCOURT, Circe. Produção didática de História: trajetórias de pesquisas. *Revista de História*, São Paulo, n. 164, jan./jun. 2011.

_____. Livros didáticos entre textos e imagens. In: BITTENCOURT, Circe (org.). *O saber histórico na sala de aula*. São Paulo: Contexto, 2004.

BLANKE, Horst Walter. Para uma nova história da historiografia. In: MALERBA, Jurandir (org.). *A história escrita*: teoria e história da historiografia. São Paulo: Contexto, 2006.

BOURDIEU, Pierre. *Homo academicus*. Florianópolis: UFSC, 2011.

_____. Introdução a uma sociologia reflexiva. In: *O poder simbólico*. Rio de Janeiro: Bertrand Brasil, 2010.

_____. *Os usos sociais da ciência:* por uma sociologia clínica do campo científico. São Paulo: UNESP, 2004.

_____. *Questões de Sociologia.* Lisboa: Fim de Século, 2003.

_____. *Coisas ditas.* São Paulo: Brasiliense, 1990.

CERTEAU, Michel de. *A escrita da história.* Rio de Janeiro: Forense Universitária, 2008.

CEZAR, Temístocles. Lições sobre a escrita da história: as primeiras escolhas do IHGB. A historiografia brasileira entre os antigos e os modernos. In: NEVES, Lucia M. B. Pereira das [et al.] (org.). *Estudos de historiografia brasileira.* Rio de Janeiro: FGV, 2011.

CÔRTES, Norma. *Esperança e democracia:* as ideias de Álvaro Vieira Pinto. Belo Horizonte: UFMG; Rio de Janeiro: IUPERJ, 2003.

_____. Debates historiográficos brasileiros: a querela contra o historicismo. In: MOLLO, Helena Miranda *et alli* (orgs.). *A dinâmica do historicismo:* revisitando a historiografia moderna. Belo Horizonte: Argvmentvm, 2008.

CUNHA, Luiz Antônio. *A universidade reformada:* o golpe de 1964 e a modernização do ensino superior. São Paulo: Unesp, 2007.

_____. *A universidade crítica:* o ensino superior na República Populista. Rio de Janeiro: Francisco Alves, 1989.

DELACROIX, Christian; DOSSE, François; GARCIA, Patrick. *Correntes históricas na França:* séculos XIX e XX. Rio de Janeiro: FGV, 2012.

DELGADO, Lucília de Almeida Neves. Cidade, memória e geração: a Belo Horizonte de Fernando Sabino. *Cadernos de História.* Belo Horizonte, v. 9, n. 12, 2007.

DIEHL, Astor Antônio. *A cultura historiográfica brasileira:* década de 1930 aos anos 1970. Passo Fundo: UPF Editora, 1999.

DRUMMOND, Thais Ferreira. *Hélio Pellegrino:* um ensaio biográfico. Belo Horizonte, Faculdade de Letras da Universidade Federal de Minas Gerais [Tese], 1998.

ELIOT, T. S. A tradição e o talento individual. In: VAN NOSTRAND, Albert D. (org.). *Antologia de crítica literária.* Rio de Janeiro: Lidador, 1968.

FALCON, Francisco. A identidade do historiador. *Estudos Históricos.* Rio de Janeiro, v. 9, n. 17, 1996.

FÁVERO, Osmar. A universidade e o ensino supletivo. *Em Aberto,* Brasília, ano. 2, n. 16, junho de 1983.

FEBVRE, Lucien. A história historicizante. In: *Combates pela história*. Lisboa: Presença, 1989.

FERNANDES, Heloísa Rodrigues. O intelectual, um personagem histórico. *Debate & Crítica*. São Paulo, n. 5, março de 1975.

FERREIRA, Marieta de Moraes. Apresentação. *Revista Brasileira de História*, vol. 31, n. 61, jun. 2011.

_____. Notas sobre a institucionalização dos cursos universitários de História no Rio de Janeiro. In: GUIMARÃES, Manoel Luiz Salgado (org.). *Estudos sobre a escrita da história*. Rio de Janeiro: 7Letras, 2006.

FERREIRA, Marieta de Moraes; SILVA, Norma Lúcia da. Os caminhos da institucionalização do ensino superior de História. *História & Ensino*, Londrina, v. 2, n. 17, jul./dez. 2011. p. 283-306.

FONSECA, Selva G. *Didática e prática de ensino de história*. Campinas: Papirus, 2003.

_____. *Caminhos da história ensinada*. Campinas: Papirus, 1993.

FOUCAULT, Michel. A escrita de si. In: *O que é um autor?* Lisboa: Vega, 2009.

_____. *A ordem do discurso*. São Paulo: Loyola, 2003.

_____. Verdade e poder. In: *Microfísica do poder*. Rio de Janeiro: Graal, 1979.

FRANZINI, Fábio; GONTIJO, Rebeca. Memória e história da historiografia no Brasil: a invenção de uma moderna tradição, anos 1940-1960. In: SOIHET, Rachel [et. al.] (orgs.). *Mitos, projetos e práticas políticas*: memória e historiografia. Rio de Janeiro: Civilização Brasileira: 2009.

FREITAS, Ana Paula Ribeiro. Diversidade econômica e interesses regionais: as políticas públicas do governo provincial mineiro (1870-1889).[Dissertação de Mestrado]. São Paulo, USP, 2009.

FREIXO, André de Lemos. *A arquitetura do novo: ciência e história da História do Brasil em José Honório Rodrigues* [Tese de Doutorado em História]. Rio de Janeiro: UFRJ, 2012.

FURTADO, Júnia Ferreira. Historiografia mineira: tendências e contrastes. *Vária Historia*, Belo Horizonte, n. 20, março 1999.

GALUCIO, Andréa Lemos Xavier. *Civilização Brasileira e Brasiliense:* trajetórias editoriais, empresários e militância política [Tese de Doutorado]. Niterói: Universidade Federal Fluminense, 2009.

GATTI JUNIOR, Décio. A escrita escolar da História: livro didático e ensino no Brasil (1997-1990). Bauru: Edusc, 2004.

GLEZER, Raquel. *O fazer e o saber na obra de José Honório Rodrigues:* um modelo de análise historiográfica [Tese de Doutorado em História]. São Paulo: USP, 1976.

GOMES, Angela de Castro. Escrita de si, escrita da história: a título de prólogo. In:_____. (org.). Escrita de si, escrita da história. Rio de Janeiro: FGV, 2004.

_____. Novas elites burocráticas. In: GOMES, Angela de Castro (org.). *Engenheiros e economistas:* novas elites burocráticas. Rio de Janeiro: FGV, 1994.

_____. Essa gente do Rio... os intelectuais cariocas e o modernismo. *Estudos Históricos*, Rio de Janeiro, vol. 6, n. 11, 1993.

GONÇALVES, Márcia de Almeida; GONTIJO, Rebeca. Sobre história, historiografia e historiadores: entrevista com Francisco José Calazans Falcon. *História da Historiografia*. Ouro Preto, n. 7, nov./dez. 2011.

GONTIJO, Rebeca. José Honório Rodrigues e a invenção de uma moderna tradição. In: NEVES, Lucia M. B. Pereira das [et al.] (org.). *Estudos de historiografia brasileira*. Rio de Janeiro: FGV, 2011.

_____. Tal história, qual memória? Capistrano de Abreu na história da historiografia brasileira. *Projeto História*. São Paulo, n. 41, dezembro de 2010.

GRACIANI, Maria Stela Santos. *O ensino superior no Brasil:* a estrutura de poder na universidade em questão. Petrópolis: Vozes, 1982.

GRAFTON, Anthony. *As origens trágicas da erudição:* pequeno tratado sobre a nota de rodapé. Campinas: Papirus, 1998.

GUIMARÃES, Géssica Goes. José Honório Rodrigues: por uma história combatente. In: ANPUH. *Anais do XXIII Simpósio Nacional de História*. Londrina, 2005.

GUIMARÃES, Manoel Luiz Salgado. *Livro de fontes de historiografia brasileira*. Rio de Janeiro: EDUERJ, 2010.

_____. O presente do passado: as artes de Clio em tempos de memória. In: ABREU, Martha; SOIHET, Rachel; GONTIJO, Rebeca (orgs.). *Cultura política e leituras do passado:* historiografia e ensino de história. Rio de Janeiro: Civilização Brasileira, 2007.

_____. Entre amadorismo e profissionalismo: as tensões da prática histórica no século XIX. *Topoi*, Rio de Janeiro, dez. 2002.

_____. Usos da História: refletindo sobre identidade e sentido. *História em revista*. Pelotas, v. 6, 2000.

HABERMAS, Jürgen. A ideia da Universidade: processos de aprendizagem. *Revista de Educação*. Lisboa, vol. 2, 1987.

HADDAD, Maria de Lourdes Amaral. *Faculdade de Filosofia de Minas Gerais: raízes da ideia de universidade na UMG* [Dissertação de Mestrado]. Belo Horizonte: Faculdade de Educação da UFMG, 1988.

HADDAD, Sérgio. *Ensino supletivo no Brasil:* o estado da arte. Brasília: INEP, 1987.

HARTOG, François. *Evidência da história:* o que os historiadores veem. Belo Horizonte: Autêntica, 2011.

_____. *O século XIX e a história:* o caso Fustel de Coulanges. Rio de Janeiro: UFRJ, 2003.

JULIA, Dominique. A cultura escolar como objeto histórico. *Revista Brasileira de História da Educação*, Campinas, n. 1, jan./jun. 2001.

KANTOR, Iris. *Esquecidos e renascidos*. Historiografia Acadêmica Luso-Americana (1724-1759). São Paulo: Hucitec, 2004.

KOSELLECK, Reinhart. *Futuro passado:* contribuição à semântica dos tempos históricos. Rio de Janeiro: Contraponto; PUC-Rio, 2006.

LACLAU, Ernesto. O retorno do "povo": razão populista, antagonismo e identidades coletivas. *Política & Trabalho*. Revista de Ciências Sociais, n. 23, outubro de 2005.

LAPA, José Roberto do Amaral. *O antigo sistema colonial*. São Paulo: Brasiliense, 1982.

LE GOFF, Jacques. Prefácio. In: BOLLÈME, Geneviève. *O povo por escrito*. Rio de Janeiro: Martins Fontes, 1988.

LEFORT, Claude. A obra de pensamento e a história. In: *As formas da história: ensaios de antropologia política*. São Paulo: Brasiliense, 1979.

LEJEUNE, Philippe. A quem pertence uma carta? In: *O pacto autobiográfico:* de Rousseau à internet. Belo Horizonte: UFMG, 2008.

LIMA, Luiz Costa. *Teoria da literatura em suas fontes*. Rio de Janeiro: Civilização Brasileira, 2002. p. 2002.

LINHARES, Maria Yedda; SILVA, Francisco Carlos Teixeira. *História da agricultura brasileira:* combates e controvérsias. São Paulo: Brasiliense, 1981; LAPA.

MALERBA, Jurandir. *A história na América Latina:* ensaio de crítica historiográfica. Rio de Janeiro: FGV, 2009.

MARTINS, Estevão de Rezende. Consciência histórica, práxis e cultura. A propósito da teoria da história de Jörn Rüsen. *Síntese Nova Fase*, v. 19, n. 56, 1992.

MARTINS, Maria do Carmo. A CENP e a criação do currículo de História: a descontinuidade de um projeto educacional. *Revista Brasileira de História*, vol. 18, n. 36, São Paulo, 1998.

MARTINS, Wilson. A crítica literária no Brasil. Vol. II. Rio de Janeiro: Francisco Alves, 1983.

MASTROGREGORI, Massimo. Existe uma formulação teórica em Marc Bloch e Lucien Febvre? In: NOVAIS, Fernando; SILVA, Rogério Forastieri da. (orgs.). *Nova história em perspectiva*. Vol. 1. São Paulo: Cosac Naify, 2011.

_____. Historiografia e tradição das lembranças. In: MALERBA, Jurandir (org.). *A história escrita:* teoria e história da historiografia. São Paulo: Contexto, 2006.

MORAES, José Geraldo Vinci de; REGO, José Márcio. *Conversas com historiadores brasileiros.* São Paulo: Editora 34, 2002.

MORAES, Marcos Antônio de. *Orgulho de jamais aconselhar:* a epistolografia de Mário de Andrade. São Paulo: Edusp/Fapesp, 2007.

_____. *Correspondência de Mário de Andrade e Manoel Bandeira.* São Paulo: Edusp, 2001.

MOTA, Carlos Guilherme. A historiografia brasileira nos últimos quarenta anos: tentativa de avaliação crítica. *Debate & Crítica.* São Paulo, n. 5, março de 1975.

MUDROVCIC, María Inés. Por que Clio retornou a Mnemosine? In: AZEVEDO, Cecília [et al]. *Cultura política: memória e historiografia.* Rio de Janeiro: FGV, 2009.

MUNAKATA, Kazumi. *Produzindo livros didáticos e paradidáticos* [Tese de Doutorado] São Paulo: PUC, 1997.

NICOLAZZI, Fernando. *Um estilo de história:* a viagem, a memória, o ensaio. Sobre Casa-grande & senzala e a representação do passado [Tese de Doutorado em História]. Porto Alegre: UFRS, 2008.

_____; ARAÚJO, Valdei Lopes de. A história da historiografia e a atualidade do historicismo: perspectivas sobre a formação de um campo. In: MOLLO, Helena Miranda [et al]. *A dinâmica do historicismo*: revisitando a historiografia moderna. Belo Horizonte: Argvmentvm, 2008.

NOIRIEL, Gérard. *Dire la vérité au pouvoir:* les intellectuels en question. Marseille : Agone, 2010.

NORA, Pierre. La génération. In: _____ (org). *Les lieux de mémoire*, vol. 2. Paris : Gallimard, 1997.

NOVAIS, Fernando. A Universidade e a pesquisa histórica: apontamentos. *Estudos Avançados*, São Paulo, v. 4, n. 8, jan./abr. de 1990.

NUNES, Edson. *A gramática política do Brasil:* clientelismo e insulamento burocrático. Rio de Janeiro: Jorge Zahar Editor; Brasília: ENAP, 2003.

PAULA, João Antônio de. *Passado e Presente de uma instituição:* memória da Faculdade de Ciências Econômicas/UFMG. Belo Horizonte: FACE/UFMG, 1991.

PÉCAUT, Daniel. *Os intelectuais e a política no Brasil:* entre o povo e a nação. São Paulo: Ática, 1990.

PRADO JÚNIOR, Caio. *Formação do Brasil Contemporâneo* – Colônia. São Paulo, Brasiliense, 1979.

PROCHASSON, Christophe. "Atenção: Verdade!": arquivos privados e renovação das práticas historiográficas. *Estudos Históricos*, Rio de Janeiro, vol. 11, n. 21, 1998.

REIS, José Carlos. *Teoria & História:* tempo histórico, história do pensamento histórico ocidental e pensamento brasileiro. Rio de Janeiro: FGV, 2012.

_____. *As identidades do Brasil 2*: de Calmon a Bomfim. A favor do Brasil: direita ou esquerda? Rio de Janeiro: FGV, 2006; entre outros.

_____. *As identidades do Brasil*: de Varnhagen a FHC. Rio de Janeiro: FGV, 1999.

_____. Da "história global" à "história em migalhas": o que se ganha, o que se perde? In: GUAZZELLI, Cesar Augusto; PETERSEN, Sílvia; SCHMIDT, Benito; XAVIER, Regina Célia (orgs.). *Questões de teoria e metodologia da história*. Porto Alegre: UFRGS, 2000.

RICOEUR, Paul. *A memória, a história, o esquecimento*. Campinas: Unicamp, 2007.

_____. A tríplice mimese. In: *Tempo e narrativa*, vol. 1. Campinas: Papirus, 1994.

RODRIGUES, Mara Cristina de Matos. *Da crítica à história*: Moysés Vellinho e a trama entre a província e a nação, 1925 à 1964 [Tese]. Porto Alegre: UFRS, 2006.

_____. O papel da universidade no "campo da história": o curso de Geografia e História da UPA/URGS na década de 1940. *Métis: história & cultura*, vol. 2, n. 2, jul./dez. 2002.

ROIZ, Diogo da Silva. Dos "discursos fundadores" à criação de uma "memória coletiva": formas de como se escrever a(s) história(s) da Universidade de São Paulo. *Revista Brasileira de História da Educação*, n. 19, jan./abr. 2009.

ROSENWEIN, Barbara H. *História das emoções:* problemas e métodos. São Paulo: Letra e Voz, 2011.

_____. Worrying about emotions in history. *The American Historical Review* 107, n. 3, june 2002.

RÜSEN, Jörn. Didática da história: passado, presente e perspectivas a partir do caso alemão. In: SCHMIDT, Maria Auxiliadora; BARCA, Isabel; MARTINS, Estevão de Rezende. *Jörn Rüsen e o ensino de história*. Curitiba: UFPR, 2011.

SAID, Edward W. *Representações do intelectual:* as Conferências Reith de 1993. São Paulo: Companhia das Letras, 2005.

SALES, Véronique. *Os historiadores*. São Paulo: UNESP, 2011.

SANCHES NETO, Miguel. Crítica e função social. *Revista Trama*, vol. 1, n. 1, 2005.

SAPIRO, Gisèle. Modelos de intervenção política dos intelectuais: o caso francês. *Revista Pós Ciências Sociais*, vol. 9, n. 17, jan./jun. 2012.

SARLO, Beatriz. *Tempo passado*: cultura da memória e guinada subjetiva. Belo Horizonte: UFMG; São Paulo: Companhia das Letras, 2007.

SARTRE, Jean-Paul. *Que é a literatura*. 3ª edição. São Paulo: Ática, 1999.

SCHWARTZMAN, Simon. A transição mineira. In: *A redescoberta da cultura*. São Paulo: Edusp, 1996.

SILVA, Helenice Rodrigues da. Maio de 1968: a revolta de uma geração. In: *Fragmentos da história intelectual*: entre questionamentos e perspectivas. Campinas: Papirus, 2002.

SIRINELLI, Jean-François. Os intelectuais do final do século XX: abordagens históricas e configurações historiográficas. In: AZEVEDO, Cecília [et al]. *Cultura política: memória e historiografia*. Rio de Janeiro: FGV, 2009.

_____. Os intelectuais. In: RÉMOND, René (org.). *Por uma história política*. Rio de Janeiro: FGV, 2003.

_____. As elites culturais. In: SIRINELLI, Jean-François; RIOUX, Jean-Pierre (org.). *Para uma história cultural.* Lisboa : Estampa, 1998.

SÜSSEKIND, Flora. Rodapés, tratados e ensaios: a formação da crítica brasileira moderna. In: *Papéis colados.* Rio de Janeiro: UFRJ, 1993.

TODOROV, Tzvetan. Testemunhas, historiadores, comemoradores. In: *Memória do mal, tentação do bem*: indagações sobre o século XX. São Paulo: Arx, 2002.

TREBITSCH, Michel. Correspondances d'intellectuels: le cas de lettres d'Henri Lefebvre à Norbert Guterman (1935-1947). *Les Cahiers de l'IHTP*, n. 20, mars 1992.

VALLE, Ione Ribeiro. Ler *Homo academicus.* In: BOURDIEU, Pierre *Homo academicus.* Florianópolis: UFSC, 2011.

VILLAS BÔAS, Glaucia. Fazer ciência, fazer história (Guerreiro Ramos, Florestan Fernandes e Costa Pinto). In: *Mudança provocada:* passado e futuro no pensamento sociológico brasileiro. Rio de Janeiro: FGV, 2006.

VINCENT-BUFFAULT, Anne. Documentos de amizade. In: *Da amizade:* uma história do exercício da amizade nos séculos XVIII e XIX. Rio de Janeiro: Jorge Zahar, 1996.

WASSERMAN, Claudia. Nacionalismo: origem e significado em Sérgio Buarque de Holanda, Samuel Ramos e Ezequiel Martinez Estrada. *Revista Universum*, Universidad de Talca, n. 18, 2003.

WEHLING, Arno. Historiografia e epistemologia histórica. In: MALERBA, Jurandir (org.). *A história escrita:* teoria e história da historiografia. São Paulo: Contexto, 2006.

WELLEK, René. *Conceitos de crítica.* São Paulo: Cultrix, 1963.

WERNECK, Humberto. *O desatino da rapaziada*: jornalistas e escritores em Minas Gerais. São Paulo: Companhia das Letras, 1992.

WHITE, Peter. Valoração: a linguagem da avaliação e da perspectiva. *Linguagem em (dis)curso*, vol. 4, número especial, 2004.

WOLFF, Francis. Dilemas dos intelectuais. In: NOVAES, Adauto (org.). *O silêncio dos intelectuais.* São Paulo: Companhia das Letras, 2006.

# Agradecimentos

Este livro foi originalmente concebido como tese de doutorado defendida junto ao Programa de Pós-Graduação em História da Universidade Federal de Minas Gerais e não poderia ter se realizado sem o apoio das instituições de fomento à pesquisa. Agradeço à Coordenação de Aperfeiçoamento de Pessoal de Nível Superior (CAPES) pela bolsa concedida durante os quatro anos de pesquisa e ao Programa de Pós-Graduação em História da Universidade Federal de Minas Gerais por viabilizar a publicação deste trabalho.

Agradeço ao professor José Carlos Reis pela orientação pautada na valorização da liberdade intelectual e ao professor João Antônio de Paula pela coorientação que suscitou questões relevantes para a pesquisa e o acesso a importantes fontes documentais. Agradeço, ainda, às professoras Eliana de Freitas Dutra, Kátia Gerab Baggio, Marieta de Morais Ferreira e Rebeca Gontijo pela leitura atenta e as contribuições oferecidas durante a defesa da tese.

Agradeço aos funcionários do Instituto Moreira Sales (IMS), do Instituto de Estudos Brasileiros da Universidade de São Paulo (IEB/USP), da Hemeroteca Histórica da Biblioteca Pública Estadual Luiz de Bessa, do Arquivo Público da Cidade de Belo Horizonte (APCBH), do Acervo de Escritores Mineiros do Centro de Estudos Literários e Culturais da Faculdade de Letras da UFMG, do Arquivo da Memória Institucional da Faculdade de Ciências Econômicas da UFMG e do Setor de Registro e Arquivo Acadêmico Permanente da Graduação da Faculdade de Filosofia e Ciências Humanas da UFMG pela presteza e o profissionalismo com que atenderam as demandas desta pesquisa.

Agradeço aos amigos Carolina Capanema, Débora Pedrosa, Priscila Dorella, Elaine Chaves e Daniel Diniz, que acompanharam de perto o desenrolar desta pesquisa.

Aos familiares queridos, especialmente aos meus pais, Geraldo e Ilce, minha gratidão pela presença amorosa.

Ao meu marido Raphael, agradeço pela felicidade cotidiana e por cada um dos inumeráveis pequenos e grandes gestos que viabilizaram a conclusão desta pesquisa.

# Livros publicados pelas coleções
## *Olhares* e *Novos Olhares*

*Coleção Olhares*

*Brasil, ficção geográfica: ciência e nacionalidade no país d'Os sertões*
Luciana Murari

*Brasil-Portugal: sociedades, culturas e formas de governar no mundo português (séculos XVI-XVIII)*
Eduardo França Paiva (Org.)

*Cinema carioca nos anos 30 e 40: os filmes musicais nas telas da cidade*
Suzana Cristina de Souza Ferreira

*Entre a solidariedade e a violência: valores, comportamentos e a lei em São João Del Rei, 1840-1860*
Edna Maria Resende

*Escravidão, mestiçagem e histórias comparadas*
Eduardo França Paiva, Isnara Pereira Ivo (Orgs.)

*Escravos e libertos nas Minas Gerais do século XVIII: estratégias de resistência* – 3ª. Edição
Eduardo França Paiva

*Espelho de cem faces: o universo relacional de um advogado setecentista*
Álvaro de Araujo Antunes

*Folganças populares: festejos de entrudo e carnaval em Minas Gerais no século XIX*
Patrícia Vargas Lopes de Araújo

*Juízes e infratores: o Tribunal Eclesiástico do Bispado de Mariana (1748-1800)*
Maria do Carmo Pires

*Na forma do ritual romano: casament e família – Vila Rica (1804-1839)*
Mirian Moura Lott

*No sertão das Minas: escravidão, violência e liberdade (1830-88)*
Alysson Luiz Freitas de Jesus

*Livro da capa verde: o regimento diamantino de 1771 e a vida no distrito diamantino no período da Real Extração*
Júnia Ferreira Furtado

*Política, nação e edição: o lugar dos impressos na construção da vida política - Brasil, Europa e Américas, séculos XVIII a XX*
Eliana de Freitas Dutra & Jean-Yves Mollier (Orgs.)

*Sons, formas, cores e movimentos da modernidade atlântica: Europa, Américas e África*
Júnia Ferreira Furtado (Org.)

*Trabalho livre, trabalho escravo – Brasil e Europa, séculos XVIII e XIX*
Eduardo França Paiva e Carla M. J. Anastasia (Orgs.)

*O trabalho mestiço: maneiras de pensar e formas de viver – séculos XVI a XIX*
Eduardo França Paiva e Carla M. J. Anastasia (Orgs.)

*Um em casa de outro: concubinato, família e mestiçagem na Comarca do Rio das Velhas (1720-1780)*
Rangel Cerceau Netto

*O teatro das desordens: garimpo, contrabando e violência no sertão diamantino, 1768-1800*
Ivana Parrela

*Medicina Mestiça: saberes e práticas curativas nas minas setecentistas*
Carla Berenice Starling de Almeida

*Escravidão, mestiçagens, populações e identidades culturais*
Eduardo França Paiva, Isnara Pereira Ivo, Ilton César Martins (Orgs.)

*Escravidão, mestiçagens, ambientes, paisagens e espaços*
Eduardo França Paiva, Marcia Amantino e Isnara Pereira Ivo (Orgs.)

*Entre ricos e pobres: o mundo de Antonio José Dutra no Rio de Janeiro oitocentista*
Zephyr L. Frank

*Minas da terra: família, produção da riqueza e dinâmica do espaço em zona de fronteira agrícola, Minas Gerais, 1800-1856*
Ghustavo Lemos

*Os doze sons e a cor nacional: conciliações estéticas e culturais na produção musical de César Guerra-Peixe (1944-1954)*
Ana Cláudia de Assis

*Mapas e mapeamentos: políticas cartográficas em Minas Gerais, 1890-1930*
Maria do Carmo Andrade Gomes

## Coleção Novos Olhares

*Ouvidoresde comarcas de Minas no século XVIII*
Maria Eliza de Campos Souza

Alameda nas redes sociais:

Site: www.alamedaeditorial.com.br
Facebook.com/alamedaeditorial/
Twitter.com/editoraalameda
Instagram.com/editora_alameda/

Esta obra foi impressaw em São Paulo no verão de 2018. No texto foi utilizada a fonte Minion Pro em corpo 10 e entrelinha de 14 pontos.